《大学语文论丛》顾问委员会

主　任

谭　帆（华东师范大学教授）

委　员（以姓氏拼音为序）

陈　洪（南开大学教授）　　　　尚永亮（武汉大学教授）

孙玉文（北京大学教授）　　　　王灿龙（中国社会科学院语言研究所研究员）

张福贵（吉林大学教授）

《大学语文论丛》编辑委员会

主　任

万明明（湖北大学文学院）

委　员（以姓氏拼音为序）

毕　耕（华中农业大学文法学院）　　陈　鑫（湖北大学文学院）

杜朝晖（湖北大学文学院）　　　　　韩建立（吉林大学文学院）

何二元（杭州师范大学人文学院）　　胡向东（华中师范大学文学院）

姜新祺（华中科技大学出版社）　　　李军湘（中南财经政法大学新闻与文化传播学院）

刘继林（湖北大学文学院）　　　　　邱庆山（湖北大学文学院）

石　锓（湖北大学文学院）　　　　　王光和（湖北大学文学院）

吴跃平（武汉职业技术学院）　　　　熊海英（湖北大学文学院）

杨建波（湖北大学文学院）　　　　　余兰兰（湖北大学文学院）

余迎胜（湖北大学文学院）　　　　　张鹏飞（湖北大学文学院）

周金声（湖北工业大学外国语学院）

大学语文论丛

第3辑·第1卷（总第5卷）

湖北大学文学院
湖北省大学语文研究会 ◎主　办

杨建波　石锲　张鹏飞 ◎主　编
陈鑫　李军湘 ◎副主编

华中科技大学出版社
http://press.hust.edu.cn
中国·武汉

内 容 简 介

大学语文主要在于激发和培养学生对语文的兴趣,也就是对民族语言、文学、文化的兴趣,让学生体味语文之美,人文之美,培养对民族语言文化的亲近感、自豪感。大学语文同时具有综合性和工具性特点,强调人文性的同时重视读写训练。《大学语文论丛》主要登载学者专家、大语教师及其课程群里其他教师的学术成果与教学成果,突出理论性与实践性,以期构建大学语文完整的理论体系与教学体系、构建符合汉语特点的中国大学语文教育体系。拟设栏目包括"课程与教学""教材与教法""教师与学生""学科览胜""学术集萃""文化撷英""佳作咀华""微型论坛"等。

图书在版编目(CIP)数据

大学语文论丛.第3辑.第1卷:总第5卷/杨建波,石锓,张鹏飞主编.—武汉:华中科技大学出版社,2024.5
ISBN 978-7-5772-0766-7

Ⅰ.①大… Ⅱ.①杨… ②石… ③张… Ⅲ.①大学语文课-教学研究-文集 Ⅳ.①H193-53

中国国家版本馆CIP数据核字(2024)第103786号

大学语文论丛　第3辑·第1卷(总第5卷)　　　　杨建波　石　锓　张鹏飞　主编
Daxue Yuwen Luncong　Di 3 Ji · Di 1 Juan(Zong Di 5 Juan)

策划编辑:周晓方　宋　焱
责任编辑:王晓东
封面设计:原色设计
责任校对:张汇娟
责任监印:周治超

出版发行:华中科技大学出版社(中国·武汉)　　电话:(027)81321913
　　　　　武汉市东湖新技术开发区华工科技园　　邮编:430223

录　　排:华中科技大学惠友文印中心
印　　刷:湖北恒泰印务有限公司
开　　本:787mm×1092mm　1/16
印　　张:19.25　插页:2
字　　数:410千字
版　　次:2024年5月第1版第1次印刷
定　　价:98.00元

本书若有印装质量问题,请向出版社营销中心调换
全国免费服务热线:400-6679-118　竭诚为您服务
版权所有　侵权必究

总序

课程·学问·能力·责任[①]

大学语文是一门课程，研究大学语文是一门学问，教好大学语文是一种能力，为大学语文争取发展空间是一份责任。

作为一门课程，大学语文自1978年恢复高考，重新开设以来，已走过四十余年历程，并取得了世所瞩目的成就。然而，伴随着社会形势的急遽变化以及由此带来的不可避免的升沉起伏、荣辱毁誉，大学语文的发展过程也备历艰辛。从总的方面看，贯穿其间的一个核心问题，是如何为这门课程准确定位、如何使之成为一门独立学科。定位不准，就难以对教学内容、教学目标等予以科学的设计；不能成为独立学科，就始终处于"妾身未分明"的状态，只能在夹缝中讨生活。由湖北省大学语文研究会组编，我和杨建波教授主编的《大学语文》[②]的"前言"中，有这样一段话：

> 大学语文是一门关注普及而旨在提高的语言文化课程，其突出特点，在于把母语教育和人文教育有机地结合起来，通过提高运用语言、品味文学、诠释经典之能力来提高学生的综合人文素质。这里，运用偏重于工具层面，品味偏重于审美层面，阐释偏重于文化层面；运用是基础，品味、阐释是提高。倘若脱离了工具性，便失去了这门课程的基础；倘若脱离了人文性，便迷失了这门课程的方向。因而，如何使学生通过文本学习，既强化语言的理解运用能力，又提升经典解读和美学感悟能力，最终由技进道，使语言的工具性借助人文性得以高层次

[①] 本文作者尚永亮：武汉大学教授，长江学者，教育部高等学校中国语言文学类专业教学指导委员会原副主任委员，湖北省大学语文研究会名誉会长。

[②] 尚永亮，杨建波.大学语文[M].3版.北京：中国人民大学出版社，2020.

的转换和升华,便成为教育者特别值得关注的问题。

这里所说几点是否准确,还可再议,但突出强调这门课程的工具性和人文性,却是大体无误的。由此出发,深入探讨与之相关的学科内涵、外延、人才培养类型、培养方式和目标,以及谋划与之配套的高层级的研究生教育等举措,提出一个具有科学性、体系性的建设方案,似乎应是构成独立的大学语文学科的必由之路。

就学问、学术而言,大学语文研究理应具有自身的鲜明特点。一方面,其范围是广阔的,举凡文、史、哲、艺等人文科学的领域均可自由出入,任意驰骋;另一方面,其对象又是具体的,有针对性的,重在从学科关联角度细读文本,发现问题。一方面,这种研究应具相当的学理性,倘欠缺学理性,少了严密的论证环节和思想、理论的映射、抽绎,研究便会流于简单化和平面化——这乃是当下大学语文研究常为人诟病的一大痼疾;另一方面,它又应具有较强的实用性,是对教材编写、教学过程中所遇难题的研探,对教学艺术、教学手段的切磋,对课程内容、学科建设等一系列问题的商讨——这是大学语文研究的传统和特色,自当坚持并大力发扬之。如此说来,大学语文研究应该既有广阔的研究领域,以开阔视野,又在此一领域有所抉择,深耕细作;既注重学理阐发和综合思考,强化问题意识和理性思维,又彰显其实用特色,以个案研究带动面与线的开展,坚决杜绝游谈无根的空泛议论和概念游戏。这对大学语文研究者来说,较之其他单一学科或许是一个足可施展才华的机遇,同时也是一个难度不小的挑战。

说到能力,这似乎是所有问题的重中之重。一门课程教学效果的好坏、影响力的大小乃至教育质量的高低,固然与多方面因素有关,但首要因素是教师的综合能力,并集中体现在学术和教学两大层面。学术偏于知,教学偏于行;行而少知,则势难致远;知不及行,则易蹈虚空。进一步说,倘无学术能力,欠缺丰厚的知识储备、广阔的学术眼光、发现问题和解决问题的能力,一堂课纵你口若悬河,学生所得怕也寥寥无几;倘无教学能力,缺乏开启思维、授人以渔的科学方法,饶你学富五车,教出的弟子也未必高明。因而,如何使受教育者既知其然又知其所以然;既学习既有的知识,又善于举一反三、从已知推知未知;既打牢语言的功底,又养成对文学的敏感;既具丰厚的学养,又有动手能力,写得出好的文章,这些对大学语文教师乃至每一位高校教育者都是一种真正的考验。这是一个高标准,但只有取法乎上,身体力行,识能兼备,知行合一,才能提升一门课程或学科的层级和段位,才能做到"强将手下无弱兵"。

至于发展空间问题,是每一学科都会面临的问题,而于大学语文尤为迫切。回首历史,早在大学语文课程恢复之初,匡亚明、徐中玉等前辈学者便以不同形式振臂高呼,为其学科筹划、教材编纂、研究会组建导夫先路;此后数十年中,更有谭帆、杨建波等大批学者躬践其事,备历辛劳;时至2019年,又有全国政协委员王灿龙就大学语文课程改革及其现实境遇提交提案,直抒己见。实事求是地说,这些年,大学语文教师的地位是不高的,在项目申报、职称评审等方面都受到若干不公平的对待。大学语文课程也频频受到来自应用写作、通识教育之类课程的冲击,课时减少,教学人员流失,有些高校甚至取消了大学语文课程。这里有各种因素在起作用,但根本原因在于教育高层的政策导向。面对此一局面,求生存,谋发展,既向外用力,通过多方宣传、呼吁以争取话语空间和应有地位,又向内用力,夯实课程基础,深化学术内涵,提升自我水准,便显得格外重要了。

大概正是有鉴于此,全国大学语文研究会和湖北省大学语文研究会于2016年联合创办了《大学语文论坛》辑刊,由华东师范大学出版社连续出版四辑,产生了不小的影响。现由湖北大学文学院、湖北省大学语文研究会与华中科技大学出版社合作,以系列丛书的形式,每年推出两辑《大学语文论丛》,内设"课程与教学""教材与教法""教师与学生""学科探源""学术集萃""文艺争鸣""佳作咀华""微型论坛"等板块。这是继《大学语文论坛》之后大学语文界的又一盛事,它既是为大学语文教学与研究增添活力的平台,又是向外展示大学语文实力的窗口,更是争取大学语文发展空间的得力举措,而从根底处说,其中流露的乃是以杨建波会长为代表的一批大学语文教育工作者在艰难环境中不懈努力、自强不息的生命激情、敬业精神和社会责任感。对此,我深表敬意,并预祝《大学语文论丛》继往开来,彰明学术,在风雨兼程中成为可供大学语文教育工作者和广大读者游弋栖息的精神家园。

2021 年 3 月于武汉大学

目录

本辑特稿

2　　杨建波 ⋯ 加强大学语文的学科建设和本体研究（第四届全国大学语文论坛讲话）

第一章　课程与教学

11　　曾凡云 ⋯ 新时代背景下提高大学语文课程影响力的对策

19　　汪文茵 ⋯ 中外合作办学高校大学语文"课程思政"的实践探讨

25　　赖若良 ⋯ 课程思政背景下沟通为核心的大学语文教学研究

33　　张爽 ⋯ 大学语文爱情题材文本解读

39　　刘颖 ⋯ 大学语文与中小学语文衔接的问题与对策

55　　韩建立 ⋯ "母语教育型"大学语文教材编写体例新探

63　　张友文 ⋯ 为了梦想勇敢地活着——教丁帆《新编大学语文》体会

68　　周作菊 ⋯ 语言视角下的大学语文文本细读——以《论语四则》为例

77　　朱桂华 ⋯ 高职院校设立写作中心的必要性和路径

84　　周金声　王俊杰 ⋯ 新文科背景下国际中文教育研究生培养的新思考

第二章　作品评析

95　　王春雨 ⋯ 论鲍照女性题材诗歌

| 103 | 赵晓辉 … 绣帷之上的往事勾勒——周邦彦《瑞龙吟·章台路》细读 |
| 111 | 高黎 … 莫罗与他的"莎乐美" |

第三章　文化撷英

118	黄世堂 … 太阳文化与屈原辞赋泛论
124	杨建波 … 游仙　长生　参禅（悟道）
136	王丽娜 … 语言与文化：以法律用语为视角的关系例证
142	朱妍娇　胡苹 … 饮食类词语的命名用字探究

第四章　学术集萃

149	石锓 … 类型学视角下的明代汉语疑问句研究
173	潘文国 … 沿着索绪尔语言学往前一步
180	毕耕　杨鸿宇 … 大学语文研究：基于知网期刊论文的计量分析报告
211	徐同林 … 金陵怀古诗　绝唱何其多
221	杨景春 … 苏轼苏辙兄弟情及安葬地
234	余兰兰 … 明清文献对陶宗仪《南村诗集》的著录
241	窦旭峰 … "临邛道士鸿都客"考辨
250	王雪　高志国 … 散文文体创新的关键词："跨界"与"跨文体"
260	陈慧颖 … "语文"是"语言文字"的缩略简称
270	赵刘昆 … 抗战时期"悼亡"含义考辨
278	何二元 … "集体无意识"如何延续？——试用"神话-原型"理论读解何姚作品

第五章　微型论坛

| 295 | 流萤 … 人文在哪里开始　科学在哪里终了 |
| 298 | 周治南 … 请为人工智能鼓与呼 |

本辑特稿

杨建波：加强大学语文的学科建设和本体研究（第四届全国大学语文论坛讲话）

加强大学语文的学科建设和本体研究
（第四届全国大学语文论坛讲话）

杨建波[①]

尊敬的各位领导、嘉宾、同仁，线上线下的各位大学语文老师们：

大家上午好！

在今年暑假即将结束之际，来自全国各地的高校数十位大学语文教师，带着共同的心愿，为着共同的事业，不畏酷暑、不辞辛劳，线下聚首古都南京，线上汇聚腾讯会议平台，一同参加第四届全国大学语文论坛，共商弘扬母语文化、振兴母语教育的大计。作为主办单位之一，湖北大语会对老师们的参会表示热烈的欢迎和衷心的感谢！大家线下线上赴会的行动，就是对我们"论坛"最大的支持，也是最好的鼓励！

早在2014年8月，在河南郑州召开的第十五届全国大语年会上，湖北省大学语文会、陕西省大学语文会、福建省大学语文会、浙江省大学语文会的主要负责人达成共识，倡议组建四省大学语文论坛联盟，决定轮流举办全国大学语文论坛，作为两年一届的全国大语会学术年会的补充。论坛的宗旨是弘扬母语文化，发展母语教育，在"文化自信"的理念下开展大学语文的理论研究与实践研究，不断把大学语文学科建设和教育事业向前推进。今年，江苏省大语会积极加盟大语论坛，并负责筹办本次会议，从而使我们的联盟更加壮大，力量更加强大。想当年，南京大学的校长匡亚明先生与华东师大的徐中玉先生等共同倡导并率先开设大学语文，南京由是成为大学语文教育的重镇。在匡老与徐老的推动下，几十年来大学语文成

[①] 杨建波，湖北大学文学院教授，全国大学语文研究会顾问，湖北省大学语文研究会名誉会长。

为很有影响力的一门重要的、其他课程无法取代的通识课程。今天,五省联盟论坛在此召开,共商大语教育改革大计,意义尤为重大。在此,让我们对承办第四届论坛的南京大学文学院、南京大学出版社和江苏省大学语文研究会表示最衷心的感谢!向徐同林教授和高军编辑的辛苦付出,向筹备本次论坛的所有同仁们,道一声辛苦了!你们克服新冠疫情带来的种种困难,牺牲假期时间辛勤工作,的确很不容易。你们为大学语文事业奉献的精神,令所有大学语文教师为之感动!

大学语文是一支涓涓细流,但它生生不息、坚忍顽强,几十年来一路奔跑着、跳跃着,穿过荆棘、越过险滩,最终汇入中国高等教育改革创新的大洪流,成为振兴中华民族母语文化不可替代的力量。我们每一个大学语文教师,日思日睿、笃志笃行、甘于寂寞、矢志不渝,以投身大学语文教育事业为使命,值得点赞和书写。

相聚是短暂的,而我们的事业是永恒的。但愿第五届论坛时,我们的队伍更壮大,研究成果更突出,大语教师的生存环境有大的改善,大语课程的地位不断提高。道路是曲折的,前途是光明的。我们一定踔厉奋发,为大学语文教育事业的发展再铸辉煌!

今天我主要围绕"加强大学语文的学科建设和本体研究"讲一点自己的体会。

第一个问题是必须培养一支专业化的大学语文教师队伍。

王灿龙委员在今年两会期间提交的《关于加强和提升高等学校"大学语文"课程教育的提案》中强调:明确大学语文的学科定位,提升其学科地位;培养和建设专职的大学语文教师队伍;在有条件的高校逐步设立大学语文学位点,培养专门人才,保证大学语文教师队伍后继有人,并激励大学语文教师巩固其专业思想。

教育部中文教育指导委员会主任张福贵教授在华东师大于去年5月份主办的"大学语文40年:课程与教学高端论坛"上的主题发言中讲道:我们现在的大学语文教师的构成,几乎都是中文背景的。我们大学语文教师的队伍应该是大学语文专业,而不是中文其他二级专业的教师队伍。我们增强专业化,不是说把我们的学术方向向我们中文专业其他的二级专业靠拢。我们应该逐渐地培养一支非常专业化的队伍。这个队伍中的每一员,他就是大学语文专业毕业的,他就是专门研究大学语文的,他就是从事大学语文教育的,而不是我们中文教育的副产品,也不是我们中文教育改行的这样一些老师。我们特别缺少大学语文本体研究的成果。

王灿龙委员和张福贵主任讲得非常好,培养一支专业化的大语教师队伍刻不容缓。大学语文课已开设40多年了,可是在高校的学科目录中居然没有它的身影,师范院校也只有中学语文教学论,没有大学语文教学论;对外汉语是学科,大学语文却不是学科;这都是非常不正常的事。张福贵教授还曾说:"大学语文不是中文专业各个二级专业的简单组合,而是广泛涵盖并且高度提炼各个二级学科精髓,并与其他专业并立的独立专业,或者说是中文学科专业教育的简约化和经典化。"(《中国大学教学》2014年第1期)这个见解很中肯。但是仅为中文专业教育的简约化和经典化还不够,还应当包括教育学、教育心理学、课程论、教学论、中国大语史、中国文化史、中国思想史、中国古代美学乃至近现代科普史等。

大学语文是一门研究语言的规律性和实用性,品味语言的审美性和艺术性,阐释语言的民族性和文化性,探讨如何将语言的规律性实用性、审美性艺术性、民族性文化性组成一个科学体系的学科。发展母语教育、弘扬母语文化,必须有顶层设计,国家要把大学语文当作学科来建设、当作专业来对待。师范院校应增设大学语文的学位点,逐步招收大学语文的硕士和博士研究生,改变目前这种非大学语文专业的教师教大学语文的状态。如果没有顶层设计,欲改变大学语文的现状是很困难的。从大语教师个人来说,不能把大学语文当副业,要把主要精力从研究中文学科有关专业移到对大学语文的研究上来,至少要一半对一半。老实说,中文学科的绝大多数内容前人的研究已经汗牛充栋,提升扩展的空间很小了,而大学语文倒有无限的研究空间和研究前景。我们都要像何二元老师那样,为建立学科做点踏踏实实的工作,立志在建立学科的过程中留下自己的笔墨、自己的研究成果、留下自己的足迹。

第二个问题是大学语文教师必须加强对大学语文的本体研究,苦练大学语文教学基本功。

张福贵教授说:我们应针对大学语文学科、大学语文教育以及大学语文实践这些方面做一些深入的研究。我们特别缺少大学语文本体研究的成果。

张教授说的正是眼下大语教师队伍致命的弱点,强化大学语文教师自身的建设同样刻不容缓。不少大语专职教师,从事大语教学若干年,对大学语文还缺乏理论建树,说不出多少真知灼见,主要精力都放在自己的专业研究上,大学语文似乎仅仅是一个编制所属问题或是满足工作量的需求问题。为此我们呼吁:国家应出台符合各科通识课程包括大学语文实际情况的职称评定政策,以有利于国家教育事业的整体发展,有利于稳定教师队伍,调动从业教师的积极性。

一、本体研究首先要研究如何把语文课上成语文课

我先讲讲我所观察到的有些青年教师上课的两种情况。

一种情况是"作品讲不够,文学史来凑"。全国大学语文研究会会长谭帆在给何立明老师著作《大学语文的课堂与书房》写的"序"中说道:避免大学教育中长期形成的"通论教育"的影响,所谓"作品讲不够,文学史来凑"。讲作品与讲文学史是不同的,一般来说,讲作品是语文课的事,讲文学史是中文专业课的事(当然中文专业也有讲作品的课,但讲法不同);讲作品难,讲文学史相对容易。大学语文教师都是中文专业毕业的硕士或博士,对文学史比较熟悉;然而这些硕士博士在求学期间没有受过"大学语文"的专业训练,一旦到了大学语文课堂,就容易将大学语文课当成中文专业课来上,于是就会出现"作品讲不够,文学史来凑"的现象。

记得有一位现当代文学专业师范类研究生到大学语文课堂来实习,讲了三节

课,讲的是秦牧的散文《社稷坛抒情》。该研究生在3个课时的教学实习中,很好地发挥了他的专业优势,能自如地联系其他作家与作品;善于把所教课文放在当时与当前的大背景下来审视,讲课信息量大;但该生的绝大部分时间是在讲授当代散文史。其形式更像是一场当代散文史讲座,不像大学语文的课堂教学。作为教材的作品几乎处在被"遗忘"或被"忽略"的地位,没有对其进行必要的研读与品析。这恰恰就是谭会长所说的,"作品讲不够,文学史来凑"。

大学语文课还有一种情况,即以援引资料替代对文本的解读。有位古籍所的青年教师上《礼记·大同》,在2个课时内,有一多半时间是在介绍历史与文化背景,对课文内容的剖析却草草而过。仅"石渠阁会议"的经过、"石渠阁议"对"礼"学和礼治发展的影响就讲了很长时间。由于没有深入研读课文,结果花了两节课,学生对文本还很生疏,不知"大同"社会的本质是什么、"小康"社会的本质是什么、小康社会为什么要"礼义以为纪"、两种社会形态有什么不同,而教师介绍的那些烦琐的背景资料,大约一下课学生就忘了。

谭会长曾说:大学语文的主要功能应该是一种"精致的经典阅读",而经典阅读正是我们当下学生最为缺乏的……。要么以文学史取代文本,要么以背景资料淹没文本,要么上成几不像的课,偏偏没有带领学生做"精致的经典阅读"。不少从业不久的青年教师,都有像以上以专业优势忽略教学方法、弱化授课宗旨的倾向。

要克服这种倾向,我以为:

首先,不能仅仅把教大学语文当作一个谋生的职业,要有使命感和责任感,要把它当作安身立命所在,把它当作事业,当作研究的方向,至少是研究方向之一。大学语文教师都不研究大学语文,谁还来研究它?每届的大语全国年会,作报告的专家大多是中文学科的专家(我这里没有不尊重这些专家的意思),鲜有我们大语自己的专家。王步高教授在世时就曾提出过这个问题,这说明我们还没有培养出为社会承认的、自己的专家。

其次,语文是一门综合性很强的课程,涉及面极广,但必须认识到"语文教育本质上是一种母语教育"。"语言"是语文学科和语文课程的命脉,抓住了语言就抓住了根本。

语文学科的性质决定了语文课程的性质。大学语文就是一门研究汉语的规律性和实用性、品味汉语的审美性和艺术性、阐释汉语的民族性和文化性的课程,是一门通过语言来提升学生汉语水平、文化素养和精神境界以体现对人的终极关怀的课程。简言之,语文就是通过语言精致地阅读经典的课程。弄清了语文课的性质也就弄清了语文课与中文专业课或其他课的区别,就不至于把语文课上成文学史课、资料汇编课或别的什么课,而是把语文课上成语文课。

所有的学科都是以语言为载体的,但这些学科关注的只是语言所承载的内容、语言所表述的专业知识,语言对它们来说是纯粹的工具、媒介。只有语文,不仅要关注语言承载的内容,更要关注语言本身,除关注语言本身所包含的各种信息外,更要关注它们的引申意义、象征意义和情感意义；还要研究语言是如何排列组合的，是以怎样的方式来承载内容的，以及这种方式的表达效果如何。也就是说大学语文的语言不是纯知识性纯工具性的，它既包括工具知识层面，又包括审美层面、文化层面，由工具知识层面向文化艺术层面升华。语言的工具性也即语文的工具性由是在审美和文化层面得到了高品位的体现。我上语文课有十二个字，"立足文本、超越文本、回归文本"，这十二个字是大语教师的教学基本功。立足、超越、回归得如何，常常决定着一篇文章教学的成败，但立足也好，超越也好，回归也好，都必须紧扣语言。一般来说，综合性院校更侧重审美性文化性，专业与职业院校更强调工具性实用性。不管侧重或强调哪一方面，作为语文，有一点是共同的，那就是语言。或通过对经典文本的阅读来提高语言能力，或通过各种训练来提高语言能力。未通过"语言"这个媒介去解读研讨课文、去剖析挖掘文章的内涵、去对学生进行训练，就不是语文课。但有一点须说明的是，大学语文所谓的语言，不是专业意义上的语言，而是通识意义上的语言。这与我们的教育对象很有关系，因为我们教的不是中文系的学生。在大学语文的教学过程中，学生对语言的学习、学生语言能力的提高是通过阅读文本来实现的，是融化在文本的研读当中的；而不是离开文本，把语言抽象出来去训诂，去做专业上的研究。正如我后面将要提到的《长恨歌》，"仙"是《长恨歌》后半部分的核心字眼，抓住"仙"字，从"仙文化"的角度去阐释课文，学生便会豁然开朗。

再次，必须在"上好课"上下功夫。要上出语文独有的特色，上出语文独有的魅力来。上好课才是硬道理。一个学生在学校，80%的时间是用于上课的，足见课堂教学始终是学校培养人的主要途径。而对于一个语文老师来讲，提高课堂教学能力教学水平尤其重要。一则因为出于一种功利心态，学生很自然地会把语文这门通识课放在专业课之后，语文教师只有用优质的教学才能赢得学生的认可和欢迎。二则语文课时时有被取消的可能，语文教师常常有生存危机（连武汉大学这样的名校，曾经很热门的大语课程都取消了）。如果专业课的老师课上得十分好，我们语文老师的课就必须上得十二分好才行。若是我们的课上得比手机更有魅力、比网络更吸引人，口碑比其他老师都好，我们便能尽最大的可能守住这块母语教育阵地。我们要向王步高老师学习，要让学生像清华的学子喜欢王步高老师的语文课一样喜欢我们的语文课。

二、本体研究要做到立足中学、超越中学

有人曾把大学语文戏谑地称为"高四语文"，这与大语教师不熟悉中学语文教学大纲有关。每位大学语文教师都应熟悉"高中语文新课程标准"，研究"高中语文新课程标准"，这样才能减少教学中的盲目性，避免不必要的简单重复。"高中语文新课程标准"定位很高，对语文性质的界定与我们大学语文同仁对大学语文性质的

界定是一致的,总体培养目标与具体教学要求也基本上是一致的。因而大学语文课程的教学就应以"高中语文新课程标准"(以下简称"课标")为依据,在运用语言、提高审美能力的基础上拓展加深提高,尤其是在"课标"强调的发展学生"探究能力""培养学生思考问题的深度和广度"上下功夫。

立足中学、超越中学,是对大学语文教师的挑战。教师再不能恪守单一的中文专业,专而不博。也就是说,仅仅只有那一点专业知识、仅仅恪守自己所谓的"主攻方向"是不能胜任大学语文教学的,必须打破专业壁垒,像新文科要求的那样,使自己成为一个多学科融通的学者。欲给学生一杯水,老师必须是一条河,一条流动的河;必须不断给自己充电、输血。大学语文与高中语文一样,都须凭借以语言为载体的文学经典与文化经典来实现自己的教学目标,故立足中学、超越中学也必须通过一篇篇具体作品、一个个具体文本来实现。

文本教学通常有两种"超越"中学的途径:一是把作品放在阔大深远的历史文化背景中去审视、观照、探究;二是让学生进行一些没有现成答案的有难度的综合性训练。

比如讲授《战国策》中的《齐宣王见颜斶》,教师可以引导学生将颜斶的"士贵王不贵"与同为战国时期孟子的"民贵君轻"类比,可将颜斶的"晚食以当肉、安步以当车、无罪以当贵"与苏秦的追求"势位富贵"对比。教师备课时应了解中国古代的"士"文化,特别是"隐士"文化。只有了解作为社会精英阶层的各类"士"不同的人生观价值观,教学中才能为学生深入地揭示隐士颜斶"尽忠直言"的超人勇气和返璞归真的人生追求。讲授陶渊明的田园诗,教师应研究陶之生活的魏晋社会。对魏晋时期的政治、思想、文化、士人风气,对魏晋玄学产生的背景、玄学的主要内容及玄学对陶渊明的影响,对陶之田园诗如何继承改革创新超越了玄言诗都要有一定程度的了解,这样才能使学生对陶渊明的文学地位和贡献有比较理性的认识。讲授《长恨歌》,教师应当熟悉中国特有的"仙"文化、了解道教的神仙学说与道教仙境说、了解道教在唐朝宫廷唐朝社会的历史地位,并且要通过《二十四史》中的"李杨传记"去了解历史上真实的唐玄宗和杨贵妃,这样学生才能在中学的基础上从文化渊源上理解白居易的浪漫主义手法。

还有一种是以训练的方式去"超越"。比如中学和大学教材都有《春江花月夜》。教学中老师须带领学生抓住"月"这个中心意象的文化意蕴去拓展加深,剖析诗作通过"月"体现出的"宇宙意识"和生命意识、介绍"月"所体现的"原型"与"集体无意识"。课后老师可出一个综合训练题:让学生查阅《乐府诗集》卷四十七中隋炀帝(两篇)、隋诸葛颖(一篇)、唐张子容(两篇)的同名诗,令学生探究张若虚的《春江花月夜》与这五首诗的传承关系,思考这五诗是否激发了张若虚的创作灵感、为张若虚提供了怎样的创作素材,张若虚诗在意象的组合、意境的创造、题材的选择、情感的抒发,尤其是主题的提炼上,怎样超越了这五首诗。这个综合训练题有一定难度,拉开了大语与中语的距离,温故而知新,既利用了原有的知识,又有新的提高与拓展。如此"超越",学生学的才是"高等语文"而非"高四语文"。"跳起脚来摘桃子",学生肯定能在接触"学术"的过程中有所提高,但要把握此"学术"是通识意义上的学术,而非专业层面上的学术。

从书房到课堂,是一个由加法至减法的过程。庞杂的内容,实际教学时需要取舍,有时教师越舍得"舍",学生才越有所"得"。教师要把握:哪些内容对理解文本是必需的,应当"超越";哪些过于"专业",不必超越。但是,教师备课时必须高屋建瓴,追根溯源。教师学问广博深厚,又善于取舍,才能帮助学生从文本看文外、从有限看无限、从有形看无形,把中学无序的、零散的、紊乱的知识有序化、整体化、系统化,使之上升为普遍的原理、规律和一般的"探究"方法;学生也才能开阔视野、增长见识,全面提高语文素养及整体素质。

三、本体研究更高的层次是要从理论和实践上建立一套完整的大学语文学科体系和教育体系

我们应当整合资源,把现有的大语学术专著、代表性的大语教材、代表性的教学流派,既有理论论述又有生动案例、既有理论价值又得到实践检验的大语论文做一系统研究,在此基础上建立起"符合汉语特点的中国大学语文教育体系"。这个体系应当既有宏观又有微观,既有认识论方法论又有具体教学操作,既有线上的网上教学演示更有线下的课堂文本学习。以理论统驭实践、以实践完善理论应是这个体系的特点。

我考虑符合汉语特点的中国大学语文教育体系大致涵盖以下要点:

①牢牢抓住语言这个本质特点,明确大学语文课是以语言来教化人、培育人的。②运用语言、品味语言、阐释语言是大学语文课程的教学要求。③以"思"为统领,听说读写思五种能力自如地协调运用是大学语文课程的理想境界与终极目标。④建构以语言为中心的科学的教育模式,努力提高课堂教学质量。⑤将专业知识融入课堂教学,打造以中文专业为依托,多学科融通的"无专业"境界。将学识化为能力,让能力超越学识。⑥通识教育环境下,建立以大语课程为核心的课程群。类语文课、泛文化课、准娱乐课、纯技巧课(包括应用写作、公文写作)、知识性课、欣赏性课等都纳入大语课程群中的卫星课程范畴。大学语文为必修课,其他为选修课。⑦建构符合语文课程特点的思政教育模式——将思想政治教育融入教材的文本教学之中。⑧在大数据背景下,坚守语文本位。处理好人与机的关系、读书与读屏的关系、文本与课件的关系。

当然,这个体系还必须在实践中不断完善丰富。

以上8个要点,每一个要点都可以写成一篇长论文,但囿于时间的关系,这里就不展开了。

教育部有大学数学教学指导委员会、大学英语教学指导委员会,我们期盼着教

育部也能尽快设立一个大学语文教学指导委员会。设立教学指导委员会,意味着国家对这门课程的重视。

四、本体研究要求教师须养成写"教后记"的习惯

有次清理旧书房,发现有张卡片上写着一位学生给我的一句话:"当你在教人之时,你也在被教。"我顿时眼前一亮,觉得这句话好有哲理。仔细想想:这句话与《学记》中的有关论述、有关思想何其相似。《学记》曰"教学相长",意即教师教的过程,也就是学习的过程;通过教,可以大大增长自己的学识。《学记》还引用了《兑命》"学学半",来进一步阐明这个观点。前一个"学"为"教",后一个"学"为"学习",意即教学的过程一半是学习的过程。

"教的过程,也就是学的过程";"教学的过程一半是学习的过程"。我从教三十多年,其经历非常有力地印证了《学记》的观点。但我以为此处的学习除了"学然后知不足,教然后知困",从而不断向书本学习外,还应当包含向教育对象学生的学习。三十多年来,我一直坚持写"教后记",主动听取学生对教学的反映,采用了多种方式获取学生的反馈意见,积累了几十万字的资料。我的许多教育思想、教学观点都来自学生,或者在学生那里得到印证。"教后记"对我的作用、启示,甚至超出了我阅读的那些教育学、教育心理学与语文教学方面的有关论著。而且,学生言及的教育思想、教育原则、教学方法、教师人格等往往比那些教育家与学者们更深刻、更全面,也更有血有肉,更具有操作性与实践性。因为角度不同、身份不同,学生不像教育家与学者们那样高高在上,他们以自己十几年来求学的切身体会说话,因此更切中肯綮。

教育教学是一门学问,也是一门艺术。我们在座的每一个人都可以成为教育教学理论家、教育教学实践家、教育教学艺术家。我建议每一位老师都坚持写"教后记",它是使自己成为语文教育家的重要手段。你如果是一个有事业心有使命感的大语教师,请不要错过了你正在经历的教学生涯。请记下你教学中值得回味的场面,记下与学生相处令人感动的情景,记下教育教学中的经验与教训,记下由此获得的理论思考与理论创建。"教后记"是文字的"备忘录",是鲜活的"资料库",是进行大学语文本体研究的独一无二的最有个性的源泉,同时也是教师自己人生轨迹的真实记录。坚持写"教后记"的教师,必能使学生"亲其师,信其道;尊其师,奉其教;敬其师,效其行"。

希望有一天,能看到有类似于"教后记"这样的著作出版。衷心希望大学语文事业蓬勃发展,前程似锦!

谢谢大家!

2022 年 8 月 26 日

第一章 课程与教学

曾凡云：新时代背景下提高大学语文课程影响力的对策

汪文茜：中外合作办学高校大学语文"课程思政"的实践探讨

赖若良：课程思政背景下沟通为核心的大学语文教学研究

张爽：大学语文爱情题材文本解读

刘颖：大学语文与中小学语文衔接的问题与对策

韩建立："母语教育型"大学语文教材编写体例新探

张友文：为了梦想勇敢地活着——教丁帆《新编大学语文》体会

周作菊：语言视角下的大学语文文本细读——以《论语四则》为例

朱桂华：高职院校设立写作中心的必要性和路径

周金声 王俊杰：新文科背景下国际中文教育研究生培养的新思考

新时代背景下提高大学语文课程影响力的对策

曾凡云①

摘要：大学语文课程在高等教育中的地位、价值和作用，是大家比较关切的一个话题。本文试图从教学育人的根本目的和市场需求满足的角度，剖析目前大学语文课程改革和建设中存在的问题，并分析其产生的原因。提出须从加强大学语文理论建设、重视师资培养、促进从业教师意识转变、改进和丰富教学方法和手段等几个方面着手，通过学生语言应用水平和能力的切实提高，学校教学管理者及用人单位满意度的提升，来有效地改变现状，才能真正增强大学语文课程的影响力。

关键词：大学语文　课程　高等教育　对策

大学语文课程的开设，如果从 1904 年算起的话，到现在也已经有一百多年的历史了。据何二元老师的课程研究，在这一百多年的发展过程中，其在高等教育课程体系中的地位也是起起伏伏。其中发展的两个黄金期是课程开设的初期及 20 世纪 80 年代。在这两个时期，大学语文课程的开设及所产生的价值和作用，都未受到过多的质疑，得到了大家的认可和支持。

一、大学语文课程开设的现状

现在我们讨论这个话题，说明目前大学语文课程的地位和价值，受到了来自现实和理论的冲击。这种冲击不仅来自学校教育管理者、用人单位、学生，也包括我

---

① 曾凡云，湖北生态工程职业技术学院副教授。

们授课教师自身。从课程开设情况来看,全国3013所大学(2022年教育部数据,包括本科、专科、高职、成人教育)中开设大学语文课程的学校极其有限,985、211大学开设大学语文课程的更少,有些学校虽然开设了该课程,也仅仅是在有限的几个专业。2013年,中国人民大学取消必修课大学语文课程,引起了业内外人士极大关注,社会各界对此也进行了广泛的讨论。大学语文课程存在的价值及课程开设的意义引起了业内外专家的质疑和反思。

如果想真正解决大学语文课程的生存与发展问题,提高大学语文课程的影响,我们应该弄清大学语文课程在开设及教学过程中的现状,找到这种现状产生的原因。

二、提高大学语文课程的影响力迫在眉睫

从大学语文课程的宗旨来说,它是要提高国民,尤其是大学生的汉语言应用能力和水平。各大学课程开设现状,是不是意味着经过九年义务教育和高中阶段的学习,我们绝大多数在校的大学生,他们的汉语言应用能力和水平,已经基本能够甚至是完全能够满足他们自身及用人单位的需求了呢?

(一)国外高校高度重视大学语文课程的开设

从国外高等院校课程开设情况来看,包括哈佛、剑桥等国际知名高校,仍在开设基于母语的国文课程,表明这些学校的教育管理者认为,他们学生的母语语言应用能力和水平未达到预期;从国内高等院校课程开设情况来看,以文科著称的北京大学,尚在部分专业开设大学语文课程,表明学校教育管理者,起码是部分院系的教育管理者认为,学生的汉语言应用能力和水平,尚未达到预期。至于其他理工类院校,以及比它们的生源更差的高等院校(高考综合总分高低,与汉语言应用能力和水平不一定成正比,但有一定相关性),难道这些院校不开设大学语文课程,是因为它们学生现有的汉语言应用能力和水平已经达到了预期?

(二)人才市场期望开设大学语文课程

从企事业单位用人的角度来说,不管是企业还是事业单位,在招聘启事中几乎都会单列一条,即沟通表达能力。虽然岗位不同,要求和表述的方式有差异,但招聘启事上的这种强调式表述,从某种角度表明,他们期望员工重视汉语言应用水平和能力,同时也表明应聘人员中部分人员的语言应用水平和能力未达到他们的预期。

也就是说,无论是教育管理者从教育的角度,还是用人单位从用人的角度,都意识到很多大学毕业生的汉语言应用能力和水平,尚未达到他们预期的高度。学生有必要提高汉语言应用水平和能力,这已基本成为大家的共识;而提高汉语言应

用水平和能力的最佳途径,解决这一现实问题的主渠道就是开设大学语文课程。

三、课程开设现状的内部原因

既然大家都知道大学语文课程的重要性和必要性,但为什么部分院校还是将大学语文课程由必修课程改为选修课程,甚至取消大学语文课程呢?这是我们从事大学语文研究的专家、学者及从事大学语文课程教学的教师应该重视并反思的问题。

个人以为,我们应该更多地从内部,而不是从外部寻找原因。近些年大学语文的研究、教育界对大学语文课程的表述,具有代表性的观点主要有以下几种:

(一)大学语文课程要以提高学生的综合人文素质为主,尤其是培养和提高学生的阅读和鉴赏能力

持有这种观点的学者和教师,在编写和选用教材时,更多倾向于文学作品。所选用的作品是古今中外、诗词歌赋,文种尽量齐全、涵盖面广,包罗尽可能多的著名作家的代表作品。其目的是让学生开阔视野,见识不同风格、不同时代、不同写作理论支持下的作家及其作品。这种大而全的教材,姑且不说新手教师是否能够驾驭,对于有经验的老教师来说,深入开掘的时间和空间是否足以完成课程预设的目标,也是一个问题。曾有一个学生不客气地说:"如果只是看几篇文章、几本书,提高鉴赏水平,我自己在网上或图书馆看不就好了,还用得着开设一门课程么?"观点虽有些激进和偏颇,但也反映了部分学生的看法和态度。

(二)提高学生的传统文化素养

首先,文化是一个非常宽泛的概念,内容相当广泛、类别也十分庞杂。其次,文化所涉及的领域也非常多,几乎涵盖了社会生活中的各个方面。

大学语文课程可以讲优秀传统文化,难道其他课程就不能讲?或许专业教师以酒文化、茶文化、礼仪文化作为突破口,其所起到的作用会更直观、形象,更有说服力。相反,作为通识教育的大学语文课程,为照顾各专业的学生而面面俱到,倒无任何优势。如果像《汉字叔叔》一样,以字、词作为突破口进行讲解,好像又不符合大学语文课程开设的初衷。

(三)提高学生的应用写作能力

据不完全统计,应用写作的文种类别,包括400多个。在诸多文种中,有些是行政部门、企事业单位、社会团体及个人通用的文种,有些是某个行业特有的文种,如判决书等。我们大学语文课程教师需要选用哪些文种是一个问题,能否驾驭这些文种是另一个问题;学生学习结束以后,是否就真如教学预期目标一样,能写出

合格的应用文则是最关键的一个问题。

应用文写作跟文学写作最大的区别不是语体不同,而是写作者要依据所要解决的问题、写作者与读者对象之间的关系、具体事件,切情切境、简明扼要、通俗明白、语气恰切地表达。评价应用文优劣的标准,除如上所述的最基本条件外,各文种还有具体的标准。例如,"请示"这一文种,判断其是否合格的标准,是上级机关,尤其是领导的认可度;而评判一份祝酒词的优劣,主要根据当时的场景及参与人员的满意度;至于专业文书,如合同的写作和完善,最重要的评价标准是其是否合规合法。

我们很多从事大学语文课程教学的教师,他们从校门到校门,并没有接触过实质性行政、事务类工作,如果让他们去教学生的话,能不能够真正解决、理解这些差异?从教学活动来说,这本身就是一个大问题。

应用文和文学作品之间差异的发现和分析,是其他从事具体事务性工作的人员无法解决的,但却是大学语文教师在课程教学活动中很容易就能解决的问题。

(四)课程思政

这是近几年开始提出并有一定影响力的观点。个人以为大学语文课程可以思政,但不能思政化,更不能幻想用大学语文课程代替思政课程。早在2019年,习近平总书记在跟思政教师座谈时,就明确提出:思政课程是学生思想政治教育的主阵地。

除此之外,部分大学语文课程专家、学者还提出了一些其他的观点,在此不一一列举,但都有偏离大学语文课程宗旨之嫌。

综上所述,目前我们开设的大学语文课程所预设的目标,以及在实际教学活动中所产生的效果,都未能很好地契合需求,产生了供给和需求之间的差异。一方面,学生的汉语言应用能力和水平未能达到大学生自身及社会各方面对他们的期待;另一方面,大学语文课程开设的效果未能得到有效的保证和体现。课程开设的价值和意义受到了质疑,大学语文课程应有的地位和影响力在用人单位及高等教育课程体系中也随之降低。

四、提高大学语文课程影响力的对策

如果我们的目的是要让大学语文课程重新找回自信、获得其应有的地位、提升课程的影响力,则需要我们认真地做好市场研究,精细化地应对社会需求,通过对大学语文课程理性研究,找准定位,从教材到教法进行系统改革,才能真正达到目的。

教育的本质是成就人,最根本的方法是因材施教。课程教学一方面要以本课程的内容和特点为依据,另一方面,也要重视需求,根据学生的个体差异进行合理化引导。

(一)明晰大学语文课程的定位

首先,要准确进行宏观定位。找到本课程与其他课程的联系与区别,明晰大学语文课程与高等教育中的其他课程,尤其是文科类课程的差异。凸显出大学语文课程的独特性、独有性、唯一性、不可或缺性。

其次,从微观的角度,明晰大学语文课程的具体内容。明晰课程的知识点、知识结构,使从事教学的教师能以此为依据,对学生进行有目的、有针对性的指导。湖北的周金声教授以对外汉语教学为背景,以沟通和交流为重点,对大学语文课程的知识点和知识结构进行了总结和分析。周教授在大学语文课程知识结构重构方面进行了有益的尝试。要真正客观、全面地明晰大学语文课程的知识结构和知识点,需要更多研究人员以此为基础,从更多角度进行更精细化的分析、比较,使大学语文的知识点更精细、更明确。尤其要做好大学语文课程与中学语文课程的知识点、能力点、素质点的差异化研究,在做好大学语文课程与中学语文课程有效衔接的同时,尽可能地减少与中学语文课程内容的重叠。

(二)做好大学语文教材的更新和改革

据何二元老师的不完全统计,目前已出版发行的大学语文课程教材有1400余种。这些教材的出版和发行,代表了学者、专家们对大学语文课程的理解。但在新的历史阶段,尤其是在新文科、课程思政等观点的提出,新冠疫情背景下线上线下混合式教学普及、国家级精品课程上线等特殊环境中,这些教材所存在的弊端也更明显了。

(1)纸质教材从编写到出版需要一个过程,相对周期比较长。教材编写者在选文过程中,虽注意了经典性,但现实性、针对性不强,尤其对于热点话题的关注缺乏,即严整性有余、灵活度欠缺。刘文菊的《大学语文十六讲》,针对这方面的问题做了开创性工作,进行了有益的尝试。

(2)对学生的关注度不够。目前教材的选用,一般情况下是一个学校选用一种教材,或者是一个专业选用一种教材,学生的差异没有得到有效的重视。北京大学漆咏祥教授曾对大学语文课程开设进行过详细调查。调查结果表明,学生的需求是多样性的,学生汉语言应用水平和能力的差异也是明显的,学生对课程的期许也不一样——有的学生希望强化口头沟通和交流,有的希望提高事务语体文的书写能力,有的……

高中教材尚且分了必修、选修,阅读与写作、口语与交流等模块,但大学语文课程却没有更进一步地进行分层、分专题强化指导,而用一口大锅,烩了大学语文课程学习的所有内容,这足以引起我们重视和反思。

大学语文课程教材是否也可以借鉴对外汉语教学的经验,在明确知识点和知识结构的基础上,针对学生个人发展需求,将教学内容进行区别性处理。如进行专题式、活页化处理;进行分层、分类设计处理,提供更多样化、个性化、专业化的教材。

(三)重视大学语文课程专业教师的培养与提高

大学语文课程教师,大多是师范院校毕业,专业培养背景是以培养中学语文教师为目的的汉语言文学教育专业。大学语文课程在归类上究竟属于汉语言类,还是属于文学类?是语言理论还是语言运用?是纯文学,即虚构性文学,还是写实类文学或者是兼而有之?大学语文课程教师的专业背景是需要更加专业化,还是要进行多元化改变的调整?随着大学语文课程的建设和改革的深化,这些都是不容忽视或者说绕不过去的议题。

要提高大学语文课程的影响,教师专业学术能力水平和信息化水平的提高,是亟待解决的一个问题。

由于大学语文课程目前的处境,大学语文课程教师在职称评定、在职培训等方面都处于一种比较尴尬的境地。一是缺乏专门的培训经费支出项目,二是缺乏更为专业化培训提高的途径。虽然现在有全国大学语文研究会年会、各地方大学语文学会年会等交流学习的机会,但不足以支撑大学语文课程教师,尤其是青年教师的成长和提高,更不利于大学语文课程的建设和发展。

除专业的学习和提高成为瓶颈外,基于专业的信息化技术培训的缺乏,也不利于研究成果的总结和发表,以及课程的改革和提升。从某种程度上说,大学语文课程在信息化过程中是相对滞后的。

根据大学语文课程教师的专业背景,进行后期的专业学术化提升、信息化提升,是目前提升大学语文课程影响力迫在眉睫的问题。

(四)精细化师生教学角色的调整修正

在传统观念中,教师在教学中所扮演的角色是知识的传授者、答疑解惑的"度娘",是站在道德或是学术的至高点上的。业内也有"要给学生一瓢水,教师必须有一桶水"的说法。

但随着中小学教育教学改革的深入、素质教育的强化,信息技术的普及,学生家长及周围人群知识水平和受教育年限增加,各学科专业化程度的提升,学生获取信息的途径越来越多、越来越便利,师生之间的信息差也越来越小,教师的知识盲点也相对变得越来越多,某些方面学生甚至会超越教师。这一点,尤其在高等教育阶段,表现得越来越明显。

项目化教学、问题导向等新的教学理念的引入,以学生习得为中心的探究式、讨论式、小组合作学习等教学模式将会更多地出现在学生的学习和生活中。这就要求大学语文课程教师,要尽快适应这种变化,修正自己在课程中的角色,正视自己的知识和能力缺陷,正视自己的不足和弱点,容许自身的缺点暴露,容许课程教学过程及教学结果未达成预期等情况的出现,以"人"而不是"神"的形象,真实地展现在学生的面前(当然,这并不意味着教师可以忽略课程准备、知识储存);将传统课堂教学中类似于上帝视角、全知全能模式,调整为学生学习的参与者、组织者、合作者、监督者、引导者的平等视角,甚至是仰慕、倾听的向上的视角。在具体课程教学过程中,更多的不是独角戏表演,而是退居幕后组织、引导、调整和监督,把课堂的主体时间、主要空间让位给学生,让学生在预定的主题下进行主动学习、展示才情、互相评价、合作提升。

五、小结

大学语文课程存在的价值和提升影响力的契机,是通过课程研究和改革获得的,教师所开展的教学活动,对学生的个人发展有用,对学校的教学有帮助,对企业发展有利。尤其是当前我国高等教育从精英教育逐渐演变成国民教育,就业市场内卷日趋严重、国际经济环境衰退、新冠疫情了犹未了的大背景下,我们要做好扎实的调查研究,从宏观和微观的角度对课程准确定位,精细化构建课程结构和内容。不仅要站在教师角度,更要站在受教育者的角度进行观察;不单要考虑我们提供什么,还要考虑被服务对象需要什么;不仅要考虑我们擅长什么,还要考虑我们的教学方式、教学方法,以教学对象更能接受的方式完成教学活动。只有课程的教学内容契合学生发展需求,学生的语言应用能力和水平有明显提升,合乎学校培养目标及用人单位的需求,我们的教学活动才能得到学生、学校、用人单位的认可和肯定,进而提升课程的影响力。当然,这种改变,从某种程度上来说,是一种颠覆性的改变,需要从思想到行动,从意识、理念到具体操作逐一落实。这是一个艰巨而又庞杂的系统工程,需要专家、学者,教育管理者、教学活动具体实施的大学语文课程从业教师合力完成。

相信随着大学语文课程理论进一步巩固和完善、教学师资进一步加强、教学行为更为合理有效,大学语文课程建设也会得到更多关注,地位会更加巩固,大学语文课程也会越来越受欢迎,其影响力也必然会得到扩大和提高。

参考文献

[1] 何二元.新文科建设视野下的大学语文教学革新[J].中国高等教育,2021(19).

[2] 何二元,刘文菊.大学语文研究的历史、现状及方向[J].语文教学通讯,2011(2).

[3] 杨建波,王娟.大学语文与通识教育[J].通识教育研究,2018(0).

[4] 周金声."沟通与写作"课程的理念、定位和主要内容[J].中国高等教育,2021(19).

[5] 毕耕.把大学语文课程建设成思政教育的新阵地[M]//杨建波,石锓,张鹏飞.大学语文论丛:第1辑·第1卷.武汉:华中科技大学出版社,2021.

[6] 曾凡云.找准"痛点",提高大学语文的教学效能[M]//杨建波,石锓,张鹏飞.大学语文论丛:第1辑·第1卷.武汉:华中科技大学出版社,2021.

[7] 刘文菊.大学语文十六讲[M].北京:高等教育出版社,2021.

[8] 漆永祥.大学国文[M].北京:高等教育出版社,2019.

[9] 吕国燕.实用性功能下高校语言学科教学路径探索[J].黑龙江高教研究,2016(11).

[10] 曾凡云.从2018年高中新课标和新考纲看大学语文的教学内容和要求[J].汉字文化,2019(2).

中外合作办学高校大学语文"课程思政"的实践探讨

汪文茜[①]

摘要：由于中外合作办学高校的特殊性，学生处于多元化的价值观影响之中，培养学生的社会主义核心价值观、人生观、世界观便显得尤为重要。合作办学高校中的大学语文课程因其"以文育人""以情育人"的特征，与思想政治教育"立德育人"的目标不谋而合，很是适合作为"课程思政"建设的抓点。本文主要分析了"课程思政"在中外合作办学高校大学语文课程中施行的可能性，并重点从课程目标、教学内容、教学方法、学业评价四个方面对具体案例进行了策略探讨，以期实现大学语文人文素质教育与思想政治教育的有机统一。

关键词：课程思政　大学语文　中外合作办学

近年来，高校思想政治教育工作越来越受到党和国家的重视。在全国高校思想政治工作会议上，习近平总书记明确指出，"要坚持把立德树人作为中心环节，把思想政治工作贯穿教育教学全过程，实现全程育人、全方位育人，努力开创我国高等教育事业发展新局面。"[②]随后，在教育部出台的《高等学校课程思政建设指导纲要》中，也对高校课程思政建设作出了整体规划与部署，对各类学科都提出了非常明确的要求，以更好地发挥每一门课程的育人作用。

[①] 汪文茜，北京师范大学-香港浸会大学联合国际学院中国语言文化中心讲师，广西师范大学语言学硕士。

[②] 习近平.把思想政治工作贯穿教育教学全过程　开创我国高等教育事业发展新局面[N].人民日报，2016-12-09(001).

众多高校中,中外合作办学高校正以蓬勃之势迅速发展。在这类学校里,该如何结合本身办学的特色与资源,在各类课程中融入思政教育的元素,以贯彻"课程思政"教育理念、推行课程思政建设,便成了一个值得研究的问题。

一、"课程思政"在中外合作办学高校大学语文课程实施的可行性

2014年,上海市委、市政府就"课程思政"的落实问题提出:"以构建全员、全程、全课程育人格局的形式,将各类课程与思想政治理论课同向同行,形成协同效应,把立德树人作为教育根本任务的一种综合教育理念。"① 也就是说,把各类非思想政治理论课与思政教育的相关内容整合到一起,使他们具有价值引领作用,从而解决"培养什么人,怎样培养人,为谁培养人"这一类根本问题。在高校的课程体系中,需要将之作为一个总方针,从而充分挖掘专业课、通识课等各类课程中的育人功能和思政教育元素,让这些课程在潜移默化中传播主流价值观,培养德智体美劳全面发展的综合性人才。

(一)中外合作办学高校的需要

由于办学模式和教学宗旨的原因,中外合作办学高校多未开设思想政治理论课,且往往会引入国外的教育资源、教育理念以及教学内容。来自世界各地的师生们聚在一起,多元的文化也在这里碰撞、交融。这种不同知识体系和道德观念、文化传统相碰撞的环境,使得该类学校的学生们在获取国际视野的同时,比普通高校的学生更容易受到西方价值观和社会思潮的影响。而大学生此时正处于"拔节孕穗期",还没有形成成熟的人生观与价值观,面临着许多现实的选择与困惑,部分同学在不同程度上存在着信仰迷茫、个人功利主义倾向、价值取向多元化等问题,尤其身处国际化的氛围当中,有部分同学会对西方文化产生盲目崇拜,不能坚定文化自信,由此精神上的引领是非常重要的。

这种情况下,在中外合作办学高校融入"课程思政"理念,在学校的专业课程、通识课程中融入思政教育的元素,将思想政治教育的显性教育和隐性教育相统一,可以帮助学生在多元化的价值环境中坚持正确的选择,坚定理想信念,能够辩证看待当代中国和国际形势,成为具有国际视野、理想高远,却也情系家国的时代新人。

---

① 卜岩,马睿.高校语文教学"课程思政"有效策略研究[J].延安大学学报(社会科学版),2022,44(01):124-128.

(二)与大学语文课程结合的优势

1. 大学语文课和思政课在根本目标上的一致性

思政课的知识系统包括政治、经济、哲学、伦理、法律、历史等多个领域,其核心是在对学生进行系统的马克思主义理论教育基础上,让学生树立正确的世界观、人生观、价值观,养成良好的品德修养,达到立德树人的根本目标。

大学语文课的宗旨在于通过对文学经典的阅读与鉴赏,从而提升学生的语言文化水平,培养学生良好的品格素质与人文情操。在大学语文教材中,所选入的文学作品也大多包括社会、历史、哲学等多个层面,在给予人文教育的同时,可启发学生对社会、人生进行思考,进行主流价值观的引领。

由此可见,虽然两者归属于不同的学科,但都具有树德育人的功能,在本源上具有相通性和一致性。思政课属于系统的、专业的显性教育,其目的不仅仅是讲授政治理论,更为重要的是对大学生进行价值观的引导,这种价值观的引导不止于对社会主义的认同,还要让学生具备基本的人文素养。而大学语文课在潜移默化之中影响和引导了学生的道德、情感与价值追求,从隐性教育的层面使学生无形中完成了思想观念的升华与转化,从而达到显性教育与隐性教育相统一的要求。

2. 大学语文课程中蕴含丰富的思政教育资源

与其他课程相比,大学语文聚焦于经典文学作品的鉴赏与解读,提倡以文载道,属于典型的人文学科。在大学语文教材中,收录了许多古今中外优秀的文学作品。一方面,通过经典文本的解读,学生们能够更好地了解中华优秀传统文化,理解中国人思想中所蕴含的价值观念、思维方式等,从而构建民族身份的意识;另一方面,阅读外国文学作品,学生也能认识到文化的多元性,在比较中求同存异,体悟社会主义核心价值观,感受中华民族的独特魅力,增强对民族文化的认同感。

思政教育本质上来说,就是一种育人教育,这一点和大学语文课程"以情育人、以文育人"的特征亦是高度一致。在文学作品之中,学生不仅仅是领悟到了文字之美,也能从中窥探到作家的亲身经历与心境。其中所蕴含的对于人生、生命的思考,勇于追求理想的精神,都可在无形之中影响和感染一代代年轻人,使他们在情感上产生共鸣,在精神上受到鼓舞。

同时,通过鉴赏文学作品,学生的审美能力会有所提升,这也是培养时代新人人文素养和审美认知的一个有效路径。借助这些丰富的资源,启发学生对社会、家国、自我认知、真善美有所思考,提供了人文价值导向,从而增强学生的文化自信,提升民族自豪感,达到德育的目的,也拓宽了思政教育的方式、方法。

二、中外合作办学高校大学语文"课程思政"教学案例

笔者所任教的学校,作为第一批中外合作办学高校之一,在"课程思政"的道路

上也进行了先行探索,将大学语文课程与"思想道德修养与法律基础"(简称"思修")这门思政课相结合,由此深度挖掘语文课中的德育功能与思政元素。

(一)确定大学语文的"课程思政"目标

大学语文课程属于我们学校通识课程之一,是全校大一学生的必修公共课,一个学期42课时。为贯彻"课程思政"的理念,在设计大学语文课程目标时,就需要与"思修"课相呼应,与"立德树人"的宗旨相匹配。大学语文本身具备基础性与人文性,不仅可以帮助学生提高语言能力、鉴赏能力、写作能力,也可借助文学作品的欣赏来培育人与成就人,提升学生的内在情怀与心灵境界的追求。① 而大学语文课程目标思政化就需要强化课程本身的价值观引导作用,在用文学化育心灵的同时,融入主流价值观的输出,具体来说,也就是:"深挖课程的思想政治教育要素,牢牢地把握思想政治教育内涵,把中国优秀传统文化教育和社会主义核心价值观融入大学语文课程中去,引导学生自主阅读经典名著,通过阅读培养学生自觉肩负传承优秀传统文化的重任,在理想信念层面进行精神指引。"②

(二)解析教材,选取合适的教学内容

在将大学语文课与思修课结合时,无须将其与"思修"课本的章节一一对应,只要挖掘两者相联系之处即可。比如阐述爱国主义时,可以通过经典的文学作品赏析,使学生对不同时代的社会、人文有感性的认知,在文字中游历大好河山,从传统经典中育德性,养情怀。笔者所在学校使用的是自编国情国学教育系列教材《大学国文》,该教材主要分为上编和下编:上编包含"学以修身心""游以养情怀""感以兴文思""鉴以明事理""赏以增雅趣"五个单元;下编包含"家国天下""世间况味""情深义重""亦幻亦真""生命感悟"五个主题;选录52篇文章,都是人文主题,对中华传统文化和社会人生皆有所映射,但不是每一篇都适合思政教育,由此便需要选取具有代表性的作品进行讲解。譬如学习梁启超的《为学与做人》,让学生了解学习并不仅仅是为了掌握知识,而是通过为学做一个有健全人格的人,能够智、仁、勇统一,明辨是非,关心国家社会,对于理想信念有践行的勇气和毅力;学习鲁迅的《论"人言可畏"》,了解一代明星香消玉殒的悲剧故事,也让学生们能够联系社会实际,尊重他人生命和隐私权利,培养公德意识。学习《听听那冷雨》,除却鉴赏余光中先生优美的文字和其中蕴含的古典文化,学生们也能感怀于作者对祖国、家乡深深的思念与热爱,从而增强家国情怀以及民族和文化的归属感。

(三)采取多样化的教学方法

传统的以教师为中心的理论灌输教学容易导致只注重知识传授,却忽视了价

---

① 伍鸿宇.大学国文[M].广州:广东高等教育出版社,2019.
② 王岚.将思政教育融入大学语文课程的条件及路径[J].陕西教育(高教),2019(4):24-25.

值观的引导;而以学生为中心的自由模式,也容易只注重塑造价值而忽视了语文理论基础。因此在将大学语文的课程目标思政化的过程中,教学设计上也应多元化,以达到更好的思想政治教育效果。

1. 开展主题化讨论和研究

学生是学习的主体,应充分发挥学生的积极性,使其主动吸收和内化知识。笔者所在学校的大学语文课程中,一般会采用"2+1的"教学模式,即 2 小时课堂教师讲授为主,1 小时课堂可选取延伸话题或联系当下社会实际,让同学们加以讨论。譬如在讲授"情深义重"主题文章时,因势利导,聚焦当今社会年轻人的恋爱观、婚姻观,进行开放式讨论和交流,以润物细无声的方式传播正能量和主流意识形态,帮助青年人树立正确的婚恋观。此外,要求学生以小组为单位(5~7 人/组),团队合作共同研究某一主题。学生需要自行选题、研读资料,并在和团队队友讨论交流的基础上,最终以专题报告的形式展示出来。这一学习形式不仅锻炼了学生学以致用、搜集整理资料、口头表达、沟通与合作等诸方面能力,也激发了学生通过查阅资料和文献,更好地了解中国国情社情与中国精神,从而内化于心、外化于行。

2. 自主阅读,深化思考

"倡导读书,导读经典,是大学人文语文的核心任务。"[①]在《大学国文》这本教材中,编者不仅选录了从古至今的优秀作品作为精读篇目,也有针对性地在每一章节都选取了一些中外佳作作为课外阅读拓展篇目。学生可通过自主阅读这些篇目,去深化对教学内容的理解,去开阔视野,丰富审美感受,从而启迪心智、提升精神层次。同时,在课程中设置了"读书报告"这么一项作业,要求学生从指定阅读书单中挑选一本进行研读,并撰写一篇 1500~2500 字的读书报告。书单主要列举了 30 本古今中外的经典作品,涵盖了戏剧、诗歌、小说、散文等多种文体,既让学生从更多样化的角度感受文学的艺术性,又接触到更多体现家国情怀、人文精神内容的名家名篇,同时鼓励学生形成独到的见解并进行表达,涵养心性,促进全面发展。

3. 丰富多媒体教学模式

当代大学生多为"00 后",为增强课程的时代感和吸引力,在大学语文的具体教学中,也可多融入青年人喜闻乐见的方式,利用"学习强国"平台、微博、抖音、Bilibili 网站等新媒体技术作为教学互动的路径载体,寓教于乐,寓价值观引领于知识传授之中。或者,利用和教学内容密切相关的热播影视剧,深挖优秀影视作品独具魅力的育人功能,让意识形态的价值导向作用于无形中影响着学生。比如在讲授"家国天下"的主题篇目时,可以辅以观看《我和我的家乡》电影片段,让学生也以"我和我的家乡"为话题撰写感受,激发和深化学生对于祖国山河的情感与爱国主

---

① 周金声,拓栋.论大学语文课程思政的特点和落实策略[M]//杨建波,石锓,张鹏飞.大学语文论丛:第 1 辑・第 1 卷.武汉:华中科技大学出版社,2021:34-40.

义情怀,振奋年轻一代的民族精神,唤醒对中国梦的追求,并最终引导他们思考如何像古代文人名家一样,将这种情感转化为行动,付诸实践。

(四)建立科学的学业评价体系

建立合理的学业评价体系,有助于教师将价值观引导与知识传授有机地结合起来,从而提升教学效果,既重视学生对知识的掌握,也重视其价值观的养成发展。传统的大学语文课堂往往评价方式比较单一化,只以考试或者论文这类定量成绩作为评价的衡量指标,但若是与思政课育人目标相结合,这种评价标准实际上是难以准确地表现学生的价值观念的。

因此,笔者所在学校采取了定量评价与定性评价相结合的方式:定量是设置读书报告、论说文、创意写作等作为期末成绩考核,客观地考查学生对于所学知识与技能的掌握和应用能力;定性是考查学生在实际学习中的状态、情绪、思维表现、发言情况等,比如整个学期的到课率、个人口头报告展示、参与课堂发言的次数、课后思考题的撰写等平时成绩,这有助于记录每位同学的学习痕迹,关注学生的思想动态,把握学生价值观塑造的结果。只有把学生的定量与定性成绩都计入课程的总成绩,将学生的知识储备与价值观念相结合进行综合化的考核,才能建立一种有效的反馈机制,调动学生将知识内化于心、外化于行。

三、总结

在中外合作办学高校中,推进"课程思政"建设,加强思想政治理论教育,是一项任重而道远的事情。大学语文作为一门兼具基础性和人文性的通识课程,本身蕴含着丰富的思政教育资源,融价值观引导和知识传授于一体,在推进"课程思政"工作上占有天然的优势。我们以此为着力点,结合中外合作办学高校的资源优势和特色,探讨语文课程目标思政化的实现路径,为思想政治教育的方式、方法提供更加多样化的角度,也为其他课程教学的思政化目标提供可参考的案例,从而共同构建"大思政"的格局,更好地培养既具有国际视野,又能够担当民族复兴大任的时代新人,完成树德育人的目标。

课程思政背景下沟通为核心的大学语文教学研究

赖若良[①]

摘要：大学语文是课程思政中一门重要课程，具有隐性思政的优势。发挥大学语文课程思政教育功能，将大学语文所学知识提升为职场沟通能力，促进大学语文教学理念的根本改变，实现价值引领、培养人文精神，切实提高沟通为核心的大学生语文表达能力和理解能力是新时代培养优秀的社会主义接班人是大学语文教学研究的目的。

关键词：大学语文　课程思政　职场沟通能力

引言

随着市场经济和大众传媒的深入发展，大学生不免受到消费主义、娱乐主义的侵染，出现了心态功利化、势利化，审美情趣庸俗化、低俗化，人格心理不健康、精神滑坡、道德沦丧、狭隘自私、唯利是图等问题。大学语文是一门塑造人、教化人和熏陶人兼具人文性和工具性的学科。它以育人育才为中心，紧抓思政要素，坚持立德树人的根本任务，以高度的文化自信、雄健的精神，社会主义核心价值观全面引领学生健康成长。课程思政背景下的大学语文教学弥补了传统教学的不足，为大学语文课程的教学改革提供了新的视角。在大学语文课堂教学实施的过程中，学生始终是整个教学过程的主体，课前自主学习，课中深入探究，课后巩固强化，以教师

[①] 赖若良，昆明理工大学津桥学院语言文化学院教授。

为主导,注重双向互动教学,将思政理念、多种教学资源、现代教育技术有机融入到教学中,提高学生的自主学习与探究能力,树立正确的世界观和职业观。弥补了由于学生缺乏正确的审美观念,思政和职场沟通能力没有获得培养和提升,对大学语文的研究重视不够,思政教学内容和模式单一,学习积极性不高,阅读碎片化、浅表化,深度学习能力不足,批判阅读能力、思维力、表达力的严重欠缺等不足。在大学语文教学中应深入挖掘思政主题,充分发挥大学语文课程的价值引领作用,传递思想政治内容的同时塑造学生正确的思想政治意识,在教学过程中融入社会主义核心价值观的培养和塑造,传递正确的世界观、人生观和价值观,实现知识育人和立德树人的统一在社会主义新时代尤为重要。

一、分析学情,结合新文科理念,深度设计课程思政,合理构建课程框架

思想政治教育源于社会共同生活的需要,离开了社会生活需要,思想政治教育既没有产生的可能,也没有存在的必要。当前,国外不良思潮渗透和影响,如新自由主义思潮、拜金主义和利己主义思潮、民族分裂主义思潮、"普世价值论"思潮、愚昧迷信、伪科学思潮、历史虚无主义思潮和文化保守主义思潮等,对大学生个性心理成长都有负面影响。立足新时代,应紧抓思政滴灌的关键环节,大学语文教师讲解强调知识点的同时,精选"思政育人"案例进行分析和拓展,在教学方法、教学手段、教学资源、考核方式上进行创新,实现课堂深层次变革。新文科是相对于传统文科而言的,是以全球新科技革命、新经济发展、中国特色社会主义进入新时代为背景,突破传统文科的思维模式,以继承与创新、交叉与融合、协同与共享为主要途径,促进多学科交叉与深度融合,推动传统文科的更新升级,从学科导向转向以需求为导向,从专业分割转向交叉融合,从适应服务转向支撑引领。2021年11月,教育部新文科建设工作组在山东大学主办的新文科建设工作会议上明确指出,文科教育是培养学生自信心、自豪感、自主性,产生影响力、感召力、塑造力,形成国家民族文化自觉的主战场、主阵地、主渠道。① 2022年11月23日,教育部、国家语委发布了《关于加强高等学校服务国家通用语言文字高质量推广普及的若干意见》,要求提高大学生语言文字应用能力,强化学生口语表达、书面写作、汉字书写、经典诗文和书法赏析能力培养,促进语言文字规范使用。意见指出,支持高校开设大学语文、应用文写作、口语表达、经典诵读等语言文化相关课程。强化语言文明教育,引导学生养成良好语言习惯,自觉抵制庸俗暴戾语言。大学语文课程作为非汉语言文学专业的人文素质必修课,融人文性、工具性、审美性于一体,固本凿魂、启智

---

① 教育部.《新文科建设宣言》正式发布[EB/OL].[2023-11-12]. https://www.eol.cn/news/yaowen/202011/t20201103_2029763.shtml.

润心、力行增能,是培养全方位人才的重要课程。然而,当前的大学语文教学依然存在着学习枯燥乏味、教学编纂与教学脱离学生实际、授课难度大、教学效果不好等问题。立足新时代,回应新需求,教学创新的要求呼之欲出。为了培养宽口径、厚基础、适应科学技术发展,高素质复合型的应用型人才,在教学实践中大学语文教师应通过形式多样的活动和信息技术促进学生积极、深度参与,多学科合理交叉,创设话题情景、活跃课堂气氛,把课堂还给学生,构建实践性、互动性课堂模式,实施形成性评价,鼓励学生踊跃参与教学活动、有效调控自己的学习过程,在掌握文学知识的同时,热爱中华优秀传统文化,树立文化自信,更加坚定爱国热情,成为具有较高的人文素养和思想政治觉悟的创新型人才。

(一)利用网络平台构建线上线下教学模式,拓展教学资源,与思政元素有效融合

大学语文教育即成长教育、社会教育、生活教育、人生教育,体现了大学语文教育的时代性、前沿性和思政性。为了让学生学会主动内省,需将阅读、写作与沟通三方面内容统筹安排、有机融合,引导学生自觉弘扬和践行社会主义核心价值观,形成从输入到输出、从接受到表达、从思考到创造这一互补循环的完整体系,用思政教育的核心理念砥砺自己,实现自我教育。为了进一步贯彻教育部和国务院近年来关于立德树人和发展职业能力培养方面的文件精神,我们有针对性地将教材上篇的"经典文选"内容专题化为家国情怀、经典文化、技艺传承、感悟自然、民俗风情、志向抱负六大主题。下篇的"实用写作"针对大学生在学习、生活、未来工作中所需掌握的基本实用文体和他们在各类文体中存在的问题安排了社群沟通文书、事务类文书、公文类文书、科研类文书,以提高听、说、读、写的能力,从而起到良好的沟通和交流的作用。利用"互联网+"教学手段,将文学、历史、地理、哲学、心理学、教育学等学科知识相互融合,拓展学习资源,增强交互功能。结合超星学习通、雨课堂、多媒体技术,构建智慧化、多模态的课堂如MOOC平台、各种学习的App、微信公众平台、百家讲坛节目、学习强国等,为学生提供优质资源。通过课堂教学、线上自主学习和课外拓展延伸的教学模式,丰富学习方式、提高学习兴趣,实现深度学习,转知为智,提升职场沟通能力,全面提高课堂质效。课程思政是大学语文课程教学改革的指挥棒和风向标,须围绕"思政"要求来推进教学改革,在大学语文教学理念、教学内容、教学方法、实施措施等各方面齐头并进。

(二)研究"大学语文"课程思政,采用翻转课堂创新教学模式,进行教学改革

大学语文教学改革应综合运用问卷调查与统计分析、跨学科研究与系统分析,依托全国大学语文研究会及全国大学语文教师QQ/微信群展开相关思政专题调

查与实验研究。进行较广泛的问卷、访谈、座谈、作业等多方面的调查研究,从课堂到课外,翻转课堂是基于信息技术支持的逆向的教学流程,为大学语文教学提供了指导性框架。近十年来,信息化教学与大学语文课程的整合实现了从传统教学模式向基于计算机信息技术的课堂教学模式的转变。

教学模式上,通过课前了解学生习得的背景知识,教师收集相应主题的视频和图式材料,构建符合学生水平的线上资料,通过QQ或微信平台发布学习内容及视频收看、相关文献的阅读,学生获取了可理解的输入材料,学生接收任务信息后自主学习,提出问题,交流讨论。课中采用翻转课堂的模式,针对学生的问题和理解程度,进行"精准翻转"。学生以汇报学习成果,交流讨论,分组讨论,小组互评的方式进行思辨性学习。教师进行引导,启发,点评与总结。课后,通过任务巩固学习内容,帮助学生进一步理解吸收课堂内容,发展逻辑思辨等综合能力,从教师到学生进行细致深入的调查,从教学目标、教学方法、教学手段、教学对象、教材选段等方面深入探讨大学生思政语用水平和语用习得现状,将大学语文的人文性、审美性与思政教育的政治性、学理性、价值性紧密结合起来,研究语文教材篇目选择与分配、经典讲读与生活及职场应用文训练的合理比例等问题。

二、明确大学语文课程思政的教学目标

"大学语文"教师应该深入挖掘大学语文教材中的思政教育素材,以适宜的教学手段在大学语文教学活动中进行思政教育理念的渗透,在提高学生文化的素养同时,充分挖掘大学语文的思政教育价值,以具体化的教学实践活动促进学生文化知识和精神境界的双重提升,以此达成大学语文课堂教学活动的教育目标,为社会培养道德知识全能的人才,促进社会的发展。

(一)建构"大学语文"课程思政意识

我国是一个拥有五十六个民族的社会主义国家,建构民族认同既依赖于一个民族过去的历史记忆,又蕴藏着多民族群体当下时代变迁中的文化内涵,是从过去传承至今并向未来延伸的持续性建构过程。

传统语文教学往往教师讲授,学生被动接受,以教师语用行为为主要表现形式,学生保持绝大多数时间的缄默。我们主张,教师应适度缄默,让学习主体实施更多的积极语用行为。多运用学生能参与的课堂教学方法,采用朗诵、辩论、演讲等方法,用生动有趣的形式与学生互动,讨论社会、人生、道德等方面的问题。如,学习《品质》这篇文章时笔者和学生聊到"工匠精神"方面,很多学生就正面谈到了工匠精神与社会进步之间的关系,反省了当前社会的不足之处。再布置学生课后观看"学习强国"里的劳动模范的故事,他们尤其有所触动,进一步思考,将视角延伸至对中华民族共同体、人类命运共同体的关注,为铸牢中华民族共同体意识提供

文学层面的重要观照。

（二）明确大学语文的教育目标

大学语文是一门研究语言的规律性和实用性，品味语言的审美性和艺术性，阐释语言的民族性和文化性的课程；是一门通过语言来提升学生汉语水平、文化素养和精神境界的以体现对人的终极关怀的课程。即是说它是一门以语言塑造人、教化人和熏陶人的课程。它凭借以语言文字为载体的文学经典和其他文化经典，培养学生熟练地运用汉语思考、阅读、说话、作文的能力；培养学生以艺术的眼光品味、欣赏汉语的能力；培养学生从文化的层面阐释、解读汉语的能力。简言之，即运用语言（汉语）、品味语言（汉语）、阐释语言（汉语）等能力。运用是基础，品味、阐释是提高；运用是工具层面的，品味是审美层面的、阐释是文化层面的。倘若脱离了工具性，便失去了这门课程的基础；倘若脱离了审美性和文化性，便迷失了这门课程的方向。因而，如何使学生通过教材中的文本，既强化对语言的认识和运用能力，又提升对经典的解读理解能力和美学感悟能力，最终由技进道，使语言的工具性借助人文性得以高层次的转换和升华，便成为相关教育者特别值得关注的问题。倘能做好这种转换，实现这种升华，那么大学语文也就具有了"思政"意味，语文思政也即语文育人的功能就达到了。概括地说大学语文就是通过对具有情感性和文化性的文学经典与文化经典的学习来育人的课程。充分利用教材"情感性"和"文化性"的"正能量"对学生进行熏陶教育是大学语文得天独厚的优势。① 大学语文是更高层次的母语教育，它不仅是一门专业课，更具有工具性，是研究语言的规律性和实用性的学科，对大学生人际沟通、个性塑造、凝聚力、判断力等具有潜在的影响，直接作用于大学生人生规划和发展，以及大学生的审美素质和人文素质。一个既有专业知识又有较强语文能力的人必定比只有专业知识而语文能力低下的人在事业上更有发展前途。所以，大学语文教学除了文学鉴赏之外，还应该增加用沟通引领实用写作的能力培养，将修德养心与沟通能力培养相结合，使之符合新文科"新思想新目标、传承创新、创学科融合"的目标要求，固本凿魂、启智润心、力行增能。说、写是人际沟通的主要方式，"说"的表达能力培养通常依托"演讲口才"课，"写"的表达能力培养通常为沟通写作课程，"沟通与写作"包含"沟通口才"与"沟通写作"这两方面相辅相成的内容。② 通过比较分析，能进一步了解和掌握大学语文课程的主要特点和定位。在语文新课标基础上，应利用教材中经典文本的情感性与文化性进行思政教育。用情陶冶学生，用德教育学生，用美感化学生，用作家的人格指引学生。① 为此，把握符合大学层次发展的教学规律和特点，针对社会需求

---

① 杨建波.将思政教育融入文本的教学之中[M]//杨建波,石锓,张鹏飞.大学语文论丛:第1辑·第1卷.武汉:华中科技大学出版社,2021:24-33.
② 周金声."沟通与写作"课程的理念、定位和主要教学内容[J].中国高等教育,2021(19):18-20.

来设计更高层次的具体教学目标和任务,突出语文的工具性与人文性。"大学语文"最基本的任务是能切实有效地提高大学生语文运用能力,大学语文同时具有育人的作用,应结合思政教育深入大学生对中国特色社会主义的政治认同和思想认同,融合社会主义核心价值观来探究系统化审美教育与文学创作的关系,丰富大学生的人格心灵层次,为启智、立德、创新,以及推动和谐社会培养人才,从而为实现各民族平等、团结、互助和共同繁荣提供依据。

(三)新时代大学语文教师的责任

大学语文教师的身份是学习主体在语文能力方面提升的促进者和陪伴者,教师与学生共同进步,拥有学习成效评价的权力。从大学教育的本旨来讲,教师要有效地贯彻课堂思政教育,自己就得先加强理论学习,具备较高的理论素养,把握好课程思政的教育尺度。另外,加强政治理论的学习还应包括了解和吃透国际、国内时事要闻,然后渗透到语文教育之中,这有助于教师理论联系实际,丰富课堂教学内容,活跃课堂气氛,提升教学效果。同时,"大学语文"教师应尊重语文教育的实践性特征,倡导和激励学习主体积极进行写作实践,在教学过程中,深入分析大学语文和学生生活的内在联系,探讨教学质量的提高与学生发展的途径。

三、理论结合实践,应用情境教学,拓展学生的知识面

传统语文相关学科关涉语言学、文学和文献学三大领域,新时代大学语文应进一步丰富拓展学科知识,包括沟通学、心理学、社会学、人才学等多个领域交融,让更多的人类优秀文化成果在语文的课程中有所体现,应广泛深入研读语文教育学、应用语言学、语用学、心理学、沟通学、写作学等论著和最新成果,掌握最能体现中国语文本体属性的语文教育理论及课程思政相关理论。汲取企事业单位进行职场培训的案例和经验。在以往两个项目研究资料的基础上,进一步领悟教育部乃至国务院近年关于立德树人和发展职业能力培养方面的文件。根据教材内容专题化分解,针对性推送课程思政教学资源,包括文本、动画、图书、视频、音频、文字等形式。具体内容为爱国、敬业、诚信、亲情、友情、爱情、社会等八大主题。大学语文思政教育的基本要求是立德树人,应着眼于夯实人文底蕴、有效扩充知识容量,在大学语文的教学中以情境教学案例丰富语文教学活动。这种情境来源于学生的生活体验。"大学语文"教师应保证学习主体能够轻松代入来源于学生的生活经历和情感体验,从而对大学生人际沟通、个性塑造、号召力、凝聚力、判断力、号召力等产生潜在的积极影响,进而直接对大学生人生规划、职业发展、审美素质和人文素质的习得产生良好的效果,突出语文的工具性与人文性。在大学语文课堂教学中运用情境教学的方法打破了传统教学模式的束缚,激发了学生对文学经典作品的热爱,丰富了语文教学活动,培养了学生的创造性思维,增强了学生的直观感受,强化了

学生职业素质的养成。

情境教学相对于传统的教学方式来说,具有较高的代入度,很容易将学生代入一种特定的环境中,带给学生真实的体验,也就更容易激发学生学习的热情和欲望,提升课堂教学效果。在陆游的《晚晴闻角有感》第二节课的教学过程中,老师创设情境为导入点,理解颔联"十年尘土"的战争背景,通过老师讲解有关金朝与南宋之间战争的战略形势,给学生播放一些具有历史代表性和震撼性的图片,触碰到学生心灵中的爱国主义,激发起学生强烈的学习兴趣和家国情怀,在学生感情最为充沛之时,把学生分成小组,采用小组讨论、团队合作的形式,将学生代入诗人所处的时代。

四、大学语文与写作相得益彰

大学语文除了人文性,还有工具性、审美性、价值性,是内省外化的功夫,是思想政治教育最理想的途径。为了让学生学会主动内省,需将阅读、写作与沟通三方面内容统筹安排、有机融合,引导学生自觉弘扬和践行社会主义核心价值观,形成从输入到输出、从接受到表达、从思考到创造这一互补循环的完整体系,用思政教育的核心理念砥砺自己,实现自我教育。

目前,相当一部分学校的大学语文学习内容多限于文学欣赏,写作教学被排除在大学语文之外,多数学生都存在沟通不顺和缺乏沟通素养的问题。大学语文本是一门固本凿魂、启智润心、力行增能的修身养性与人际沟通相结合的课程。补充实用写作内容、拓展课外学习资源、结合教学单元主题,选取与课程的相关文化、历史、政治、社会热点、新闻事件内容融入课堂,激发学生的思辨意识、家国情怀以及对真善美的价值追求,培养学习者阐释中国文化、弘扬中国文化的能力,树立文化自信,建构以沟通为导向的教学观念、内容、方法和评价……所有这一切,都须让学生通过写作,消化对某些赞同或不赞同思想后进行辩论和讨论,进而在一定程度上内化为学生的价值观和以后的职业精神。除了与教学内容有关的实用写作,也可以鼓励学生平时多写日记。

五、创新课程思政协同育人评价体系,提升实践能力

"大学语文"教师的身份是学习主体在语文能力方面提升的促进者和陪伴者,教师与学生共同进步,拥有学习成效评价的权力。"大学语文"教师应尊重语文教学的实践性特征,深入分析大学语文和学生生活的内在联系,探讨教学质量的提高与学生的发展的途径。教学评价和习得效果评价结合教育部推行的汉字应用水平测试和职业汉语能力测试以及职业沟通能力测试的经验和操作模式,坚持"价值引领"功能的增强和发挥,采用"多元指向"的教学评价,平时成绩占60%,期末考试

占 40％，将学生的品格素质、语文能力、学习水平、学习成果等因素纳入形成性过程评价体系。

六、结语

无论是语文教育还是思政教育，都要落实在人文性方面。语文教材包含丰富的思想教育内容，解决好大学语文教育从中学语文提升为职场培养具备高水平母语能力的人才，发挥大学语文的育人作用，深化大学母语教育本身的思政教学，特别是大数据信息时代更需要人才具备良好的政治素养、较好的沟通能力和运用信息的能力。教师应立足生活和社会，紧扣社会主义核心价值观，发挥积极的育人作用，真正做到立德树人。我们才能培养好大学生的沟通能力，为大学母语教育教学改革，寻求有效沟通能力培养、健全人格塑造、提升学习主体对中国传统文化的自信心、促进学习主体自觉传承中国优秀传统文化、体悟做人做事的根本法则等提供策略，并以得体、有效、优雅为标准，革新教学范式，引导学习主体发展人际沟通、小组沟通、大众沟通、媒体沟通等场景的职场沟通能力。

参考文献

[1] 教育部.《新文科建设宣言》正式发布[EB/OL].[2023-11-12]. https://www.eol.cn/news/yaowen/202011/t20201103_2029763.shtml.

[2] 杨泽琴.大学语文教学创新的总结与反思[J].文学教育(下),2022(10):122-124.

[3] 杨建波,王娟.大学语文与通识教育[J].通识教育研究,2018(1):22-28.

[4] 杨建波.将思政教育融入文本的教学之中[M]//杨建波,石锓,张鹏飞.大学语文论丛:第1辑·第1卷.武汉:华中科技大学出版社,2021:24-33.

[5] 周金声."沟通与写作"课程的理念、定位和主要教学内容[J].中国高等教育,2021(19):18-20.

大学语文爱情题材文本解读

张爽[①]

摘要：大学语文可以通过对爱情题材文本的解读来很好地实现对学生精神的引领。首先，教师利用在课堂上师生观点的碰撞，不失时机地挖掘出爱情作品中应当高扬的价值立场，使学生思考爱情的责任和忠贞等。其次，可以通过挖掘自然风物的象征含义，激荡学生的家国情怀、激发学生的独立自尊和利他精神，另外通过对爱情文本的鉴赏还可以引导学生对宇宙万物的包容之心等等。

关键词：大学语文　爱情题材　文本解读

爱情题材是文学作品中经典而永恒的主题，大学语文的教材中也会选用一些爱情题材的作品，比如有一方水土孕育出诗意爱情的《边城》、有发出女性独立爱情宣言的《致橡树》、有《菉竹山房》中诡异凄惨的爱情故事等等，而现实生活中大学生常常为情所困，那么在课程思政的视角下，如何通过对爱情题材文本的解读来实现对学生精神的引领呢？

一、挖掘爱情作品中高扬的价值立场

曾任全国大学语文研究会副会长的杨建波教授在谈到大学语文时说，除了继续培养学生的听说读写能力外，要重点培养学生思考能力。布鲁姆在教育目标分类学中把知识、理解、应用归为初级认知，而把分析、评价、创造归为高级认知。高

[①] 张爽，湖北幼儿师范高等专科学校讲师。

级认知不再是单纯对知识的理解和记忆,而是涉及人的思维方式,通过把复杂、整体的知识予以分解,从而进行价值评价,最后上升为创造力,即创造性解决问题的能力。大学生学会对文本进行分析和评价将有助于他们思维的提高,这对形成他们世界观、人生观、价值观以及随之而来的行为规范有重要意义。

例如鲁迅的爱情悲剧作品《伤逝》中男主角涓生有两句很经典的话:"人必生活着,爱才有所附丽。""爱情必须时时更新,生长,创造。"离开文本环境,这两句貌似理性的话引得无数人赞同。是的,从哲学角度来说世界上唯一不变的是变化,为什么爱情就不能变呢?如《伤逝》中涓生对子君的评价:"她早已什么书也不看,已不知道人的生活的第一着是求生,向着这求生的道路,是必须携手同行,或奋身孤往的了,倘使只知道捶着一个人的衣角,那便是虽战士也难于战斗,只得一同灭亡。"

涓生的观点从正向看,如果我们用心经营感情,经济、人格独立,不断拓展生命的内涵和外延就能保持魅力,然后就能留住爱情。但反过来如果在一段感情中一方跟不上另一方的步伐,或者当和伴侣一起乘坐的生活之舟行将覆灭,那么一方为了求生,另一方应当被弃之如敝屣,哪怕双方已经结婚。

所谓深入地阅读,其中重要的一点是读者能在作品人物身上实现"我"的回归,也就是重新审视自己,反观自己身处的世界,从而获得审美感悟、审美价值判断。大学语文老师还是要引导学生旗帜鲜明地对涓生这一行为给予透彻分析、正确引导,而不是采取模棱两可,让学生"仁者见仁、智者见智"的态度,否则可能会引起学生在现实世界中思想的混乱。难道一段感情开始时很美丽,当它开始变化的时候,却不管不问、听之任之、草草结束吗?在现实社会中把感情视为儿戏的人比比皆是,这正是通过文学的形式引导学生形成正确的婚恋观的好时机。

事实上,爱情、婚姻如同签下了一份契约,是一种神圣的约定,如《诗经》中所说:"死生契阔,与子成说。执子之手,与子偕老。"当爱情、婚姻遇到暗礁的考验,涓生是有责任和义务帮助子君的,两人应当同甘共苦、风雨相伴、互相提点,提醒彼此记住初见的美丽,珍惜一起走过的岁月,勿忘初心,方得始终。

《伤逝》中曾经的子君很勇敢,她说过:"我是我自己的,他们谁也没有干涉我的权利!"在涓生看来:"我觉得在路上时时遇到探索、讥笑、猥亵和轻蔑的眼光,一不小心,便使我的全身有些瑟缩,只得即刻提起我的骄傲和反抗来支持。""她却是大无畏的,对于这些全不关心,只是镇静地缓缓前行,坦然如入无人之境。"这就是曾经勇敢的子君,在婚后她却变了,她和托尔斯泰的《安娜·卡列尼娜》里的安娜一样"只为了爱——盲目的爱——而将别的人生的要义全盘疏忽了"(《伤逝》涓生语)。子君也是过于感性,将爱情视为生活的全部,婚后眼中只有家庭,难免格局变小、爱情也会失去自身魅力,再加上当时的男性胆怯于社会和生活的压力,便无力也不想负载这段感情继续前行。所以辩证地看,这段失败的婚姻子君也应负有责任,毕竟结婚并不是爱情的终点而是新阶段的开始,所以人依然要追求进步,如事业进步、自我完善等。

涓生和子君，一个精神受伤忏悔、一个逝去青春的生命，纵有忏悔、伊人已逝，警醒世人勿忘爱情中应有的责任、担当和独立。所以，我们应当深入挖掘作品的价值立场，在大是大非面前旗帜鲜明地明确对作品中人物的评价和观点，通过师生之间的讨论给学生留下深刻的印象，达到大学语文思政育人、立德树人的目的。

张爱玲的《倾城之恋》是现代文学史上无法忽视的作品，读者读后也会有不同价值观的碰撞甚至质疑作者的立场。它描写的是为了谋生而谋爱的白流苏如何采取钩心斗角、步步为营的手段使得富商范柳原娶了她，借以摆脱在娘家屈辱的生活，但是她也只笃定这段感情"至少有十年"的保质期，而相信婚后先生的俏皮话只留给别的女人了，在某种程度上这是一个充满算计和交易的婚姻，有种苍凉的味道。作者写的是旧式女子但并不符号化。写她们并不单纯的恋爱和婚姻以及女性对物质金钱的看重。她们生活在二十世纪，接触了新文明但是本质上她们仍然是在男人主导的社会裂缝中求生存，她们不可避免地承载了压在女性身上几千年的负荷，在这个无奈的空间中摇曳生姿想要开出性别的花来，她们的挣扎和努力是那么真实，在张爱玲绝妙的修辞下焕发了艺术上的美感。她们是小人物，过着平凡甚至屈辱的生活，她们构成了真实社会生活的底色。作者把自己在旧家族的身世之感融入了作品，体现了不同于男性作家写女性的对女性命运的细腻关切，这种展示无关赞扬，本身就是作者的一种立场，是很有进步意义的。当代大学生读后千万不要认为对一个女性来说最重要的就是要嫁给一个有钱人换得后半辈子的幸福，这并不是张爱玲赞扬的价值观，作者对女性形象的细腻展示就是一种态度和立场，足以让我们关注和反思女性在悲惨命运的原因以及今天的我们在这个历史长河的发展中能做哪些改变，这才是课堂上教师要着重引导的。

如同小说《洛丽塔》的作者纳博科夫深入描绘主角亨伯特这个恋童癖者内心世界，并不是让人去理解他或者模仿他，而是为了让人看出他的丑陋和罪恶。我们在欣赏文学作品语言修辞美、细节真实感人等美学因素的同时也不要忽视作家在创作时的社会责任感，即传统文以载道的"道"、有补于世的"补"。作者的价值立场是存在的，而且隐藏在文本之中，这就需要老师和学生一起去探究和挖掘。

二、挖掘爱情文本中物象的象征含义中蕴含的家国情怀和人格因素

（一）挖掘自然风物的象征含义，激荡学生的家国情怀

中国文人士大夫非常看重自己的游历，热衷于描绘大自然，所以留下了大量的山水诗、边塞诗、武侠小说、写景散文等作品，例如喜欢用自然景物如松兰竹菊、名山大川、鸟木花鱼等象征与映衬人们的道德品质、烘托人物的心情，营造氛围预测情节发展，有很多学生会认为这些景物描写是闲笔而跳过不读，但其实这是中国优

秀传统文化的一部分——天人相通,万物同根,生命同源。这些景物描写营造出的高雅意境俨然成了区别于通俗趣味作品的纯文学审美情趣,而且这些景物描写能够自然地激发读者热爱祖国、热爱名山大川、敬畏自然的情感,所以我们在鉴赏爱情题材的文本的同时也不能忽视其中自然风物的象征意义。

路遥《人生》中的高加林:"他望着高家村参差不齐的村舍,望着绿色笼罩了的大马河川道;心里一下涌起无限依恋的感情。他觉得对这生他养他的故乡田地,内心仍然是深深热爱着的!"这一段写于他和巧珍分手之际及将要去城里工作的时候,体现了他对故乡的眷恋以及对爱人的不舍,这两种感情交织在一起,也让读者相信他日后的忏悔和重新开始。故乡是从古至今人们精神的皈依,它既为我们疗伤也让我们拥有改变现实的动力,这不禁让学生思索自己的故乡和故乡对于自己不能割舍的意义,这是一种很宝贵的情感。

如《边城》:"我昨天就在梦里听到一种顶好的歌声,又软又缠绵,我像跟了这声音各处飞,飞到对溪悬崖半腰,摘了一大把虎耳草。""梦中灵魂为一种美妙歌声浮了起来,仿佛轻轻地在各处飘着,上了白塔,下了菜园,到了船上……这时节可以选顶大的叶子做伞。"这一段描写把朦胧的爱情通过梦境表现了出来,虎耳草这一意象是翠翠撑船时经常看到,但又无法触碰到的美好,它象征着爱情的美好和诗意,象征着少女爱情的缥缈和孤独与无处诉说,也预示了少女的爱情和命运将如梦境一样难以琢磨和把握。除了"虎耳草",《边城》这篇小说中出现的小山城、青山绿水、白塔以及眼眸清如水晶、对人毫无防备之心的翠翠,还有慈爱、包容的爷爷,这些画面共同构成了"一个供人敬奉的希腊神庙",让人们相信在这个世界的某一个角落有这么一个没有工业和世俗污染的地方,这里的人们过着日出而作、日落而归的生活,有着如大地般能承载的淳朴、善良、坚强、韧性的性格(即如沈从文所述的"优美、健康、又不悖乎人性")。从而引导学生关注自然环境中的一枝一叶,使学生体会自己的情感灵魂可以和自然达到一种神秘与和谐共振,这潜移默化中提高了学生对文本的鉴赏能力和对自然的感悟能力,从而使学生眼界开阔、心态平和、拥有高雅的审美情趣,进而相信爱情是美好的,是值得憧憬和追求的,并油然而生一种热爱故乡的家国情怀、奋发向上的积极进取精神。

(二)在挖掘自然风物的象征含义中激发学生的独立自尊和利他精神

大学老师要在挖掘自然风物的象征意义时,有意识地激发学生培养美好品质,如独立、自尊、自信。舒婷的《致橡树》很有代表性:"根,紧握在地下;叶,相触在云里。每一阵风过,我们都相互致意","我必须作为树的形象和你站立在一起"。为什么借树来自喻呢?树不同于攀附的藤、柔韧的蒲苇、红颜易逝的花,它是顶天立地的、独立的;树能享受阳光雨露的恩泽,也能承担狂风暴雨的打击,所以它是敢于担当的。"根,紧握在地下;叶,相触在云里",她有自己的事业和理想、有独立生活的能力;也与对方有心灵的交流、心灵的默契。"橡树"代表的是独立和有自身价值的女性。学习《致橡树》,教师要让学生明确独立是拥有爱情的前提,而那种"你负责赚钱养家,我负责貌美如花","我就是要找一个像我爸一样宠着我的,只要对我好就行"的爱情观,是没有人格的攀附式的爱情。

在爱情面前我们除了要保持独立、自尊还要有利他精神,匈牙利著名诗人裴多菲的爱情诗:"我愿意是急流,山里的小河,在崎岖的路上、岩石上经过……只要我的爱人是一条小鱼,在我的浪花中,快乐地游来游去。"接着诗人用了一系列的排比无不说明了自己心甘情愿为爱付出,因为我爱你所以我愿意付出去成就你,这和《致橡树》中"不仅爱你伟岸的身躯,更爱你坚持的位置、足下的土地"有异曲同工之妙,这样的爱不狭隘,诠释了"活着,是为了使他人的生活更美好"(雷锋)。

大学语文通过爱情文本的鉴赏还可以引导学生对宇宙万物的包容之心。据调查,有部分人不理解贾宝玉为什么喜欢小心眼的林妹妹,他们会这样说:"我宁愿单身,都不愿意找那样的。"这样评论茨威格《一个陌生女人的来信》:"她的一生真是可悲。"我们并不是说这些评论不对,而是有些太简单。对于女主角的爱情,除了这些情绪我们也可以有理解、悲悯、欣赏、肃然起敬等情绪,我们应当用辩证的眼光客观看待爱情,尊重每一个生命个体,实现个人的全面发展。如《红楼梦》中贾宝玉喜欢的是有着木石前盟的林妹妹而不是大家都拥护的金玉良缘的薛宝钗,他喜欢的是心灵契合的林妹妹,这正体现了爱情的个体性,它是一种内心的感受,冷暖自知,我们可以不赞同但不妨碍我们欣赏爱情的美。《霍乱时期的爱情》阿里萨爱了女主角费尔明娜50年,终于在70岁的时候两人在一起了,如此笃定又炙热的爱情,真是让人感叹"情不知何所起,而一往情深"。也许是最初的心动便在心中埋下了不灭的种子,成为一种坚持的信仰。《一个陌生女人的来信》中陌生女子默默爱了一个男子一辈子,按照世俗定义的标准,她拒绝了别的男人,独自抚养孩子而不去打扰爱自由的男子是很可怜的,可是她却无怨无悔,她通过爱来感受生命的本质,在自我的爱中实现个人价值,真是"爱一个人与他人无关"。爱情的形态各种各样,虽然我的爱情之花和你的不一样,但是不妨碍我欣赏你的爱情花朵。

综上所述,大学语文可以通过对爱情题材文本的解读来很好地实现了对学生精神的引领。首先,在课堂上、师生观点的碰撞中,不失时机地挖掘出爱情作品应当高扬的价值立场,使学生思考爱情的责任和忠贞等。其次,我们可以通过爱情文本中的物象挖掘自然风物的象征含义,激荡学生的家国情怀、激发学生的独立自尊和利他精神,甚至通过对爱情文本的鉴赏还可以引导学生对宇宙万物的包容之心等等。总之,在大学语文教学中正确把握爱情题材的文本内涵将有利于学生在纷繁的世界、多元的价值观下,保持一份笃定、一份坚守。

参考文献

[1] 安德森.布鲁姆教育目标分类学:分类学视野下的学与教及其测评[M].北京:外语教学与研究出版社,2019.

[2] 鲁迅.伤逝[M].南京:江苏凤凰文艺出版社,2015.

[3] 谭乐园,高燕霞,邓如清.大学语文课程思政建设研究与实践——基于"人的全面发展理论"[J].佳木斯大学社会科学学报,2022,40(4):236-239.

[4] 沈从文.边城[M].武汉:武汉出版社,2013.

大学语文与中小学语文衔接的问题与对策

刘颖[①]

摘要：在我国目前的语文课程体系中,大学语文与中小学语文长期处于彼此隔绝、各自为政的状态,大学语文始终徘徊在国家法定必修语文课程体系之外,生存与发展面临诸多突出问题。与中小学语文衔接,是破解大学语文当前建设与发展困局的有效方案,更能凸显大学语文的独特价值。要实现大学语文与中小学语文的有效衔接,教育主管部门必须统筹规划,做好顶层制度设计,促进各学段的语文教学紧密衔接,构建大、中、小学"三位一体"的国家语文课程体系,建立各学段语文教师之间学术交流的长效机制。

关键词：大学语文　中小学语文　衔接　语文核心素养　"三位一体"　语文课程体系

母语教育具有鲜明的终身性和阶段性特点,语文课程是国家对不同学段学生实施母语教育的一种主要方式。公民的母语学习是一个终身性的任务,德国教育家雅斯贝尔斯曾说："一个人要精通一门学科,就需付出毕生的精力,在语言方面则是母语。"[②]同时,母语学习是持续终身的,但母语教育却又具有鲜明的阶段性特点,在人生的不同阶段,母语学习的任务和目标有着明显区别。作为高等教育阶段母语教育的一门重要基础课程,大学语文和中小学语文一样,都是我国母语教育体系中不可或缺的有机组成部分。在逻辑关系上,中小学、特别是高中学段的语文教育,是大学语文教学与研究的基础和起点,大学语文则是中小学语文教育的合理延

---

① 刘颖,湖北大学讲师。
② [德]雅斯贝尔斯.什么是教育[M].邹进,译.北京：生活·读书·新知三联书店,1991：85.

伸、拓展、提高和深化,与中小学语文一脉相承、密切相关。因此,探讨和解决大学语文教学的理论与实践问题,不能脱离中小学语文这个前提和基础,否则就会成为无源之水、无本之木。

然而令人遗憾的是,在我国目前的语文必修课程体系中,大学语文难觅一席之地,且与中小学语文长期处于彼此隔绝、各自为政的状态,大学语文教师也很少关注中小学语文教学的现状与发展。与中小学语文的脱节,使得大学语文在高校的地位边缘化、处境艰难,生存与发展面临诸多突出问题和挑战,这种状况是不正常、不合理和不应该的。做好顶层制度设计,促进大学语文与中小学语文紧密衔接、有机统一,构建大、中、小学"三位一体"的国家语文课程体系,是破解当前大学语文建设与发展困局的有效途径之一。本文拟从三个方面论述大学语文与中小学语文衔接的问题

一、与中小学语文脱节,是大学语文诸多问题的主要症结

在我国目前的语文课程体系中,作为基础教育阶段的主课之一,中小学语文一直居于不可撼动的核心地位:有法定政策保障的课程地位和大量的课时,有教育主管部门统一制定和实施的明确具体的课程标准和统编教材,有比较规范健全的教学管理规章制度和教学质量评价体系,以及有序组织开展的各种教学评比、竞赛、课外活动和语文教学理论研究。

相比之下,大学语文则是我国语文课程体系中薄弱甚至缺失的一环。红红火火的中小学语文,像一面镜子,折射出大学语文现状的尴尬和困窘。与中小学语文的脱节,使大学语文暴露出诸多突出问题,主要表现在以下几个方面:

(一)课程性质众说纷纭,学科地位悬而未决

课程性质和学科定位问题,是关系到一个学科、一门课程建设和发展的本体性问题。

中小学语文的课程性质,是非常明确的。教育部最新制定并颁布的《义务教育语文课程标准》(2022版)和《普通高中语文新课标》(2017年版,2020年修订)对此都做了非常清晰的阐释和说明。

在《义务教育语文课程标准》[1]和《普通高中语文课程标准》[2]中,关于语文课程性质的表述几乎完全一致:语文课程是一门学习国家通用语言文字(祖国语言文字)运用的综合性、实践性课程。工具性与人文性的统一,是语文课程的基本特点。

大学语文的课程性质问题,却似乎变得模糊不清,众说纷纭。比较有代表性的

---

[1] 中华人民共和国教育部.义务教育语文课程标准[S].北京:北京师范大学出版社,2022:1.
[2] 中华人民共和国教育部.普通高中语文课程标准[S].北京:人民教育出版社,2020:1.

观点有"工具说""形式训练说""人文说"等。"工具说":"语文课的核心任务,那便是要提高学生的读写能力。在大学语文定位中需要解决的关键性认识,则是在大学阶段开设的语文课是否还应当考虑工具性和提高读写能力的问题。"①"形式训练说":"语文学科没有自己的内容,它以其他学科内容为内容,所以文史哲、天文地理都可能入课文,但是语文课必须有自己的学法讲法,否则就不是语文课,而是政治课、历史课等等,这个'自己的学法讲法'就是语文学科的形式。"②"人文说":"大学语文一定不能搞成高中语文的延续,它应该更侧重人文性和审美性。"③而"工具性与人文性相统一"的观点,则是大学语文界关于课程性质问题的主流看法,为绝大多数业内专家和同行所赞同。

与课程性质问题的众说纷纭相应的是,大学语文学科地位悬而未决。中小学阶段的语文课程作为基础学科,其学科地位早已确立且不可动摇。1949年8月,叶圣陶先生主持草拟《小学语文课程标准》及《中学语文课程标准》时,首次使用"语文"作为学科名称,用来取代当时的小学和中学"国文"。1950年,由国家出版总署编审局编写出版全国统一使用的中小学课本时,统一命名为"语文"。

然而,大学语文的独立学科地位却迟迟得不到承认和落实。自1978年我国高校恢复开设大学语文课程以来,众多前辈学者多次撰文倡议和呼吁给予大学语文以独立学科地位。其中,早在1986年,匡亚明、徐中玉先生就在《大学语文应该成为独立的学科》一文中明确指出:"大学语文是一门新兴边缘学科,它包含文史哲经政等有关内容,但又不等同于这些学科。——必须按照它自身的规律作为独立学科存在发展下去。"④2009年,教育部中文学科教学指导委员会主任、南开大学陈洪教授与李瑞山教授在《大学语文应有明确定位——目前大学语文教育的若干问题》一文中认为:"大学语文应逐渐形成有独立内涵和特定研究对象的一个专业,并发展成为中国语言文学一级学科底下的独立二级学科。"⑤2014年,教育部中文学科教学指导委员会副主任、吉林大学张福贵教授在《大学语文的学科定位与功能属性》一文中指出:大学语文不是中文专业各个二级专业的简单组合,而是广泛涵盖、高度提炼各个二级学科精髓,并与其他专业并立的独立专业,或者说是中文学科专业教育的简约化和经典化。⑥此外,全国大学语文研究会会长、华东师范大学谭帆教授,东南大学王步高教授、湖北大学杨建波教授以及杭州师范大学何二元副教授等都表达过类似的学术观点。

其实,大学语文的学科地位本不应该成为一个问题。正如何二元副教授所说:

---

① 徐行言.新大学语文教程·导言[M].北京:北京大学出版社,2012:2.
② 何二元,黄蔚.母语高等教育研究[M].杭州:浙江大学出版社,2013:48.
③ 徐中玉.大学语文要培养学生独立思考能力[N].北京:中国教育报,2007-08-22(3).
④ 匡亚明,徐中玉.侯镜昶.大学语文应该成为独立学科[N].上海:文汇报,1986-03-09.
⑤ 陈洪,李瑞山."大学语文"应有明确定位——目前大学语文教育的若干问题[N].社会科学报,2009-07-23.
⑥ 张福贵.大学语文的学科定位与功能属性[J].中国大学教学,2014(1).

"大学语文是中国现代语文固有学科","大学语文的学科性质和中小学语文是相同的,它们的区别只在于母语教育的阶段性。"①但时至今日,由于种种复杂原因,大学语文作为高校的一门独立学科的地位问题,仍然悬而未决。

与中小学语文脱节,使得大学语文在分类日益细化的高校学科专业体系中,失去了本应有的必修课程地位和独立学科地位,陷入进退两难的尴尬境地。

(二)教材编写鱼龙混杂,入选篇目重复过多

教材是教学之本,教材建设是课程建设和教学改革的重要内容之一。诚如杨建波教授所言:"教材是实现教学目标的重要根据,是教学目标与教学活动的重要中介,是教师教学的主要依据,……教材是教学的蓝本,是教学成败的关键,要改进教学方法、改善教学效果,提高教学质量,大学语文教材建设举足轻重。"②

大学语文课程恢复开设40多年来,教材建设成果斐然,成为课程建设中最令人瞩目的一道靓丽风景线。

根据2006年的一项数据统计,当时全国各类大学语文教材大约有1400余种;据何二元副教授分析,其中"真正的大学语文教材大概应该是700种"③,现在这个数值肯定会更大。与中小学语文仅有部编版、人教版和苏教版、鲁教版、粤教版、鄂教版等十几种教材相比,大学语文教材可谓百花齐放、群芳竞艳。不仅数量惊人,而且其中不乏高水平教材,包括以徐中玉本、陈洪本和王步高本为代表的20余部普通高等教育"十一五"国家级规划教材、7部"十二五"国家级规划教材和一批有创新特色的高质量校本教材。

数量如此庞大的大学语文教材,难免出现鱼龙混杂、良莠不齐的情况,不少质量低劣的教材混迹其中、滥竽充数。对这种现象,陈洪教授曾直言不讳地指出:"教材建设中的典型问题是,在某些地区和单位,出于某些可以明言和不能明言的考虑,一些教师拒绝使用高水平教材,少数学校关起门来使用自编教材,学生只能被动接受使用;而这些教材普遍水平较低,有的甚至是照搬别人的材料。"④王步高教授也对大语教材编写的"春秋乱战"忧心忡忡:"大学语文教材版本太多,令高校无所适从,且多数无特色,有的甚至大量克隆别人的,无参考价值。"⑤

比教材编写的鱼龙混杂更让人担忧的,是大学语文教材入选篇目与中学语文的过多重复。何二元老师多年前就曾敏锐地指出这个问题:"有人曾统计出某大学语文教材所收文章与高中语文重复篇目几近一半,又有人将国家教委高教司组编、

---

① 何二元,黄蔚.母语高等教育研究[M].杭州:浙江大学出版社,2013:23,32.
② 杨建波.大学语文教学论[M].武汉:长江出版社,2014:21.
③ 何二元,黄蔚.母语高等教育研究[M].杭州:浙江大学出版社,2013:58-59.
④ 陈洪.在改革中加强"大学语文"课程教学[J].中国大学教学,2007(3):17.
⑤ 王步高.我国大学母语教育现状——三年来对全国近300所高校"大学语文"开课情况的调查报告[J].中国大学教学,2007(3):22.

华东师范大学出版的《大学语文》与该届学生中学时使用的《语文》作比较,结果《大学语文》所选的67篇文章中,与中学《语文》出处一致的有60篇,占总数89.6%。"①

时至今日,这种选文重复现象仍然普遍存在,未见根本好转。以徐中玉、齐森华、谭帆主编,华东师范大学出版社出版的《大学语文》(2018年11月第11版)教材为例,该教材分为12个单元共71篇选文。粗略统计,其中有《齐桓晋文之事》《赵威后问齐使》《原君》《谏逐客书》《过秦论(上)》《谏太宗十思疏》《五代史伶官传序》《都江堰》《哀郢》《秋兴八首(其一)》《贺新郎》《北方》《我有一个梦想》《归去来兮辞并序》《听听那冷雨》《蒹葭》《长恨歌》《鹊桥仙》《婴宁》《般涉调·哨遍》《断魂枪》《论睁了眼看》《春江花月夜》《始得西山宴游记》《囚绿记》《我与地坛》《苦恼》《最后的常春藤叶》《苏武传》《张中丞传后叙》《段太尉逸事状》《狱中上母书》《梅花岭记》《念奴娇·过洞庭》《书鲁亮侪事》《拣麦穗》《饮酒(其五)》《客至》《赤壁赋》《沁园春》《"慢慢走,欣赏啊!"——人生的艺术化》等41篇课文与高中语文教材重复,重复率达58%。

大学语文教材选篇与中学有所重复在所难免,可以在教学内容及方法上去提升、拓展和深化。但是篇目重复过多,会使学生产生大学语文类似"高四语文"的审美疲劳,进而影响其学习的兴趣和积极性,这对大学语文的课程形象和教学效果显然是不利的。造成这种选篇重复现象的主要原因,还是大学语文与中小学语文在教材选篇问题上的脱节。编写者在编选大学语文教材时,只考虑体现自己的编写目的和意图,而没有充分了解中学语文教材选文的具体情况。

(三)教学缺乏统一规范,教师专业化任重道远

与教材编写的鱼龙混杂状况相似,大学语文教学活动也缺乏统一的基本规范。从正面意义上说,大学语文教学是"八仙过海,各显神通",充分体现了"多样化""个性化""特色化"的风格;但从负面角度衡量,大学语文教学在"教什么""怎么教""怎么评价"等一系列涉及课程教学质量的核心问题上,呈现出一种缺乏统一规范的无序化状况,这种混乱状况在与中小学语文教学的对比中显得尤为突出。

前已述及,中小学语文教学活动的开展是统一规范和井然有序的,有明确具体的课程标准和教学大纲,有统编通用教材,有比较规范健全的教学管理规章制度和教学质量评价体系,以及有组织开展的各种课外活动、教学评比竞赛和教学理论研究。相形之下,大学语文的教学活动则是各行其是、缺乏统一规范:没有教育主管部门颁布实施的统一明确的课程标准和教学大纲,没有统一编写和使用的教材,也没有统一规范的课程教学目标和教学质量评价体系。至于与课程教学相关的各种教学竞赛、诗歌朗诵、征文比赛等课外活动,也大多由各高校自发组织开展。

这种缺乏统一规范的教学无序状态,与高校在课程设置上的自主性、开放性、

---

① 何二元.大中衔接:大学语文比较研究[J].成都理工大学学报(社会科学版),2006(4):78-84.

个性化和多元化特点密切相关。其优势当然不容否认,我们可以美其名曰"百家争鸣""百花齐放",但其对于课程教学质量的负面影响同样不可低估。尤其是在大学语文课堂教学中,一篇作品教什么、怎么教和怎么评价,都应有一定之规,体现为统一明确的教学目标、教学重难点、教学方法等等,不能做过度随意的自由发挥。由于大学语文目前还没有统一明确的课程标准和教学大纲,即使是同一篇选文作品,不同学校、不同教师的解读和教法可能大相径庭;由于没有统一明确的教学质量评价标准,如何科学客观全面地评价大学语文课程的教学质量,也成了一个难题。

教师是决定教学质量优劣的关键因素。"人才培养,关键在教师。教师队伍素质直接决定着大学办学能力和水平。"①近年来,随着一批"双一流"高校毕业的优秀博士加入大学语文教师行列,大学语文的师资力量得到明显加强,教师队伍的整体学历层次显著提升,年龄结构明显改善,更加年轻化、合理化。

与此同时,我们也看到,一些长期困扰大学语文师资队伍建设和发展的难题依然没有解决,师资队伍专业化建设任重而道远。比如与各专业学科教师相比,大学语文教师职称普遍偏低,高级职称人数偏少,师资队伍整体职称结构不够合理。更突出的问题是大学语文教师的专职化、专业化程度远远不够。现有的师资队伍中,打一枪换一个地方的"游击队"远多于"正规军";很多高校没有专职大学语文教师,也没有专门的大学语文教研室,课程教学由其他学科专业教学工作量不足的教师临时兼任;而愿意将大学语文作为自己的专业研究方向,投入大量时间和精力去潜心研究的教师,更是凤毛麟角。教学与科研分离,是大学语文教师中比较普遍的现象。加强高水平的学科领军人才培养和学术研究团队建设,是大学语文未来建设和发展的当务之急。全国大学语文研究会会长谭帆教授、副会长杨建波教授等前辈多年来一直呼吁"大学语文课程必须专业化,大学语文教师必须学者化""大学语文教师应该以大学语文为研究方向"②,要实现这些目标,我们还有很长的路要走。

(四)学术研究相对滞后,教师同行交流匮乏

经过几代同仁40多年、特别是21世纪以来20多年的艰苦探索和辛勤耕耘,大学语文在学术理论研究、教学成果奖申报、学术组织建设和学术平台搭建等多个方面,都取得了令人瞩目的成果。

以学术研究成果为例:截至目前,在学术论文方面,中国知网收录的大学语文研究文献为7831篇③,研究范围涉及大学语文教育教学的各个方面,正逐步向纵深开掘拓展;在学术著作方面,已出版各类大学语文研究专著30余部,研究领域涉及大学语文教育史、课程与教学论、学科与专业建设、教学技能以及教材教法等各个

---

① 习近平.在北京大学师生座谈会上的讲话(2018年5月2日)[N].人民日报,2018-05-03(1).
② 杨建波.加强大学语文的学科建设和本体研究[C].南京:大学语文五省联盟研讨会,2022.
③ 此数据截至2022年11月9日22时,是以"大学语文"为篇名,在中国知网上的检索结果。

方面,大学语文学科理论体系初具雏形。

尽管取得了显著成绩,但是大学语文学术研究目前仍然处在草创和奠基阶段,与发展历史悠久、学术底蕴深厚、学科理论体系完备、学术成果丰硕的中小学语文相比,还有很大的差距。

仍以学术研究成果为例:中国知网收录的中学语文研究文献共计21595篇,小学语文研究文献共计165558篇[①],有关中小学语文教育教学的学术专著和研究课题更是汗牛充栋,科研成果的数量和质量远超大学语文。此外,更有几十家中小学语文教育教学方面的国家级和省级专业学术期刊,以及一大批中小学语文特级教师和教学名师。这些都是大学语文暂时无法望其项背的。

大学语文学术研究的相对滞后,还体现在研究的深度与广度不足,以及学术视野、知识结构和研究方法的狭窄和单一。从现有研究成果看,大多仍然局限在具体的教学方法、技巧和教学经验探讨,而比较缺乏对大学语文学科体系建构的学理性思考与富有理论深度的系统研究,更鲜有具备学科交叉融合的研究视野和知识结构,能将大学语文与中小学语文作为一个有机统一的整体,采用系统论的研究方法,探讨三者之间的联系与区别以及如何紧密衔接的成果。

产生这个问题的深层次原因,要归咎于大学语文与中小学语文教师之间彼此隔绝、缺乏交流的脱节现状。在各自的专业领域内,大、中、小学语文教师都有多个平台、多种机制进行频繁的学术交流互动,比如全国和省级学会的学术年会、各种形式的学术研讨会等等,各自领域的学术研究也在蓬勃开展;而能够将大、中、小学语文教师汇聚一堂,展开不同学段、不同层级的语文教师之间的学术交流切磋的平台和机制,还是一片空白。这种教师同行之间互不来往的学术环境,对大学语文和中小学语文的长远建设及发展都是不利的。

大学语文与中小学语文在学术研究上的这种差距,从国家教学管理机构和专业课程设置上也可见一斑。教育部直属的中国教育学会,下设有中学语文教学专业委员会和小学语文教学专业委员会,唯独没有设立大学语文教学专业委员会;在高校现有的专业课程目录中,中文专业本科的"课程与教学论(语文)"课程和"学科教学(语文)"专业硕士研究生方向中的"语文"一词,都是特指中小学语文,却没有大学语文的一席之地。

大学语文所暴露的上述诸多问题,严重影响了其外部生态环境和自身的良性发展,归根结底都与大中小学语文脱节的现状密切相关。如何做好与中小学语文的衔接,是大学语文亟须解决的一个重要问题。

---

① 这两项数据截至2022年11月9日22时,是分别以"中学语文"和"小学语文"为篇名,在中国知网上检索到的结果。

二、与中小学语文衔接，是破解大学语文难题的有效方案

当前大学语文暴露的诸多问题，仅局限在其自身范围内是无法解决的，而必须与中小学语文紧密衔接，构建大中小学"三位一体"的语文课程体系，才能找到比较理想的解决方案。这也是大学语文课程未来建设与发展的必然要求。

（一）与中小学语文衔接，离不开教育主管部门的支持和参与

与中小学语文脱节，是造成当前大学语文诸多问题的主要症结之一。在与中小学语文教学的比较中，大学语文全面落入下风是不争的事实。细究其原因，我们不难发现，中小学语文教学所具备的优势，几乎都来自国家层面的政策法规保障和整体统筹规划，这也正是目前大学语文所急需的。因此，要实现大学语文与中小学语文的有序衔接，必须争取教育主管部门的充分理解、支持和参与。

实现大学语文和中小学语文的有效衔接，有着宏观和微观两个相互联系层面的内涵。从宏观层面说，是教育主管部门用法定政策文件形式保障和落实大学语文的公共必修课程地位，并与中小学语文一起，构成大中小学"三位一体"的语文教育课程体系；从微观层面说，是教育主管部门协调组织有关专家和一线教师，统筹规划大中小学语文的教学及相关活动，使三者各司其职，有序衔接。

无论宏观层面还是微观层面的衔接，都离不开国家及地方教育主管部门的支持和参与。可以说，教育主管部门对大学语文的重视和统筹规划，是决定大中小学语文能否顺利衔接的关键。这是因为大中小学语文的衔接是一个复杂的系统工程，牵一发而动全身，涉及大中小学三个层级的语文教育教学工作。如果没有国家和地方教育主管部门的支持、参与和统筹规划，仅靠少数学校和教师的个人努力，恐怕是杯水车薪，很难实现既定目标。

（二）与中小学语文衔接，更能凸显大学语文的独特价值

与中小学语文脱节，使大学语文长期处于孤立无援的地位。无论是与高校其他通识教育课程的横向比较，还是与中小学语文的纵向比较，大学语文都很难占据优势，甚至全面落入下风。在这样的背景下，大学语文所具有的独特价值和作用很容易被忽视，无法充分展现。

从母语教育的阶段性和终身性特点来看，中小学语文决不应该是母语教育的终点，大中小学语文是母语教育的三个不同阶段。当我们把三者视为各有侧重而又有机统一的一个整体来考察，大学语文所具有的、中小学语文无法替代的独特价值，便会鲜明地凸显出来。

作为高等教育阶段一门重要的母语教育课程，大学语文所具有的独特价值，至少体现在以下三个方面：

1. 摆脱应试教育束缚的语文学科核心素养提升

听说读写思等语文能力的培养提高,是各学段语文教学一以贯之的基本任务。基础教育阶段的语文新课标中,统一采用"语文学科核心素养"这个概念涵盖了语文能力的内涵。所谓"语文学科核心素养",按照最新版《普通高中语文课程标准》的定义,指的是:"学生在积极的语言实践活动中积累与构建起来,并在真实的语言运用情境中表现出来的语言能力及其品质;是学生在语文学习中获得的语言知识与语言能力,思维方法与思维品质,情感、态度与价值观的综合体现。主要包括'语言建构与运用''思维发展与提升''审美鉴赏与创造''文化传承与理解'四个方面。"① 这四个方面是一个整体。高中语文课程目标以"语文学科核心素养"的培养和提升为中心,从"语言积累与建构""增强形象思维能力""发展逻辑思维""美的表达与创造""传承中华文化"等十二个方面提出了非常全面具体的要求。如果这个课程目标能够完全实现的话,那么高中毕业以后,学生的语文学科素养应该达到相当可观的水平。

但从实际情况看,高中语文课程目标的设置还是有些过高了,很难完全实现。这从大学语文课堂调查中,学生普遍比较薄弱的经典作品阅读量和语言表达能力便可见一斑。其原因主要在于两个方面。其一,高中学生还是未成年人,生理和心理发育尚未成熟,其世界观、人生观和价值观还未最终成型,社会阅历比较浅,因而其逻辑思维能力、审美认知鉴赏能力、语言建构和运用能力,以及文化解析与传承能力等等,很难达到高中语文课程目标的要求;更重要的原因则来自应试教育的压力和束缚。基础教育阶段关系着学生前途命运的几次国家级重大考试,特别是中考和高考的激烈竞争与巨大压力,使得中学语文教学难以彻底摆脱应试教育指挥棒的束缚,容易造成师生在语文教学中的急功近利行为,"考的才学,不考不学",最终影响了学生实际具备的语文学科核心素养的形成。

而在大学语文教学中,上述状况将得到极大改观。大学语文,……"是更高层次的语文,更准确的名称应该是'高等语文',其难度远非中学语文和小学语文可比……大学语文主要是以人类历史经典的思想文化名著为课本,可以说是文学、历史、哲学、教育、心理、文化、社会学、政治学、逻辑学以及科学思想的大综合,它主要是培养大学生的思想文化素质。……思想的能力和表达思想的能力,就是大学语文最重要的功能"。② 摆脱了应试教育压力和束缚的大学语文,教学内容的深度、广度和高度大为拓展,从而使大学生的逻辑思维能力、审美认知鉴赏能力、文化理解传承能力等语文学科核心素养的培养有了更大的空间,也提出了更高的要求,具有更大的锻炼价值。因此,大学语文教学活动,是一个引导大学生广泛阅读经典著作,提高读写能力、丰富人生阅历、培育人文精神、濡养文化人格的过程,也是大学

---

① 中华人民共和国教育部.普通高中语文课程标准[S].北京:人民教育出版社,2020:4.
② 高玉.大学语文是中国学术的"根服务器"[J].写作,2022(4):40.

生心灵自由舒展、个性充分张扬的过程。从这个意义上说,大学语文真正实现了高中语文未能完成的全面提升学生语文核心素养的课程目标。

2.服务于专业培养目标和就业需求的语文能力培养

学科专业细分和以就业为导向,是大学学习相比于中小学学习的显著区别,由此决定了大学语文无法被中小学语文取代的两项重要功能:服务于专业培养目标,满足学生的就业需求。

作为一门公共基础课,大学语文的教学对象是来自各非中文专业的学生,掌握专业知识、提高专业技能是他们的首要任务;一门课程对专业学习是否有帮助,是学生考量课程价值和作用的首要因素。因此,大学语文教学必须考虑学生的专业特点,积极与各专业培养目标相结合,突出不同学科专业特色,在教学内容和方法上不断革新。

以英语师范专业为例,该专业的核心培养目标,是要求学生掌握英语语言文学理论知识、英语语言技能,具备听、说、读、写、译等基本技能,具有创新精神、终身学习能力,较高的文化素养和良好的表达沟通能力,具备现代教育理念和先进的教学方法,较强的教学组织能力与一定的教学研究能力。因此,在大学语文教学中,可适当增加外国文学作品篇目,设计形式多样的互动练习和课堂活动,强化学生的文化素养、英汉双语互译能力和语言沟通表达能力,还可以选择合适篇目指导学生登台讲课,在教学实践中提高其教学技能。

高等教育的出口是就业,学生的就业状况是检验高等教育成果的一块试金石。近年来,大学生就业形势非常严峻,就业问题成为全社会普遍关注的热点和难点。提升和加强学生的就业竞争力,满足学生的就业需求,也是大学语文教学的中心任务之一。

培养和提高学生口头书面表达能力和沟通交际能力,是大学语文能够满足学生就业需求的最有效、最实用的功能。在教学过程中,可以结合教学篇目和学生的专业特点,采用主题演讲、辩论赛、征文比赛、诗词朗诵、情景剧表演、社会问题调查、旅游景点介绍、模拟商务谈判、模拟法庭辩论、模拟求职面试等多种形式的练习和社会实践活动,锻炼和提高学生的语文综合能力,增强其就业竞争力。

3.以继续深造为目标的学术研究意识培养与学术写作能力训练

当前严峻的就业形势和招聘单位学历门槛的提高,迫使很多大学生有了进一步深造、提高自身学历和竞争力的迫切需要,这也推升了已持续多年的"考研热"。但对于如何培养学术研究意识、如何开展学术研究、如何撰写一篇规范的学术论文,很多大学生还是不甚了了。

对此,大学语文可以结合课程教学特点,在培养学生的学术研究意识和学术写作能力方面发挥自身作用。比如,在经典作品精读过程中,可采用问题引导式教学,培养学生在阅读中发现、思考和解决问题的能力;布置带有学术研究性质的课外练习题,比如搜集整理反映文人"悲秋"情结的文学作品,并分析这种普遍的文人

"悲秋"情结的产生原因,让学生在练习过程中了解学术研究的一般过程、规律和方法;还可以在教学内容中增加"学术论文写作"等应用文体写作,指导和训练学生的学术研究意识和学术写作能力。

综上所述,与中小学语文紧密衔接,构建大中小学"三位一体"的语文课程体系,既能有效破解大学语文面临的诸多难题,使其步入健康良性发展的快车道,同时大学语文所具有的独特价值和优势也会更突出,可谓一举多得。

三、实现大学语文与中小学语文紧密衔接的策略

大学语文与中小学语文的有序衔接,是一项需要多方参与、分工协作的系统工程,也是一个重大而复杂的研究课题。要实现这一目标,首要的问题是教育主管部门的重视、支持和相关政策保障,紧要的是做好大学语文与中小学语文在课程目标和教学活动各个环节的有序衔接。具体策略如下:

(一)做好顶层制度设计,构建大中小学"三位一体"的语文课程体系

能否顺利实现大学语文和中小学语文的衔接,关键在于教育主管部门的重视和支持。教育部和各地教育主管部门,应当从重视和发展母语教育、树立文化自信、建设文化强国的战略高度,充分认识大学语文课程与学科建设,以及构建大中小学"三位一体"语文课程体系的重要意义。在具体措施上:

首先,做好宏观层面的顶层制度设计,尽快制定并颁布有关政策文件,明确规定大学语文为高校公共基础必修课程,以法定文件形式保障大学语文的必修课程地位和充足的课时。

其次,在教育部直属的高校教学指导委员会和全国教育学会的下设机构中,在小学和中学语文教学专业委员会之外,增设大学语文教学专业委员会,专门负责全国高校大学语文课程教学的指导、监督和管理工作。

最后,由教育部协调组织上述三个语文教学专业委员会的有关专家,对大中小学语文课程教学进行系统的整体规划设计,构建一个完整的大中小学"三位一体"的语文课程体系,使大中小学语文各司其职而又有序衔接,共同成为我国母语教育体系的有机组成部分。

(二)统筹规划,促进各学段的语文教学有序衔接

从微观层面来说,大中小学语文的衔接,应当由教育部和各地方教育主管部门组织协调,统筹规划不同学段的语文教学活动,使各学段语文教学活动的开展有条不紊、各有侧重而又紧密衔接,构成一个严整有序高效的语文课程体系。为此,应重点做好以下几方面的衔接:

1. 做好各学段语文课程目标和教学大纲的衔接

鉴于目前大学语文还没有一个全国统一的课程目标和教学大纲，教育部应当协调组织语文教学指导委员会的专家和经验丰富的大学语文教学一线名师，按照高校的不同类型和层次，如综合类、师范类、工科类和高职高专类等等，分类编写大学语文课程目标和教学大纲；同时对现有的义务教育阶段及普通高中阶段语文课程目标和教学大纲进行适当的修订和完善，使三个学段的语文课程目标和教学大纲各有侧重、紧密衔接，避免相互重复冲突。

具体来说，小学阶段的语文课程目标和教学大纲应当侧重于语文学科的基础性工具性，注重语文听说读写能力的培养；义务教育阶段中学语文课程目标则应在坚持工具性的同时，以培养学生的语文学科核心素养为中心，更侧重展现语文学科的审美性和人文性；对于普通高中课程目标和教学大纲中超出学生实际能力、难以完全实现的部分核心素养目标，比如美的表达和创造、传承中华文化、理解多样文化等等，可以适当延后设置在大学语文课程目标和教学大纲中，由大学语文来完成。大学语文课程目标和教学大纲，则应偏重于语文学科的思想性、文化性、理论性和学术性，重在提升、拓宽和加深学生的逻辑思维能力、审美认知鉴赏能力和文化理解传承能力，并以就业和考研为导向，重点培养学生的语言表达能力、沟通交际能力和学术研究与写作能力。

2. 做好各学段语文教学内容的衔接

针对当前大学语文教材编写混乱、选篇与中学语文重复过多的问题，大学语文与中小学语文在教学内容上的衔接，可以从以下几个方面进行：

其一，教育部统筹组织语文教育专家和经验丰富的一线大学语文教师，按照高校的不同类型和层次，如综合类、师范类、工科类和高职高专类等等，分类统一编写几种大学语文教材，并推荐各高校优先采用。

其二，在教材选篇问题上，组织编写人员认真研读中学语文教材，在充分了解中学语文教材选篇情况的前提下，再着手编选大学语文教材篇目，尽量避免选篇重复。即便有极少数经典篇目难以避免重复，也应注意在教学目标、教学内容和教学手段运用上的提升、拓宽和加深。

其三，在做好教材建设的同时，还应充分发挥大学教学与课程设置的自主性、开放性、多元化和个性化的优势。除了在大学语文课堂教学中对经典作品进行精读、细读，做好理论、文化与学术的提升、拓展和深化之外，还可以大学语文课程为主干，以大学生就业和考研为导向，开设"古典诗词鉴赏""中外文学经典赏析""中华文化元典导读""应用文写作""演讲与口才""职场沟通技巧"等一系列选修课程、卫星课程，并积极开展读书会、文艺沙龙、诗词朗诵比赛、征文比赛和社会调查等丰富多彩的课外活动，指导学生进行全方位的阅读、写作和社会实践活动，实现大学语文学习由课内向课外的有效延伸和拓展，使之与广阔的社会人生相联系，让"生活有多宽广，语文就有多宽广"的口号真正成为现实。

3. 做好各学段语文教学方法的衔接

在教学方法上，中小学语文特别是中学语文，为大学语文教学提供了很多可资借鉴的好经验、好做法。因此，大学语文与中小学语文教学方法的衔接，应当包括继承与发展两方面的内容。

1）借鉴和继承中学语文的优良教学方法

当前中学语文在课程建设和教材教法等方面的教改力度非常大，成果斐然。其中教学方法和学习方法的不断创新，是中学语文教改的一大亮点。比如重视学习方法的引导，淡化教师的讲，强化学生自主学习意识；又如重学生自读感悟积累、重语感训练、提倡自主合作探究学习等等，都是符合语文教育的特点和规律，值得大学语文借鉴和继承的优良教学方法。

此外，在中小学语文教学中普遍采用的"学习任务群""群文阅读""整本书阅读"等教学模式和教学方法，同样值得大学语文继承和发展。这些教学模式和方法，注重知识的前后联系和有效迁移，有助于学生的完整语文知识体系建构，也初步具有了学术研究的意味。这些都与大学语文教学的特点和要求一脉相承、息息相通，应当合理继承并大力弘扬。

2）发挥自身优势，不断创新大学语文教学方法

在继承和发展中小学语文教学方法的同时，大学语文也应结合自身特点，发挥独特优势，不断创新教学方法。

相比于中小学语文，大学语文课时很少而教学内容更为丰富深广。这就要求大学语文教学必须注重对于文学鉴赏创造的规律、特点和方法的揭示，使学生能举一反三、融会贯通、灵活运用，做到一课一得甚至一课多得。

相比于中小学生，大学生的逻辑思维能力、独立自主意识和展现自我个性的意识更强。因此，在大学语文教学中，应当注重讲述与课堂讨论及形式多样的课堂活动相结合，同时发挥教师的学术专长，对教学内容做适当的理论和学术的提升、拓展与深化，开展专题研讨式教学，引导学生进行探究性学习和团队合作学习。

此外，在现代化教学手段的运用方面，大学语文应当充分发挥高校所拥有的资源和软硬件设施优势，积极采用慕课、微课、翻转课堂等以网络技术为依托的新型教学模式，创设线上线下"一体化"的混合式学习生态，积极探索、不断创新信息化时代的语文教学方法。

4. 做好各学段语文教学质量评价体系的衔接

科学全面的教学质量评价体系，是衡量课程教学质量水平的客观标准，对语文课程教学来说至关重要。在这方面，中小学语文已经比较成熟和完善，而大学语文还暂付阙如。因此，大学语文亟须建构一个科学全面的教学质量评价体系，并使之与中小学有效衔接，必须以中小学语文新课标为蓝本，学习和借鉴中小学语文的成功经验。

以《普通高中语文课程标准》为例，其中对语文课程评价提出了5条具体建议：着眼于核心素养的整体发展，全面把握学习任务群的特点，倡导评价主体的多元

化,选用恰当的评价方式,明确必修和选修课程评价的重点和联系。①

这5条建议明确了中学语文学科课程评价的标准,也为大学语文课程质量评价体系建构奠定了基础、指明了方向。据此,要做好大学语文与中小学语文在课程教学评价上的衔接,先必须认真研读中小学语文课程标准,熟悉其课程评价体系。在此基础上,着手制定大学语文课程评价体系时,必须坚持以下几项基本原则:

1)以促进学生语文学科核心素养的全面发展为评价目标

培养和提升学生的语文学科核心素养,是大学语文和中学语文的共同目标。大学语文应当在中学生所具备的语文学科素养基础上进一步提升、拓宽和深化,以学生的专业培养目标和就业需求为导向,致力于全面发展学生的思想文化素质,提高其继续深造和成为合格的社会劳动者的语文能力。这是评价大学语文课程教学质量的根本目标。

2)评价主体多元化

大学语文课程评价要面向全体学生,尊重学生的主体地位,着重展示学生自我发展的过程,在保证基本目标达成的前提下,考虑学生的个体差异,关注学生的不同禀赋、兴趣、特长,满足学生不同的发展需求。

在以学生为评价主体的同时,积极倡导家长、教师、教学管理人员等参与课程评价,建构一个课程评价共同体。教师应利用不同评价主体的多角度反馈,帮助学生更好地认识语文学习与个人发展的关系,学会自我管理,学会持续反思和终身学习。

3)评价内容和方式多样化

大学语文课程评价,应该遵循和契合语文学科特点,过程性评价与终结性评价相结合,更注重过程性评价,在评价内容和方式上务求多样化。

具体来说,大学语文课程评价应当更关注学生语文学习的过程与方法,采用灵活多样的内容和方式评定课程成绩,除了期末命题考试这种终结性评价方式以外,更要注重多样化的过程性评价。诸如,学生积极参与课堂讨论、完成平时练习;参加演讲、辩论、话剧表演、诗词朗诵、征文比赛等课堂内外活动;发表文学作品或者学术论文、举办个人书法、绘画作品展;参加普通话水平等级测试、语文教师资格证考试和国家汉语等级考试;参加社会调查实践活动;等等。所有这些,都可以作为大学语文课程成绩评定的依据。具体的学习成果形式,除了课程考试答卷以外,可以是读书报告、原创文艺作品,还可以是学术论文、调查报告以及与语文相关的考试合格证书等等,不一而足。多样化的课程评价内容和方式,有利于促进学生语文核心素养的全面发展。

---

① 中华人民共和国教育部.普通高中语文课程标准[S].北京:人民教育出版社,2020:44-47.

4）评价体系应具有开放性、动态性和前瞻性

一个科学全面的大学语文课程评价体系,应该是开放包容、与时俱进和富有前瞻性的,而不是保守僵化和故步自封的。它应当密切关注学生身心的发展特点和现实需求,随时吸纳最新的语文教育教学理念和教研成果,及时调整和更新课程评价的具体指标项目,最大限度地保证课程评价的科学、合理、全面、客观。唯其如此,大学语文课程评价体系才能富有蓬勃的生机和活力,才能对大学语文课程教学质量真正起到良好的保障作用。

(三)建立各学段语文教师之间学术交流的长效机制

不同学段语文教师之间学术交流不够,相关机制和平台匮乏的现状,严重影响了大中小学语文的有效衔接。要打破各学段语文教师之间的森严壁垒,促进其学术交流畅通无阻,教育部和各地方教育主管部门责无旁贷。这项工作需要由教育主管部门出面统一组织和协调,仅仅靠少数学校和教师的个人努力,不仅做起来困难重重,效果也相当有限且很难持久。

最有效的解决办法,是将各学段语文教师之间的学术交流规范化、制度化,建立不同学段语文教师之间开展学术交流的长效机制。教育部和各地方教育主管部门应出台相关政策,将同一学科各学段教师之间定期开展学术交流,作为一种日常教学管理的必要条件,纳入教师的年度业务考核和职称评聘机制,引导教师积极主动地开展同行之间的学术交流活动。

不同学段语文教师之间开展学术交流的具体方式灵活多样,比如互相观摩听课、邀请语文教育专家、语文教学名师和语文期刊主编做学术报告、学术讲座,或者上一次公开示范课,以及定期或不定期举行各学段语文教师的学术研讨会等等。

教育部门搭台,语文教师唱戏。学术交流长效机制的建立,能够有效地为各学段语文教师之间顺畅而持久的学术交流活动保驾护航。

四、结语

与中小学语文紧密衔接,是关系到大学语文现实境遇与未来发展的一个重大理论与实践课题,也是一个需要教育主管部门统筹规划,学校、教师和学生各方力量共同参与,分工合作才能完成的艰巨任务。前路漫漫,任重道远,我们要继续努力奋斗。

1978年,饱经沧桑、年逾八旬的诗人郭沫若在全国科学大会闭幕式上发表讲话,以诗人特有的激情热烈欢呼"科学的春天到来了!"。今天,我们同样热切期待着:与中小学语文的有效衔接,吹响大学语文的春天到来的号角!

参考文献

[1] 徐中玉,齐森华,谭帆.大学语文[M].11版.上海:华东师范大学出版社,2018.
[2] 杨建波.大学语文教学论[M].武汉:长江出版社,2014.
[3] 杨建波.给大学语文教师的建议[M].武汉:长江出版社,2018.
[4] 何二元,黄蔚.母语高等教育研究[M].杭州:浙江大学出版社,2013.
[5] 李君.大学语文教材研究(1978—2008)[D].天津:南开大学,2010.
[6] 中华人民共和国教育部.普通高中语文课程标准[S].北京:人民教育出版社,2020.
[7] 中华人民共和国教育部.义务教育语文课程标准[S].北京:北京师范大学出版社,2022.

"母语教育型"大学语文教材编写体例新探

韩建立[①]

摘要：母语教育型大学语文教材尚不多见，编写体例上存在拓展空间。以加强语感训练和培养为核心来编写大学语文教材，或许能够实现大学语文教材编写上的突破。以文章风格作为单元名称，将同样风格的文章（包括诗）编排在同一单元之中，旨在通过具体作品的阅读与讲授，强化学生的语言语感，即强化基础、通用语感。侧重选取随笔、杂感、小品、札记、演说、游记、文学评论、学术论文等，通过文体（语体）阅读，培养学生的体式语感，强化学生的文体意识。通过模仿教材中的名篇培养学生的语境语感。编写以语感为核心的母语教育型大学语文教材，宗旨是通过阅读指向写作，实现母语高等教育的课程目标。

关键词：母语教育　大学语文　文章风格　语感

大学语文教材数量巨大，编写体例多样，没有形成比较统一的体例；体例差异大，内容（选文）也是千差万别。杨建波教授对大学语文教材的编写体例做过梳理归纳，总结出"文选型""文学史型""文体型""人文主题型""文化、文学专题型""母语教育型""综合应用型""专业针对型"[②]等八种编写体例，大致概括出大学语文教材的主要编写体例。还有一些其他体例的大学语文教材，可以看作是这八种体例的衍生或组合。当然，这八种编写体例只是在大类上的概括，若细分则更多。例如，同是"人文主题型"教材，彼此的差异却不小。本文并非探讨各类大学语文教材的优劣得失，只是想对"母语教育型"大学语文教材的编写体例做出新的探讨。

---

① 韩建立，吉林大学文学院教授。
② 杨建波.大学语文教学论[M].武汉：长江出版社，2014：33-41.

一、几本"母语教育型"大学语文教材评议

从广义上说,任何一本大学语文教材都是为了提升大学生的母语水平,也都是"母语教育型";我们所说的"母语教育型"大学语文教材,是狭义的,专指在编写体例上呈现出母语教育主旨的教材。从 1978 年重开大学语文课程到 20 世纪末,并没有出现纯粹意义上的"母语教育型"大学语文教材,"母语教育型"是与其他类型的体例杂糅在一起的,如"语言类别+题材+文体+中外型""文选+文学史+语言+写作型"[①]等。"母语教育型"大学语文教材出现在 21 世纪初,是"在'母语危机''母语文化式微'背景下着重建构'母语高等教育'体系"的产物[②]。狭义的"母语教育型"大学语文教材,仅就笔者所见,有这样几种:

李瑞山的《语文素养高级读本》,是普通高等教育"十一五"国家级规划教材,全书"紧密围绕提升学习者母语高阶素养这个核心"[③],分为 18 个单元,多数单元的名称能够明显反映出编者提升学生母语教育水平的用意,如"反思我们的语文生活""一文多语怎样共处""汉英之间的纠葛""中文的常态与变态""给普通话写作点穴"[④]等。体例上的不足之处是,个别单元的名称不甚明确,如第十三单元的名称是"积极弘扬'猪跑学'"[⑤],这是以吴小如的一篇文章的题目作单元名称,但是,只看这个单元名称,不能让人知晓本单元的母语教学主旨。还有个别文章归类不当,如将鲍尔吉·原野的《合辙押韵》归到第十二单元"'新语文'和汉语新生活"[⑥]中,可是合辙押韵是中国韵文自古有之的,既不是"新语文",也不关涉"汉语新生活"。该书的突出特点是,从内容(选文)到形式(体例),都是有关母语教育的,主题单一;选文大多是现代白话文(只有几首白话诗,也是谈论母语的),文体纯净,风格接近。没有像其他大学语文教材那样驳杂——既兼古今,也收中外,文体多样;也不像其他大学语文教材那样呈现出多主题——既有家国情怀、爱情体验,又有关爱生命、亲近自然等。

张新颖主编的《大学语文实验教程》目前已出第二版,是"新闻出版总署'十一五'国家重点图书"。该书"前言"说:"本教程以重新发现和认识母语为出发点,希望能够通过多个方面的学习,培养起对母语的感情和信心,激发出自觉意识和责任感,综合提高语文水平和能力。"[⑦]教程共设十二个单元,以"重新发现母语"为第一单元,标明立意。中间十个单元是主体,分为三大部分:"汉语文学的长河"三个单

---

① 李君.大学语文教材研究:1978—2008[M].哈尔滨:黑龙江大学出版社,2012:30,73.
② 杨建波.大学语文教学论[M].武汉:长江出版社,2014:38.
③ 李瑞山.语文素养高级读本[M].北京:高等教育出版社,2006:Ⅴ.
④ 李瑞山.语文素养高级读本[M].北京:高等教育出版社,2006:80,290,338,433,520.
⑤ 李瑞山.语文素养高级读本[M].北京:高等教育出版社,2006:395.
⑥ 李瑞山.语文素养高级读本[M].北京:高等教育出版社,2006:379,360.
⑦ 张新颖.大学语文实验教程[M].2版.上海:复旦大学出版社,2017:4.

元和"汉语中的译文"两个单元,从历史的过程中呈现当今语文的主要来源和基本构成因素;"立意与构思""组织与结构""修辞与风格"三个单元,从不同的角度选取和分析不同类型的好文章;"说话的艺术""日常生活与写作"两个单元,关注的是语文在日常生活中的运用。第十二单元以"语文常谈"作结。从单元设置看,母语教育的主旨明确,大体分为母语的阅读与写作两个部分;中间十个单元有六个单元侧重阅读;有三个单元侧重写作,即"立意与构思""组织与结构""日常生活与写作";有一个单元侧重口语表达,即"说话的艺术"。

蔡翔、任丽青主编的《大学生语文课本》,其影响似乎不如以上两部教材大,但是其母语教育的编写体例还是较为明确的。编者认为:"语文课的性质是工具性的,它的教学目标从来就是对母语的正确认识和娴熟运用。"[①]正如该书"内容提要"所言,它的"创新之处是以语言要素为纲,以作品(文章)为目,纲举目张,十分重视应用性"[②]。全书分八个单元,分别是音节、汉字、词语、语法、结构、修辞、语用、翻译。其中"结构"属于"章法",不属于"语言"。该书的体例存在明显问题:从单元名称上看,它更像汉语知识课本的体例,只是"音节"单元不能只涉及"音节","汉字"单元不能只涉及"汉字";即使将"音节""汉字"分别作为两个单元的侧重点也谈不上;这样的话,将这两个单元分别命名为"音节""汉字",就显得名实不相符了。其他单元也有类似的问题。它的体例与内容是错位的。

张强主编的《新体验大学语文教程》分上、下两篇,上篇为"阅读美文是一种享受",体现出母语教育的意图。编者认为:"我们生存在母语中,阅读美文的过程也是亲近母语、感受母语的过程。"[③]上篇共有十个单元,分别是母语生活与汉语文、经典汉语文的源头、汉语文长河的奔流、走向辉煌的汉语文、综合发展的汉语文、汉语文的现代转型、现代汉语文的成熟、汉语文的当代变迁、汉语文的多元世界、绚丽的翻译汉语文。下篇为"离不开的应用写作",包括法定公文、事务文书、学业求职文书等单元。将"应用写作"编入大学语文教材,不仅削弱了母语教育的编写意图,也显得不伦不类。目前许多大学语文教材都存在"大学语文"与"应用写作"混杂的现象。"大学语文"与"应用写作"是两门性质不同的课程,关于这一点,徐中玉先生早就指出过,并且认为:"各种专业的应用文内容不同,写法也难一律,(大学语文)教材中无法也不应包括这种材料,不能以小失大。"[④]

二、语感理论与大学语文教材的编撰

在我国,语感很早就引起语文教育家们的重视。最早提出"语感"概念的是夏

---

① 蔡翔,任丽青.大学生语文课本[M].上海:上海大学出版社,2010:2.
② 蔡翔,任丽青.大学生语文课本[M].上海:上海大学出版社,2010.
③ 张强.新体验大学语文教程[M].北京:北京理工大学出版社,2014:2.
④ 徐中玉.大学语文[M].上海:华东师范大学出版社,1994:2.

丏尊,他把"语感"解释为对于"文字"的"灵敏的感觉",将培养学生的语感视为"国文科教师的任务"①叶圣陶对语感的认知与夏丏尊类似,也认为语感是对于语言文字的"灵敏的感觉",强调在文艺作品的鉴赏中要"训练语感",指出文艺作品中字词的"意义和情味",单靠查字典词典,不能得到"深切的语感",只有从生活中去体验、积累,"直到自己的语感和作者不相上下,那时候去鉴赏作品,就真能够接近作者的旨趣了。"②夏丏尊、叶圣陶关于语感的论述是感悟式的,也较为宽泛,张志公的论述则上升到理论层面,认为语感"包括语义感,就是对词语的意义和色彩的敏感;包括语法感,就是对一种语法现象是正常还是特殊,几种语法格式之间的相同相异等等的敏感;当然还包括语音感。"③所谓语义感、语法感、语音感,不是彼此分离的,而是相互联系、难以分开的。

至于什么叫语感?要讨论起来,可谓众说纷纭,这不是本文涉及的内容。本文关于语感的定义,取自语言学家陆俭明的观点,他说:"既然有'语',一定是跟语言有关;既然有'感',一定是跟感觉有关。所以语感不妨可以理解为凭个人的直觉对某个语言表达的好坏,其中包括语言表达得体与否、到位与否、贴切与否、精当与否、简练与否、正确与否甚至还包括怎么表达才更好、怎么修改一个欠妥的甚至是错误的表达等所作出的判断。"④

语感是一种言语能力,而任何能力都是需要培养的。加德纳(Gardner)等将人类的智能分为八种,这就是所谓的"多元智能论",其中第一种智能是"语文智能",是指"有效地运用口头语言或书面文字的能力"。⑤ "语文智能"自然包括语感。张志公说,"语文教学的首要任务就是培养学生各方面的语感能力"。⑥ 李海林也认为:"语文教学的目的是培养学生的语文能力;这种语文能力的心理学表达不是别的,就是语感。"⑦两位都是针对中学语文教学说的,也同样适用于大学语文教学。虽然张志公业已指出,"从初中后期到高中前期,中学生说话的主要习惯和基本能力趋向于定型。"在以后的学习和生活中,要想进一步提升语文能力,则有些困难了⑧。但是,在大学语文教学中亡羊补牢却尚未为晚。其基本做法是,在大学语文教材的编写中,改变中学语文教材以及大学语文教材一贯的编写体例,以文章风格为线索组织单元,强化语感体验。以往的大学语文和中学语文教材,都是将各种风

---

① 夏丏尊.我在国文科教授上最近的一信念——传染语感于学生[M]//夏丏尊,刘薰宇.文章作法.北京:中华书局,2007:123.
② 叶圣陶.文艺作品的鉴赏[M]//叶圣陶,中国教育科学研究院.叶圣陶语文教育论集.北京:教育科学出版社,2005:196.
③ 刘连庚.学习语法和培养语感——访吕叔湘先生[J].语文学习,1985(1):55.
④ 王培光.语感与语言能力[M].北京:北京大学出版社,2005:1-2.
⑤ Gardner H, Kornhaber M L, Wake W K. 1996b. *Intelligence, Multiple Perspectives*. Florida: Harcourt Brace College. 转引自:王培光.语感与语言能力[M].北京:北京大学出版社,2005:117.
⑥ 刘连庚.学习语法和培养语感——访吕叔湘先生[J].语文学习,1985(1):55.
⑦ 李海林.言语教学论[M].2版.上海:上海教育出版社,2006:295.
⑧ 聿闻.张志公谈中学生的语言美教育[J].语文学习,1984(2):16.

格的文章混排在同一个单元,颇有"五味杂陈"之感,令人"眼花缭乱",心志不专,学习效果自然不会好。若在同一单元中,文章的风格一律,则起到强化语感、增进对文本的理解、加强学习效果的作用。

在中小学语文教育界,越来越多的研究者意识到:"不管是在理论上还是在实践上,语感教学都是语文教学的突破口。"在《全日制义务教育语文课程标准》(实验稿)、《义务教育语文课程标准》(2011年版)、《普通高中语文课程标准》(2017年版)、《普通高中语文课程标准》(2017年版2020年修订)中,均接受了语感理论,多次提到语感。从课程的角度,确认义务教育阶段语文课程应"引导学生丰富语言积累,培养语感"[1];要求"普通高中语文课程应继续引导学生丰富语言积累,培养良好语感"[2]。从阅读的角度,指出义务教育阶段要培养学生"具有独立阅读的能力","有较为丰富的积累和良好的语感"[3];高中阶段在阅读活动中,应"积累较为丰富的语言材料和言语活动经验,形成良好的语感"[4]。从诵读的角度,义务教育阶段要求学生对一些诗文要诵读,"以利于丰富积累,增强体验,培养语感。"[5]高中阶段要"重视诵读在培养学生语感、增进文本理解中的作用"[6]。在将语感教育写入义务教育语文课标与高中语文课标的当下,与之相反,大学语文教育界对语感的重要性却认识不足,在教学以及教材的编写中,未能给予充分重视。李海林说:"语感教学是对传统语文教学的一次超越",要破旧立新,"建立新的教学观念和体系",在教学方法、教材模式等方面都要有所突破[7]。大学语文教材能否有所创新?能否切实有助于提升大学生的母语水平?在大学语文教材多种体例的探索中,母语教育型教材还很少,未能适应大学语文教学的需要。以上的论述给我们这样的启发:以加强语感训练和培养为核心来编写大学语文教材,或许能够实现大学语文教学上的超越,实现大学语文教材编写上的突破。

三、以语感为核心的母语教育型大学语文教材的设想

我们不排斥理论,但更注重实践,期待将语感理论运用到大学语文教材的编写中。语感理论应该从学术探讨与争鸣的层面进入实际运用层面,包括课堂教学与

---

[1] 中华人民共和国教育部.义务教育语文课程标准:2011年版[M].北京:北京师范大学出版社,2012:2.
[2] 中华人民共和国教育部.普通高中语文课程标准:2017年版2020年修订[M].北京:人民教育出版社,2020:2.
[3] 中华人民共和国教育部.义务教育语文课程标准:2011年版[M].北京:北京师范大学出版社,2012:7.
[4] 中华人民共和国教育部.普通高中语文课程标准:2017年版2020年修订[M].北京:人民教育出版社,2020:5-6.
[5] 中华人民共和国教育部.义务教育语文课程标准:2011年版[M].北京:北京师范大学出版社,2012:22-23.
[6] 中华人民共和国教育部.普通高中语文课程标准:2017年版2020年修订[M].北京:人民教育出版社,2020:21.
[7] 李海林.言语教学论[M].2版.上海:上海教育出版社,2006.

教材编写等。潘新和关于语感认知结构理论给笔者很大启发。他认为：

> 完整的语感之"语"，应包括两个层面：语言之语与言语之语。言语之语包含"体式（文体、语体）之语"与"语境之语"。语言之语感，我称之为"基础语感"；言语之语感，我称之为"应用语感"。①

这样就形成两个层面——语言之语感、言语之语感，三种形态——基础语感、体式语感、语境语感。它们共同构成人的语感认知结构，彼此联系、不可分割。笔者关于大学语文教材的体例设计，便是依据这样的理论基础。

（1）在单元设计上，以文章风格作为单元名称，将同样风格的文章（包括诗）编排在同一单元之中。何谓文章风格呢？文章风格"是指作者的思想、性格以及兴趣、爱好等在文章中的表现，是作者在文章内容和形式的统一中所显示出来的风貌特征"②。不论是中小学语文教材，还是大学语文教材，似乎都还没有以文章风格为组织单元的。以往的语文教材，同一单元中包括多种风格的文章，流派杂陈，学生则难免"眼花缭乱"，心志不专，学习效果自然不会太好。将同样风格的文章编排在同一单元，旨在通过具体作品的阅读与讲授，强化学生的语言语感，即强化基础、通用语感，而以往的语文教材是达不到强化语感的作用的。将同样风格的文章编排在同一单元中，目的是要培养学生的风格感。风格感是语言语感的一种表现形态，是指对文章"独特的语言风格的敏感"③。在阅读若干篇同样风格的文章时，可以从词语的运用、句子的结构、修辞的方式等层面的特色，感受文章独特的言语气氛、格调，进而领悟作者的精神个性。古今文章风格众多，刘勰提到"典雅""远奥"等四组八体④，司空图区分了"雄浑""冲淡"等24种风格类型⑤，陈望道讲了"简约、繁丰"等四组八体⑥，黎运汉列出了"豪放与柔婉"等五组十种风格⑦，周振甫分析了"刚健""柔婉"等15种风格⑧。一本教材当然不可能涉及全部风格，只能根据教学与学生的实际需要，涉及其中的主要风格。初步考虑是，将整本教材分为10个单元，选取10种常见的风格，每种风格设置为一个单元，每个单元（也就是每种风格）选取六篇（首）作品。

（2）通过文体（语体）阅读，培养学生的体式语感。体式包括文体、语体，限于教材篇幅，可以侧重文体。体式语感在中学语文教学中没有得到应有的重视，因此在大学语文教学中有较为广阔的空间。体式语感是对文体（语体）表现形式的领悟与把握。为了培养体式语感，本应将同样文体（语体）的文章编排在一起，但若是这

---

① 潘新和.语文：表现与存在[M].2版.福州：福建人民出版社，2017：182.
② 张寿康，主编.文章学概论[M].济南：山东教育出版社，1983：320.
③ 王尚文.语感论[M].3版.上海：上海教育出版社，2006：334.
④ （南朝宋）刘勰.文心雕龙[M].詹锳，义证.上海：上海古籍出版社，1989：1014.
⑤ （唐）司空图.二十四诗品[M].北京：中华书局，2019.
⑥ 陈望道.修辞学发凡[M].2版.上海：上海教育出版社，1997：256-257.
⑦ 黎运汉.汉语风格学[M].广州：广东教育出版社，2000：221-291.
⑧ 周振甫.文章例话[M].北京：中国青年出版社，1983：434-508.

样,则与文章风格的编排体例相冲突,而文体(语体)相同的文章,其风格又不统一,若将同样文体(语体)的文章编排在一起,也违背了风格统一的单元设计理念。

天下文体(语体)可谓多矣,如何选择文体(语体),选择哪些文体(语体),成为教材编写成败的关键。中国古今文体的划分是一笔糊涂账。在古代,任昉将文体分为 84 种[1],萧统分为 39 种[2],吴讷、徐师曾分为 58 种、120 种[3],姚鼐则分为 13 个大类[4],等等。在现代,有所谓三分法、四分法、五分法[5],等等,真是让人莫衷一是。编写教材不是撰写学术著作,对异说可以搁置争议而采用通行的观点。通行的是文学四分法——"诗歌、散文、小说、戏剧"和文章四分法——"记叙文、议论文、说明文、应用文"。这些都是从大类上划分的,每一个大类有若干小类,若干小类就是某一种具体文体。体式语感来源于具体文体,因此教材选文的文体确定,最终还是要考虑具体文体。具体文体又是众多的,这又如何选择?我们采用的是科学性与实用性相结合的原则。所谓科学性,就是选文要文质兼美、符合教学需要;所谓实用性,就是考虑学生当下学习和日后工作的需要。我们对八类文体的选取原则是:诗歌虽然数量众多、诗体众多,但并非"实用",且学生在上大学之前已经念过很多首诗,大学语文教材只以唐诗、宋词、元曲为主。散文与学生的实际最切近,可以作为选择的重点。小说虽不"实用",但有利于语感的培养,也应考虑选录。戏剧可以不选。散文是最复杂的文体,种类繁多,从分类上看,与记叙文、议论文又多有交叉。对散文文种的选择,宜侧重实用性(但不是应用文),侧重在随笔、杂感、小品、札记、演说、游记、文学评论、学术论文等。说明文的文种包括在应用文之内。应用文与大学语文性质不同,大学语文不宜包括应用文,应该将应用文置于应用写作教材之中。大学语文教材,要服务于阅读教学,在阅读教学中确定所选文章的文体是十分重要的,是强化文体意识的关键。对于文本形式上的认知,要与具体文体相联系,这样语感的培养才不会落空。

(3)通过模仿教材中的名篇(主要指实用性散文作品)培养学生的语境语感。什么是语境语感呢?语境语感"指的是对某一具体的言语作品的感觉,包含对言语的理解与创造"[6]。只有体式语感上升为语境语感,才能实现言语的应用效能。据陈平原介绍,在中文系开设"学术文的研习与追摹"必修课,是老北大的传统,目的是培养"学术意识"以及"文章趣味"[7]。"研习"是阅读揣摩,"追摹"重在模仿写作。推而广之,"研习"与"追摹"同样适用于其他文体的学习,适用于大学语文教学。我

---

[1] (南朝梁)任昉.文章缘起[M]//景印文渊阁四库全书.台北:台湾商务印书馆,1983.
[2] 文选[M].(南朝梁)萧统,编.(唐)李善,注.上海:上海古籍出版社,1986.
[3] (明)吴讷.文章辨体序说[M].于北山,校点.北京:人民文学出版社,1962.亦见:(明)徐师曾.文体明辨序说[M].罗根泽,校点.北京:人民文学出版社,1962.
[4] (清)姚鼐.古文辞类纂[M].上海:上海古籍出版社,1998.
[5] 朱广贤.中国文章分类学研究[M].北京:民族出版社,2000:123.
[6] 潘新和.语文:表现与存在[M].2版.福州:福建人民出版社,2017:190.
[7] 陈平原.当代中国人文观察(增订本)[M].北京:北京大学出版社,2010:165,166.

们的古人历来重视模仿名篇来获得语境语感,不过当时并没有语境语感这样的术语。朱熹说:"前辈作文者,古人有名文字,皆模拟作一篇,故后有所作时,左右逢原[源]。"①这是总结前人作文的经验,即因模仿名篇而触发灵感,文思泉涌。姚鼐说:"文不经摹仿,亦安能脱化?"②把模仿古人之文看作"脱化"的必由之路。虽然薛雪不主张一味模仿,但他也承认,"学诗读诗,学文读文,此古今一定之法"③。当然,模仿要"取法大家,熟读多作"④,要博采众家之长,而不是拘守一家。"非尽百家之美,不能成一人之奇;非取法至高之境,不能开独造之域。"⑤

编写以语感为核心的母语教育型大学语文教材,培养学生良好的语感,其宗旨是通过阅读指向写作,实现"运用语言(汉语)、品味语言(汉语)、阐释语言(汉语)"⑥的课程目标。

---

① (宋)黎靖德.朱子语类[M].北京:中华书局,1986:3321.
② (清)姚鼐.与管异之同[M]//姚鼐.惜抱轩尺牍:卷四.小万柳堂刊本,1909:25.
③ (清)薛雪.一瓢诗话[M]//(清)王夫之,等.清诗话.丁福保,辑.上海:上海古籍出版社,2015:713.
④ (清)吴闿生.诗说[M]//贾文昭.桐城派文论选.北京:中华书局,2008:457.
⑤ 刘开.与阮芸台宫保论文书[M]//贾文昭.桐城派文论选.北京:中华书局,2008:259.
⑥ 杨建波.给大学语文教师的建议[M].武汉:长江出版社,2018:39.

为了梦想勇敢地活着
——教丁帆《新编大学语文》[①]体会

张友文[②]

摘要：笔者以大学生自杀频发引出话题，并结合《新编大学语文》等相关文本，重点论述了人活于世勇气的重要性。笔者在教学过程中，不仅从教材中多角度地发掘以"勇气"为核心关键词，而且给学生们增补相关资讯和文本，旨在给学生勇气、力量和信心，让他们拥抱梦想，明白活着的意义和价值。

关键词：大学语文　勇气　倔强　知识人

人生在世，的确不易。生，容易；活，也容易；生活不容易。面对生活，我们是逃避——做生活的弱者，还是勇敢地迎击——做生活的强者？

笔者在给学生讲授"大学语文"时，多次提醒学生要像人一样活着，而且要求他们"在强者面前不示弱，在弱者面前不逞强"。

毋庸置疑，做生活强者需要勇气，而且需要极大的勇气。

现实生活中如此，文学作品也不乏例子，毕竟文学是现实生活的反映。清代小说家蒲松龄的小说《细侯》中的满生在任家庭教师时，仅仅是严厉地批评了一下学生，那个学生就自溺身亡了，说明该学生十分脆弱。

生命如此宝贵，如此美好，为何年纪轻轻的学生急于向这个世界道别呢？窃以为，主要是这些学生的内心脆弱，承受力差，不敢勇敢地面对生活的挫折，不敢做生

[①] 丁帆，朱晓进，徐兴无.新编大学语文[M].5版.北京：外语教学与研究出版社，2019.
[②] 张友文，湖北警官学院副教授。

活的强者。人生在世,哪有事事如意、一帆风顺的呢?

高等院校开设大学语文课程正是试图通过以语言为媒介的文学和准文学作品来提升学生精神境界,实现对人的终极关怀。它的目的是以语言培育人、教化人和熏陶人,把大学生培养成一个有强大内心的堂堂正正的人。① 作为老师,我们在教学中要针对学生的年龄、心理特点,充分利用教材对学生进行教育,让他们认识到生命的可贵,只有保全生命,才能实现自我价值,才能为社会、为国家做一点有意义、有价值的事情。

现在以《新编大学语文》(第四版)为例,来说说笔者是如何给学生增加内心力量的。《新编大学语文》中所选文本皆是纯文学作品。"我们需要文学,因为一个没有文学的世界也就没有了梦想、没有了希望、没有了勇气。在这样的世界中人人只顾自己,而不能真正成为人。真正的人应当有能力走出自己的小世界,与外界、与他人交流,并塑造一个共同的梦想。"②因此,笔者上课时,总是鼓励同学们多读、多看《新编大学语文》。教材中所收录的文本堪称经典,重在告诉我们如何为人,它与那些蹲在厕所里看的所谓"快餐文学"有天壤之别。

一、勇敢地面对生活

《滑铁卢的一分钟》开篇伊始:

> 命运总是迎着强有力的人物和不可一世者走去。多少年来,命运总是使自己屈从于这样的个人:恺撒、亚历山大、拿破仑,因为命运喜欢这些像自己那样不可捉摸的强权人物。

此段文字告诉同学们不能屈服于命运,要敢于与命运抗争。奥地利茨威格的《滑铁卢的一分钟》将拿破仑和格鲁希这两个人物放在人类命运的长河中进行塑造,其中的格鲁希被刻画为畏首畏尾的平庸之辈。正如文中所言:"倘若格鲁希在这刹那之间有勇气、有魄力、不拘于皇帝的命令,而是相信自己、相信显而易见的信号,那么法国也就得救了。"正因为格鲁希的胆小才导致法国的失败,以至于改写了法国的历史,这从侧面说明一个人的勇气是多么重要。

法国加缪的《西绪福斯神话》这篇课文中的西绪福斯,虽然只是一个荒诞的英雄,但他却是非常勇敢的。他敢于挑战生活,勇于与命运抗争,不停地把滚落下来的石头推上去就是很好的明证。此文文后"评析"部分有这么一段话:"加缪批判逃避,主张反抗。他认为生活在荒谬世界的人们,应该勇敢、顽强地生活下去,反抗荒谬,并在反抗中建立自己生命的意义。""西绪福斯对诸神的蔑视,对死亡的憎恨,对生命的热爱,以及面对绝境的乐观、坚持和勇气,又正体现了反抗者的伟大精神。"

---

① 杨建波.大学语文[M].4版.北京:北京大学出版社,2017:1.
② 姚云青.赞颂阅读与虚构——马里奥·巴尔加斯·略萨诺贝尔文学奖致辞[J].书城,2011(1):81.

诚然,加缪在《西绪福斯神话》表达了面对生活,面对绝境要"乐观、坚持和勇气"这一观点。

《滑铁卢的一分钟》和《西绪福斯神话》皆是外国作家笔下的文本,但它们所传递的近现代人文精神依然能为我们所用。再看中国作家沈从文的《萧萧》中的花狗这个人物,他一点也不像一个男人,因为他缺乏担当,没有责任感。在性本能的驱使下,他把萧萧的肚子搞大了。萧萧邀他去城里过日子,去追求自由的生活,可他却不敢,不敢对此事负责,到后来竟然逃跑了。花狗与萧萧相较,他还没有萧萧这个弱女子勇敢。

因为时间和篇幅的关系,此处不再一一列举。笔者除了从文本中发掘"勇敢"因子之外,还从文本的作者生平生发开来。

《新编大学语文》虽然只收录了苏轼的《赤壁赋》,并没有收录他的诗词《定风波》,但在向学生介绍作者苏轼人生路径时,我会顺便提及《定风波》的"竹杖芒鞋轻胜马,谁怕?一蓑烟雨任平生。"无他,教导同学们向苏轼学习,不用怕。

人们常说:人生不如意者十有八九。这句话用在苏轼身上再恰当不过了。苏轼因对王安石变法持不同意见,卷入乌台诗案,被贬黄州;后来再贬惠州、儋州,一路上,其老命差点被断送。但是,苏轼并没有官职被贬就意志消沉,一蹶不振,而是勇敢地迎击生活,并将内心独到的深刻体验以诗文的形式呈现出来,留给后世一笔宝贵的精神财富。一路的坎坷成就、成全了他。

一路的挫折让苏轼深刻地感知到人生的美好,从而更加热爱生活、珍惜生命,并始终在生活面前保持着一种乐观的人生态度。如果那些自杀的大学生们能真正把苏轼读懂了、把他的诗词背会,且内化于心,一定能从其身上汲取力量,从容地面对生活。他们怎么还会去做傻事——自绝于世呢?

二、勇敢地表现自我

笔者在讲解沈从文的《萧萧》这篇课文时,在大力批判花狗这个懦夫的同时,还给同学们讲了有关陈渠珍的故事。《萧萧》的作者沈从文的成就得益于陈渠珍。这一点是许多非中文专业学生所不知的。陈渠珍堪称伟丈夫,学者罗维的专著《湘西王陈渠珍》扉页有这么一句:"大丈夫行事,论是非,不论利害;论顺逆,不论成败;论万世,不论一生。"

陈渠珍在援藏时,得一小女子西原。万万没有想到西原是如此地深爱着他,而且如此勇敢地爱着他。武昌起义后,消息传到了藏区,陈渠珍觉得藏区并非久留之地,思索再三后,决定冒死返回内地。西原本是一名藏族女子,她得知陈渠珍要离开西藏时,泪花满面。最后,她还是毅然决然辞别了亲人,义无反顾地跟随陈渠珍同行。东归一路的艰辛,自然条件的残酷,在陈渠珍的《艽野尘梦》里都有详细的记载,其间西原勇敢地与陈渠珍相随相伴的故事撼天动地。

从《艽野尘梦》中的西原身上,我们读出了力量和勇气。在他们东归的路上,西原并没有为自己着想,而是时时为陈渠珍考虑。陈渠珍几次透支到衰竭,西原都坚持持枪护卫左右。在饥饿到食人的时段,为了成全陈渠珍,西原自己少吃甚至不吃,省下口粮给陈渠珍吃,还假装自己已经吃过。她逼他吃最后一块干肉的时候说:"可以没有我,不可以没有你。"由此可见,西原是一个真正的人,是一个勇敢的人,她不仅不惧怕死亡,而且爱得轰轰烈烈。

鲁迅的《伤逝》中的子君与西原一样,也是勇敢的。"我是我自己的,你们谁也没有干涉我的权利!"在文本中多次出现的这句话就出自子君之口,足见其独立、自主和勇敢。在民国时期,一个弱女子就能发出如此呼声,不易,不易!

司马光的《赵武灵王胡服骑射》中的赵武灵王勇于改革;马丁·路德·金《我有一个梦想》中勇敢地抨击美国社会的黑暗;史铁生的《命若琴弦》中的老瞎子和小瞎子勇敢地面对生活……

在讲授张爱玲的《封锁》时,笔者还给学生补充讲了张爱玲当年投稿的情景。那时未成名的张爱玲抱着用报纸包着的《沉香屑·第一炉香》和《沉香屑·第二炉香》两部书稿站在《紫罗兰》主编周瘦鹃先生家门口时,在是否敲门的问题上,她犹豫了许久。因为她对自己的作品信心不足,再说,周瘦鹃可是当时的名流大家。在经历一番思想斗争之后,她终究鼓起勇气抬起了玉手。从此,作品一炮打响,人生也别样精彩。如果年轻的张爱玲当年勇气不够,没有勇敢地表现自我,也许至今都寂寂无闻,一辈子平庸黯淡。

由是观之,西原为了陈渠珍,为了爱情,才勇敢地表现自我,将高原生存能力发挥到极致;子君同样如此……这些人物正因为勇于表现自我,他们的生命才显得有光泽。正因为他们勇于表现自我,才是我们称颂的对象,才为后人所铭记。

三、勇敢不是不害怕,而是心中有梦

人活在世上,除了勇敢地活下来还是不够的,还必须有目标、有方向、有梦想。勇敢不是不害怕,而是心中有信念、有目标、有寄托、有追求。面对死亡,极少有人没有恐惧之感。当年的司马迁遭受宫刑时,离大去之日不远了,为何他没有自绝于世呢?因为他有梦想——要完成父亲临终的托付。其父司马谈临终之际,对他说:"我死之后,朝廷会让你继任我的官职的,你千万不要忘记我生平想要完成的史书!"司马迁牢记父亲遗志,每天忙着研读历史文献。正当他全身心地投入到《史记》写作的时候,横祸天降。原来司马迁仗义执言,得罪了汉武帝,从此下狱,过着非人的生活。我们可以想见,司马迁遭受牢狱之灾时,面对酷刑,面对死亡,他也曾害怕过,几欲自杀,但一想到未完成的《史记》,生活的勇气倍增,从此打消这个愚蠢的念头。他说,"人固有一死,或重于泰山,或轻于鸿毛。"在一定要完成《史记》写作这股强大信念的支持下,他坚强地活了下来,前前后后用18年时间完成了52万字的皇皇巨著。不用说,《史记》是司马迁用生命写成的,大作里面还蕴含着自己的信念和追求。

作为四大名著之一的《西游记》,其中有唐僧、孙悟空、猪八戒、沙和尚等几个主人公。他们前往西天的取经路上,遇到了不少困难。每次遇到困难时,他们各自的表现大不一样。孙悟空嚷着要回花果山,猪八戒吵着要回高老庄娶媳妇,沙和尚则说要回通天河,唯独师傅唐僧不言打退堂鼓的话。他对徒弟们说,你们都回去,我自己一个人还是要到西天去取经的。仅凭这么一句话,就可看出唐僧的与众不同之处。唐僧之所以能成为三个徒弟的师父,不是他有多大的本事,而是因为他有梦想、有信念,这说明心中有梦想、有目标是多么重要。

2012年11月29日,习近平总书记正式提出并阐释了"中国梦"奋斗目标。习总书记把"中国梦"定义为:实现中华民族伟大复兴,就是中华民族近代以来最伟大的梦想。中国梦是中华民族的梦,也是每个中国人的梦。如今,大学生就得把自己的梦想与中国梦结合起来,才能成就好人生。笔者相信只要大学生心中有远大的梦想,他们就一定会勇敢地面对生活和学习中的困难,并想方设法克服之。

"一个没有文学的世界也就没有了梦想、没有了希望、没有了勇气"。细读《新编大学语文》,吃透其精神,不仅可以培育自己的梦想,而且可以增加勇气。

笔者曾发了一则关于"弱者"的微博,有人回应说:"我是弱者"。实际上,他误解了我所言,至少逻辑理解上有误。因为此前有"勇敢地面对生活的挑战"这么一句。生活不易!人生不如意十有八九。笔者多次对学生们说,你们要勇敢地面对生活,"勇敢"是全方位的,要不怕嘲笑、打击、挫折和失败;冬天要早起,不怕冷;夏天不怕热;不抱怨学校伙食不好;面对人生难题,不能绕道走……在此,笔者并非误导"抽刀向更弱者",而是理性地看待问题和困难,并努力向生活深处开进——"人助者天助之",珍惜当下,珍视生命,无悔人生……

此论文刚刚写完,网上紧跟着曝出"四川外国语大学10日内连发两起学生非正常死亡事件"的新闻。再次说明笔者发掘"大学语文"中的勇气意识是何等重要,何等及时!

在此用高尔基的《海燕》中的一段文字结束此文。"这是勇敢的海燕,在怒吼的大海上,在闪电中间,高傲地飞翔;这是胜利的预言家在叫喊:——让暴风雨来得更猛烈些吧!"

要言之,青春年少、激情澎湃的大学生们除了要勇敢地活下来之外,还要像在暴风雨中搏击的海燕一样,为了梦想和理想而勇敢地打拼,这样才能实现自己的人生价值,不虚此行、不悔此生。

语言视角下的大学语文文本细读
——以《论语四则》为例

周作菊①

摘要：在大学语文课堂教学中，对教材选文进行文本细读需要教师的真功夫。我们尝试以《〈论语〉四则》为例，以儒学的四大典籍《论语》《孟子》《荀子》《礼记》为参照，从语言的视角对《〈论语〉四则》进行文本细读。在对文本的研读过程中，由表及里，深入挖掘文本背后的文化、精神，为高校立德树人提供智慧源泉。

关键词：大学语文　文本细读　语言视角

春秋战国时期（公元前770—前221）是中国的"轴心时代"，②诞生了孔子、老子，还有墨子、庄子等伟大的精神导师。《汉志·诸子略》云："是以九家之术蜂出并作，各引一端，崇其所善，以此驰说……异家者各推所长，穷知究虑，以明其指。"③鲁迅《汉文学史纲要》曰："当时足称'显学'者，实止三家，曰道，曰儒，曰墨。"④

儒家的代表性人物孔子，是中国古代伟大的思想家和教育家，儒家思想的创始人、儒家学派的精神领袖、举世公认的万世师表，也是中国文化的象征。太史公司马迁在《史记·孔子世家》中深情感叹："天下君王至于贤人众矣，当时则荣，没则已焉。孔子布衣，传十余世，学者宗之……可谓至圣矣！"⑤孔子博汲其所处时代的先

---

① 周作菊，湖北大学讲师。
② 张京华.中国何来"轴心时代"？（上）[J].学术月刊（沪），2007(7):129-136.
③ 周春健.《汉志·诸子略》"九流十家"次序考议[J].江汉论坛，2016(2):69-78.
④ 鲁迅.汉文学史纲要[M].北京：北京联合出版公司，2014:12.
⑤ 司马迁.史记[M].武汉：崇文书局，2010:313.

贤智慧,学而不厌、诲人不倦,成就了一部不朽的儒家经典——《论语》。《论语》以语录体和对话体的形式记录下来孔子及其弟子们的言行,集中体现了孔子的政治主张、道德观念及教育原则等。下面我们以儒学的四大典籍《论语》《孟子》《荀子》《礼记》为参照,从语言的视角对大学语文教材选文《〈论语〉四则》①进行文本细读。

《〈论语〉四则》选得很精妙,它涵盖了孔子思想体系中最核心的内容:仁、礼、和。"仁爱学说""礼仪秩序""中庸之道",三者构成了孔子思想体系的骨架。

《〈论语〉四则》其一:

> 曾子曰:"吾日三省吾身:为人谋而不忠乎?与朋友交而不信乎?传不习乎?"

此则表达反躬自省的重要性,强调道德主体的自省意识、自律精神,这是加强自身修养的必备品格。

《论语·述而》:"子以四教:文、行、忠、信。"②忠、信是儒家文化的核心价值。在《论语》中,"忠"与"信"常相关联,如《论语·卫灵公》:"言忠信,行笃敬,虽蛮貊之邦行矣;言不忠信,行不笃敬,虽州里行乎哉?"③对儒家来说,"忠信"是品德、人格的标志。如《论语·颜渊》:"子张问崇德辨惑。子曰:'主忠信,徙义,崇德也。'"④

"为人谋而不忠乎?""忠"是孔子重视的道德修养。"忠"是形声字,从心中声。篆文写作㤳,表示中正不偏之心。《说文解字》曰:"忠,敬也。"⑤如《论语·为政》:"季康子问:'使民敬、忠以劝,如之何?'"⑥"忠"作为道德规范,"尽心""尽己"之谓"忠",如《忠经》曰:"忠也者,一其心之谓也。"⑦孔子要求为政者应当勤政尽心,如《论语·颜渊》:"子张问政。子曰:'居之无倦,行之以忠。'"⑧"忠"还包含忠诚无私、公正、公道的意思,如《忠经》曰:"忠者,中也,至公无私。"⑨在待人交友方面,孔子强调"与人忠",如《论语·子路》:"樊迟问仁。子曰:'居处恭,执事敬,与人忠。虽之夷狄,不可弃也。'"⑩在处理君臣关系上,孔子提倡"忠君",如《论语·八佾》:"君使臣以礼,臣事君以忠。"⑪但孔子强调"忠君"不是"愚忠",可以劝谏而不可盲从于君。如《论语·宪问》:"子路问事君。子曰:'勿欺也,而犯之。'"⑫对国家、社会孔子强调"尽忠",如《论语·公冶长》:"子张问曰:'令尹子文三仕为令尹,无喜

---

① 杨建波.大学语文[M].4版.北京:北京大学出版社,2017:19.
② 石鋆.论语简释[M].北京:商务印书馆,2018:142.
③ 石鋆.论语简释[M].北京:商务印书馆,2018:341.
④ 石鋆.论语简释[M].北京:商务印书馆,2018:256.
⑤ 许慎.说文解字[M].北京:中华书局,2015:216.
⑥ 石鋆.论语简释[M].北京:商务印书馆,2018:32.
⑦ 卢付林.崇文国学普及文库 孝经·忠经[M].武汉:崇文书局,2020:86,111.
⑧ 石鋆.论语简释[M].北京:商务印书馆,2018:260.
⑨ 卢付林.崇文国学普及文库 孝经·忠经[M].武汉:崇文书局,2020:86.
⑩ 石鋆.论语简释[M].北京:商务印书馆,2018:287.
⑪ 石鋆.论语简释[M].北京:商务印书馆,2018:52.
⑫ 石鋆.论语简释[M].北京:商务印书馆,2018:317.

色;三已之,无愠色。旧令尹之政,必以告新令尹。何如?'子曰:'忠矣。'"①如《忠经·辨忠章》曰:"大哉,忠之为用也! 施之于迹,则可以保家邦。"②在中华民族传统价值观中,忠君报国、尽忠报国、忠勇报国的爱国意识和献身精神已根深蒂固,如《左传·昭公元年》曰:"临患不忘国,忠也。"③如岳飞在《满江红》中高歌:"靖康耻,犹未雪。臣子恨,何时灭!"这位忠臣良将的"精忠报国"精神,激励着代代中华儿女前仆后继。在当代中国价值观中,仍提倡对国家忠诚,要心存敬畏,这是维系一个国家、一个民族长治久安的价值基石。

"与朋友交而不信乎?"孔子对"信"德高度重视。信,会意字,从人从言。小篆写作䚱,表示人言为信。《说文解字》曰:"信者,诚也。"④本义指言语真实、诚实。"信"与"诚"互训,《说文解字》曰:"诚者,信也。"⑤《荀子》曰:"诚信生神。"⑥"信"常与"忠"关联,与"疑"相反。如,司马迁《史记·屈原贾生列传》曰:"信而见疑,忠而被谤。"⑦"信"引申义指信用、信任、相信等。"信"作为道德规范,主要运用于处理朋友关系。如《论语·学而》:"与朋友交言而有信。"⑧《论语·公冶长》:"老者安之,朋友信之,少者怀之。"⑨《孟子·滕文公上》:"父子有亲,君臣有义,夫妇有别,长幼有序,朋友有信。"⑩"信"德可推及于交游、处世之道。孔子说,"人而无信,不知其可也。"⑪(《论语·为政》)。孔子说,"弟子 …… 谨而信。"⑫(《论语·学而》)。诚实不欺、言行一致、守言行诺是做人必备的道德品质。孔子说,"言必信,行必果。"⑬(《论语·子路》)。如《论语·公冶长》,"子曰:'始吾于人也,听其言而信其行。'"⑭《论语·颜渊》:"驷不及舌。"⑮即一言既出、驷马难追。董仲舒在孔孟思想的基础上,提出"五常"——仁义礼智信,使"信"成为具有普遍指导意义的道德准则。"信"不仅是做人之德,也是为政之本。如《论语·子路》:"上好信,则民莫敢不用情。"⑯《论语·颜渊》:"子贡问政。子曰:'足食,足兵,民信之矣。'子贡曰:'必不得而去,于斯二者何先?'曰:'去兵。'子贡曰:'必不得而去,于斯二者何先?'曰:'去

---

① 石锓.论语简释[M].北京:商务印书馆,2018:93.
② 卢付林.崇文国学普及文库 孝经·忠经[M].武汉:崇文书局,2020:86,111.
③ 郑福田.永乐大典.第3卷[M].呼和浩特:内蒙古大学出版社,1998:1740.
④ 许慎.说文解字[M].北京:中华书局,2015:46.
⑤ 许慎.说文解字[M].北京:中华书局,2015:47.
⑥ (明)解缙.永乐大典.第4卷[M].北京:大众文艺出版社,2009:1276.
⑦ 司马迁.史记[M].武汉:崇文书局,2010:494.
⑧ 石锓.论语简释[M].北京:商务印书馆,2018:6.
⑨ 石锓.论语简释[M].北京:商务印书馆,2018:99.
⑩ 孟子[M].赵清文,译注.北京:华夏出版社,2017:111.
⑪ 石锓.论语简释[M].北京:商务印书馆,2018:34.
⑫ 石锓.论语简释[M].北京:商务印书馆,2018:5.
⑬ 石锓.论语简释[M].北京:商务印书馆,2018:287.
⑭ 石锓.论语简释[M].北京:商务印书馆,2018:85.
⑮ 石锓.论语简释[M].北京:商务印书馆,2018:254.
⑯ 石锓.论语简释[M].北京:商务印书馆,2018:247.

食。自古皆有死,民无信不立。'"①孔子认为,"食""兵"是善政的关键,但"民信"才最具根本性的价值。荀子进一步从治国的高度指出:"强胜,非众之力也,隆在信矣。"②《荀子·强国》就是说,一个国家的"强胜",不在于靠兵力,而在于注重信用。讲诚信,是中华优秀传统,在中国式现代化的社会里尤为重要。

"传不习乎?"孔子作为一个伟大教育家,"弟子三千","贤人七十二"。他强调,"学而时习之。"③(《论语·学而》)"学而优则仕。"④(《论语·子张》)强调反思——"传不习乎?"。"习"是会意字,甲骨文写作習。《说文解字》曰:"习,数(shuò)飞也。从羽,从白。"⑤"数飞"即为反复地飞,"习"本义为小鸟学飞,如《礼记·月令》:"鹰乃学习。"引申为学习,再引申为复习。

儒家经典《大学》中曰:"古之欲明明德于天下者,先治其国;欲治其国者,先齐其家;欲齐其家者,先修其身。""修身、齐家、治国、平天下"是儒家的理想人格,一个人若想要"齐家、治国、平天下",必以"修身"为本。这一则《论语》主要强调通过自省来"修己",即完善自己的德性。

《〈论语〉四则》其二:

> 有子曰:"礼之用,和为贵。先王之道,斯为美,小大由之。有所不行,知和而和,不以礼节之,亦不可行也。"

这一则主要讲儒家的核心思想:礼,"礼之用,和为贵礼"。"礼"在《论语》中出现74次。

(1)礼的本义:礼,古老的甲骨文写作"豊",晚期金文写作"禮",加示(示,祭祀),强调"礼"的"祭拜"含义。《说文解字》曰:"礼者,履也。所以事神致福也。"⑥本义指祭神的器物和仪式。

(2)礼的内涵:孔子的"礼"具有两方面的内涵。①社会政治规范。如《论语·先进》:"为国以礼。"⑦即以礼治国。②行为道德规范。如《论语·季氏》:"不学礼,无以立。"⑧即以礼立身。再如《论语·颜渊》:"齐景会问政于孔子。孔子对曰:'君君、臣臣、父父、子子。'"⑨"君君、臣臣"更多涉及政治规范,"父父、子子"则与道德人伦相关联。《礼记·大同》⑩中的小康社会:"礼义以为纪。"将"礼"作为治理国家的纲纪,以"以正君臣,以笃父子,以睦兄弟,以和夫妇,以设制度。"可见"礼"既具政治典范作用,也可规范道德行为,对小康社会的和谐起着积极的作用。《礼记·曲

---

① 石钖.论语简释[M].北京:商务印书馆,2018:253.
② 章诗同.荀子简注[M].上海人民出版社,1974:169.
③ 石钖.论语简释[M].北京:商务印书馆,2018:1.
④ 石钖.论语简释[M].北京:商务印书馆,2018:436.
⑤ 许慎.说文解字[M].北京:中华书局,2015:69.
⑥ 许慎.说文解字[M].北京:中华书局,2015:1.
⑦ 石钖.论语简释[M].北京:商务印书馆,2018:242.
⑧ 石钖.论语简释[M].北京:商务印书馆,2018:384.
⑨ 石钖.论语简释[M].北京:商务印书馆,2018:257.
⑩ 杨建波.大学语文[M].4版.北京:北京大学出版社,2017:31.

礼》:"夫礼者,所以定亲疏,决嫌疑,别同异,明是非也。"①这里"礼"指一切社会行为是否适宜的准则、标准、尺度。

(3)礼的本质:孔子的"礼"用于维护上下尊卑的等级制。如孔子谓季氏,"八佾舞于庭,是可忍也,孰不可忍也?"②(《论语·八佾》)季氏以卿大夫身份僭用周天子之乐,违背了"礼"——宗法等级。《国语·楚语上》明确提出:"明等级,以导之礼。"③《荀子·富国》曰:"贵贱有等,长幼有差,贫富轻重皆有称者也。"④"礼"的本质就是伦理纲常和等级秩序。

(4)礼的功用:"礼之用,和为贵。"孔子通过"礼"来规范社会各等级秩序,实现社会的和谐。"和"是"礼"的最高宗旨,"和为贵"是"礼"的最高境界,但不能凡事求"和"而丧失了度,结果偏向于"同",因此要"以礼节和"。如《论语·子路》:"君子和而不同,小人同而不和。"⑤"和",金文写作"龢",《说文解字》:"龢,调也,读与'和'同。"⑥《一切经音义》引《说文》:"龢,音乐和调也。"泛指调和各种矛盾,形成恰到好处的优化平衡状态,故"和为贵"的"和",杨树达先生解释为"恰当、适合"。⑦"礼之用"应有"度",在过与不及之间寻求不偏不倚的"中"。如《论语·子路》:"不得中行而与之,必也狂狷乎!狂者进取,狷者有所不为也。"刘宝楠《论语正义》:"中行者,依中庸而行者。"⑧"中庸"是孔子的重要思想,它是孔子衡量一个人德行的重要标志。《中庸》:"仲尼曰:'君子中庸,小人反中庸。'"

守中贵和、追求和谐作为儒家思想的基本精神,对当代和谐社会秩序的建构,具有重要的意义。习近平指出:中华文化崇尚和谐,中国"和"文化源远流长,蕴含着天人合一的宇宙观、协和万邦的国际观、和而不同的社会观、人心和善的道德观。在5000多年文明发展中,中华民族一直追求和传承着和平、和睦、和谐的坚定理念。⑨

《〈论语〉四则》其三:

> 颜渊问仁。子曰:"克己复礼为仁。一日克己复礼,天下归仁焉。为仁由己,而由人乎哉?"颜渊曰:"请问其目?"子曰:"非礼勿视,非礼勿听,非礼勿言,非礼勿动。"颜渊曰:"回虽不敏,请事斯语矣!"

这一则讲儒家最核心的思想:"仁"。"仁"是儒家伦理中最高的道德原则,"仁"在《论语》中出现109次。

---

① 白坤.礼记选读[M].浙江古籍出版社,2013:64.
② 石镤.论语简释[M].北京:商务印书馆,2018:37.
③ (春秋)左丘明.国语[M].长春:时代文艺出版社,2009:343.
④ 章诗同.荀子简注[M].上海人民出版社,1974:94.
⑤ 石镤.论语简释[M].北京:商务印书馆,2018:291.
⑥ 许慎.说文解字[M].北京:中华书局,2015:42.
⑦ 杨树达.论语疏证[M].上海:上海古籍出版社,1986:28.
⑧ 石镤.论语简释[M].北京:商务印书馆,2018:289.
⑨ 习近平出席中国国际友好大会暨中国人民对外友好协会成立60周年纪念活动并发表重要讲话[N].人民日报,2014-05-16.

仁的精神实质：爱人。

仁，会意字，篆文写作⼈=。《说文解字》："仁，亲也。从人，二。"①段玉裁注："亲者，密至也。"表示人与人之间的亲善关系、亲和性情感。

1. 爱有差等

《论语·颜渊》中说："樊迟问仁。子曰：'爱人。'"②孟子说："仁者爱人。"(《孟子·离娄下》③)荀子也说："仁，爱也，故亲。"(《荀子·大略》④)"仁"的精神实质是"爱人"。而"仁爱"的根本是"孝弟"之爱。"孝弟"就是对父母孝敬 对兄长友爱，如《论语·学而》："君子务本，本立而道生。孝弟也者，其为仁之本欤。"⑤孝，金文写作"𠫤"，上面是一个长发的老者拄着一根拐杖，下面是一个小孩。《尔雅·释训》曰："善父母为孝。"《说文解字》曰："善事父母者。从老省，从子。子承老也。"⑥唐兰先生认为："孝即'老'之本字，'子'搀扶之，会意。"⑦"孝"本义是子女对父母的敬爱。如《论语·阳货》："子曰：'予之不仁也！子生三年，然后免于父母之怀。夫三年之丧，天下之通丧也，予也有三年之爱于其父母乎！'"⑧这里孔子将"仁"与对父母之"爱"联系起来，孔子骂宰我不仁，其实是骂他不孝。在儒家看来，爱始于血缘，先"亲亲"，即爱父母、兄弟。《礼记·祭义》说："立爱自亲始"。⑨ 在儒家看来，爱最后达到"泛爱众而亲仁"。⑩ 所以，儒家的仁爱是有等级差别的爱，依血缘由近及远，从亲情之爱推及众人。《孟子·梁惠王上》："老吾老，以及人之老；幼吾幼，以及人之幼。""四海之内皆兄弟也。"(《论语·颜渊》⑪)儒家的"仁"是以爱亲、爱人为基础，将之推广到爱自然万物。孟子："亲亲而仁民，仁民而爱物。"(《孟子·尽心上》⑫)孟子主张，"斧斤以时入山林"(《孟子·梁惠王上》)。儒家的"仁爱"、墨家的"兼爱"和西方基督教的"博爱"，在关切人这一面是相通的，都表现出人道主义关怀，具有普遍的道德价值。但"仁爱"是有等级差别的爱，在这个意义上，"兼爱""博爱"是无等级差别的爱，失去了亲亲与孝悌，"兼爱""博爱"有泛爱倾向，故孟子言："墨氏兼爱，是无父也。"(《孟子·滕文公下》⑬)

2. "爱人"是道德自觉

"爱人"指的是爱别人，与"己"相对。如"为仁由己，而由人乎哉？""己"与"人"

---

① 许慎.说文解字[M].北京:中华书局,2015:159.
② 石锓.论语简释[M].北京:商务印书馆,2018:266.
③ 孟子[M].赵清文,译注.北京:华夏出版社,2017:186.
④ 章诗同.荀子简注[M].上海:上海人民出版社,1974:297.
⑤ 石锓.论语简释[M].北京:商务印书馆,2018:2.
⑥ 许慎.说文解字[M].北京:中华书局,2015:171.
⑦ 徐中舒.《汉语大字典(缩印本)》[M].成都:四川辞书出版社,1993:425.
⑧ 石锓.论语简释[M].北京:商务印书馆,2018:406.
⑨ 曾亦,陈文嫣.国学经典导读·礼记[M].北京:中国国际广播出版社,2011:313.
⑩ 石锓.论语简释[M].北京:商务印书馆,2018:5.
⑪ 石锓.论语简释[M].北京:商务印书馆,2018:251.
⑫ 孟子[M].赵清文,译注.北京:华夏出版社,2017:321.
⑬ 孟子[M].赵清文,译注.北京:华夏出版社,2017:137.

相对,孔子强调"仁"的内在自觉性和内心觉悟。如《论语·述而》:"子曰:'仁远乎哉? 我欲仁,斯仁至矣。'"①为仁之道表现为推己及人、尊重别人。如《论语·雍也》:"夫仁者,己欲立而立人,己欲达而达人。能近取譬,可谓仁之方也已。"②强调仁者"尽己"、"为人"(帮助别人),这叫"忠"。如《论语·颜渊》:"仲弓问仁,子曰:'出门如见大宾,使民如承大祭。己所不欲,勿施于人。'"③强调仁者"推己及人",这叫"恕"。《论语·里仁篇》:"子曰:'参乎! 吾道一以贯之。'……曾子曰:'夫子之道,忠恕而已矣。'"朱熹《论语集注》:"尽己之谓忠,推己之谓恕。"④因此,孔子之道可谓"仁道"。

实现"仁"的途径:克己复礼。

"克己复礼为仁。"孔子强调,通过"礼"的外在规范来展现内在仁爱精神。"仁"是道德自觉,可以通过克己、修己、自省等方式达成。"克己",即用社会道德准则自己约束自己,强调自我克制的主体自觉性。"复礼",即通过"非礼勿视,非礼勿听,非礼勿言,非礼勿行"来实现。颜回是孔子弟子中"好学"且"贤"者,"其心三月不违仁"(《论语·雍也》)⑤。面对"礼崩乐坏",孔子希望颜回"克己复礼"。"克己复礼",朱熹解释曰:"非礼处便是私意。既是私意,如何得仁? 须是克尽己私,皆归于礼,方始是人。"⑥可见孔子的"仁"离不开"礼",仁爱之德,离不开伦理纲常和等级秩序。

仁和礼的关系:

在孔子思想体系中,仁与礼的关系极为紧密。孔子以礼界定仁,如"克己复礼为仁"(《论语·颜渊》);以仁论说礼,如《论语·八佾》"人而不仁,如礼何? 人而不仁,如乐何?"。李泽厚《论语今读》解释道:"说的是外在形式的礼乐,都应以内在心理情感为真正的凭依,否则只是空壳和仪表而已。"⑦"仁"与"礼"都是孔子思想的核心,"仁"以"礼"为外在形式;"礼"以"仁"的为内在道德和精神实质。李泽厚在《孔子再评价》中认为:"孔子以'仁'释'礼',将社会外在规范化为个体的内在自觉,是中国哲学史上的创举,为汉民族的文化-心理结构奠下了始基"。⑧ 孔子对"仁"和"礼"双重肯定,只有当人的行动符合礼,其思想和境界才能达到仁,如《论语·阳货》:"宰我问:'三年之丧……期已可以。'……子曰:'食夫稻,衣夫锦,于女安乎?'曰:'安。''女安则为之! ……'宰我出。子曰:'予之不仁也!'"⑨孔子骂宰我不仁,是因为宰我替父母行丧礼,不是发自内心情感、不是出于内在美德。儒家后来对"仁"

---

① 石锓.论语简释[M].北京:商务印书馆,2018:146.
② 石锓.论语简释[M].北京:商务印书馆,2018:124.
③ 石锓.论语简释[M].北京:商务印书馆,2018:248.
④ 石锓.论语简释[M].北京:商务印书馆,2018:71.
⑤ 石锓.论语简释[M].北京:商务印书馆,2018:107.
⑥ 朱熹.四书章句集注[M].北京:中华书局.1983:132。
⑦ 石锓.论语简释[M].北京:商务印书馆,2018:39.
⑧ 李泽厚.中国古代思想史论[M].北京:人民出版社,1985.
⑨ 石锓.论语简释[M].北京:商务印书馆,2018:406.

和"礼"有所偏重,如孟子张扬"仁",讲仁政。"当今之时,万乘之国行仁政,民之悦之,犹解倒悬也。"(《孟子·公孙丑上》)①荀子发挥"礼","礼者,人道之极也"(《荀子·礼论》②)。

仁的理想境界:

"一日克己复礼,天下归仁焉。""天下归仁"是孔子仁学思想的理想境界。"仁者"是孔子心目中的理想人格,已经转化成中华民族的价值取向。孔子提出"杀身而成仁"(《论语·卫灵公》③),孟子提出"舍生而取义"(《孟子·告子上》④),荀子提出"独立天地之间而不畏"(《荀子·性恶》⑤)。民族英雄文天祥就是仁、义、勇的典范,临刑前他在《绝笔》中写道:"孔曰成仁,孟曰取义,惟其义尽,所以仁至。读圣贤书,所学何事,而今而后,庶几无愧。"⑥孔子"仁以为已任职",让天下充满爱。

《〈论语〉四则》其四:

> 季康子问政于孔子,孔子对曰:"政者,正也。子帅以正,孰敢不正?"

这一则可从三个角度来解读:

1. 为政以德

儒家主张"内圣外王",提倡"仁政",要求为政者"修己"治人,以"德"治国。孔子提出"为政以德",如《论语·为政》:"为政以德,譬如北辰,居其所而众星共之。"⑦为政者的道德感召力,有着润物无声的教化作用,如《论语·为政》:"子曰:'道之以政,齐之以刑,民免而无耻;道之以德,齐之以礼,有耻且格。'"⑧孔子认为,以"德""礼"治国优于以"政""刑"。孟子主张"以德服人",如《孟子·公孙丑上》:"以德行仁者王,王不待大……以德服人者,中心悦而诚服也,如七十子之服孔子也。"⑨儒家将道德与政治统一,旨在实现政治和谐。

2. 公正无私

"政者,正也。"孔子强调的是"为政以正"。政,甲骨文写作𐡷,表示武力征服。《说文解字》:"正也。从攴,从正。正亦声。"⑩正,甲骨文写作𐡷,□表示城邑,𐡷表示脚趾,二者合起来表示征伐,一般指正义之战。《说文解字》云:"是也,从止一。"⑪"正"是"政"的本字。"正",引申义为"纠正""端正"。孔子说:"其身正,不令

---

① 孟子[M].赵清文,译注.北京:华夏出版社,2017:57.
② 章诗同.荀子简注[M].上海:上海人民出版社,1974:208.
③ 石锓.论语简释[M].北京:商务印书馆,2018:344.
④ 孟子[M].赵清文,译注.北京:华夏出版社,2017:256.
⑤ 章诗同.荀子简注[M].上海:上海人民出版社,1974:267.
⑥ 周武.中国遗书精选[M].上海:华东师范大学出版社,1994:194.
⑦ 石锓.论语简释[M].北京:商务印书馆,2018:16.
⑧ 石锓.论语简释[M].北京:商务印书馆,2018:17.
⑨ 孟子[M].赵清文,译注.北京:华夏出版社,2017:70.
⑩ 许慎.说文解字[M].北京:中华书局,2015:62.
⑪ 许慎.说文解字[M].北京:中华书局,2015:33.

而行;其身不正,虽令不从。"(《论语·子路》①)为政者自身行为端正,才能要求百姓遵守道德准则。"政者,正也。君为正,则百姓从政矣。"(《礼记·哀公问》②)这里"正"指"正气""正义""公正",指"正直"的道德品格。董仲舒在《春秋繁露仁义法》中说:"仁以爱人,义以正己"。

3. 身先垂范

"子帅以正,孰敢不正?"孔子重视身教示范的典范教育,为政者以身作则、率先垂范,百姓自然上行下效、风行草偃。如《论语·颜渊》:"君子之德风,小人之德草;草上之风,必偃。"③如《论语·子路》:"子路问政。子曰:'先之劳之。'"④榜样示范在古代道德教育中的效用是十分突出的。《论语·子路》:"苟正其身矣,于从政乎何有? 不能正其身,如正人何?"⑤

总之,《〈论语〉四则》这一则孔子提倡"精英政治""贤人治国"。儒家的这一思想对端正官员的品行具有积极的作用。

---

① 石锓.论语简释[M].北京:商务印书馆,2018:276.
② 礼记[M].崔高维,校点.沈阳:辽宁教育出版社,2000:173.
③ 石锓.论语简释[M].北京:商务印书馆,2018:263.
④ 石锓.论语简释[M].北京:商务印书馆,2018:270.
⑤ 石锓.论语简释[M].北京:商务印书馆,2018:281.

高职院校设立写作中心的必要性和路径

朱桂华[①]

摘要：国内外普通高校普遍设立写作中心。写作中心既是教学机构也是实践平台,对教育教学综合改革和人才培养意义重大。高等职业院校写作中心十分罕见。发展现代职业教育,培养高素质技术技能人才,亟待写作中心落地。依托现代信息技术,建设智慧写作中心,是破解高职院校资源约束难题,实现分级分类写作训练的有效途径。

关键词：高职院校 写作中心 必要性 路径

全球范围内的高校写作中心有一个发展变迁的过程,最初是一种实践教学形式,后来发展为实体机构,有"明确的规约、稳定的团队和特定的运营机制"。时至今日,各种写作中心在各国高校普遍存在,根据办学规模、服务对象、工作目标不同,分别被冠以"写作中心""写作教学中心""写作研究中心""创意写作中心""图书馆写作辅导中心""阅读与写作中心""写作实训中心""写作指导中心"等名称。虽然名称各异,运行机制、功能不尽相同,但作为实体机构的存在是一致的,在集结和开拓资源,推动写作教学、科研与实践等方面也有着共同的追求。这可视为写作中心内涵与功能的丰富、分化与变迁。

近年来,我国各普通高等教育院校(下称普通高校)聚焦通识教育改革,将写作中心建设与写作课程建设、课堂教学改革紧密结合,取得了良好的效果。写作中心更是得到本土化的改造、推广与发展,呈现出"一现象两形态"的概貌。"一现象"指

[①] 朱桂华,湖北省作协会员,武汉警官职业学院讲师,写作教学研究中心负责人。

的是课程中心化的现象,即为推进一门写作课程或一门写作课程群,专门设置写作中心,配备专职人员来进行教学、研究和训练。"两形态"分别是"通""专"融合形态和分级分类形态。"通""专"融合是指"打破课程、专业、院系壁垒,实现通识课程和专业课程融合发展"。比较普遍的做法是,由写作中心进行资源集结,组织力量开展主题式写作教学、项目式写作教学,吸引专职教师、专业教师乃至行政人员、辅导员、学生共同参与,实现学科渗透和人才联合培养。"分级分类"大致可以分为结构性分级和专业性分类。结构性分级指的是写作中心根据学校生源结构和专业结构,进行分层分级的写作教学与辅导。专业性分类主要指各校文学院写作专业人才培养定位。总体来说,我国普通高校写作中心工作机制与运营模式趋向成熟,积淀了丰富的理论与实践经验。

一、高职院校写作中心建设现状及问题归因

高等职业教育院校(下称高职院校)在我国高等教育体系中占半壁江山,随着国家大力发展职业教育,学校数量和招生规模呈扩大趋势。写作中心在高职院校十分罕见,少有的几家起步晚、规模小,服务功能单一。以河南工业职业技术学院(下称河工职院)"写作中心"、武汉警官职业学院(下称武警职院)"写作教学研究中心"为例,中心都在初创阶段,均以十分简约的形式运转。河工职院写作中心仅提供英语写作辅导服务,辅导内容限于英语课程作业以及外研社杯英语写作大赛备赛训练。武警职院是一所偏文科的职业院校,学生就业方向主要是公职以及文职,对写作水平要求高,出于人才培养的需求成立写作教学研究中心,目前还处在校本写作课程开发、写作辅导员培训、教学评价标准库建设阶段,距离写作教学全覆盖还有很大差距。绝大多数高职院校没有设立写作中心,教学改革还停留在课程建设和教材建设层面,主要做法是将应用文写作作为枢纽课程进行开发,通过构建模块课程、嵌套课程以及写作课程颗粒化资源等,将应用文写作教学渗透到基础教学、专业教学中。这种做法虽然体现了跨学科、跨专业协同培养的意识,但缺了最重要的一环,也就是实践教学。由于没有实践教学来打通写作教学"最后一公里",课程开发与应用都比较缓滞,写作课"讲得多,写得少"的痼疾仍然存在。

笔者认为,写作中心没有能在高职院校得到有效推广,主要原因有如下几个方面:一是观念认识存在误区。认为"写"对于高职院校学生不重要,高职学生主要是"做"。写作课程是基础课程,高职院校要重点发展专业课程,突出专业教学。写作中心只适合文学创作、学术写作,对高职应用写作无益。二是传统的体制机制难以打破。写作中心作为综合性机构,涉及全校乃至行业社会的资源整合与调用,因此要倒逼用人制度、绩效评价制度、人才培养制度的改革,涉及面广、难度大,传统的制度体系与教学秩序根深蒂固,难以改变。三是资源缺乏和办学条件限制。高职院校写作氛围不浓厚,写作教师资源匮乏,教写作的老师不写作的现象十分普遍;

写作基础理论研究滞后,写作课程资源单一;中心建设的资金、场地等资源匮乏。四是写作教学改革任务艰巨。写作教学时间精力成本高,教师隐性付出多、出成果周期长,因而视写作教学改革为畏途;学校缺乏对写作过程辅导的扶持和激励机制,教师付出与回报不对等;管理层因投入多、见效慢,对写作中心发展的可持续性产生疑问。五是职教改革衍生出新问题。譬如工学结合、产学结合人才培养模式的改变,专业课程比重加大,对写作等基础课程形成挤压,导致教学时间压缩、开课范围收窄,地位边缘化。

历史问题和现实困难叠加,主客观原因交错,导致写作中心在高职院校存续难。问题的根本在于,没有意识到"写"对于高职人才培养很重要,没有找到具有高职特色的写作中心的发展道路。因此,有必要站到现代职业教育发展以及"人"的发展的高度,探析高职院校设立写作中心的必要性和路径,寻找突破历史问题与现实困境的有效途径,推动以写作教学改革为抓手的高职院校通识基础课程改革。

二、高职院校设立写作中心的必要性

"写"对于高职学生为什么还那么重要?答案显而易见。一方面,"写"与当代人的生活、学习、工作密不可分,是人们生存发展的需要。"写作教学对于人才培养、价值观塑造意义巨大",这一点对于任何级别、任何类型的院校都是一样的。另一方面,高职院校学生文字功底单薄,写作思维欠缺,整体写作水平不高,影响专业学习效果、职业发展和个人发展。此外,职教改革的国家方略是改"重知识教育"为"重技能训练",写作本身是一种重要技能,写作过程是知识、思维、技能综合运用的过程。有鉴于此,笔者认为高职教育作为区别于普通高等教育的另一种类型教育,对写作中心有着独特的价值期待。

落实职教改革精神的必要。2021年全国职业教育大会召开,习近平总书记作出重要指示,强调要加快构建现代职业教育体系,培养更多高素质技术技能人才、能工巧匠、大国工匠。高素质的内涵是高素养、高能力、高质量。写作教学是巩固知识积累、培养高品质思维、强化沟通与表达、提升动手能力的有效途径,对于培养高素质人才意义重大。此外,《国家职业教育改革实施方案》明确要求,职业院校"实践性教学课时原则上占总课时一半以上",要落实这一要求,包括写作课程在内的基础课程必须从根本上进行改革,重点要改革"重理论讲授,轻实训实践"的传统教学模式。写作中心作为重要的实践教学平台,既符合改革精神,也能承担改革重担。

院校特色发展的必要。写作中心作为"舶来品",最初发端于国外顶尖高校,这些学校强调学术性、思辨性写作。国内以清华大学、北京大学为代表的高校走的也是学术写作训练的道路。以复旦大学、上海大学为代表的高校走的是文学、创意写作的特色道路。以西北大学、湖南大学为代表的院校开展的是创意、应用、学术等多面向教学之路。高职院校以应用性写作教学为主,基于办学定位以及专业设置的不同,教学方向有很大的区别。譬如,武汉警官职业学院培养的主要是面向公职文职就业的人才,有必要做强司法应用写作品牌。其他高职院校可依据办学定位在商务应用写作、科技应用写作、新媒体应用写作等领域深耕细作,走特色发展之路。

破解资源瓶颈的必要。高职院校最大的资源约束是教师缺乏,导致写作实践教学十分困难。"双一流"等重点院校破解这一约束的做法是提拔优秀本科生、硕士生乃至博士生加入写作辅导队伍。这在人才培养层次单一的高职院校行不通,尤其是专科层次的高职院校,学生整体写作水平较低,利用学生开展同伴辅导的可能性不大。但这不意味着高职院校没有辅导资源可挖掘,相反,对于偏重应用写作教学的职业院校来说,行政管理人员是非常好的写作辅导资源,此外还有图书馆工作人员、班主任、行业企业乃至政府机关工作人员。这些都涉及大范围的人力资源整合与调用,必须有具体的机构来组织和推动。写作中心能承担这一任务,其通过构建线上线下写作教学平台,能汇聚校内外的写作辅导力量,共同推进职业教育领域的"三全育人"工作。

满足学生多样化写作需求的必要。随着招生制度改革以及高职扩招政策落地,"高职院校的生源结构、学情特点空前复杂"。提前批、普通批、单招、特招、订单班、专项培训班等多批次、多层次、多类型的学情带来复杂的写作教学需求。此外,信息化社会对学生写作带来双重影响。一方面,碎片化的信息读写严重挤占系统读写时间,游戏、网剧等娱乐产品影响学生的话语体系;另一方面,泛娱乐化的生活方式,移动化的阅读和写作又丰富了学生的情感,激发了他们创作表达的欲望。因此,十分有必要开展分级分类的写作教学,这是一项艰巨的系统性工程,不能由传统的公共基础课部来推动,必须由专门的写作教学机构来进行持续性的开发与建设。

提升教师队伍素质的必要。高职院校教师真实的写作经验少,写作理论、教学理论底蕴不厚,非常有必要对教师进行理论与实践的培养,尤其要提高教师课程开发的能力与写作示范的能力;非常有必要以写作中心为纽带,推动教师跨部门、跨专业、跨院校共同研讨写作问题;以写作中心为平台,引导和推动教师与学生协同写作,相互激发;以中心为驱动,推进教师进行教学方法和教学手段的创新;以中心为辐射,引领教师服务行业与社会。如此,不仅能促进写作教学的提质增优,也能实现职业院校"双师型"教师队伍建设目标。

推动体制机制改革的必要。写作中心建设是一项综合工程,受到旧的体制机制的桎梏,必须建立新的体制机制进行激励与保障。譬如,强调过程性辅导,既要求教师绩效制度变革,也要求学生学业评价制度更新。要推行跨学科的人才联合培养,则要推进学分银行建设,实现相关课程的学分互认。要进行分级分类的协同实训,则要落实"课岗赛证"制度,强调将写作教学的不同面向,与学校各专业人才培养方案对接,与社团建设与管理进行衔接,在创新创业、职业规划等实践活动中进行渗透。此外,写作中心还要重点解决高职学生实习报告、毕业论文质量低下,抄袭严重的问题,因此有必要推进实习报告、毕业论文的质审制度建设。

总体来说,高职院校通过设立写作中心来开展写作教学、研究与实践,是职业教育发展之刚需,是写作中心内涵发展与领域跨越。

三、高职院校设立写作中心的路径

写作中心的设立要经历动议、调研、论证、筹备、建设等阶段,每个阶段都有核心任务,把握这些核心任务就牵住了"牛鼻子"。

第一,认清高职教育的本质,厘清高职写作教学的特征与任务。探讨高职写作教学,首先要探讨写作与写作教学。关于写作历来有不同的看法和定义,传统的观点认为写作就是写文章,《现代汉语词典》将"写作"定义为"创作作品",《写作学大辞典》认为,"写作是人类运用语言文字、符号进行记录、交流传播信息的语言活动。"林文勉等编著的《基础写作辞典》将写作描述为"人类用书面语言反映客观事物、再现社会生活的一种行为过程、实践活动和技巧技能"。这些观点与解释从多角度反映了写作的多样特征,即创造性、学科性、阶段性、实践性、艺术性、情感性、思维性、主体性等等。写作如此复杂,决定了写作教学的复杂性,要同时遵循写作规律和教学规律。从写作规律来讲,要遵循作品的生成性、注重过程辅导。从教学规律来讲,要根据教学目的和教学对象,进行有针对性的教学设计,切忌贪大求全。因此,高职写作教学既遵循写作一般规律,也有其教育教学特殊性。它不同于普通高等学校写作学科重研究、重学术、重文学创意的倾向,而是重职业、重应用、重够用。高职写作教学内容要强调知识的能学够用,训练任务强调真实能写,阅读对象强调具体明确,教学效果强调对专业发展和职业应用的支撑。

第二,明确机构性质与定位,逐步完善组织建制。写作中心从诞生之日起就有多重属性,肩负多种功能。发展到今天,既是写作机构,也是教学机构,还是辅导机构、研发机构、外联交流机构等等。高职院校应该量体裁衣,根据资源支撑度与院校需求,实现精准定位。总体上,高职院校写作中心投入不多,被接受的程度不高。对创建团队是巨大的考验。创始之初,不能追求在规模和功能上比肩顶尖院校,而应循序渐进。譬如筹备阶段,可以不成立实体机构,而是以"写作中心"项目的名义运作,也可以叫写作实验室,作为一种教学形式先行探索。在全校范围内形成影响后,再成立实体机构,机构名称可以为写作中心,也可以根据性质与功能定位,叫作写作课程教学中心、写作教学研究中心、写作教学中心、写作实训中心等等都可以。在中心发展壮大的过程中,再逐步完善组织建制。譬如:与专业课程合作,成立专业写作室;与图书馆合作,成立图书馆写作室;与院校行政部门合作,成立行政写作室;与辅导员等学管人员合作,成立辅导员写作室;等等。也就是说,进行中心的二次架构。此外,中心可以工作坊、项目等方式进行写作引导,将名师工作坊、项目办公室吸纳为中心合作单位。

第三,建设"同心育人"的开放式教师队伍,开展分级分类协同实训。跟普通高校写作中心以学生辅导员为主相区别,高职院校写作中心应该重点建设教师队伍。主要原因在于普通高校可以实现本科生、硕士生、博士生梯度供给,接续辅导,而职业院校写作能力突出的学生比较少,且培养期短,普遍只有三年或者四年,学生还有顶岗实习半年的任务,加上军训及其他社会实践活动,开展同伴辅导的时间与精力都十分有限。一般来说,培养一个优秀的学生写作辅导员至少要一年,而学生有效工作时段大约只有大二阶段,这对写作辅导员培训提出挑战,因此学生辅导员只能是高职院校写作中心的辅助力量,不能成为主力军。若要实现写作课程全覆盖、写作训练多面向,还需要立足校内、放眼行业与社会来集结优秀教师。一要建设核心精干的专职教师团队。这个团队要有杰出的顶层设计能力和资源研发、统筹能力,对分级分类教学进行整体架构。二要培养高素质的专职教师队伍。写作专职教师不仅要能教,还要能进行课程信息化开发与应用。譬如,与高科技公司合作,进行语料库、标准库建设,共同研发能承担高职写作教学的人工智能工具。三要建立兼职教师队伍。鼓励专业课程教师参与写作中心计划,进行项目式、渗透式写作教学。四要培养校内优质的写作辅导员队伍。譬如吸收行政人员以及"图书管理员与写作专家一起组成嵌入式的协作教学团队"。五要引入社会力量。与普通高校的作家驻校、专家授课不同,高职院校应该重点引入政府机关、企事业单位的文秘人员参与实际的写作辅导。

第四,秉持大语文观架构读写融合课程体系,多面向开发课程资源。写作中心作为实体机构,在课程资源开发与应用方面处于枢纽地位,它依赖资源、传输资源,同时也供给资源。确保机构能良性运转,要做好静态的课程体系架构与动态的课程资源建设。静态的体系架构,要考虑高职学生读写基础差以及传承传统文化的需要,秉持大语文观,按照听说读写整体架构,并以写为中心,倒逼学生听读说。动态的资源要强调多面向生产集成,通过读写课程融合,第一课堂与第二、第三课堂融通,语文技能训练与专业技能训练融通等方式,实现资源多渠道生产与共享。如此,才能真正充分发挥写作中心枢纽作用,实现以"普通写作"面向语言文字基础、以"应用写作"面向专业职业需求、以"创意写作"面向学生个性发展的分级分类写作教学。要做到这一点,必须摒弃高职语文课堂使用普通高校"大学语文"课程教材的做法,以"行动导向、任务驱动"的教学理念,重构高职写作课程,开发高职写作教材。

第五,深度利用信息技术,全面更新教学手段与方法。高职应用写作格式特征特别明显,高职学生语法修辞基础较差,如果投入大量的人力物力,进行形式上的纠错,则老师不堪重负。因此,有必要借助人工智能批改作业,将老师从重复低效的劳动中解放出来,并引领和推动学生自主学习。目前,英文写作人工智能批改技术已经相当成熟,也在各高校得到了推广。而中文写作人工智能批改技术相对滞后,主要的批改功能是评分、评语和纠错,尚不能进行深度的个性化辅导。要使得机器足够智能,必须经过充分的人机互动,"喂养"机器足够的资料,让它充分学习。当前来说,高职写作很重要的"喂料"就是不同类型的学生作品以及不同文种的评价标准。这涉及语料库和标准库建设,必须由教师与科技公司合作完成,即教师负责提供内容材料,企业负责提供技术。总体来说,当前写作教学的信息化建设任务,包括与企业合作开发针对各校实际的人工智能技术,联合推动人工智能批改作业走向人工智能辅导。包括利用现有的信息技术,进行智能评测、反思诊断以及教学质量的全面监控。在这方面,写作中心大有可为,也必须有所作为。

第六,以评价制度建设为中心,推进制度规约建设以及虚拟写作中心试点工作。制度是引领也是保障,如果宏观层面的制度短时间难以改变,那么可以通过构建写作中心的规章制度以及运行机制来反作用于上位体制机制。鉴于人事、薪酬等制度受限性大,写作中心应该重点推进评价机制的建设,包括课堂教学评价、学生作品评价、学生学业评价、教师绩效评价等。尤其要改评价结果为评价过程,其目的是引导和推动学生写作和教师辅导,而非评价对错与好坏。此外,鉴于写作中心需要一定硬件设施作为保障,在条件不成熟的情况下,可以先进行虚拟写作中心试点,利用腾讯会议、雨课堂等平台和技术,开展写作讨论和辅导。

四、结语

写作中心是多方位进行人才培养的机构与场域。高职院校写作中心的设立与发展,对于建设现代职业院校非常重要。探析高职院校写作中心发展图圈以及建设路径,有助于写作中心特色化发展与高素质技术技能人才培养。写作中心建设必须厘清现代职教体系架构与培养任务,破解资源瓶颈,打破传统约束,与现代教育技术深度融合,走智慧建设的道路,实现可持续发展。

参考文献

[1] 段勇义,杨萍.重构写作课[J].写作,2020(4).
[2] 任翔宇,周群英.大学通识教育与专业教育的融合路径探究[J].大学·教学与教育,2021(1).
[3] 姚承嵘.应当在全国各级各类学校中推广以写作教学为中心的教学改革[J].写作,2015(10).
[4] 崔铂.百万扩招背景下高职院校社会生源培养策略解析[J].学习与科普(知与学),2021(24).
[5] 夏琬钧,高凡,陈晓红,等.国外高校图书馆写作辅导服务实践及启示[J].图书情报工作,2020(3).
[6] 严长钧.高职扩招背景下文秘专业人才培养目标的实现路径探究[J].兰州教育学院学报,2020(4).

新文科背景下国际中文教育研究生培养的新思考

周金声　王俊杰

摘要：新文科建设的呼唤带来了国际中文教育发展的新动力。反思数年来从事国际中文教育的经验和教训，首先要观念更新、与时俱进，提高对跨学科跨区域融合培养人才必要性的认识，确立对专业硕士学位论文的跨学科综合应用性评价导向；其次要增加具有中国文化自信理论特色的研究性课程和网络科技应用的课程；再次要优化实践实验研究方面的学分和改革评价标准，尝试吸纳企事业单位一线工作者做研究生副导师，与跨区域教育机构联合培养学生；最后要加快建设教育大数据平台，加强师生智能技术培训，全面提升师生信息素养。

关键词：新文科建设　汉硕教育　改革创新　人才培养

随着大数据时代的迅猛发展，行业壁垒被快速打破，学科之间的融合越来越普遍，新文科建设方兴未艾。在这种背景下，国际中文教育专业硕士生培养将如何发展？人才培养将如何改革？这些都需要我们结合实际情况，总结经验，进行新的探索。

一、转变观念，人才培养导向和评价要继往开来

2017年，面对日新月异的新经济新科技迅猛发展，美国希拉姆学院旗帜鲜明

---

① 教育部中外语言交流合作中心2021年国际中文教育研究课题重点资助项目"推广《国际中文教育中文水平等级标准》的创新教材教法研究"(21YH14B)研究成果之一。

② 周金声，武昌理工学院、喀什大学特聘教授；王俊杰，喀什大学中国语言学院讲师。

地提出"新文科"理念,倡导对传统文科进行学科重组、文理交叉,把新技术融入哲学、文学、语言等课程,为学生提供跨学科综合性学习平台。在我国,教育部于2018年全面推出"新工科、新医科、新农科、新文科",实施"四新"建设。为开启"四新"工程建设,教育部、科技部、财政部等国务院所属部委于2019年4月在天津联合召开"六卓越一拔尖"计划2.0启动大会。次年11月,教育部在山东大学(威海)召开新文科建设工作会议,正式发布《新文科建设宣言》,对新文科建设作出了全面部署。会议强调,要遵循守正创新、价值引领、分类推进"三个基本原则",要把握专业优化、课程提质、模式创新"三大重要抓手",努力培养适应新时代要求的应用型复合型文科人才。

新文科建设的发展,要求国际中文教育硕士生的培养积极转变观念,及时改进人才培养的导向和评价。

(1)加强学科协同,构建融会贯通的复合人才观。一个时代有一个时代的文科。传统文科教育有传统时代的价值,也已完成其担负的历史使命;在新时代,传统文科可能会制约人才全面发展,已不适应新的要求。新文科的提出,契合了新时代需求,是对传统文科的提升,就是要打破传统专业壁垒和学科障碍,以广博的学术视角、开阔的问题意识和深厚的学术积累为基础,适应当前知识密集型、知识综合型、知识创新型为主的人才培养。这就要求我们在培养国际中文教育专业硕士生时,要加强学科协同,树立融会贯通的复合人才观。培养的人才不仅会上某类课,还需要会做文化传播工作,会进行公众微信号开发、编辑,乃至图文、App制作等。在培养过程中,不仅要加强大文科之间的协同协调、融合发展,还要重视学科之间的协同协调和交叉融合。新文科并不是简单的文科加技术,而是要借助现代科技重塑教育的价值观念和思维体系。这也启示我们,要充分认识到:人工智能不是简单的技术,而是包含观念、道德、伦理问题在内的技术精准化社会服务,这些都离不开心智健全、视野开阔的高素质复合人才。

(2)坚持传承创新,强调面向未来培养人才。教育部高等教育司原司长吴岩(现任教育部副部长)指出:新文科"不仅要传承传统的、经典的文化,还要展示哲学社会科学与新一轮产业技术革命交叉融合产生的新变化"。传统的知识是在应用下生产的,只是对过去的解释。由现代"创新网络"组成的知识生产模式,是一个多层次、多模式、多节点和多边的体系,包括相互补充和不断加强的创新网络以及由人力资本和智力资本组成的"知识集群";是为了知识创造、扩散与使用,更重要的是面向未来。所以,要特别强调创新,强调教育是为社会未来培养人才。无论是思想还是技术都有一个积累的基础,需要传承。教学最基础的知识系统,就像造高楼需要打地基一样。学习传承不是目的,最重要的是为了创建"新楼",所以传承固有文化与创新文化和新技术必须兼顾。诚如《新文科建设宣言》所言:"新文科建设既要固本正源,又要精于求变,要立足两个大局,不断从中华优秀传统文化中汲取力量,主动适应并借力现代信息技术手段,实现文科教育高质量高水平发展。"如今的创新引领更为重要,面对未来发展,有的传统知识可能过时了、淘汰了,只有能够为未来发展起奠基作用的知识才有意义。所以,要用发展的眼光来反思,要以前瞻创新内驱动力审视选择基础知识,传承符合人本智慧需要和基本原理的知识,这样就会带动教学的观念由重传承知识向重新认知的探索转变,打破过去那种局限于专业学习的多重壁垒,为学生提供跨学科需求的素养训练。

(3)立足国情,构建中华特色文化理论体系。2016年5月,习近平总书记在哲学社会科学工作座谈会上发表重要讲话,认为:"面对世界范围内各种思想文化交流交融交锋的新形势,如何加快建设社会主义文化强国、增强文化软实力、提高我国在国际上的话语权,迫切需要哲学社会科学更好发挥作用。""要按照立足中国、借鉴国外,挖掘历史、把握当代,关怀人类、面向未来的思路,着力构建中国特色哲学社会科学,在指导思想、学科体系、学术体系、话语体系等方面充分体现中国特色、中国风格、中国气派。"《新文科建设宣言》明确总体目标是:"构建以育人、育才为中心的哲学社会科学发展新格局,建立健全学生、学术、学科一体的综合发展体系,推动形成哲学社会科学中国学派,创造光耀时代、光耀世界的中华文化,不断增强自信心、自豪感、自主性,提升影响力、感召力、塑造力。"这就要求守正创新,"不懈挖掘新材料、发现新问题、提出新观点、构建新理论,加强对实践经验的系统总结,形成中国特色文科教育的理论体系、学科体系、教学体系。"既要立足国情、发掘中华本色,又不能拘泥于对西方理论的借鉴,要"坚定道路自信、理论自信、制度自信、文化自信",还要放眼世界,在"人类命运共同体"的前提下,积极参与国际对话,对世界学术贡献中国智慧。习近平《在庆祝中国共产党成立100周年大会上的讲话》反复强调"以史为鉴、开创未来","我们积极学习借鉴人类文明的一切有益成果,欢迎一切有益的建议和善意的批评,但我们绝不接受'教师爷'般颐指气使的说教!""我们坚持和发展中国特色社会主义,推动物质文明、政治文明、精神文明、社会文明、生态文明协调发展","坚持把马克思主义基本原理同中国具体实际相结合、同中华优秀传统文化相结合",创造"中国式现代化新道路""人类文明新形态"。这一伟大的召唤,要求我们努力创新中国特色的新理论新方案,在各类人才培养过程中努力用中国本土特色的理论指导改善培养方案,对于担当传播中华文化重任的国际中文教育专业硕士人才培养学科来说尤其必要。

二、勇于实验,针对汉硕人才培养存在的问题进行改革探索

面向人才需求市场,以新学科建设理念改革国际中文教育人才培养方案势在必行,其中涉及多方面的问题,我们结合实际尝试从以下几个方面进行了实验性探索,有成功的经验,也有失误之教训,期望进一步推进以下这几方面的改革。

（一）改革学位论文的评价机制，加强跨学科综合应用性评价导向

我们学校国际中文教育专业从本科生到硕士生培养，本来走的就是一条跨学科融合发展的路子。早在2003年我们就由汉语教师与英语教师合作申报国际中文教育专业，2007年又合作成功获得"外国语及应用语言学"硕士点，开启了"中外文化交流方向"的人才培养模式。2013年在汉英师资合作的基础上又吸纳了传播学、艺术学、美学、计算机等专业方面的人才，建设国际中文教育专业硕士点，招收了一部分跨专业的本科生进行培养。实践证明，我们所培养的汉硕研究生都达到了合格水平，不少跨学科专业考来的汉硕研究生还成了汉语教师志愿者的优秀学子。

毋庸置疑，这个探索过程是"摸着石头过河"的过程。当时，汉语专业师资严重不足，社会要求汉教人才应该具备跨学科综合能力，而被动地寻求跨学科师资整合进行的专业人才培养，遇到了多方面的阻碍，其中最大的阻力就是对硕士生的学位论文的评价导向。初期挂靠"外国语及应用语言学"专业培养"国际汉语教学"方向的研究生时，有人强调所谓"纯正的英语"，要求毕业生必须用英文写论文，迫使一大批跨学科的学生花费重金请翻译公司翻译学位论文参加答辩。后来有了"国际中文专业硕士"学位点，我们开始招录一些不同行业的工作人员。有的学生找到了较好的实习岗位和就业的机会，就结合实际工作进行研究，撰写学位论文，这本来既有利于提高学生的研究水平，又有利于培养实际工作能力，但是又有人以所谓专业对口为由否定一些结合学生实际工作的论文选题，耽误了学生毕业，伤害了学生的自主实践学习的积极性，造成了很大的损失。正反两方面的经验和教训值得汲取。

学位论文的质量是衡量研究生能否达到毕业水平标准的一项主要依据。衡量其水平、决定其能否毕业、能否获得学位的论文评价体系也就成了研究生学习过程的指挥棒。过去对论文过分强调学术性、理论性和刊物发表标准。现在国家开始特别倡导专业硕士应用性人才培养，而且比例达70％之多。国务院学位委员会、教育部印发的《专业学位研究生教育发展方案（2020—2025）》指出："专业学位具有相对独立的教育模式，以产教融合培养为鲜明特征，是职业性与学术性的高度统一。"特别强调："推进培养单位与行业产业共同制定培养方案，共同开设实践课程，共同编写精品教材。鼓励有条件的行业产业制定专业技术能力标准，推进课程设置与专业技术能力考核的有机衔接。推进设立用人单位'定制化人才培养项目'，将人才培养与用人需求紧密对接。"那么，国际中文教育专业硕士的人才培养当然应该主要着力于应用性研究。在专业学位的论文形式方面也可灵活多样，论文选题应有现实针对性、应用性，论文内容强调理论在实践中的应用，论文要综合反映学生运用知识分析问题和解决问题的能力及调查研究的能力。目前，中国经济正在形成以国内循环为主、国际国内互促的双循环发展的新格局。国际中文教育专

业有一部分人才自然也要转向服务国内需求。所以我们对学生的学位论文也就不能一味要求只能面向国际教育的研究。只要符合大语言文字教育和文化传播的研究都应该纳入本专业人才培养的范畴。特别是从事过一定职业或者在一定岗位实习的研究生，应该鼓励他们的选题针对其职业需要进行研究，比如在国内基层从事社区管理工作、组织政工工作（"组工"）的，他们可以根据工作特点撰写社区文化教育、"组工"文化人才培养、少儿语言文字教育课题等方面的论文，这些也应该视作符合本专业人才培养规格要求的选题。

在对学生毕业要求方面也需要有新的改革，比如放宽英语水平考试和发表论文的硬性要求，代以灵活的实习项目考核制度。至少应该考虑区分不同专业和类型的学生给予选择性的考试。比如对以研究国内文化教育为主的学生，或者对非全日制的学生，是否可以考虑对其提高中国语言文字学方面的能力要求，而降低一些对外语的要求？

2017年研究生招生考试开始把在职研究生纳入与全日制研究生同题同卷的范畴，开始形成全日制和非全日制研究生可以同届同课同时段学习的格局。但是非全日制研究生情况更为复杂，既有在职人员，也有往届高校毕业生，不能完全按照全日制研究生的特点进行培养。根据非全日制研究生不同的学习条件和发展需要组织安排不同的教学模式，全日制研究生基本上采用脱产学习的方式，非全日制研究生一般采用进校不脱产，或者半脱产的方式学习。目前笔者所在学校对国际中文教育专业的研究生（全日制和非全日制）实行的是同一培养方案，表明要学习的课程和要达到的学习目标是一样的。近三年的实践证明，非全日制和全日制学生同样有强有弱，本质上没有什么差别。只是非全日制的学生在职者比例高，年龄普遍稍大一些，因为有相当一部分学生在职，所以面授课程的时间安排比较困难。这就需要实行弹性教学机制，或者集中假期授课，或者加强网络授课。对于强调应用型人才培养的专硕来说，在职学习者和年长者其实有更大的潜力优势，就应该在毕业要求、评价标准方面侧重更能展现其在职学习的优势。

（二）改革课程设置，增删或者开拓新的相关课程内容

目前，文科融合新科技发展已经达成大家的初步共识。新科技革命和产业变革对人类的生产模式、生活方式和价值理念产生了深刻的影响，基因工程、虚拟技术、人工智能、区块链、大数据、5G技术等新科技催生了以跨界融合为特征的新产业新业态，社会对知识复合、学科融合、实践能力强的新型人才的迫切需求，催生交叉新学科新专业，促进研究学习的新方法新手段，也就必然要求探索育人新模式，采取新方法新技术进行研究和知识传播。从教学方式来看，随着新技术的推进，新文科教学手段多样化，大量新技术渗透到文科教学中。随着人工智能、"互联网＋"等技术发展，使用融媒体技术进行各种调研、实验、设计和教学成为常态，作为汉语文化传播人才，不仅要利用好传统的讲台，还要熟练掌握网络教学技术，开发融媒

体教学课件,甚至还要大量开展第二课堂活动,这些都往往离不开计算机应用技术。所以需要加强研究生关于计算机应用技术方面的课程,侧重培养学生如何利用融媒体的实践能力。

如今中国正处在实现"第二个百年"奋斗目标、实现中华民族伟大复兴的节点。传承创新、迈向未来,守住中华民族的"根"和"魂",才能保持中华民族的精神命脉,凝聚民心,形成中国文化软实力,为中华民族生生不息、发展壮大提供强大精神支撑和内在动力。习近平总书记强调:优秀传统文化是一个国家、一个民族传承和发展的根本,如果丢掉了,就割断了精神命脉。我们要善于把弘扬优秀传统文化和发展现实文化有机统一起来,紧密结合起来,在继承中发展,在发展中继承。遗憾的是,我们调查发现85%以上的汉语教师志愿者没有读过《论语》,孔子学院的工作人员大都不熟悉孔子的生平和思想,普遍不熟悉"轴心时代"的中国经典,对《论语》还存在各种各样的误解,就连汉办推荐的《〈论语〉最新英文全译全注》(福建教育出版社2012版)都存在误解。这显然不利于优秀文化传承和传播。处在历史新节点,传承中华优秀文化根脉,首要的是对青年学子进行中华经典文化教育,特别是要开设"中华经典研读"课。笔者近五年来从国际中文教育本科专业选修课入手,进行教学实验,再到研究生专题课引入《论语》《道德经》经典研读内容,获得了很好的效果。与学生合作编写并出版了《〈论语〉对译与新解》《〈道德经〉对译与新解》;多位学生撰写的关于经典研读方面的论文在有关期刊上公开发表,他们将学习经典的心得用于汉语文化传播之中,获得了普遍好评。所以研究生的课程应该减少一些泛泛的概论性内容,务必加入直接研读经典著作的内容。

再比如,到目前为止我们的语言学理论几乎都是以西方语言学理论为主导,完全不符合"四个自信"的精神!我们可以从传承中国文字学、音韵学、训诂学入手,将"古代汉语""现代汉语"和"语言学"打通,构建"中华语言文字通论"课程体系。从研究生课程研究开始,取"字本位"与"词本位"汉语理论之长,鼓励师生共同探索理论新形态,就很有可能在语言文字方面探索出一条现代中国式的新道路。

(三)调整学分结构,加大实践实验研究方面的占比和改革评价标准

《专业学位研究生教育发展方案(2020—2025)》指出:"支持培养单位联合行业产业探索实施'专业学位+能力拓展'育人模式,使专业学位研究生在获得学历学位的同时,取得相关行业产业从业资质或实践经验,提升职业胜任能力。"其中第3条还强调:"强化行业产业协同。支持行业产业参与专业学位研究生教育办学,明显提高企业参与比例。鼓励行业产业通过设立冠名奖学金、研究生工作站、校企研发中心等措施,吸引专业学位研究生和导师参与企业研发项目。强化企业职工在岗教育培训,支持在职员工攻读硕士、博士专业学位。鼓励行业或大企业建立开放式联合培养基地,带动中小企业参与联合培养。"这是对专业学位研究生培养十分

明确的导向和要求。反观现行培养方案,依然是过于重视理论性教学,因为我们的教师普遍是传统的"学硕"机制培养出来的,非常缺乏双师型人才,本身实践能力匮乏,大多数教师又没有出国做过汉语教师的经验,就更加需要鼓励学生寻找实践的机会,所以必须在培养方案方面加大实践学分的比例。

同时,还要完善评价模式,加强实际问题研究报告的鉴定。《专业学位研究生教育发展方案(2020—2025)》指出:"完善专业学位研究生教育评价机制。强化专业学位论文应用导向,硕士专业学位论文可以调研报告、规划设计、产品开发、案例分析、项目管理、艺术作品等为主要内容,以论文形式呈现。"相对而言,人文学科的实践性比社会科学、自然科学的实践性更难以操作。语言文化属于人文学科,主要研究人的观念、精神、情感和价值,即人的主观精神世界及其所积淀下来的精神文化。但如何将这些精神文化应用于社会现实生活和文化传播,还有许多可做的研究和举措,关键看怎么导向。在第一年指导学生研读的资料中应适当推介调查报告、实验报告和教学案例方面的著述,鼓励学生撰写结合实践考察的研读报告,第二年中期考核,要加强实际问题的研究报告、实验实习报告的作业,这样才能为落实学位论文撰写积累充实的资料和坚实的基础。

(四)夯实实习基地建设,将实习实训指导教师纳入导师队列

《专业学位研究生教育发展方案(2020—2025)》比以往任何研究生培养指导文件都更加重视导师的职业能力和经验资格,其中特别指出:"推动培养单位和行业产业之间的人才交流与共享,各培养单位新聘专业学位研究生导师须有在行业产业锻炼实践半年以上或主持行业产业课题研究、项目研发的经历,在岗专业学位研究生导师每年应有一定时间带队到行业产业开展调研实践。鼓励各地各培养单位设立'行业产业导师',健全行业产业导师选聘制度,构建专业学位研究生双导师制。"对国际中文教育专业来说,要实现这样的要求只有通过与国际教育学院、留学生培训机构、中外资合作企业或者中小学校等单位合作才能实现。这就务必加强实习基地建设,与能够提供学生实习的单位深度合作,实实在在地实施合作培养。可以建立双导师制,一名在校导师与一名实习基地导师联合指导和培养学生,比如可以聘请工作在有资质的企事业单位且具备指导研究生能力的一线劳动者做研究生副导师,这样既有利于学生在实习基地有效实习,也有利于学位论文写作。

受全球新冠疫情的严重影响,国际中文教育专业的学生出国路曾受到各种阻碍。不过,国家在民族地区实行国家通用语言文字教育,有很大的师资需求。汉语面向外国人作为第二语言教学与面向少数民族同胞有着类似的地方。国际中文教育专业人才目前相对过剩,如果有意识地将面向国外的人才培养一部分转向我国边疆和农村,进行语文教育师资定向培养,则不失为一条新出路。比如处在我国最西北的新疆,特别是南疆地区,师资缺乏,许多中小学校不得不临时聘用教师和使用顶岗实习的学生,大部分代课教师学历不合格,基本没有HSK或MHK证书,缺

乏系统的专业教育和教学能力,从而制约了整体教学的质量和水平。2017年全面实行国家通用语言文字教育以来,新疆南疆地区每年要招聘上万名汉语师资。汉硕培养如果有意识地引导和鼓励学生面向新疆,与新疆当地教育局建立定向培养基地,对新疆南疆开展面向少数民族师生的网课培训,让研究生担任网课辅导,既是很好的实习平台,也能为边疆解决实际困难。

三、与时俱新,国际中文教育主体要跟随时代步伐

目前,线上线下的教学理念对国际中文教育的师生都是新的挑战。唯有补短板、补弱项,才能缩小差距,与时俱进。

(一)继续以教科研促进师资素质和能力的提高

大学教育特别是研究生教育一定是建立在学术研究基础之上的,没有学术研究的教学只能是低水平的重复,没有教科研引领的教育很难与时俱进。学生是学习的主体,而教师是教学的主导。导师的科研水平,会直接影响学生学习效果。所以激励、引导教师加强教科研,鼓励教师引领或者学生积极参与教师的研究课题活动,特别是强调研究生课程要上成研究性的课,哪怕就是实践性的内容也重在研究,这是研究生教育的本质特征。一方面,国家、学校、院系要积极投入,给教师进行教科研的机会;另一方面,教师自己要保持旺盛的进取精神,不断探索新课题,勇于创新勇于发现,才能真正自我培养,提高学术、教学水平。比如笔者有感于《论语》长期被艰涩化被误读的状况,尝试在研究生"中外文化专题"课中引进《论语》研究,与研究生们一起探讨《论语》新解和孔子思想,结果与同学们合作完成了《论语对译与新解》,还获得了国家社科基金项目资助,将其翻译成了哈萨克文。不但自己提高了教科研能力,也有效帮助学生提高了国学经典的研读能力,还为学生成为优秀的孔子学院志愿者增加了有分量的砝码。十多年前,笔者曾指导研究生撰写以"近十年对外汉字教学研究的检讨"为主题的论文,由此比较系统地学习了"字本位""词本位"的理论,比较全面地了解了中国现行的语言学理论的情况和弊端,发现目前语言学界几乎由西方语言学一统天下,这与弘扬"四个自信"精神很不相符。因此,如何"摆脱印欧语的干扰""力求构建基于汉语研究、符合汉语语言事实的语法框架与体系"(陆俭明),如何将传统的文字学与现代汉语贯通协调起来,打造中国特色的语文学,迫在眉睫。于是笔者提出"字词本位中文语用教学"的理念,带领研究生编写出《活力中文》初级教程,采用吕必松先生最新科研成果主张的"以字教语""文语并进"方式进行教学实验,取得了较好的教学效果,并进而做了系统的教法总结,力图将古代音韵学、文字学、训诂学与现代汉语进行贯通研究,尝试构建"字词本位中华语文学",促使师生深入探索了汉语言文字本体特性和国际中文教育根本性的问题。再比如利用多媒体,充分发挥网络优势,实现异地互联网授课学

习，可以打破传统上在职研究生受时间、地域等客观条件的限制，实现课堂内外教学无缝对接。建起跨校、跨企、跨区域师生之间的虚拟研究队伍，加之实行弹性教学机制，就可以充分发挥多方优质资源的智能"魔力"，调动学生学习的积极性和主动性，降低在职研究生教育的培养成本，提高教学质量的整体效果。实行弹性教学机制，既有利于师生之间、学校与培养对象互动，又有利于扩大在职研究生的授课面，形成一种异动共网络空间的交互开放式环境，最终促进学生的学习与创新。

（二）建设教育大数据平台，构筑智能育人环境，推进智能技术应用

当前形势下，对网络技术的进步和现代教育技术的发展提升了标准，计算机辅助教学模式越来越多元化。融合"互联网＋""智能＋"的在线教学已经成为中国高等教育和世界高等教育的重要发展方向。目前已经开发出了各种各样的网络教学平台，可以实施即时的网络教学，提供可交互的虚拟环境，或者提供网上语言教学课程资源。例如腾讯会议系统、Zoom直播平台、智慧校园平台、微师教学系统、云朵课堂、超星课程、知学云等等，这些网络教学平台和课程曾经是新冠疫情期间被广泛采用的教学工具和资源。腾讯会议系统和Zoom的迅猛发展和广泛应用证明网络空间的教学活动有极大的发展潜力。Mooc（慕课）和各种网络课程是大规模开放式在线课学平台。融合"互联网＋""智能＋"技术的在线教学已成为高等教育的重要发展方向，线上线下融合教学正走向常态，人工智能等技术深度互动的"人-技"协同、多空间融合、以学习者为中心的新型智能化教学场景将取代传统课堂教学形态。教育部国际合作与交流司司长、港澳台办公室主任刘锦女士明确表示："留学人员受疫情影响无法按时返回海外留学所在地的学校而选择通过在线方式来修读部分课程，以及因此出现在境外停留时间不符合学制要求的情况，不作为影响学历学位认证结果的因素。"也就是说，国家也承认正规的网上课程成绩和学习经历。

学校务必加强加快信息化平台建设，升级完善一体化教务管理平台，加快智慧教室课堂教学系统与平台的数据对接，打造"云-网-端"智能的支撑环境。优化综合服务门户平台，加快事务流程信息化重构，实现精细化管理、精准施策、个性化服务。构建更多的智慧教室，通过云课堂平台支撑课程资源共享，实现多元化供给与多样化需求的良好对接，师生一人一网络空间，资源通过统一平台开放共享。构建线上线下互通、课内课外一体、实体虚拟结合的混合式智能化教学育人环境，从而保证实现融媒体线上线下自由选择教与学，已成为当下教学变革的基础工程。这方面，目前许多学校还存在很大的缺口。

（三）加强师生智能技术培训，全面提升师生信息素养

国务院《新一代人工智能发展规划》明确提出，要利用智能技术加快推动人才培养模式、教学方法改革，构建新型教育体系。智能时代的教育，需更加注重培养

学生的创新能力和合作精神,实现更加多元、更加精准的智能导学与过程化评价,促进人的个性化和可持续发展。2002年欧洲共同体教育和文化理事会在全欧洲范围内进行了一项关于信息技术在外语教学中的影响调查,发现:教师和学习者的角色范式必须转换,需要合作和协同,才能利用新媒体提供的广泛可能性。教师应该抛弃传统角色,更重要的是扮演引导者和导师的角色,而学习者要探索新媒体的应用,这样才能成为学习者的翘楚。

网络教学,对教师和学习者都提出了更高的要求,教师和学生之间的互动受到局限,学生和学生之间的互动也受到局限,学生的现场反馈显然不如面对面的教学直截了当,教学的重点和难点会与面授有所不同,教学计划的制订、课堂管理、课堂积极性的调动、课堂教学任务的制定、课程设置、参考资料的配置、学习策略、成绩评估、课堂教学技术的应用、学习者职业发展等等,在网络教学环境中都需要有新的设计和准备。

网络远程教学打破了传统教学模式,更加需要教师对学生的学习进行启发引导,指导学生独立地按照自己学习的实际情况,制订与之相适应的目标和计划;基于大数据开展学情分析和学习过程跟踪,及时发现教学过程中的薄弱环节,精准定位学困生因材施教;加强导学和课内研讨,因势利导,实现"把时间还给学生,把方法教给学生"。这样不仅需要学生增强学习的自律性,还要求学生对自己的学习成果进行客观的评价与总结;教师引导学生掌握学习研究的方法,通过学生自我管理、自主学习以达到自我实现的目标,提升解决问题的能力。

综上所述,教育管理部门和教师教学观念真正得以转变,就会带动这样几个新转变:教学方式从以教师教学为主向以学生自探为主转变,教学空间从以课堂为主向线上线下结合转变,教学资源从单一学科供给向跨学科选择转变,教学评价从以单项结果评价为主向以数据驱动的过程综合评价为主转变。

要达成这个目标,就需要大量的学有专长的师资。最近教育部高教司及时提供了一个非常好的契机和平台,专门发布了《关于开展虚拟教研室试点建设工作的通知》:"探索'智能+'时代新型基层教学组织的建设标准、建设路径、运行模式","建成全国高等教育虚拟教研室信息平台,建设一批理念先进、覆盖全面、功能完备的虚拟教研室,锻造一批高水平教学团队,培育一批教学研究与实践成果,打造教师教学发展共同体和质量文化,全面提升教师教学能力"。我们应该牢牢抓住这个契机,尽快构建跨学科、跨校、跨区域的教研团队,更好地实现新文科建设背景下国际中文教育专业硕士培养的新目标。

参考文献

[1] 吴岩.加强新文科建设 培养新时代新闻传播人才[J].中国编辑,2019(2):4-8.
[2] 黄启兵,田晓明."新文科"的来源、特性及建设路径[J].苏州大学学报(教育科学版),2020,8(2):75-83.
[3] 习近平:在哲学社会科学工作座谈会上的讲话[EB/OL].(2016-05-17)[2020-03-07].https://www.xinhuaned.wm//politics/2016-051181c_1118891128.htm.

第二章 作品评析

王春雨：论鲍照女性题材诗歌

赵晓辉：绣帷之上的往事勾勒——周邦彦《瑞龙吟·章台路》细读

高黎：莫罗与他的『莎乐美』

论鲍照女性题材诗歌

王春雨[①]

摘要：鲍照现存女性题材诗五十余首。从内容上可分为直接描写女性生活、情感状态的作品以及单纯描摹女性形象，侧面反映女性命运的诗。从形式上看，鲍照女性题材诗主要分为模拟汉魏旧题乐府、模拟新声乐府、模拟古诗、自拟题目四大类。诗作所塑造的女性形象在活动空间、外在形象、精神内涵等方面分别呈现有限性、抽象性、类型性特征。鲍诗对于女性形象的书写，反映了女性的社会地位，也在一定程度上折射出男性诗人对女性的认识。

关键词：鲍照　诗歌　女性题材　女性形象

鲍照现存诗两百零四首，见于明代张溥《汉魏六朝百三名家集》本《鲍参军集》，清代丁福保《汉魏六朝名家集初刻》本《鲍明远集》，《四部丛刊》本《鲍氏集》，近人逯钦立《先秦汉魏晋南北朝诗》等。其诗内容丰富，题材广泛：有反映战争生活的边塞诗，有描写自然景物的山水诗，还有相当数量以女性为题材的诗作。鲍照女性题材诗共有五十余首，约占其全部诗作的四分之一。相对于边塞诗、山水诗而言，学界对其女性题材诗的研究并不充分，仅少数几篇论文涉及鲍照女性题材诗的象喻、特征及其与宫体诗关系。鲍照女性题材诗不仅勾勒了男性诗人笔下女性的生活、情感特征，也揭示了诗人的内心世界与理想寄托，为我们深入了解创作主体，全面客观评价其诗作成就，提供了更多线索。因此，学界应对鲍照此类诗给予更多关注。

[①] 王春雨，吉林大学文学院中国古代文学专业博士研究生。

一、关于鲍照女性题材诗歌的内容分类

学界对鲍照女性题材诗的内容分类说法不一,且时有交叉。

史年椿按思想内容将鲍照女性题材诗分成"情歌"和"闺怨诗"[①]两类。苏日旭将鲍照此类诗细分为"描写男女相思和恋情的诗歌""闺怨诗""描写女子美好容貌和姿态的诗歌""思亲诗"[②]四类。苏日旭对女性题材诗的划分比史年椿细致,她把"描写女子美好容貌和姿态的诗歌"和"思亲诗"纳入女性题材范围。这部分内容直接或间接以女子为表现对象,描摹女性形象,理应算作女性题材诗。

一些学者将鲍照女性题材诗称为爱情诗、婚恋诗或艳情诗。如梁平将鲍照主要描写"男女之情、夫妻生活及吟咏女性的诗歌"[③]算作爱情诗。王菲将鲍照描写"爱情和婚姻家庭的所有诗歌"[④]称为婚恋诗。叶杰英则将鲍照描写"女性或者男女之情的诗歌"[⑤]称为艳情诗。综合来看,三人所谓的爱情诗、婚恋诗、艳情诗划分,内容交叉重复。梁平所谓的"爱情诗"与王菲所谓的"婚恋诗"均涉及爱情、婚姻家庭,内容几乎重合。叶杰英所谓的"艳情诗"与梁平所谓的"爱情诗"均涉及男女之情。文航生认为,爱情诗是指"以爱情为题材内容的诗","恋歌、闺怨、寄内、悼亡、思妇、弃妇等","都可归属爱情诗"。"艳诗"(艳情诗)是指"以艳情为题材的诗,它的外延比爱情诗小些","它不包括寄内、悼亡等写夫妻情的诗"[⑥]。依此看来,爱情诗在一定程度上包含艳情诗。

如若参照文航生、梁平等人的看法,将鲍照的女性题材诗统称为婚恋诗或爱情诗,抑或艳情诗,无疑都会将部分单纯描摹女性形象但并不涉及男女情感的诗作排除在外,使研究范围缩小。如《代朗月行》《代白纻曲二首》等对美女红唇、素腕等姿态的描写,很难说有爱情因素,将其归入爱情诗范畴未免不合逻辑。综合来看,鲍照女性题材诗主要包含两种情况:其一,直接描写女性生活、情感的作品,如《采桑》《代陈思王京洛篇》《代北风凉行》等;其二,并不直接描写女性生活、情感,但涉及女性形象,侧面反映女性命运的诗,如《梦还乡》、《拟古诗》(其七)等。女性题材诗的范围应比婚恋诗、爱情诗、艳情诗要广。

---

① 史年椿.鲍照描写妇女的诗及其与宫体诗的关系[J].扬州师院学报(社会科学版),1980(3):50.
② 苏日旭.鲍照女性题材诗浅析[J].山东文学,2010(10):109.
③ 梁平.论鲍照的爱情诗[D].西安:陕西师范大学,2005:1.
④ 王菲.鲍照婚恋诗对东晋南朝吴歌的承变[J].湖南科技学院学报,2016(3):20.
⑤ 叶杰英.鲍照艳情乐府诗歌创作探微[J].现代语文(文学研究版),2008(11):23.
⑥ 文航生.晚唐艳诗概述[J].四川师范学院学报(哲学社会科学版),1996(1):7-8.

二、关于鲍照女性题材诗歌的形式分类

从诗题看,鲍照女性题材诗主要分为以下四类:

第一,模拟汉魏旧题乐府,且多在题前冠以"代"或"拟"字,如《代朗月行》《代堂上歌行》《拟行路难》等。这部分诗作虽以汉魏乐府旧题为名,但大部分已转出新义,如古题《代淮南王》,《乐府诗集》引崔豹《古今注》曰:"《淮南王》,淮南小山之所作也。淮南王服食求仙,遍礼方士,遂与八公相携俱去,莫知所往。小山之徒,思恋不已,乃作《淮南王曲》焉。"①即《淮南王》原辞是言淮南王服药升仙而去的故事。鲍照的《代淮南王》(二首)仍以"淮南王"为题,言淮南王服食丹药,冀求长生之事,但诗作主旨已与原辞迥然不同,其辞曰:

淮南王,好长生。服食炼气读仙经。琉璃作碗牙作盘。金鼎玉匕合神丹。合神丹,戏紫房。紫房彩女弄明珰。鸾歌凤舞断君肠。

朱城九门。门九开。愿逐明月入君怀。入君怀,结君佩。怨君恨君恃君爱。筑城思坚剑思利。同盛同衰莫相弃。②

前五句,点出淮南服食求仙之事。"合神"以下四句言其成仙之后,欲与彩女追求"鸾歌凤舞"的声色之娱。张玉谷云:"神仙乐事甚多,而独言彩女,乃反引后宫怨旷也。"③"朱城"以下,转写宫女之情。"怨君恨君恃君爱"凸显后宫女性的身不由己,她们虽渴望被爱,但怨与恨却是其等待爱、得不到爱后的心理常态。最后两句抒发宫女永不离君的心愿之诚。《代淮南王》(二首)于淮南王徒好神仙之旧题,转出后宫生怨之新意,丰富了原本不涉及男女情思内容的诗歌内涵。

鲍照的诗作除由旧题转出新意外,其内容也有遵循原题的,如《王昭君》。咏叹昭君的诗篇起初多为琴曲歌词。《旧唐书·音乐志》记载:"汉元帝时,匈奴单于入朝,诏王嫱配之。""汉人怜其远嫁,为作此歌。"④(此歌指《明君》)西晋石崇的《王昭君辞》是目前能看到的、较早以昭君为题材的诗作之一。《王昭君辞》描绘了昭君出嫁远行的场面,以及因环境变化、习俗差异等给主人公带来的痛苦,表达了昭君对故乡的思念,充满浓郁的悲伤气氛。鲍照的《王昭君》虽只有四句,但"心随雁路绝""边笳中夜咽"⑤等,对昭君出塞及其思乡之情的描绘,与《王昭君辞》并无二致。

第二,模拟新声乐府。如《吴歌》(三首)、《采菱歌》(七首)、《幽兰》(五首)、《中兴歌》(十首)等。现存的六百余首江南民歌主要收录于宋代郭茂倩所编的《乐府诗集》,绝大多数归入"清商曲辞"下"吴声歌曲""西曲歌"两大类。其内容多描写男女

---

① (宋)郭茂倩.乐府诗集[M].上海:上海古籍出版社,2016:692.
② 逯钦立.先秦汉魏晋南北朝诗[M].北京:中华书局,1983:1278-1279.
③ (清)张玉谷.古诗赏析[M].许逸民,点校.上海:上海古籍出版社,2000:386.
④ (后晋)刘昫,等.旧唐书·音乐志[M].北京:中华书局,1975:1063.
⑤ 逯钦立.先秦汉魏晋南北朝诗[M].北京:中华书局,1983:1270.

相恋、相思等,形式大多为五言四句短章,语言朴素,较少用典,清新、活泼。鲍照模拟新声乐府之作,充分继承了江南民歌在内容与形式上的特点,如《吴歌》(三首):

夏口樊城岸,曹公却月戍。但观流水还,识是侬流下。

夏口樊城岸,曹公却月楼。观见流水还,识是侬泪流。

人言荆江狭,荆江定自阔。五两了无闻,风声那得达。①

前两首运用复沓手法,除个别字替换外,几乎完全一致,继承了吴歌《碧玉歌》等组诗回环的结构。"侬"是人称代词,有"我""你"的意思,本诗中的"侬"应为"我"的含义。"侬"的使用,使诗作充满民歌气息,也表明了第一人称的叙事角度。就内容而言,三首短章沿袭江南民歌"情歌"主题,塑造了一位深情思妇形象,描绘了商女对往来于夏口与樊城间丈夫的思念,因夫君归期不定,故而落泪,汇成江水。"人言荆江狭,荆江定自阔":荆江本来狭窄,但由于思念无法传递,再狭窄的距离也变得无比悠远。"五两了无闻"中"五两",为古代行船的测风器。"五两无闻"是说女主人公无法借助风声传递思念,诗作在无奈与怅然中戛然而止,留下无尽余味。"但观流水还,识是侬流下""观见流水还,识是侬泪流":以流水喻泪水,想象新奇,与吴歌《华山畿》(其十九)"长江不应满,是侬泪成许"②的艺术构思,有异曲同工之妙。诗作语言质朴,清丽婉转,当是学习江南民歌的结果。

鲍照拟新声乐府的诗作除继承江南民歌传统外,也呈现一定的新变特征。部分诗作往往借助情歌内容与形式,抒发对时事的感慨及对现实的批判,突破江南民歌既有的题材范围。曹道衡、沈玉成认为《采菱歌》(其五)就是这样的作品③。其辞曰:"烟暧越嶂深,箭迅楚江急。空抱琴中悲,徒望近关泣。"④嶂深江急,云雾弥漫,抱琴而悲,望关而泣。"近关"典出《左传·襄公四十年》:孙文子叛乱,将弑卫献公。蘧伯玉知道卫国将倾,"遂行,从近关出"⑤。黄节认为"明远此篇,盖感事而作"⑥。曹道衡赞同此说:"琴中悲"是用《琴操》所载春秋时介子推作《士失志操》的典故"。"'琴中悲'是表明自己的失意","他预感到刘劭、刘浚的秘谋"⑦,大乱将至产生忧虑,故作此诗。《采菱歌》(其五)出语壮阔,风格沉郁,诗人大概是借此诗抒发前途迷茫的感慨。

第三,模拟古诗。从题目看,此类诗作均是模拟古人的作品,但并未标明所拟对象,如《拟古》(其七)、《绍古辞》(七首)、《学古》等。这类诗很难找到明确的承袭对象,看不出所拟对象是何人何作。胡大雷云:"公然效仿民歌创作男女交往内容的诗作是要受到正统士大夫阶层抨击的,这一事实使某些诗人采用'拟古'的名义

---

① 逯钦立.先秦汉魏晋南北朝诗[M].北京:中华书局,1983:1270.
② (宋)郭茂倩.乐府诗集[M].上海:上海古籍出版社,2016:593.
③ 曹道衡,沈玉成.南北朝文学史[M].北京:人民文学出版社,2006:81.
④ 逯钦立.先秦汉魏晋南北朝诗[M].北京:中华书局,1983:1270.
⑤ (战国)左丘明.左传[M].(西晋)杜预,集解.上海:上海古籍出版社,2015:546.
⑥ 黄节.鲍参军诗注[M].北京:人民文学出版社,1957:44.
⑦ 曹道衡.鲍照几篇诗文的写作时间[M]//曹道衡.中古文学史论文集.北京:中华书局,1986:415.

写男女交往,以有所借口与遮掩。"①鲍照以"拟古"等为题的诗作不排除这种可能。从内容分析,此类诗作多写男女相思之情及别后的愁苦不安,往往多有寄托,如《绍古辞》(其二):

　　昔与君别时,蚕妾初献丝。何言年月驶,寒衣已捣治。绦绣多废乱,篇帛久尘缁。离心壮为剧,飞念如悬旗。石席我不爽,德音君勿欺。②

全诗借闺妇之口,以回忆形式道出:与君分别之时,育蚕吐丝的工作刚刚开始,不料时光飞驰,已经到了缝制寒衣的季节。丝帛之上落满尘土,一片繁乱。妾对君的思念日盛一日,内心恍惚,有如悬旗飘忽不定。妾不会违背誓言,希望郎君也不要欺骗于"我",忘记曾说过的话。"石席我不爽"出自《诗经·邶风·柏舟》:"我心匪石,不可转也。我心匪席,不可卷也。""德音君勿欺"出自《诗经·邶风·谷风》:"德音莫违,及尔同死。"③结尾两句既是思妇的誓言,也是她的愿望。方东树云:此诗言"勿以离而相忘"④,可谓道出主旨。全诗反映夫妇久别后闺妇的惆怅,暗示了残酷的社会现实及时代战乱给人民生活带来的深重苦难。

鲍照此类诗作如《学古》等,还颇有"香艳"色彩,如"嬛绵好眉目,闲丽美腰身。凝肤皎若雪,明净色如神。骄爱生盼瞩,声媚起朱唇"⑤等句,对两少妾穿着、容色的描摹。《南齐书·文学传》评价鲍照诗风"雕藻淫艳,倾炫心魂"⑥,大概即针对此类诗作。丁福林认为:这类充满香艳色彩的诗作,对"齐梁时期宫体诗的出现起到了一定影响",但"鲍照这类香艳色彩较浓的诗作并没有色情的内容,与此后萧纲等人的诗作有着根本的区别,与宫体诗不能相比并论"⑦。

第四,自拟题目。如《梦归乡》、《梦归乡里》、《岁暮悲》、《秋夜》(其一)等。鲍照自拟题目之作多描绘自己的情感生活,尤其是对家中妻子的思念之情,如《梦归乡》:

　　衔泪出郭门,抚剑无人逵。沙风暗塞起,离心眷乡畿。夜分就孤枕,梦想暂言归。嬬妇当户叹,缲丝复鸣机。慊款论久别,相将还绮闱。历历檐下凉,胧胧帐里辉。刈兰争芬芳,采菊竞葳蕤。开奁夺香苏,探袖解缨徽。寐中长路近,觉后大江违。惊起空叹息,恍惚神魂飞。白水漫浩浩,高山壮巍巍。波澜异往复,风霜改荣衰。此土非吾土,慷慨当告谁。⑧

全诗描绘诗人客居他乡想念妻子,极思成梦的故事。起首四句写诗人含泪离家,孤独远行,道出致梦之由。日有所思,夜有所梦,"夜分"及以下十一句详写诗人

---

① 胡大雷.谢灵运　鲍照诗选[M].北京:中华书局,2005:176.
② 逯钦立.先秦汉魏晋南北朝诗[M].北京:中华书局,1983:1297.
③ (宋)朱熹.诗集传[M].上海:上海古籍出版社,1980:15,21.
④ (清)方东树.昭昧詹言[M].汪绍楹,校点.北京:人民文学出版社,1961:350.
⑤ 逯钦立.先秦汉魏晋南北朝诗[M].北京:中华书局,1983:1297.
⑥ (梁)萧子显.南齐书·文学传[M].北京:中华书局,1972:908.
⑦ 丁福林.关于鲍照的情歌[J].古典文学知识,2009(5):40,42.
⑧ 逯钦立.先秦汉魏晋南北朝诗[M].北京:中华书局,1983:1303-1304.

在梦中与妻子刈兰、采菊,相亲相爱的具体情境,但好梦不能长久,一觉醒来,诗人依旧是形单影只的他乡游子。结尾十句即是写诗人由梦境回到现实的怅然若失。一梦境、一现实,前后形成强烈反差,凸显作者回归无路,满腹心事却无处诉说的心酸处境。这首诗主写梦境,但此梦却是由夫妻长久分别的痛苦所致,反映了"位末名卑"的小官疲于生计,与亲人聚少离多的艰难处境。诗作描绘细腻情感的同时,也呈现了豪迈深沉、苍凉寂寥的气势。

三、鲍照女性题材诗中女性形象特点

鲍照女性题材诗对女性的着墨,有深有浅。综观鲍照女性题材诗,其描绘的女性形象在活动空间、外在形象、精神内涵等方面存在一定特点。

第一,活动空间的有限性。鲍照女性题材诗并不是每一首都对女性的活动空间进行细致勾勒,但大部分诗歌中女性的活动范围都在闺房内外、庭院以内。部分诗歌直接点明女性所处的空间为"帷里""闺中""帷中""帐里"等,如"靓装坐帷里,当户弄清弦""闺中孀居独宿有贞名""遥艳帷中自悲伤,沉吟不语若为忘""窗前涤欢爵,帐里缝舞衣"①等。部分诗歌并没有直接勾勒女性所处的空间,但通过分析,仍能看出其活动范围主要在室内,如"晖晖朱颜酡,纷纷织女梭""孀妇当户叹,缲丝复鸣机","织梭""缲丝"都是古代劳动女性典型的室内活动。又如"文裌为谁设,罗帐空卷舒"②,"文裌""罗帐"均为室内陈设,侧面反映其活动范围在室内。

空间是一个人生活的外化,鲍照笔下的女性主要居于闺阁之内,显示了女性生活空间狭窄,与外界接触较少。闺房中女性的生存状态多是安静的、忧愁的,她们要么当户弄弦,要么帷中自悲,要么轻解罗帐,要么卧榻垂泪。女性的生活状态相对于鲜衣怒马、奋战沙场的男性而言,似乎总是缺乏一定的生命力与行动力,即便有所活动,也仅限于养蚕、缲丝、织布、捣衣等。

鲍诗对于女性活动空间的书写,一定程度上反映了当时女性的社会地位。中国古代封建社会,男尊女卑观念深入人心,女性活动空间通常为闺阁之内或居住地周围较小的空间,"大门不出,二门不迈"的所谓道德约束,挤压着女性的活动范围,使得她们成为纯粹的"内人",不得不被动接受男权社会所赋予的一切。鲍诗对女性活动空间的构建,基本符合当时的社会现实。需要注意的是,鲍诗对于女性活动空间的书写,也在一定程度上折射出男性诗人笔下对女性的想象。鲍诗笔下的女性好似没有什么事务缠身,不具备任何动态行为,即便有所行动,也是诗人认可的活动,如轻解罗帐、盼望征人归来、卧床流泪、等待君王宠幸等。她们不太像现实生活中活脱脱的生命个体那样去生产,去劳动,无法传达多元的生命感受,仅仅在闺

---

① 逯钦立.先秦汉魏晋南北朝诗[M].北京:中华书局,1983:1266,1277,1279,1297.
② 逯钦立.先秦汉魏晋南北朝诗[M].北京:中华书局,1983:1267,1303,1297.

房内,在日复一日的单调行为中,传递着孤单的思念,抑或是对爱情的渴望等。

第二,外在形象的抽象性。鲍照的女性题材诗虽然有五十多首,但真正能够给读者留下深刻印象的女性形象并不多,她们要么锦衣华服、艳丽逼人,要么忧愁思亲、慵懒憔悴,基本看不清具体容貌,仿佛仅仅作为抽象的"美""愁""悲伤"等概念而存在,缺乏真实存在感。鲍照的女性题材诗大致塑造了两类女性形象,分别为美女形象及思妇形象。

鲍照在塑造美女形象时,往往通过描绘其服饰、眉眼、腰身、舞姿等凸显美人之美。如"窗中多佳人,被服妖且妍。靓妆坐帷里,当户弄清弦。鬓夺卫女迅,体绝飞燕先",写美女的妆饰妖娆,鬓发浓丽,体态轻盈。又如"三越丰少姿,容态倾动君",刻画美人的仪态、容颜倾动君心。再如"嬽绵好眉目,闲丽美腰身。凝肤皎若雪,明净色如神。骄爱生盼矖,声媚起朱唇。衿服杂缇缋,首饰乱琼珍"①,细致描摹了美人的眉眼、腰身、肤色、声音、服饰等。

鲍照在塑造思妇形象时,往往通过描绘其"蓬首乱鬓"仪态,来凸显思妇之憔悴。如"床席生尘明镜垢,纤腰瘦削发蓬乱","膏沐芳余久不御,蓬首乱鬓不设簪","形容憔悴非昔悦,蓬鬓衰颜不复妆"②,皆描绘了夫君离家在外,闺阁妇人无心装扮,身体消瘦、头发散乱的憔悴形象。

两类女性形象并不具备鲜明个性,描绘手法也多有雷同。与《陌上桑》《白头吟》等诗篇相比,鲍照诗并不是运用语言或行为举止来塑造典型人物,而是仅仅通过白描等手法勾勒人物大致轮廓。虽然这些女性不乏思念、渴望、焦虑等强烈情绪和意志,但由于缺少由内而外的个体形象刻画,所以很难给人以深刻印象。诗中女性形象多是隐蔽、模糊的,她们的出现,仿佛只是作为情感传递的载体。读者记不清是哪位女子美艳逼人、倾动君心;记不清是哪位女子折下芳草,以寄相思;更记不清是哪位女子思念亲人辗转难眠;只记得秾丽辞藻堆砌的美艳华服,以及字里行间流露的无限哀愁。这些美女与思妇有如一个标签或一类群像,她们不为自身的存在而存在,只为传达作者的情感而服务,是单纯的文本表现对象。

第三,精神内涵的类型化。鲍照女性题材诗中,女子的精神内涵大致呈现类型化特征:要么描写独守空闺的悲戚愁苦与对远行丈夫的思念,如《拟行路难》其八、十二、十三等;要么凸显对爱情的忠贞、渴望,如《代淮南王》《绍古辞》(其二)等;要么表达时间流逝、容颜衰老的焦虑与恐惧,如《代陈思王京洛篇》《岁暮悲》等。情感纷繁复杂,又时有交叉,如《代北风凉行》中有独守空闺的悲戚愁苦,有对远行夫君的深切思念,有对容颜衰老的强烈焦虑,更有对人生应有爱情与幸福的极度渴望。

鲍照女性题材诗在描绘女性情感时,善于运用时间维度,凸显主人公的情绪。如,"昔与君别时,蚕妾初献丝。何言年月驶,寒衣已捣治。"与君分别之时,育蚕工

---

① 逯钦立.先秦汉魏晋南北朝诗[M].北京:中华书局,1983:1266,1297,1298.
② 逯钦立.先秦汉魏晋南北朝诗[M].北京:中华书局,1983:1276,1277,1277.

作刚刚开始,是在春季,而今时间流逝,已然到了缝制寒衣的冬季。通过今、昔的对比,暗示分别之久,表达思念之强烈。又如,"今年阳初花满林,明年冬末雪盈岑。推移代谢纷交转,我君边戍独稽沉。执袂分别已三载,迩来寂淹无分音。"①描绘了阳春之初鲜花盛放、冬末大雪盈溢断崖以及四季交替回转的景象,引出夫妻分别之久,而征人杳无音讯,妻子的焦急、担忧、思念之情日盛一日。

　　鲍照还常常描绘主人公的心理错觉,展现期盼的焦虑。如,"人言荆江狭,荆江定自阔"。人们皆说荆江狭窄,但在女主人公心里,荆江却无比辽阔;因为远行的情人无法还家,深情的思念也无法传达。又如,"宿昔改衣带,旦暮异容色。念此忧如何,夜长忧向多"。②妇人因想念丈夫衣带渐宽,日益消瘦,每念及此,忧愁不已;夜晚如此漫长,愁苦也随之增多;夜晚还是往昔的夜晚,只因急切盼望良人归来,心中焦虑而错感夜晚漫长。这种心理错觉,愈发凸显思念程度之深、之苦。

　　鲍照女性题材诗中女性情感特征多呈现忠贞、单相思、自伤自怜等特点。这些特点与女性在经济上、社会中的地位低下有关,也与男性诗人参与诗篇创作有密切关系。刘熙载云:"代匹夫匹妇语最难,盖饥寒劳困之苦,虽告人人且不知,知之必物我无间者也。"③"代言人"因缺少摹写对象的切身生活体验和感受,很难设身处地去再现其内心活动与情感特征。鲍诗笔下的女性形象、情感内涵等,更多展现的是男性诗人对女性精神世界的想象与揣测。诗人无法近距离观察女性日常活动,感知她们的生存压力,也就不能反映广大女性的心酸与艰难。诗中女性多承载着创作主体对自身遭遇的感慨,是文人表达失意的传声筒。我们从诗作中更多看到的,是作者主观情感在女性身上的投射,是男性而不是女性的内心世界。

---

① 逯钦立.先秦汉魏晋南北朝诗[M].北京:中华书局,1983:1297,1276,1277.
② 逯钦立.先秦汉魏晋南北朝诗[M].北京:中华书局,1983:1270,1296.
③ (清)刘熙载.艺概·诗概[M].上海:上海古籍出版社,1978:65.

绣帷之上的往事勾勒
——周邦彦《瑞龙吟·章台路》细读

赵晓辉

摘要：周邦彦是两宋词史上结北开南的大家,其《瑞龙吟·章台路》是《清真词》中的压卷之作。以文本细读法深入这首词的内在肌理,将词作文本视作意义生成的连续过程,会充分感知这首词构思缜密,章法严谨,顿挫缠绵,空灵沉郁的美感。此种细读方法,在大学语文的教学与实践中,也是一个诵读涵泳经典作品、由此产生深入幽微的兴发感动的过程,这对启悟学生的诗性锐感,滋养其智府灵心都将起到积极有益的作用。

关键词：周邦彦 《瑞龙吟》 往事 绣帷 追忆

周邦彦是两宋词史上结北开南的大家。以《清真词》中经典的压卷之作《瑞龙吟·章台路》为例,以文本细读法深入其内在肌理,将词作文本视作意义生成的连续过程,则会充分感知其构思缜密、章法严谨、顿挫缠绵、空灵沉郁的美感。此种细读方法,在大学语文的教学与实践中,也是一个诵读涵泳经典作品、由此产生深入幽微的兴发感动的过程,这对启悟学生的诗性锐感,滋养其智府灵心都将起到积极有益的作用。

让我们略过亡灵陈迹的展示或烦琐汇释的考证文字,直接进入《瑞龙吟·章台路》这首词本身。在暮春略带感伤的情绪之下,伴随着抒情灵视的想象,此词从北

---

① 本文系基金项目"北方工业大学教育教学改革"(项目编号:108051360022XN177)成果。
② 赵晓辉,北方工业大学文法学院中文系副教授,文学博士。

宋都城汴京的一条道路开始,词人开启了一段词林旧事的古典之旅。无论意象、内容还是情感类型,词都是一种给人较为程式化、类型化感觉的文体。在词的世界中,原来在诗中相对广漠的关塞江湖的世界在迅速缩小,缩小到庭院廊庑之间,缩小到只有春天知晓的闺阁之中。它唤起了一片相思之情,创造了庭院、楼阁、飞絮、细雨、飞花、画桥、流水等轻柔敏感的意象。在这个幽深杳邈的世界中,我们常常听到一种相似的声音,浪漫的传奇与哀婉的情事在循环往复的机制下代际相传,虽则它们呈现的细节各不相同。

开篇词人写道:"章台路。还见褪粉梅梢,试花桃树。愔愔坊陌人家,定巢燕子,归来旧处。"首叠多铺设时地景人,以"还见"二字为骨。吴梅认为:"'还见',此即沉郁处也。须知梅梢桃树,原来旧物,惟用'还见'云云,则令人感慨无端,低徊欲绝矣。"①此说诚是。在古典世界里,一切似乎都具有轮回往复的恒定性。词一开始就将读者抛入了一个熟悉的情境:章台。此词如丝线一般闪烁着艳情的质地,原本不过是西汉京城长安一条繁华富庶的街道名称,但后来便融汇成浪漫文化的一部分,很自然地令人联想到中唐诗人韩翃与歌妓柳氏的故事,还有那首哀婉的小词:"章台柳,章台柳,往日依依今在否?纵使长条似旧垂,也应攀折他人手。"柳氏,词冶艳世界中司空见惯的名字。而那些柔软轻拂的枝条,正如她的名字一样,象征着女子柔弱而易被攀折的脆弱生命,欢情的易逝以及阅尽人间的别离。这一切都在暮春的空气中化为渴求的游丝。

我们追溯回忆的章台之路,画面中隐现出词人的身影,他的目光凝固在春天的梅花与桃树之上。这梅花与桃树,是由幽邈的细笔勾勒出来的繁复精微的艺术品。空中暗香浮动,犹如霰雪一般的花粉从枝头轻轻褪下,仿佛一声告别的叹息。花粉和女子的脂粉难以分辨开来,而空中委落的脂粉令人想到玉殒香消的感伤情事。自然中的花朵新旧交替,此开彼败,如同古典诗词中,自然之景始终是至为活跃的意象,词人发挥了对人化自然的控制力,由此而使自然表现出强烈的拟人意向:试花,她仿佛在试验自己初开的花朵,带着一种新鲜可喜的生命感。试花的桃树,与下文中词人追念的那个"痴小"女子,这是一种不经意的重笔勾勒,仿佛女子正对着镜中不辞的朱颜。

前代的词评家,极力赞赏周邦彦词作中表现出来的逆挽曲折的笔法,这种笔法给词带来了开阖跌宕的活力,以及揖让进退的姿态之美,它使词中往昔、现在与未来的时空有机地连缀在一起。如被晚清词评家陈洵指为逆入之笔的"还见"②,它使我们清晰地意识到:在风光冉冉的暮春,有着枝影扶疏的花树,在这样一个容易唤起感伤情事的情境下,往事与现实在此际会了。这是令人无法抗拒的、猝不及防的际会。它蓦然闯入,仿佛在漂流的时光中一只逆行而上的、挣扎着想要摆脱往事

---

① 吴梅.词学通论[M].上海:复旦大学出版社,2005:59.
② 陈洵.海绡说词[M]//唐圭璋.词话丛编.北京:中华书局,1986:4865.

羁绊的小舟。

当然了,在"还见"当中,这种凝视并非仅是双重目光的交叠:词人清晰地意识到这首词是一出私人情事的公开展示,一出小型戏剧正在上演,想象中读者幽邈的目光亦应同时在场。回忆展开的速度无比缓慢绵长,好比抽丝剥茧,又好似在完成一幅笔致细腻的工笔画。清代词学家周济把周邦彦最擅长的这种词笔形象地称作"层层脱换,笔笔往复"①。我们的目光掠过了正在散落细小花粉的、半残败状态的梅花的枝头,掠过了兀自沉浸在初生喜悦中的桃树的枝桠,又追随词人的目光看到了:愔愔坊陌人家,以及归来旧处的燕子。这依然是依靠惯性流转的、似曾相识的景象:"无可奈何花落去,似曾相识燕归来。"(晏殊《浣溪沙·一曲新词》)我们在唐人孙棨《北里志》中窥视过那些深藏在迂曲幽深的坊陌之中的人间春色与朝欢暮乐。在所有引人入胜的繁华街衢与感官快乐之中,都隐藏着无常和悲伤的暗流。而深陷其中的人们,永远也不会预见到回忆起这些体验的痛苦。

而写作这首词的乐趣在于,作者通过书写复现往事之时,已然声言从艺术的角度控制了这些令人痛苦、给人以强烈不安之感的往事,并获得了一种平静和婉的美丽。"愔愔"这个词语,从上下文来看,其用字当本于李商隐的《燕台诗》:"瑶琴愔愔藏楚弄",在诸多笺注者的笔下,它被解释为"安静和悦貌"或"幽深貌",无论何种解释,这个词语都暗示了艺术再现的往事与真实经验世界之间的一种近乎热烈的疏离。而归来旧处的燕子,传递出春天快要结束的讯息,还揭示出一种人的自我与外在事物的对比:燕子依人而居,兀自定巢于梁上,而它对于人事的变幻不定竟憺然无觉。燕子尚且可以一年一度回来定巢,而人呢?却欲归旧处而不得,只能踟蹰于章台旧路、愔愔坊陌而已。一切景象似乎都是熟悉的:道路、花树、坊陌,包括燕子,也是旧时相识。在这不动声色的表象之下,潜藏着一股情感的暗流。或者说,我们期待作者以更加出色的技巧表现情感。同时,行文至此,我们也注意到在这首词中,构成一个浪漫故事的基本情境俱备了:春天,那些幽暗曲折的坊陌,往事屋檐下的燕子,故地重游,循路渐进的追寻。这一切都成为回忆绣帏开启的铺垫和契机。

接着词人写道:"黯凝伫。因念个人痴小,乍窥门户。侵晨浅约宫黄,障风映袖,盈盈笑语。"在这织锦一般的绣帏上,女子幽约的身影终于出现了,而词人正深陷在自己黯淡的影子和往事中,仿佛凝固了一般。"黯凝伫"三字,正是极好的承上启下之笔,赋予词作清晰的层次和结构感。第二叠中以"因念"二字为骨,又给人以空灵顿挫之感。片刻伫立之后,词人蓦然忆起正在回忆之中。循着回忆,我们依约看到了一位站在春天的风中,衣袖飞动的女子。在他的描述下,这是一个年纪尚轻、天真烂漫的女子。不仅词人深谙勾勒之法,他笔下的女子也长于涂染之术。她薄施脂粉,以黄涂额,这是明媚如春天一般的妆容。而这样一个至为明丽的形象,她从未真正出现在读者的面前,仅仅依约掩映在春风舞动的衣袖之间。我们惊奇

---

① 周济.宋四家词选目录序论[M]//唐圭璋.词话丛编.北京:中华书局,1986:1646.

地发现，又一道用于遮蔽的"织物"出现了。

我们不禁为词人高超的艺术控制力发出赞叹。这块令人惊讶的织物，一方面，它遮盖了窥视的目光，避免了词中出现过于直露的官能刺激。另一方面，它为词人赢得了历代词评家众口一致的赞誉。在古典诗学观念中，诗词的创作不应违忤伦理教化的功能，应尽可能地表现温柔敦厚、怨而不怒之感。柳永的词就因为大量正面描写那些秦楼楚馆间女子的容色才艺、男女情事而被指为轻浮淫亵。而周邦彦这种写法也完全符合沈义父所示的"如说情，不可太露"[1]的作词之法。当然了，我们也看到，无端吹来的春风在一位擅长写幽情蜜意的词人的灵视与想象中，它不会吹拂在山水林泉、清竹幽谷之间，而是裹挟着女子或花树的脂粉，轻轻拂动在她春日的妆容与单薄的袂裾之间。

她乍窥门户，刚刚开始倚门揽客的生涯。这个形象的魅力在于，她尚在痴小的年纪，有着容易快乐的天性，人世的风尘尚未沾染她明丽的面庞，而她对自己未来的命运懵然不知，这种茫然无知极具魅力。"乍窥门户"之"窥"字，同样给人以奇特的感觉，如同卞之琳的诗《断章》："你站在桥上看风景/看风景的人在楼上看你/明月装饰了你的窗子/你装饰了别人的梦"，这同样也是双重的窥视：她站在门口看街，而我们在窥视她。但这种窥视很快就被一块织物拒斥在外：她用袖子遮住了面容，我们只能听见她天真的笑声。

片刻的疏离感再次出现了，我们又一次感受到了这首词的腾挪变化之美。这个"障风映袖"的动作是预设好了的，是一个经过词人精心设计的动作。我们明白了，适当的距离感是保持艺术作品再现往事时优雅姿态的必要条件，它使得回忆的脚步变得从容雅健。那是一种缓慢动人、耽溺其中却不欲惊动周遭的动人语调。

词的前两叠，谓之"双拽头"，属正平调。接下来从容进入第三叠，忆旧与伤今完美应和，词人写道："前度刘郎重到，访邻寻里，同时歌舞。惟有旧家秋娘，声价如故。吟笺赋笔，犹记燕台句。"词人终于清晰地出现了，在此之前只是恍若梦游般追寻的影子。在这幅特殊的绣帷之上，他所追寻的女子有风月花丛中一个常见的名字：秋娘。而与此相应的，词人则悄然化身为一个能够唤起类型化经验的人物：刘郎。这固然是词中惯用的语汇，然而却唤起了一段优美情事的联想。换句话说，这次回忆之旅通过人所共知的典故变成了对前人经历的再度重现。唐人刘禹锡曾在《再游玄都观》中写道："种桃道士归何处，前度刘郎今又来。"这个故事又与另外一个故事交替重叠，让我们进入了"林中之路"的恍惚之境。南朝刘义庆《幽明录》中记载了一段浪漫的遇合：东汉的刘晨、阮肇入天台山旅行，迷不得返，饥馁殆死之时，忽而绝处逢生，在溪水之上奇异地找到水上流杯，杯中有食物可以果腹，度山出溪时，遇到了两位资质绝妙的仙女，他们淹留于此，与两位仙女寻欢作乐，如此达半

---

[1] 沈义父.乐府指迷[M]//唐圭璋.词话丛编.北京：中华书局，1986：280.

年之久。① 我们从中辨认出了艳情的质地，词人也化身两入仙境的刘郎，生命的历程又一次循着溪水或桃树上溯，而这个经历不过是再现了艳情世界中诸多悲欢离合往事的一幕。而词人所追寻之人，她是声价如故的秋娘。

这次故地重游，不过是一次祭奠和极具仪式感的祀礼。宇文所安有云："古代的祀礼在它们的公有性和重复性中提供了一种形式，通过这种形式，我们能够在我们所爱的亡故者中遇上失去的东西，同样，诗的祀礼把现实世界中特殊的东西还原为象征和复现的样式，凭借它，我们能够感受到在回忆中认识到的失落的意义。"② 在《瑞龙吟·章台路》这首词里，所有细节情境的复现都深具仪式感，而追寻的结果也是宿命般必然地落空：词人四下张望，情人不见。他想到通过寻访旧日的邻居来完成这次祀礼，试图收集她那散落在人间各处的讯息。而过去风流济楚的容颜，已全部如花朵般离散消沉。她的身影永远遁匿不见，而她的声名则漂浮于春天的尘埃之上，在词人周围神秘地回响。

而在当时，曾经打动她的就是那些有关吟诵的神秘声音，包括传达爱慕的信笺，以及诗篇、词笔。其中包含深厚的知赏，她热爱词人的才华，并曾珍藏相关诗句。这幅回忆的绣帷，它的图案和技艺如此复杂精工，我们原本以为从中找到了一些私人情感的蛛丝马迹，可是现在，它又变得恍惚起来，我们循着"燕台"这个语汇又进入了典故迷宫中的另外一间。我们看到词人已然化身为唐代诗人李商隐，而词人追念的女子，又通过典故的丝线变成了李义山的柳枝。这次化身是危险的，它强烈地唤起了我们对于诗人李商隐的追慕之情，很可能由此陷入《燕台》诗的迷障而无法回转。

《燕台》四首作于李商隐早年③。这组诗总名《燕台》，下各有小标题，分春、夏、秋、冬四时。其辞采之繁艳，情感之炽热，意象之跳脱，幽咽迷离的诗歌表征，心魂呓语般的梦幻气质，给人目眩神迷之感。这并非誉美之辞，这组诗在李商隐的全部作品里面，乃至整个古典诗词中都属警秀特殊之作。这样一组新鲜特异的诗歌，必然需要一个与诗人气质相近，并有敏锐感知力的读者，才能破解其梦幻的诗意。篇幅所限，我们无法对其作整体的分析，但李商隐所写的柳枝诗序，为我们理解《燕台》这首诗在当时的流传状况，以及在读者中的影响提供了宝贵的材料：

《柳枝五首》有序

柳枝，洛中里娘也。父饶好贾，风波死湖上。其母不念他儿子，独念柳枝。生十七年，涂妆绾髻，未尝竟，已复起去，吹叶嚼蕊，调丝擪管，作天

---

① 刘义庆.幽明录[M]//王嘉，等.拾遗记（外三种）.王根林，等，校点.上海：上海古籍出版社，2012：183.
② 宇文所安.追忆[M].郑学勤，译.北京：生活·读书·新知三联书店，2004：141.
③ 根据刘学锴、余恕诚《李商隐诗歌集解》，《柳枝五首》大约作于开成二年（837年）义山登第前数年中，《燕台》四首当更在此之前。《柳枝五首》诗序中让山又称义山为"少年叔"，则《燕台》四首当作于李商隐早年为宜。

海风涛之曲,幽忆怨断之音。居其旁,与其家接故往来者,闻十年尚相与,疑其醉眠梦物断不娉。余从昆让山,比柳枝居为近。他日春曾阴,让山下马柳枝南柳下,咏余《燕台诗》,柳枝惊问:"谁人有此?谁人为是?"让山谓曰:"此吾里中少年叔耳。"柳枝手断长带,结让山为赠叔乞诗。明日,余比马出其巷,柳枝丫鬟毕妆,抱立扇下,风鄣一袖,指曰:"若叔是?后三日,邻当去溅裙水上,以博山香待,与郎俱过。"余诺之。会所友有偕当诣京师者,戏盗余卧装以先,不果留。雪中让山至,且曰:"为东诸侯取去矣。"明年,让山复东,相背于戏上,因寓诗以墨其故处云。①

这是一个颇富传奇色彩的故事。寥寥数语,义山知音柳枝的形象就跃然而现,其气质之梦寐惝恍,其性情之率真绝俗,让人惊讶且浮想联翩矣。在少女柳枝的青春岁月中,她所过的乃是"吹叶嚼蕊,调丝擫管"的歌诗一般优美的艺术生活;所爱好的乃是"天海风涛之曲,幽忆怨断之音",这种艺术趣味也与一般闺阁女子大为不同。这样一位气质特异的少女,盖因整日沉湎于歌诗梦幻聊以自遣,竟被疑为"醉眠梦物"而尚未婚聘,其青春岁月之寂寞寥落,亦可想见。在其梦游般的生活中,忽有一日听见李商隐的堂兄吟诵义山之诗,瞬间即被这些美妙的诗句深深打动了,她用一种惊喜促迫的口吻来询问:"谁能有这样的情怀?谁写了这样的诗篇?"其对于诗人才华的倾慕之意,自是显现无遗。

这段文字中有诸多语焉不详的疑点,我们对此暂置不论。在这个诗人声称真实经历的事件中,我们注意到李义山与柳枝相遇的情境颇有似曾相识之感:又是唤起无限情思的春天。柳枝,冶艳传奇世界中常见的名字。她毕妆以待,"抱立扇下,风鄣一袖",这与周邦彦所写"侵晨浅约宫黄,障风映袖",何其相似耳。这种煞费苦心的移用,在诗词的创作领域内,是谓"檃括"的艺术。"檃括"的原意是指矫揉弯曲林木,使之平直或成形的工具。刘勰《文心雕龙·镕裁》篇云:"蹊要所司,职在熔裁,檃括情理,矫揉文采也。"②这里"檃括情理",是由矫正曲木的工具引申而来的意思,其意略同"矫正"。"檃括"用在文学创作中,意谓现成之作经由点染,使之柔从人意,顺应新的文本需求。周邦彦的确是擅长檃括艺术的语言大师。

我们惊讶地看到,这块语言的织物原本遮住了柳枝的面容,继而又被诗人通过"檃括"的手法移用过来,轻轻地遮挡在另一位女子的妆容之上。这同样也是一种欲盖弥彰的遮掩,充满了冶艳的诱惑性。诗人和柳枝订立了约会,可是后来他的朋友出于恶作剧而盗走了他的卧具,于是二人阴差阳错地失之交臂。后来让山告诉诗人,柳枝已被"东诸侯"取去,这仍是诸多浪漫传奇中一个宿命的结局:在茫茫尘世中,永远失去了一个知赏自己才华的女子。李商隐由此而写下了惘然追忆的诗篇。

---

① 刘学锴,余恕诚.李商隐诗歌集解[M].北京:中华书局.1988:112-113.
② 周振甫.文心雕龙注释[M].北京:人民文学出版社,1981:355.

多少次我们通过回忆来复现这样一个被织物遮蔽的、面容漶漫不清的女子,包括梦境也是强有力的复现模式之一。若细加吟绎,会发现《燕台》诗有着与《瑞龙吟·章台路》相似的追忆元素:春天、桃树、高鬟佳人、惘然的追寻。这种情感从"风光冉冉东西陌"的春风骀荡、生意盎然的追寻开始,经过多少苦痛与煎熬,直至今日东风亦不胜惆怅,唯有含恨化作幽光而长逝于西海矣。其哀伤惨痛,唯令人徒唤奈何。通过阅读,可以深切感觉到,《燕台》诗是如此破碎繁缛,惝恍迷离,呈现出一种如瓶落井一去不回的沉痛哀伤,这与清真词控制谨严、从容不迫的词笔大不相同。前者尚沉浸于心神迷乱、破碎无序的激情中,而后者已然进入了自然沉着的回忆。这体现了古体诗和词在形式、艺术规则方面的差别。我们也注意到,这两个艺术风貌迥然有别的文本之间形成了一种奇妙而有趣的互补。

同时,在这番不露痕迹的语言转换中,一个新的问题产生了:这些擅长讲述浪漫传奇的诗词作品,其中复现的往事究竟出于诗人真实的体验还是虚构的欲望?退一步来说,或许其中的情事对于诗人来说是一次全新的体验,但它绝非任何意义上的能够袒露真实情感细节的"私人写作"。在这幅绣帷之上,我们只看到符合文人雅士审美品位的典丽精微的手艺,它所唤起的感受是类型化的,读者一次又一次际会了那些似曾相识的情境。这些情境很可能出自诗人戏剧化的自我塑造,他十分乐意在诗中将自己呈现为一个用情深挚、才华出众、有如再世李义山的形象。

由此,我们再度陷入了迷惑:在创造一个艺术世界的时候,究竟是诗人们所经历的往事最终决定了诗歌所呈现的面貌,还是长久以来艺术累积起来的规则以及阅读中际会的语言、意象影响了诗人在现实情事中的行为和体验?如果我们完全否认后者,那无疑是荒谬的。尤其是在词这种擅长追忆的文体中,词人主观的抒情能力、艺术技巧往往会居于主导地位,有时甚至会完全摆脱现实经验世界的干扰。"回忆和过去在文学中居于中心地位,已经有了很长的传统了,但是,在此以前它们从未变得像在这些年那样举足轻重——它成为一种风尚,几乎成了审美领域里风靡一时的嗜好,仿佛只要一头钻进艺术里和对往事的回顾中,就能把已见征兆的未来置于脑后似的。"[①]如果读多了这类词,我们甚至可以认为,像周邦彦这样的词人,他们如此迷恋于在往事的绣帷之上细细涂染和勾勒痛苦,久而久之,这份痛苦已然变得温婉美丽,一个镜花水月般雅丽精微的艺术世界就此呈现出来。

回忆之旅还在继续,词人似乎应该给这段感情增加一些确实可感的细节:"知谁伴、名园露饮,东城闲步。事与孤鸿去。"最后,词人把目光投注在那只孤独而自由的鸿雁之上,并且宣称:所有的往事都要追随它直到邈远的云汉间去了。清代词论家周济云:"(事与孤鸿去)只一句化去町畦。"[②]"化去町畦",给人以界限消泯、浑厚沉郁之感。如果艺术的控制力是有效的,或许可以再次获得平静的疏离。此时

---

① 宇文所安.追忆[M].郑学勤,译.北京:生活·读书·新知三联书店,2004:131.
② 周济.宋四家词选目录序论[M]//唐圭璋.词话丛编.北京:中华书局,1986:1646.

此刻,我们发现:词人想要决绝地从往事之中抽转身去。他清晰地意识到:当年和这位女子在名园露天饮酒,在东城一带散步的情景永远不可复得,这种通过文字复现的回忆无疑是虚妄的,只能带来虚幻的安慰。他略带茫然、无所指归地发问:知道现在是谁在陪伴着她吗?在顿挫缠绵、空灵沉郁的感伤中词人开始原路返回。

在词的最后,词人写道:"探春尽是,伤离意绪。官柳低金缕。归骑晚、纤纤池塘飞雨。断肠院落,一帘风絮。"现在,我们追随词人回来了。尽管词人已经宣称"事与孤鸿去",但绣帷之上仍有几根线带有藕断丝连的痛楚。在去往追忆的途中,我们看到了路旁的花树,现在返回途中,我们又看到了熟悉的树木:路边的柳树垂下了它金色的丝缕。这幅细腻的织锦终于完工了,它像帷帐一样被悬挂起来展示给我们。最后,我们在这幅图上看见了暮色中的归骑,点染而成的纤细雨丝,还有悄悄庭院中无所不在的风絮。黯然销魂的痛苦氤氲在目力所及的所有景物中,但同时也被很好地藏匿在图案的丝线之下。

最后赘言几句:古典诗词的赏析与教学,难得的是解诗者用一种富于启发的方式让听者有种濬发灵源的诗性感受,切忌生搬硬套、填鸭灌食。因而,解诗者如果仅仅围绕时代、生平、背景等笺注性知识做文章,那是远远不够的,还应当以诗人和学者的敏锐眼光研精覃思,咀其英华,从而传达作品生生不息、鸢飞鱼跃的生动美感和诗性神髓。

莫罗与他的"莎乐美"

高黎[①]

摘要:居斯塔夫·莫罗一般被认为是象征主义画家,以描绘神话和宗教题材的色情画而著名。莫罗的绘画被女性支配着,在他14000多幅作品中,重复出现着各种各样的女性。她们多出自神话和宗教题材。她们衣衫华美、姿态袅娜,但却神情漠然,看上去总是遥远的、漂浮的、梦幻的,是处于美丽和梦境中的女性。同时,她们的形象不是妖怪就是魔女,身上混合着神秘、罪恶和死亡的意味。"莎乐美"则是这些女性形象中的代表人物。

在近现代所有关于"莎乐美"传说的绘画作品中,最著名、影响最大的首推法国画家居斯塔夫·莫罗创作的《幽灵》(*The Apparitoion*)和《莎乐美的舞蹈》(*Salome Dancing before Herod*)。范景中在他编写的《莫罗》中曾经写道:"就在金属和宝石、水光和大理石交相辉映的世界里,我们会和莫罗的梦游者……萨福、莎乐美或者加拉蒂亚相遇。"的确如此,莫罗的绘画被女性支配着,在他14000多幅作品中,重复出现着各种各样的女性。她们多出自神话和宗教题材。她们衣衫华美、姿态袅娜,但却神情漠然,看上去总是遥远的、漂浮的、梦幻的,是处于美丽和梦境中的女性。同时,她们的形象不是妖怪就是魔女,身上混合着神秘、罪恶和死亡的意味。因此,马凤林在"西方19世纪艺术主潮丛书"里认为,莫罗的绝大多数作品对女性表达出厌恶情绪,最早提出了女性恶观念,掀起了世纪末艺术表现女性恶的思潮。

---

① 高黎,陕西开放大学副教授。

一、莫罗绘画中的女性

1. 文艺复兴的神秘

莫罗绘画中的女性形象受到文艺复兴神秘主义的深刻影响。莫罗绘画通常采用宗教和希腊神话题材,作品却没有任何宗教意义,显示其思想上深受泛神论的影响,只是用虚幻的神话人物和离奇的场景进行暗示。例如他笔下的莎乐美、海伦、美狄亚,神话中的美女们都被刻画得神秘、冷漠又富有诱惑力;显得遥远、缥缈,带有浓厚的不可接近的诡异色彩。这种笼罩在莫罗笔下女性身上的不可思议的神秘气息正是受达·芬奇绘画神秘主义影响的体现。

2. 古典与浪漫的结合

从绘画风格来看,莫罗将古典主义的技巧与浪漫主义的表达完美地结合在一起。从具象的造型上来说,莫罗具有深厚的古典主义传统。古典主义理想女性的刻画要求准确细腻,脸部一般为侧面像,有着"希腊式的鼻子"。而且所绘人物一般较年轻,皮肤被描绘得细腻光滑,人物身上的衣服和服装的褶皱纹理用来强调所绘人物的身材,不仅仅是用来遮体的。这种学院式的古典主义美学使得莫罗选择和表现的人物形象多处于沉静、冥思状态,没有动作。所以他笔下的女性就有了一种犹如雕刻般的美。莎乐美持花或是在《幽灵》中指向约翰的头颅的手,都是一种定格。

而莫罗强烈的色彩表现和富有想象力的大胆的绘画构图则明显受到浪漫主义画派的影响。在表现女性时,莫罗多用绚丽的服饰和闪闪发光的珠宝首饰等来突出人物形象。这些来自神话传说中的女性在视觉上有更强的刺激性。莫罗发挥色彩的功能,不再只是简单再现可视的世界,不再只注重给人视觉的愉悦,而是以色彩来激发观者的情愫。同时,在画面色彩对比度处理上又相当认真,在人物与背景的装饰方面大下功夫。这样产生的效果更显得豪放而抒情,在苍白诡异的氛围里,女人们身上神秘、冷漠的情绪跃然纸上。

3. 东方的神韵

莫罗将自己的艺术之根深深扎在西方美术的传统中,但异国的构思源泉却是他个人风格得以形成的最重要因素。在他所作的一系列关于"莎乐美"的画作中,宫殿的装饰花纹和莎乐美的烦琐服饰都显出浓厚的印度情调。

在东方,宝石和珠宝是皇室和神灵的象征之一。尤其在印度艺术中,佩戴项链、臂钏、手镯、脚镯等是主神湿婆或毗湿奴的各种化身阿珠那、黑天、罗摩以及印度史诗中其他英雄的典型特征。而莫罗画作中的"莎乐美"也大都身着华服,珠光闪闪,并且她身上的珠宝大都集中在颈项、手臂、腰胯部。例如印度著名的《多罗菩萨》雕像中为突出其纤细扭动的腰肢所采用的衣裙雕刻法，就被用在了《莎乐美》(Salome)画中莎乐美服饰的设计上：整体斜着向上又往中间内里收的纹路设计，以便突出莎乐美高挑性感的身材。而在印度另一幅著名的画作《持莲花菩萨》中，静穆端庄的菩萨右手拈青莲花，双目低垂，做沉思状。莫罗笔下的莎乐美也大多手持莲花，在《莎乐美》《有纹身的莎乐美》以及《幽灵》中，莎乐美均手持莲花。在这些细节的刻画上，莫罗从印度女性身上得到的启发随处可见。另外，从总体上看，莫罗笔下女性形象的姿态优雅、性感迷人也带有印度理想女性的特色。

二、莫罗绘画中的"莎乐美"

1. 诱惑与死亡——普法战争的影响

莫罗大部分关于"莎乐美"题材的画作都作于1870年普法战争法国战败之后。所以，有评论家认为莫罗在他关于"莎乐美"的系列画中，加入了他对于当时法国政治的思考。

普法战争爆发之后，莫罗没有像大多数艺术家那样出国避难，反而加入国民军，在战火中为自己的国家战斗奔走。但最后的结果却是，法国战败，屈辱投降。这一切对莫罗产生了很深的影响。从1870年到1876年，七个年头的时间里莫罗再也没有在沙龙展出作品。他将自己封闭在画室里，专心思考"诱惑与死亡"的主题，表现在绘画中就是一方是魔女或妖女，另一方是受到诱惑的男子。关于"莎乐美"的绘画就诞生于这一时期。

在莫罗的画作中，通过几乎没有任何立体感的模糊背景突出莎乐美妖娆的姿态：身披璀璨的宝石，跳着充满挑逗意味的舞蹈。由于莎乐美被置于画面的中心位置，因此许多观众将莎乐美看作残忍而无情的凶手。但事实上，她不过是无知的、被母亲利用的复仇工具。而且虽然是莎乐美提出了杀死约翰的要求，但真正下命令的却是希律王。正是由于希律王的色欲熏心、荒淫昏聩才导致了约翰的死亡。所以，与其说莫罗的画作是在揭示莎乐美的无知，不如说他是在谴责希律王的昏聩。而他实际上要谴责的是真实的拿破仑三世。显然，莫罗在传说中轻易受到诱惑的希律王与现实中无能的拿破仑三世之间看到了相似之处。

2. 愚昧与放荡——19世纪法国女性的整体状态

在谈论莎乐美时，莫罗曾经说过："这个敏感、致命的女人，她的生命之路是踩踏着任何她碰到的东西前行，哪管他是妖魔还是圣灵。然而莎乐美甘心被利用是极度愚蠢的。"莫罗对于莎乐美形象的思考还包含了他对19世纪法国女性生存状态的理解。

19世纪末的法国依然没有摆脱传统的意识，工业的发展不仅没有为女性提供更多的生存机会,相反却将她们抛入了毫无保障的命运之中。一方面,下层社会女性为了谋生不得不出卖肉体。在当时的大城市,卖淫以一种前所未有的速度发展起来。而当她们获得有钱人提供的奢华生活之后,就开始颐指气使、招摇过市。爱情和忠贞被抛到脑后,人生只是吃喝玩乐的游戏。另一方面,有产阶级的妇女生活也并不值得期待。直到19世纪末,妇女在社会中的角色在很大程度上仍由《拿破仑法典》的家长式的僵化教条来决定:被限制在父权夫权之下,家庭是她的活动范围,抚养孩子和满足丈夫的需要是她们的中心工作。可这些一味陶醉于其中,而且只知道修饰身材、购置奇装异服、甘做花瓶的女人们,从来不知道注重自身修养,情愿做无知的"假内行"。

在这种社会状态之下,就培养了女性不注重自身修养而甘于沉溺声色的人生态度。正如莫罗所说,"我从今天的妇女气质中发现,她们寻求不健康的感情,她们是如此愚蠢而可鄙"。而"莎乐美"正是这些愚蠢而放荡的法国女性的象征。

在莫罗的画作中,"莎乐美"依旧如《圣经》所描绘的是一个无知的小女孩,但却按照天性表现出放浪的特质。当她越具野性时反而变得越文雅,越可怕时反而变得越纯美;当她对人性的感受越麻木时,就越显精力充沛,如同温室里的花朵般,因浇灌乱伦、蔑视宗教的水分和养料而长大,成了象征"性爱"的人物。她无知无觉地展示自己性的魅力,在无意识状态下使自己成为欲望和性的载体,焚烧了自己也焚烧了别人。她是愚昧的,也是放浪的。

3. 恶之花——莫罗的女性观

莫罗画中的"莎乐美"犹如《启示录》中的"大妓女",面色苍白,身披猩红色的披风,上面镶满闪闪发亮的黄金和宝石,道德颓废并陶醉在圣者所流出的鲜血之中。这种与《圣经》中大相径庭的诡异绘画形象曾激起了作家左拉的愤慨,他在俄国刊物《欧洲信使》上发表长篇文章抨击莫罗,说他是"对现代世界的彻底反动"。对此莫罗的回答是:"如果你进入我所描绘的这种神秘的、象征的、内在的精神境界,你就会欣然接受我用这样的方式去描绘主题。它是我的秘诀,它脱颖而出,独树一帜。"在莫罗眼中,女性的欲望是无止境的。莎乐美"这个令人厌恶的、变幻无常的、肉欲的女人,看到她的敌人倒下,并没有表现出多大快乐。她厌烦她的每一个欲望总是被满足。"同时莫罗强调他的绘画实际上是对现实生活中妇女的本性的发现:"我要描绘这些细微情节,这些不是在题材里,而是在今天的妇女的气质中发现的。她们寻求不健康的感情。她们是如此愚蠢。甚至最惊心动魄的恐怖场面也不会使她们震颤。这是我描写的主题的一个方面。"

可以说,莫罗想要借用珠宝、织锦装饰点缀起来的"莎乐美",来指涉关于"宗教""性""死亡""危险""奢华""邪恶"等生命寓言的企图是显而易见的。通过"莎乐美",莫罗明确表达了一种"女性恶"的观点。正是从莫罗开始,"莎乐美"被界定为淫秽和堕落的象征。

三、作品赏析——《幽灵》(The Apparition，油画和水彩画，1876)

早在1871年，莫罗就曾画过一幅"莎乐美"——《花园中的莎乐美》；1874年至1876年，他又创作了《幽灵》(The Apparition)和《在希律前舞蹈的莎乐美》(Salome Dancing before Herod，又名《莎乐美的舞蹈》)；最后，大约在1890年至1898年间，他画了一幅《莎乐美高举施洗约翰的人头》。

在莫罗所有以"莎乐美"为题材的画作中，作于1876年的两幅作品同以"幽灵"为题，一幅是油画，一幅为水彩画。整体画面都笼罩在昏暗之中，充满了沉闷忧郁的气氛。

在两幅作品中，最引人瞩目的是鲜血淋漓、放射着圣光的施洗者约翰被割下的头颅。约翰的头颅悬浮于空中，取代了希律王的位置被描绘在画面的中央。他的目光凝视着莎乐美的眼睛；他长发和地上的血迹遥相呼应；他的头颅周围环绕着装饰性的光环，光环的亮度在浓暗的背影中逐渐变弱。这种错综细密的呈放射状的光环，是属于中世纪的艺术。

画面中的莎乐美同样是头戴冠饰、身披薄纱，同样是右手举着莲花、左手指向左上方，与悬浮空中的约翰的头颅遥相呼应。在油画中，莫罗运用了类似舞台"追光灯"的处理方法，将光投射到前景中莎乐美与施洗者约翰的头颅上，而她身后坐在宝座上的希律王、站在王座旁的王后以及站在画面右侧的侍从等人物则隐藏于深暗的背景之中。莎乐美冷艳白皙的肌肤、妖冶姣丽的面容与施洗者约翰流淌着鲜血而又光芒四射的头颅相互映衬，创造出一种奇异的气氛。画家把官能的美感和灵魂的恐怖感不可思议地结合在一起。画家以简洁的手法描绘出莎乐美身上透明的薄纱及佩饰，而以线描手法，在背景的建筑上装饰出具有阿拉伯风格的繁复的线描纹样。画家就在这明与暗、简与繁的纠缠对比中，将官能的美感与灵魂的恐怖感不可思议地结合在了一起，带给观者一种强烈的震撼。

而在水彩画中，莫罗则将所有人物乃至建筑背景都描绘得细腻入微，从中我们能够看到这个既是舞蹈、又是杀戮场面里更丰富、更清晰的细节，例如画面向我们展示了地面上那个盛放施洗者约翰头颅还带有匕首的金盘，还有地面一片殷红的血。在这两幅作品中，莎乐美的造型与姿态稍有不同。在油画中，莎乐美右手举有莲花，两腿分开；而在水彩画中，莎乐美手中不再有莲花，她的双腿也成交叉姿势。

两幅"幽灵"画都运用了富有特色的光，以提高其明亮的、类似宝石的色彩效果，充满梦幻的色情成分和激情。莫罗承认，基于"强烈地、不可抗拒地被抽象艺术的吸引力所控制，使我很自然地对表现人类的情感和人的情欲深深感到兴趣"。这即是他创作"莎乐美"的动因。他还这样解释自己所理解的这个女子："这个具有兽性的令人厌烦而又了不起的女子，她从看着仇人倒下中获取快乐，是并不特别可爱的,因为对她一切欲望的满足是那么地耐不住性。"然而,她又有着"真实生活中女人寻求反常激情的本性"。

　　莫罗的创作喜欢运用浓艳的色彩,表现非现实的、不同寻常的情节。他最著名的画作都是描绘神话和宗教题材的色情画。他笔下的"莎乐美"形象,不仅色彩华丽,具有浓重的异国情调,特别是他画"莎乐美"的纱巾和舞姿所显示出的挑逗成分,使人觉得画家是有意以充满梦幻的色情成分,强烈地表达"莎乐美"在舞蹈中的激情。

参考文献
[1] 范景中.莫罗[M].天津:天津人民美术出版社,1984.

第三章　文化撷英

黄世堂：太阳文化与屈原辞赋泛论

杨建波：游仙　长生　参禅（悟道）

王丽娜：语言与文化：以法律用语为视角的关系例证

朱妍娇　胡芊：饮食类词语的命名用字探究

太阳文化与屈原辞赋泛论

黄世堂[①]

摘要：本文试论人类文明启蒙期的太阳崇拜，以及由此"繁衍"而成的太阳文化，是中华民族及世界各民族先祖共同创造的宝贵精神财富。中华诗祖屈原自名太阳神的后裔。屈原的故乡湖北宜昌，是中华太阳文化的重要发祥地和集散地。屈原辞赋是集储中华太阳文化的宝库。以屈原太阳文化为主体，囊及国内外太阳文化精华，在宜昌市择地兴建太阳文化大观园，是一项具有承先启后重要意义的文化工程。

关键词：太阳　太阳文化　屈原辞赋　湖北宜昌

一、太阳文化，是中华民族及世界各民族先祖共同创造的宝贵文化遗存

考古学认为，人类原始先祖从生存体验中认识到，是太阳驱走黑夜带来光明、驱走寒冬带来温暖。人类及各种动、植物都离不开太阳。故此，凡是阳光照耀到的地方，人们都不约而同地崇拜太阳。太阳成为人类文明启蒙的原始宗教信仰——自然崇拜的主要对象。

全人类先祖普遍崇拜太阳、崇拜太阳神，由此涌流出世界太阳文化的源头。原始人类认为太阳是自己的血缘亲属，是自己的最高祖先，后引为最大保护神。这就

[①] 黄世堂，中国民间文艺家协会会员，湖北省作家协会会员，夷陵文化名人。

是太阳图腾崇拜的三重含义。早在母系氏族社会之前的人类集群,也就是约距今一万年前后,存在一个长长的图腾社会时期。每个集群以一种自然物为符号涂脸文身,以区别于其他人群,应用于战争和分享食品。这种符号即为最初的图腾。而种种图腾中,唯有太阳图腾具有独一无二的显著性,且包含追求光明和感恩等内涵。太阳图腾不断演变,渗透到以后的自然宗教、人为宗教、政治权力和伦理道德之中,经数千年绵延不绝。在古代埃及,最早的庙宇是祭祀太阳神"拉"的太阳庙。那里的人们认为,太阳是众神之父。美洲的印第安人认为太阳是宇宙的统治者,各部落称酋长为太阳王。古代印加帝国(今秘鲁),认为太阳是全能的神。墨西哥人以太阳神名为国名。秘鲁人一直过太阳节,称向日葵为太阳花,并推崇为国花。北美大草原达科他人至今仍跳祭祀日神的太阳舞。新几内亚和澳大利亚的土著民族,把太阳当男性始祖祭祀,乞望从太阳获得保佑和力量。在古巴比伦,每次祭祀太阳神,国王都要面向太阳宣读祈祷词。在古代罗马帝国,太阳神是最高神,太阳教被定为国教。印度的太阳神话故事最多,那里有些民族至今信仰太阳教。朝鲜特别信仰太阳神,国名即"朝日鲜红"。"日本"意为"日出之地",崇拜的"天照大神",即生育太阳的女神。其天皇家族,自称为太阳神的后裔,还将太阳形象定为日本国旗。

中国是世界太阳文化遗存最丰厚的国度之一,太阳文化是中华传统文化中极具光彩的至宝。太阳神崇拜的高峰表现于新石器时期,即原始人定居后的原始农耕时期。中国是农业大国,其农业生产历史最悠久,范围最广阔,延传最长远。

太阳神居中国的"六神"之首,其祭祀最为广泛和持久。中国旧石器时期"万物有灵"的原始自然崇拜,是在险恶恐惧的环境中形成的,历时数十万年。其间,孕育出太阳神崇拜。到新石器时期,即距今 6000 年前后,"万物有灵"遂进化为以"六神"为主的崇拜。六神者,即日、月、星、海、河、岱。太阳居六神之首。至此,太阳神崇拜被推向高峰。据《尚书·尧典》《礼记·祭法》等古籍载,夏、商、周三代之礼,天子春朝(zhāo,晨)朝(cháo,拜)日,秋暮夕(祭)月。祭日于东,祭月于西。祭日于坛,祭月于坎(水边)。由于周代初出现"天子"这一概念,称帝王为"天帝之子",继而则兴祭天帝了,祭太阳神的仪式或转用于祭天帝。天帝为第一大神,太阳神次之。秦始皇曾到泰山封禅。封为祭天,即祭祀天帝。禅为祭地,即祭社稷神(土地神)。至此,纯粹的日神崇拜已不复存在。尤有甚者,起于汉末兴盛于唐代的道教,又将天帝演变为玉皇大帝,将原为天地至尊的太阳神降纳为一般小神。加上外域数种文明宗教的入主和普及,使太阳神崇拜受到更严厉的荡涤。残存的太阳神崇拜,往后在三个方面苟延着:一是太阳神作为至高无上的王权的象征,继续被国家最高统治者利用。他们自称为太阳,往往把天帝与日神同祭。如:魏文帝、魏明帝及隋唐五代十国的皇帝,大都祭日神。唐代还兴建"广四丈、高八丈"祭日神坛(见《隋书》《新唐书》)。二是道教和佛教利用太阳神,将太阳神降纳为小神和小菩萨,使其在道庙佛寺中幸存。三是广大民众由于太阳温暖和光明的属性,以歌颂太阳的名义,无穷无尽地抒发着感恩情怀,表达着对光明的渴望和追求。

炎帝和黄帝的名号源于太阳神崇拜。中华民族原始社会时期为许多部落集群。代表中原大部落的首领是炎帝,代表西北大部落的首领是黄帝。《说文》曰:"炎,火光上也。从重火。"古人认为,火与太阳是相通的。《淮南子·天文训》曰:"日者阳之主也。"《论衡·说日篇》载:"夫日者,天之火也。"《论衡·诘术》曰:"日,火也,在天为日,在地为火。"由此可知,名重火的炎帝即太阳神。如《白虎通·五行》直言:"炎帝者,太阳也。""黄"字,古文从光,本义指火与太阳的光芒。"日"与"光"之合"晃",初与"黄"音义相近或相同。故黄帝亦为太阳神。进入农耕社会之后,土地成为第一需要,黄帝之名便衍变为土地之色,有土德,并与"龙"(谐农)相通。由上可知,中原和西北部落集群的原始先民,都认为自己是太阳的子孙。同时,主要居于山东的东夷集群,最早以太昊、少昊为总代表。"昊"(hào,音"浩")者,即天上的太阳,亦指太阳神。另伏羲、颛顼、祝融等,皆代表上古时代的太阳神。另外,夏商时期,许多部落都认为,太阳白天变凤凰,在天上从东往西飞,夜里化玄龙,在地底从西往东飞,从而开辟出天地阴阳,形成昼夜循环。故此,崇拜日神的炎帝部落以凤凰为图腾,同样崇拜日神的黄帝部落却以龙为图腾。由此,中华炎黄子孙自称是"龙的传人",且有"北龙南凤"之说等。上述史实,亦是太阳神崇拜在演变发展中,与龙崇拜(涵蛇、湾鳄、扬子鳄)、鸟崇拜相叠合的产物。

中国有关太阳崇拜的文化遗存极其丰富。经典文献方面:如《淮南子》《山海经》《楚辞》《国语》等,有许多关于太阳神话的记载。出土文物方面,在浙江余姚的河姆渡遗址,发现"双鸟异(yú,抬)日"的骨刻文物,是距今约7000年的太阳神符号。河南仰韶村出土的新石器文物,距今5000—3000年,名为仰韶文化。此处以及全国1000多处仰韶文化的陶器上,均有大量太阳崇拜的符号。山东大汶口文化,距今6300—4500年,陶器上的太阳符号和相关石版画更多。文字方面:以"日"有关的象形字、形声字、会意字数以百计。宗教方面:道教、佛教均有"太阳经"。风俗方面:各民族、各地域有关太阳崇拜的遗风各具神韵,异彩纷呈。至于以原始太阳崇拜为底蕴和背景创造的现代文明,如山东泰山的新旅游景区太阳部落等,更是精彩炫目。

二、屈原的故乡湖北宜昌,是中华 太阳文化发祥和集散的圣地

宜昌地处大巴山与江汉平原接壤处,战国时属楚国西域。这里风光壮美、江关雄峻,"上扼巴蜀,下控荆襄",史称"楚西塞"。五帝时代,约距今5500年,炎帝率部落居于今湖北随州厉山一带。厉山,古称烈山,故炎帝部落称烈山氏。春秋战国时,厉山属楚国管辖。楚国是太阳神炎帝的故乡,由此可推为中华太阳文化的发源地。此后,中原集群黄帝部落把炎帝的后裔集群打败了,炎帝的后裔部分移往西

南。而黄帝之孙颛顼所率华夏族的一支芈(mǐ,米)熊氏沿汉江南下,在江汉平原和荆山(今鄂西北)一带,"筚路蓝缕,以启山林"(《左传·宣公十二年》),终开创出强大的楚国。黄帝的后裔与留居的炎帝后裔相融合,成为楚国居民的主体。黄帝后裔芈熊氏本来有崇拜太阳的习俗,留居的人群更是直接祭炎帝为太阳神,南北太阳文化便天然合流。这样一来,楚国民众便成为以太阳神颛顼为高祖的国族,即"帝高阳之苗裔"(楚·屈原《离骚》)。高阳者,亦太阳神也。太阳神又把光明和温暖,长久地惠赐于荆楚大地,使之成为富甲天下的鱼米之乡,故史称"唯荆实有昭德"(《国语·郑语》)。南北太阳文化与西楚太阳文化相融合,使这一带的太阳文化更加丰富多彩。

宜昌市及周边地区太阳神祭祀历史极为悠久。5000多年前,聚居于湖北厉山的炎帝族裔,即以太阳为图腾。由于诞生于楚地厉山的炎帝比黄帝早1000年,故这一带始于炎帝的太阳文化,或可比中原等区域早出1000年。炎帝东进统一了东夷众部落。出于山东的后羿射落九日的神话,抑或寓意此史。山东大汶口出土的"日中鸟"等石刻画,更可诠释为炎帝族太阳图腾与东夷族鸟图腾融合的象征。始于炎帝的太阳崇拜,其遗存于宜昌可寻多多。今宜昌市南有当阳市,北有高阳镇,近郊有紫阳坪、太阳山。这些地名,即太阳文化的遗韵。特别是在今宜昌市夷陵区,有11座山名太阳山,山上均有太阳庙遗址。夷陵旧时100多处佛寺道观,大都诵读《太阳真经》,经书至今犹存。

三、屈原的《楚辞》,是中华原始太阳文化的宝库

春秋战国时期,黄河流域以孔子为代表的儒家,"不语怪力乱神"。其"四书五经"将太阳神崇拜的神话基本抹灭了,社会习俗中幸存的也大都按周代的礼仪改变了。恰在此期间,长江流域屈原等创作的《楚辞》,真实地记载保留了夏、商太阳崇拜的神话和风习。如:太阳神是开辟天地分阴阳的创世大神,其余创世神皆为由此衍变而成。太阳循环的观念,是中国巫俗之源。炎帝部落重视太阳白天运行天空,以凤凰为太阳神图腾。黄帝部落取意太阳夜间运行地府,以鱼龙为太阳神图腾。后世之龙凤呈祥说,即源于此。如上等等,说明在记载和保存原始太阳神崇拜的神话故事和习俗方面,屈原的《楚辞》是中华太阳文化绝无仅有的宝典。

屈原的不朽之作《离骚》,是中国文学史上第一部长篇抒情诗。其诗开宗明义第一句,表明自己是高阳氏的后裔:"帝高阳之苗裔兮,朕皇考曰伯庸。"高阳氏即颛顼,姬姓,系黄帝的孙子,昌意的儿子。黄帝是太阳神的化身。由此,屈原则自明为太阳神的后裔了。屈原视太阳是自己的血亲始祖——图腾,是光明和理想的象征,在诗中多次叙述追循太阳的轨迹前行。如:"朝饮木兰之坠露兮,夕餐秋露之落英。苟余情其信姱以练要兮,长顑颔(kǎn hàn)亦何妨?""朝发轫于苍梧兮,夕余至乎县圃。欲少留此灵琐兮,日忽忽其将暮。吾令羲和弥节兮,望崦嵫而勿迫。路漫漫其

修远兮,吾将上下而求索。"诗尾,诗人矢志不移,九死无悔,坚定地沿着太阳的轨迹向着理想奔驰,终于到达阳光灿烂的天国:

> 朝发轫于天津兮,夕余至乎西极。
> 凤凰羽其承旂兮,高翱翔之翼翼。
> 忽吾行此流沙兮,遵赤水而容与。
> 麾蛟龙使梁津兮,诏西皇使涉余。
> 路修远以多艰兮,腾众车使径侍。
> 路不周以左转兮,指西海以为期。
> 顿余车其千乘兮,齐玉轪而并驰。
> 驾八龙之婉婉兮,载云旗之委蛇(yí)。
> 抑志而弥节兮,神高驰之邈邈。
> 奏九歌而舞韶兮,聊假日以媮乐。

屈原的《九歌·东君》一诗,24 行。这是迄今发现中国最早的太阳神颂诗,弥足珍贵。该诗如下:

> 暾将出兮东方,照吾槛兮扶桑。
> 抚余马兮安驱,夜皎皎兮既明。
> 驾龙辀兮乘雷,载云旗兮委蛇。
> 长太息兮将上,心低徊兮顾怀。
> 羌声色兮娱人,观者憺兮忘归。
> 緪瑟兮交鼓,萧钟兮瑶簴。
> 鸣篪兮吹竽,思灵保兮贤姱。
> 翾飞兮翠曾,展诗兮会舞。
> 应律兮合节,灵之来兮蔽日。
> 青云衣兮白霓裳,举长矢兮射天狼。
> 操余弧兮反沦降,援北斗兮酌桂浆。
> 撰余辔兮高驼翔,杳冥冥兮以东行。

关于《九歌·东君》一诗,中华当代文化巨人郭沫若译述如后:

温煦明亮的光辉将出东方,照着我的栏杆和神木扶桑。轻轻扶着我的马安详行走,从皎皎月夜直到天色明亮。声与色之美足以使我快乐,我的内心又充满眷念彷徨。驾着龙车借着那雷声轰响,载着如旗的云彩舒卷飘扬。长长叹息着我将飞升上天,观看者安于此景回还皆忘。调紧瑟弦交互把那大鼓敲,敲起乐钟使钟磬木架动摇。鸣奏起横篪又吹起那竖竽,更想起那美好的巫者灵保。起舞就像小翠鸟轻盈飞举,陈诗而唱随着歌声齐舞蹈。合着音律配着节拍真和谐,众神灵也遮天蔽日全驾到。把青云当上衣白霓作下裳,举起长箭射那贪残的天狼。我抓起天弓阻止灾祸下降,拿过北斗斟满了桂花酒浆。轻轻拉着缰绳在高空翱翔,在幽暗的黑夜又奔向东方。

屈原的《九歌·东君》，塑造出一位阳刚英武的太阳神形象："驾龙辀兮乘雷，载云旗兮委蛇。"驾着龙头马身的神车辀（zhōu），水陆无阻，发出雷鸣般的响声，彩云的旗帜在舒卷飘扬。又云："青云衣兮白霓裳，举长矢兮射天狼。"穿着青云的上衣和白云的下裳，举起天弓，要射落西天凶残的天狼星，保护天下民众的平安。西欧的太阳神图腾是举弓放箭的战神。屈原塑造的太阳神远隔半个地球，竟何其相似乃尔！

综上所述，以追求光明和感恩为主题的太阳文化，是人类先祖创造积淀下来的文化至宝。屈原辞赋所集储的太阳文化，丰富珍奇，实乃天下之最。屈原故里湖北宜昌一带，太阳崇拜历史悠久，太阳文化遗存丰厚，堪称金山银海。刷新其历史记忆，抢救其宝贵遗存，已经时不我待。故此，笔者提议：以屈原太阳文化为主体，囊及国内外太阳文化精华，在宜昌市择地兴建太阳文化大观园，简称太阳金都。这是一项具有承先启后重要意义的文化工程，有利于弘扬屈原文化，有利于提升宜昌城的文化品位。这颗文化太阳与高天的金太阳相辉映，必将实力推出宜昌文化旅游的新热点和新亮点。

游仙 长生 参禅(悟道)

杨建波[①]

摘要：本文从游仙、长生、服食求仙、仙道形象、参禅悟道、山居庵宿以及借游仙抒人生之慨与家国之忧等几方面梳理和论述了佛道文化对中国古代文人和古诗词创作的影响，列举了各个朝代有关诗人的代表性作品。

关键词：游仙 长生 佛道

没有佛道，中国古典诗词就不会这样卷帙浩繁、风情万种。佛道使中国古典诗词以其空灵大气的风格让人味之不尽、瑰丽诡谲的画面让人流连忘返。佛道赋予了古典诗词独一无二又丰富多彩的文化内涵，并以其独特的文化魅力陶冶、影响了一代又一代人。本文将从佛道文化的角度来欣赏与解读中国古典诗词。

一、游仙 长生

魏曹植最先以"游仙"为诗题，从而正式使游仙作为一个独特的诗歌题材得以确立。梁萧统在其编写的《文选》中第一次明确将游仙作为一种文学题材提出来。刘勰的《文心雕龙·明诗篇》论及游仙谓："仙诗缓歌，雅有新声。"

其实游仙诗的开创者应为战国时的屈原。屈原的《离骚》就有大段的描写仙人漫游盛况的诗句，他的《远游》几乎整篇写的都是游仙的情景。可以说，后世的游仙诗人无一不受到屈原的影响，后世的游仙诗无一不效法《离骚》与《远游》的风格。

[①] 杨建波，湖北大学文学院教授。

秦朝的始皇是个神仙迷,曾派遣方士徐福率童男童女渡海寻找不死之药。始皇使博士造《仙真人诗》,《仙真人诗》也即游仙诗。汉代的乐府民歌中也有一些反映神仙思想的作品。游仙诗的繁荣是从魏晋开始的,主要原因是历经秦汉,神仙思想进一步深入人心。神仙思想本是中国本土宗教道教的重要思想渊源,自东汉道教诞生后,神仙思想以强大的力量无孔不入地渗透到民间信仰与社会生活的方方面面,自然也随着道教的发展进一步得到张扬和传播,也必然反映到文人的诗歌创作中来。

游仙诗是一个大概念,其中包含着多种内容。

1.纯粹的游仙诗

游仙诗写得最多的要数西晋末东晋初的郭璞。郭璞共留下十九首游仙诗,其中九首为残篇。在这十九首中,单纯表现求仙、游仙主题的,以其第十首最为明显。

> 璇台冠昆岭,西海滨招摇。琼林笼藻映,碧树疏英翘。丹泉漂朱沫,
> 黑水鼓玄涛。寻仙万余日,今乃见子乔。振发睎翠霞,解褐礼绛绡。总辔
> 临少广,盘虬舞云轺。永偕帝乡侣,千龄共逍遥。

郭璞字景纯。先后入于殷祐、王导、王敦幕下。后因以卜筮阻止王敦兵变,为敦所杀,时年仅49岁。此诗开头用六句描写昆仑山。传说中的昆仑山,是帝之下都,方八百里、高万仞。山的位置在西海之南,流沙之滨,赤水之后,黑水之前。诗人用铺叙的手法写了自己对神仙发祥地昆仑山的向往。接着写自己羽化登仙。"寻仙万余日",表明诗人从青年时期就开始信仰与追寻神仙;"今乃见子乔",难掩欣喜之情。王子乔,乃仙人也。寻着了仙人,便洗头更衣,乘着虬龙驾驭的轻车前往西王母得道的少广岩。诗尾诗人说自己成仙后便得以与昆仑山的神仙逍遥千年。郭璞生活在道教盛行的地理环境与文化背景中,五斗米道未衰,上清派道又将兴。郭璞交游者多好道之人,笃信道术的宣城太守殷祐、潜心修道的士族子弟许迈都与其善。许迈早年造访郭璞,璞为之筮,说"宜学升遐之道"。可见郭璞对修炼成仙十分感兴趣。《晋书·郭璞传》载:"璞好经术,博学有高才,而讷于言论,词赋为中兴之冠。好古文奇字,妙于阴阳算历。有郭公者,客居河东,精于卜筮,璞从之受业。公以《青囊中书》九卷与之,由是洞五行、天文、卜筮之术,攘灾转祸,通致无方,虽京房、管辂不能过也。"葛洪《神仙传》有郭璞传。有着这样的经历,置身于此种文化氛围,难怪郭璞将自己的大多数诗都冠以"游仙",而尤以此诗表现的成仙愿望最为强烈。

庾阐字仲初。颍川(今河南许昌)人,有《游仙诗》十首。庾阐虽也做过尚书郎、散骑常侍、太守一类的官,但他的游仙诗与曹氏父子、嵇康、阮籍、郭璞等不同,似别无寄托、没有多少人生感慨,属于比较纯粹的游仙诗。比如:

第九首,专写仙树仙草:

> 玉树标云翠蔚,灵崖独拔奇卉。
> 芳草兰莹珠隧,碧叶灌清鳞萃。

第六首，专写仙人：

> 赤松游霞乘烟，封子炼骨凌仙。
> 晨潄水玉心玄，故能灵化自然。

第七首，写自己游仙：

> 乘彼六气渺芒，辎驾赤水昆阳。
> 遥望至人玄堂，心与罔象俱忘。

庾阐的游仙诗是不带人间"俗"味的游仙诗，它为我们认识严格意义上的游仙诗提供了样本。同时他的游仙诗还带有"玄言诗"的印迹，"灵化自然""玄堂""罔象"皆为玄语。庾阐的游仙诗在形式上突破了五言而采用六言。

两晋诗人写游仙诗的还有成公绥、张华、何劭、张协、王彪之等。

北宋的苏轼兼容了儒释道三家学说，然而在苏轼坎坷跌宕的一生中，真正能使他打不倒、压不垮，超然物外无往而不乐的却是佛道。苏轼的老家四川是道教的发源地之一，山村巷里无不受到道教的熏陶。苏轼八岁入乡校，其启蒙老师便是道士张易简。苏轼写过不少带有佛道印迹的诗词，下录一首《念奴娇·中秋》：

> 凭高眺远，见长空万里，云无留迹。桂魄飞来，光射处，冷浸一天秋碧。玉宇琼楼，乘鸾来去，人在清凉国，江山如画，望中烟树历历。
>
> 我醉拍手狂歌，举杯邀月，对影成三客。起舞徘徊风露下，今夕不知何夕。便欲乘风，翻然归去，何用骑鹏翼？水晶宫里，一声吹断横笛。

这首词也算是一首"游仙诗"，充分体现了道教成仙与道家归隐思想对苏轼的影响。写得浪漫豪放，很符合苏轼一贯的风格。上阕，词人眺望长空景色，想象自己乘鸾在玉宇琼楼中来去。下阕，在酒醉中，明确表示自己欲乘风归去。这首中秋词的"仙"意"仙"情，所表现的"归去"成仙的愿望显然比《水调歌头·明月几时有》更浓更强。

2. 服食求仙永生

神仙之说之所以在朝野都有广泛的影响，就因为它迎合了人类企求长生的愿望，"生年不满百，常怀千岁忧。""人生几何""譬如朝露"。在医学与科技相当落后的古代，人的寿命实在是太短了，活到七十岁，就算是"古来稀"了，因此长生是人最本能最质朴的愿望。神仙具有与金石一样不朽的肉身，因而能够长生、永生。故游仙诗除了表现列仙之趣外，采药服食、辟谷炼丹、修炼诵经、养生长寿也是其基本的主题。

曹氏父子三人都写过游仙诗。

曹操的《陌上桑》：

> 驾虹霓，乘赤云，登彼九疑历玉门。济天汉，至昆仑，见西王母谒东君。交赤松及羡门，受要秘道爱精神。食芝英，饮醴泉，拄杖桂枝佩秋兰。绝人事，游浑元，若疾风游欻（xū，忽然）飘翩。景未移，行数千，寿如南山不忘愆（qiān，过失、失误）。

此系以乐府古题《陌上桑》写的游仙诗。与庾阐的游仙诗相比，曹操的游仙诗有一个鲜明的主观的"我"存在，有"我"的行踪、"我"的活动、"我"的情感。"我"游历仙境、"我"服食仙草、"我"谒见仙人、"我"接受道笈，而游仙之结果是"我""寿比南山"。诗的想象与情趣带有楚辞痕迹，其仙人仙草与抒情主人公共同构成的画面与情趣颇类屈原的《离骚》《远游》。另据钟来茵的研究，曹操诗的多句都取自"汉代铜镜铭文"（见《中古仙道诗精华》江苏文艺出版社 1994 年 1 月）。汉代铜镜铭文云："上大（泰）山、食玉英、饮澧泉、驾交龙、乘浮云、白虎引兮直上天。"神仙观念以铜镜铭文这一实用工艺形式表现出来，足见其影响的深广。它成为曹操游仙诗的源头也就很正常了。

曹植的《飞龙篇》与《平陵东》：

西登玉堂，金楼复道。授我仙药，神皇所造。教我服食，还精补脑。寿同金石，永世难老。

阊阖开，天衢通，被我羽衣乘飞龙。乘飞龙，与仙期，东上蓬莱采芝。灵芝采之可服食，年若王父无终极。

这两诗同样写在梦幻般的漫游中，遇真人、服仙药、披羽衣、乘飞龙。由于极其虔诚，游仙主人终于如愿以偿，"寿同金石，永世难老。"游仙的真正目的是长生，长生的手段方法是求仙、学仙。这从曹氏父子的这几首诗中均可以看出来。

最典型的诗人是李白。李白是一个正式受过道箓的文人道士，谓之"诗仙"和"谪仙人"。李白从年轻时就开始访道、炼丹、求仙，直至晚年更笃。我们从李白的大量诗作中，都可以看到他虔诚学道、求仙、炼丹的情景，感受他对神仙世界的向往、对长生不死的追求。《游泰山》第三首：

平明登日观，举手开云关。精神四飞扬，如出天地间。黄河从西来，窈窕入远山。凭崖览八极，目尽长空闲。偶然值青童，绿发双云鬟。笑我晚学仙，蹉跎凋朱颜。踌躇忽不见，浩荡难追攀。

《古风》之五：

太白何苍苍，星辰上森列。去天三百里，邈尔与世绝。中有绿发翁，披云卧松雪。不笑亦不语，冥栖在岩穴。我来逢真人，长跪问宝诀。粲然启玉齿，授以炼药说。铭骨传其语，竦身已电灭。仰望不可及，苍然五情热。吾将营丹砂，永与世人别。

这两首诗的意境是缈远惝恍、神奇宏伟、绚丽多彩的。《游泰山》第三首表现了诗人因学仙晚，蹉跎了岁月，而仙人又难以追寻所引起的惆怅情感。《古风》之五不同，不仅见到了"真人"即仙人，仙人还"授以炼药"的秘方。得到了秘方，诗人决心以"营丹砂"的实际行动与"世人"永别。此诗对"真人"形象的描写也极其生动传神，诗人竭力渲染他的神奇性，以显示自己的崇拜虔诚心理，突出求仙的主题。

明李攀龙为"后七子"领袖人物，不结交权贵，不依附严嵩。他没有明确的道教信仰，但在他一千多首诗歌中，也有少量的道教诗。如《长歌行》（其二）：

>仙人揽紫芝，芳灿如芙蓉。两耳委其肩，短发以蒙茸。侍从几玉女，导我入云中。奉我一九药，期我于空同。服之生羽翼，婥约变形容。顾见云中鹿，婉婉成白龙。

此诗写诗人在云中服了仙人的药丸而得以"生羽翼"成仙，容貌也变得姣好了。诗歌画面明朗活泼，在憧憬与幻想中洋溢着欢快。可以想见到了明中叶，"神仙"依然是文人常写不衰的题材，服食成仙的思想依然为朝野所向往。

游仙诗在形象、环境、时空的描写上有自己明显的特点，仙人的群像、缥缈的仙境、无限的时空构成了别一种诗歌意境，形成了独特的美学风格。但此类游仙服食诗容易流于同一种套路，读多了会产生审美疲劳。

3. 借游仙抒人生之慨与家国之忧

不以游仙为旨归，借游仙的形式抒人生感慨、人生不遇，表现自己宏大抱负或对现实不满的诗也可划在游仙诗的范畴内，而且这部分诗占了游仙诗的多数。

竹林七贤之一的阮籍有著名的八十二首《咏怀》诗。他的咏怀诗许多都包着一层游仙的外壳。忧生和愤世构成了阮籍诗的主调，而这两种情感常常是与远游和神仙联系在一起的。

>世务何缤纷，人道苦不遑。壮年以时逝，朝露待太阳。愿揽羲和辔，白日不移光。天阶路殊绝，云汉邈无梁。濯发旸谷滨，远游昆岳傍。登彼列仙岨，采此秋兰芳。时路乌足争，太极可翱翔。（《咏怀》之三十五）

阮籍拒绝了曹爽的征召，又违心屈就司马懿。生活在仕隐的夹缝里，他"终身履薄冰，谁知我心焦"（《咏怀》之三十三）。世务缠身，苦不堪言，人生短暂，朝露瞬间。此诗的前四句正是写的这种感受。正是基于这巨大的忧患，诗人产生了登仙的愿望，并幻想自己揽住为太阳驾车的羲和神之辔，挡住太阳光的移动，到旸谷濯发，到昆仑远游，登列仙之石山采摘兰花。作为文学家、玄学思想家，阮籍与其同时代的诗人一样，不能不受到汉末"神仙"道教的影响。"神仙"不仅是他们创作所采用的一种形式，也是诗歌内容的有机组成部分。

鲍照是南北朝最杰出的诗人，他的诗对李白、高适、岑参都有很大的影响。他有三首游仙诗——《代升天行》《白云诗》《箫史曲》。下录其《白云诗》：

>探灵喜解骨，测化善腾天。情高不恋俗，厌世乐寻仙。炼金宿明馆，屑玉止瑶渊。凤歌出林阙，龙驾庆蓬山。凌崖采三露，攀鸿戏五烟。昭昭景临霞，汤汤风媚泉。命娥双月际，要媛两星间。飞虹眺卷河，泛雾弄清弦。笛声谢广宾，神道不复传。一逐白云去，千龄犹未旋。

自古文人命途多舛，才高位卑的鲍照亦如此。透过"情高不恋俗，厌世乐寻仙"这十个字，我们得以体味鲍照"才秀人微"的不平与愤懑。诗人以"炼金—成仙—游天—长生"这些对偶句，将游仙的所见所闻、游仙的闲适快乐铺写得细致全面，充分体现了诗人遗世独立的高洁情怀。

唐崔颢的《行经华阴》不似其他游仙诗那么浪漫，在他的笔下，美妙的仙界就在人间丘壑中：

> 岧峣太华俯咸京,天外三峰削不成。武帝祠前云欲散,
> 仙人掌上雨初晴。河山北枕秦关险,驿路西连汉畤平。
> 借问路傍名利客,何如此处学长生?

崔颢进士出身,才华出众却仕途不顺,一生只做过从五品或者从六品的小官。早期的作品,多是描写闺阁之事,诗风浮艳。后来漫游名山大川,去了大漠塞北,开阔了视野,诗风变得慷慨豪迈,雄浑大气。此诗应当写于此间。诗人行经在奇险的华阴道上,仿佛置身于天上仙界。挺拔的山峰、古老的祠庙、交错的驿路、变幻的风云,隔绝了世俗一切的思念与烦恼。尾联用一反问句告诫那些在名利场上奔忙的人赶快醒悟,澄心静虑来此地学仙。崔颢还有一首《游天竺寺》古体,结尾几句"洗意归清净,澄心悟空了。始知世上人,万物一何扰",与"借问路傍名利客,何如此处学长生"两句异曲同工,虽一为学佛,一为学道,却都是借宗教浇自己心中之块垒,寻求精神解脱,并警示那些"名利客"不要为"万物"所"扰"。

李白的《西上莲花山》是一首以仙界的美好反衬人世间干戈战争的诗。

> 西上莲花山,迢迢见明星。素手把芙蓉,虚步蹑太清。
> 霓裳曳广带,飘拂升天行。邀我至云台,高揖卫叔卿。
> 恍恍与之去,驾鸿凌紫冥。俯视洛阳川,茫茫走胡兵。
> 流血涂野草,豺狼尽冠缨。

道教的"神仙"信仰为文学提供了许许多多神奇、诡谲、瑰丽的意象,而道教意象、神谱、道教自己的传奇故事和从民间吸收来的传奇故事又大大刺激了文人们的想象力。这首诗就是这种想象力的产物。莲花山,西岳华山的最高峰,峰上有宫,宫前有池,池中生千叶莲。华山是道教十大洞天中的第四大洞天。卫叔卿,华山仙人。莲花山、卫叔卿、明星、芙蓉、太清、霓裳、云台、鸿、紫冥、虚步、升天,都是道教人事、道教意象和道教行为。全诗分两层,诗的第一层次,描写了诗人想象中的游天情景,先对仙女的美好做了一番细致的描绘,再写仙女向卫叔卿引荐诗人,最后写诗人跟着卫叔卿游天,把读者带入了一个迷离恍惚的神仙世界,表现了诗人对理想世界的向往和高蹈出世的情怀。第二层,由幻想回到现实,正当诗人与卫叔卿邀游太空之时,却看见人间生灵涂炭,正被战火蹂躏。诗人不仅对安史叛军的罪行进行了声讨,对百姓寄予了无限的同情,也对那些因叛乱有功而封官的"胡兵"做了辛辣的讽刺。在这里,李白悲天悯人、矜孤恤寡的宗教情怀与忠君爱国、关注民生的儒家思想很好地结合了起来。李白写此诗时,洛阳已失陷,安史乱军正向潼关逼近,关中岌岌可危。登华山,正可俯视潼关内外。这就是李白当时正在江南的宣城隐居,不写江南的道教名山,而偏写千里之外的陕西华山的原因。

无名氏的元曲《朝天子·庐山》很能代表元曲愤世叹世的内涵和戏谑嘲讽的风格:

> 早霞,晚霞,妆点庐山画。仙翁何处炼丹砂?一缕白云下。客去斋余,人来茶罢。叹浮生,数落花。楚家、汉家,都做了渔樵话。

赞美仙翁的炼丹生活,嘲讽历史上的帝王将相。他们的所谓功业,只供了山居客人斋茶之后的谈资。此曲与《三国演义》开篇词的主题基调一致,都是以自然的永恒来衬托功业的转瞬即逝。但此曲由于多了一丝仙风道韵,故而主题与情感表现得更为丰富。《三国演义》开篇词:

滚滚长江东逝水,浪花淘尽英雄。是非成败转头空,青山依旧在,几度夕阳红。

白发渔樵江渚上,惯看秋月春风。一壶浊酒喜相逢,古今多少事,都付笑谈中。

最后说文人笔下的仙道形象。

有一些歌咏仙人与道人的诗,也可以划归到游仙诗的范畴。白居易《玉真张观主下小女冠阿容》:

绰约小天仙,生来十六年。姑山半峰雪,瑶水一枝莲。

晚院花留立,春窗月伴眠。回眸虽欲语,阿母在傍边。

诗人一开始就用"绰约"对十六岁的小道姑进行赞扬,接着用两个比喻对她做正面刻画,突出其不事雕琢、纯净淡雅的装束与气质。再用夜晚庭园里的花,春窗里的月衬托小女冠的姣美,点出她人见人爱的特征。尾联是画龙点睛之笔,小道姑的天真无邪,又不敢违背教规的神情动态,被刻画得神形毕肖。

白居易笔下最生动的道人形象还是《长恨歌》中的杨太真:

闻道汉家天子使,九华帐里梦魂惊。揽衣推枕起徘徊,珠落银屏迤逦开。云鬓半偏新睡觉,花冠不整下堂来。风吹仙袂飘飘举,犹似霓裳羽衣舞。玉容寂寞泪阑干,梨花一枝春带雨。含情凝睇谢君王,一别音容两渺茫。昭阳殿里恩爱绝,蓬莱宫中日月长。回头下望人寰处,不见长安见尘雾。惟将旧物表深情,钿合金钗寄将去。钗留一股合一扇,钗擘黄金合分钿。但教心似金钿坚,天上人间会相见。临别殷勤重寄词,词中有誓两心知。七月七日长生殿,夜半无人私语时。在天愿作比翼鸟,在地愿为连理枝。

唐代皇家女子多有进山修道的习惯,原为寿王妃的杨玉环入宫后,为了掩人耳目,也去做了一段不长时间的道士,道号杨太真。在白居易笔下,杨玉环马嵬坡被缢死后,在海上仙山做了仙女。仙女在中国人的心目中都是美丽和善良的。诗人既然把杨玉环写成了仙子,同情赞美的感情也就溢于言表了。诗人通过对杨太真情态、动作、外貌、肖像等描写,惟妙惟肖地揭示了她听说唐皇派道士来看她时那慌乱惊喜的心理和独处仙山的寂寞、孤独、冷清、委屈。这里,白居易将一个仙女无与伦比的美展示在人们眼前,有意识让死后杨玉环的凄凉美、苍白美、本态美与生前杨玉环的华贵美、雍容美、造作美形成鲜明对比,引起人们对杨太真极大的同情与爱怜。杨太真对当年君王赐她以死毫无怨言:"含情凝睇谢君王……不见长安见尘雾"是对其心理的直接揭示;赠物寄词更直接表明杨玉环对李隆基生死不渝的爱情。李杨二人"长恨"的苦酒是自己酿成的,本不值得同情,更不值得赞扬,他们的悲剧正印证了中国的一句古话:生于忧患,死于安乐。但经过白居易在《长恨歌》中这么一虚构、一渲染,杨玉环就变成了忠于爱情的化身,杨太真也成了道教文学中最美的仙女形象。

还有不少诗人写有歌咏女仙之首王母的诗,下录韦应物的《王母歌》:

> 众仙翼神母,羽盖随云起。上游玄极杳冥中,下看东海一杯水。海畔种桃经几时,千年花开千年子。玉颜眇眇何处寻,世上茫茫人自死。

王母文化是道教的重要文化,也是最富有中国特色的文化。由于王母所居宫阙在昆仑山,故又称西王母。她与东王公共同治理阴阳二气,养育天地,调节万物。有关王母的记载最早见于《山海经》。韦应物此诗所写王母之事迹见于明代《正统道藏》的"汉武帝内传"与张华《博物志》。汉武帝好长生之术,常祭名山大川。帝祭嵩山,王母遣使告之曰:七月七日王母将来。是日,帝盛装以待。王母乘云车而来。王母命侍女索桃七枚,以四枚予帝,自食三枚。帝食桃辄以核著膝前,王母问之,帝曰:此桃甘美,欲种之。王母笑曰:此桃三千年一生实。寿桃的典故即出于此(道教的"七"文化也应来自王母)。至此,桃被赋予了长寿的意义,成了王母文化与道教文化的重要组成部分。吴承恩《西游记》中脍炙人口的孙悟空偷吃蟠桃园寿桃的故事,其蓝本便为此。韦应物此诗的最后两句似有讽刺与无奈之意:世人无缘见王母,更无缘得到王母的寿桃,只有任其自然地生老病死。

晚唐诗人李商隐虽没有直接写游仙诗,但其歌咏仙人仙境的诗也可以划入游仙诗的范畴,别有韵味。

> 瑶池阿母绮窗开,黄竹歌声动地哀。八骏日行三万里,穆王何事不重来?(《瑶池》)

历史神话化、神话历史化是中国文化的一大特点。这首诗是根据《穆天子传》的记载创作的。周穆王西游,本是历史事实,《穆天子传》却浪漫地加入了西王母这个神仙人物:周穆王骑着他那八匹骏马,西登昆仑山,谒见西王母。"天子觞西王母于瑶池之上,西王母为天子谣曰:'白云在天山陵,自出道里,悠远山川之间。将子无死,尚能复来?'天子答之曰:'予归东土,和治诸夏,万民平均,吾顾见汝。'""八骏"由此被赋予了强健祥瑞的寓意,成为众多文人歌咏绘画的题材。李商隐的这首七绝便是根据《穆天子传》之记载创作的。但他在处理这个题材时,却把西王母塑造成一个多情的女仙,自和穆王分别后,便日日倚窗思念,埋怨穆王不来看她。这可能是李商隐借神仙之事抒自己的情事。

二、参禅悟道诗

参禅悟道是许许多多官场失意人的选择。这是因为:佛道即便不是作为宗教,而是作为一种人生哲学,也为人们提供了一种除儒学之外的认识论与方法论,这种认识论与方法论能够让人摆脱世俗的纷扰和精神上的羁绊,寻找一种怡然自得的生活。

佛教自东汉传入中国,吸引了众多文人雅士;也正是这些文人雅士的加入,使得佛教在中国的地位迅速上升。

柳宗元早年参加王叔文的政治改革,改革失败后,由礼部员外郎贬为永州司马。在永州十年,写了许多著名的散文和诗歌,《晨诣超师院读禅经》就写于永州期间,是研究柳宗元的又一种资料。壮志未已而身遭贬谪,柳宗元欲于佛经中寻求世理与解脱。《晨诣超师院读禅经》:

>汲井漱寒齿,清心拂尘服。闲持贝叶书,步出东斋读。真源了无取,妄迹世所逐。遗言冀可冥,缮性何由熟。道人庭宇静,苔色连深竹。日出雾露余,青松如膏沐。澹然离言说,悟悦心自足。

"贝叶书"指佛经。"真源""遗言"均指佛教的理论与释迦牟尼及其他高僧的著作言论。诗人通过对自己读经情景和禅院景象的描绘,营造了一种寂静深邃的意境,体现了诗人"取"佛教"真源","逐"功名"妄迹",在禅院佛经中超然尘世的"澹然"心境。全诗由晨起读经始,以日出赏景禅悟"自足"终。情景事理,浑然一体。最后两句虽似玄语,却没有冲淡全诗悠悠的禅意禅境。但柳宗元是否将佛道混为了一体?他去的是禅院,但宁静的"庭宇"却是"道人"的。佛道因为有很多相通或相似的东西,故中国文人向来就喜欢把两教混为一谈,这在《西游记》《红楼梦》中表现得最突出。

白居易亦然。他早年热心朝政,颇有革弊之心,写过多首关注民生疾苦的诗。白居易由很少关注佛道到热心参禅悟道,有两个重大转折点:其一,因上表请求严惩刺死宰相武元衡的凶手而得罪了权贵,被贬为江州司马;其二,重回长安后,党争激烈,朝政混乱,自己无所适从。在《早送举人入试》一诗中,白居易就十分清楚地表明已厌恶了官场名利是非的角逐,萌生了"归山情":"营营各何求,无非利与名……春深官又满,日有归山情。"后终于在太和三年(829)托病免官,定居洛阳。在洛阳的十八年,白居易醉心佛道,与香山和尚如满结香火社,自称香山居士。

下录其《味道》诗:

>叩齿晨兴秋院静,焚香冥坐晓窗深。七篇真诰论仙事,一卷檀经说佛心。此日尽知前境妄,多生曾被外尘侵。自嫌习性犹残处,爱咏闲诗好听琴。

此诗写白居易叩齿、焚香、读道经、说佛心。"禅僧教断酒,道士劝休官。"(《洛下寓居》)在佛道的世界里得到了"爱咏闲诗好听琴"的闲适、恬静、潇洒、自在。

《早服云母散》更是白居易学道的真实写照:

>晓服云英漱井华,寥然身若在烟霞。药销日晏三匙饭,酒渴春深一碗茶。每夜坐禅观水月,有时行醉玩风花。净名事理人难解,身不出家心出家。

这首诗大约写在失意归隐的后期。道教讲服食,葛洪引《神农四经》说:"上药令人身安命延,升为天神,中药养性,下药除病。""散":研成细末或锉成粗末的药料,道教的服食法有草木药和金石药。这首诗就是写的服金石药。金石药常见的有丹砂、雄黄、雌黄、云母、曾青、慈石、钟乳石、石英、赤石脂等。《云笈七签》卷七十五载"炼云母法"十方、"服云母法"二十六方。孙思邈《枕中记》也载有"铒云母法"。白居易可能是把云母与石英混在一起服,故诗题为《早服云母散》,诗的第一句却为"晓服云英漱井华"。但不管他是服云母也好,服石英也好,总归是在服金石散,而且是在清晨服,先服"散"后吃饭。道教讲辟谷,故白居易吃得很少,只三匙;不仅节食,而且听从佛家戒酒建议,酒瘾来时便以茶代酒。晓服"散"、夜观月,每日陶醉在水月鲜花中。"身不出家心出家",将自己的行藏信仰直言不讳地点得清清楚楚。白居易参禅悟道的诗还有《道场独坐》:

> 整顿衣巾拂净床,一瓶秋水一炉香。不论烦恼先须去,直到菩提亦拟忘。朝谒久停收剑佩,宴游渐罢废壶觞。世间无用残年处,只合逍遥坐道场。

"朝谒久停收剑佩,宴游渐罢废壶觞"。辞官退隐,换来的是"残年"的"逍遥"。逍遥,是急流勇退、摆脱世间纷争之后进入的另一种人生境界。这是人不能改变环境,又不愿苟合环境所作出的跳出体制外的明智选择。

历史上的著名道士大多有较高的文化修养,琴棋书画无所不能,其诗词也堪比一些文人、大诗人。张继先,北宋末著名道士,被奉为道教三十代天师,他留下二百余首诗词,其《江神子》将枯燥的诵经活动写得极有情致:

> 彩云楼阁瑞烟平,雨初晴,月胧明。夜静天风,吹下步虚声。何处朝元归去晚,双凤小,五云轻。　　落花流水两关情。恨无凭,梦难成。倚遍阑干,依旧楚风清。露滴松梢人静也,开宝篆,诵黄庭。

这是一首有着特定道教内涵的词。上阕写"上天""朝元",归来时听见"彩云楼阁"中飘出仙人的步虚声。下阕写在夜静更深时诵读道经。全词以景衬情、虚实相生。在寥廓宁静的氛围中着意点染上一两个道事活动,很符合道士的身份,清风明月、落花流水、露滴松梢的环境又消减了全词的宗教味道,增加了作品的整体美感。

三、山居庵宿诗

并不是所有住在山里的人都可以称作山居者,山里的原住民祖祖辈辈生活在山里,他们只能算山民。山居是一种带有哲理意味的生活状态和生活体验,是一个特定的文化概念。山居往往和隐士及佛道联系在一起,实是隐居的代名词。

中国古代社会虽然不是一个宗教社会,但一切实是围绕着一个至高无上的个体、一个被神化了的人——皇帝——在运作,因此,中国古代社会又可以说是一个充满亚宗教情感的社会。中国的士大夫从来都是在苦苦追求人格独立而又必须处处依附君权的两难之间徘徊。白居易《寄隐者》诗句:"由来君臣间,宠辱在朝暮。青青东郊草,中有归山路"形象地写出了为臣之难之险。或为了全身远祸,或因为正直遭贬,许多人选择了逃离与隐居,于是产生了山居文学——山居散文或山居诗。

在说到山居诗时,不得不特别提到王维。王维的山居诗不仅是唐诗中的精品,也是整个中国古诗词的珍品。唐代虽以老子李聃为祖先,立道教为国教,但唐代是一个开放的朝代,统治阶级对儒释道三家基本上都是接纳的,唐代绝大多数知识分子也都奉行儒释道三教合一,王维亦然。但佛家思想在王维人生中一直占主导地位。王维的名和字,就取自《维摩诘经》中的维摩诘居士。王维的人生观转向佛教,虽有母亲的影响,但主要原因是因为张九龄之后李林甫与杨国忠专权,又因安史之乱接受伪职,受到降职处分。《旧唐书·王维传》载:"斋中无所有,惟茶铛、药臼、经案、绳床而已。退朝之后,焚香独坐,以禅诵为事,妻亡不再娶,三十年孤苦一室,屏绝尘累。"王维《山中寄诸弟妹》:"山中多法侣,禅诵自为群。城郭遥相望,唯应见白云。"《山中寄诸弟妹》前两句写的就是他退朝之后与众僧侣"禅诵"的生活,后两句借景物写自己因"禅诵"而虚静空灵的心境。王维41岁之后开始过着亦官亦隐、亦俗亦僧的生活。得宋之问位于陕西蓝田县之辋川别墅,在此写了多首山居田园诗。

王维对道教也甚有兴趣,他不仅与当时著名的道士司马承祯往来密切,他的许多诗也写到他与其他道士的交往。他拜谒道教名胜,与道士一起采药,从他对道教人物、道教掌故熟悉的程度来看,他一定也读了不少道经。中国的佛教实际上是包含了道教的佛教,尤其是王维所钟情的禅宗,许多观念都采自老庄,而老庄哲学恰是道教的思想渊源(这也是中国许多文人与普通民众将佛道相混的重要原因)。这便使王维的诗既充满禅意又充满道趣,无论从禅宗的角度欣赏还是从老庄思想的角度去欣赏都有一种品味不尽的空灵虚静之美。如:

荆溪白石出,天寒红叶稀。山路元无雨,空翠湿人衣。

(《阙题二首》其一)

空山不见人,但闻人语响。返景入深林,复照青苔上。

(《鹿柴》)

人闲桂花落,夜静春山空。月出惊山鸟,时鸣春涧中。

(《鸟鸣涧》)

中岁颇好道,晚家南山陲。兴来每独往,胜事空自知。行到水穷处,坐看云起时。

(《终南别业》)

空山新雨后,天气晚来秋。明月松间照,清泉石上流。竹喧归浣女,莲动下渔舟。随意春芳歇,王孙自可留。

(《山居秋暝》)

王维好用"空"字写意,上面这些诗,无一不用到"空"。"空":一指佛教中的"色相皆空"。佛教以为世间一切事物皆因缘和合而生,究竟而无实体,名曰"空"。二指王维心灵之空。山中没有尘世的纷扰,没有官场的烦恼,诗人气定神闲,意念是空寂的,心境是虚静的。王维把佛事活动、禅宗信仰均掩饰在空灵明秀的环境之中,然而正是这种含蓄蕴藉的手法更能体现其因笃信佛老而超然尘俗的高人隐士情怀。王维又懂音律、长绘画,这对他的诗歌创作无疑有很大帮助,但因为有了佛教的"空",道家的"虚",他的艺术才能方能够在诗歌创作中得到充分的体现,他的山居诗才可以当画来欣赏、当音乐来聆听,他才能使自然、禅道、诗情熔为一炉,取得拈花一笑、味之不尽的艺术效果。诗中透露的那种明心见性、随缘自适的禅趣,那种物我相融、致虚守静的道意,无不深深浸润着读者的心田。

中国传统的知识分子不管是以认同儒家为主,还是以认同佛道为主,都曾有过在这二者之间选择自身价值的十分痛苦的纠结过程,许多人同时或先后都曾有过官场的体验和问道读经的体验。寻觅佛寺道观、结交僧道朋友,在知识分子中是司空见惯的。于是就产生了一些描绘佛道圣迹、歌咏高人隐士的诗,庵宿诗、观宿诗是其中的一部分。

孤烟灵洞远,积雪满山寒。松柏凌高殿,莓苔封古坛。客来清夜久,仙去白云残。明日开金箓,焚香更沐兰。

(皇甫冉《宿洞灵观》)

一夕雨沉沉,哀猿万木阴。天龙来护法,长老密看心。鱼梵空山静,纱灯古殿深。无生久已学,白发浪相浸。

(严维《宿法华寺》)

微月空山曙,春祠谒少君。落花坛上拂,流水洞中闻。酒引芝童莫,香余桂女焚。鹤飞将羽节,遥向赤城分。

(李益《同焦炼师宿太乙庙》)

从这三首诗可看出,诗人多少都受到王维的影响。严诗与李诗皆用"空山"来暗示寺庙的空旷和主体心境的宁静,不能不说是取王维成词来表自己淡然之意。王维诗的笔墨只用来写世俗景物,偶然点染一点人事活动,用以渲染一种与环境相谐相融的心情。但这三首诗由于均用了许多宗教意象,致使全诗充溢着较浓的宗教气息,读之会发感觉它们与王维诗的总体意境和风格都不一样,审美感受也大不一样。

四、结语

中国虽然不是一个宗教国度,但游仙、长生、参禅、悟道,给了诗人们灵感,成为他们创作的重要源泉和题材。这些题材的作品以其独特的文化魅力存在于中国古典诗词中,存在于中国古代文学中。透过这些作品,可以寻觅到中国人的寄托和情趣,这些作品也因其别样的价值成为研究中国文化、中国文学、中国古典诗词绕不开的话题。

语言与文化：以法律用语为视角的关系例证

王丽娜[①]

摘要：语言与文化关系紧密。法律语言是语言的一个部分，以其用语和社会文化之间的关系为视角进行例证可以发现，法律用语能反映社会文化及其变迁，法律用语自身的变化也能推动社会文化的变革。而社会文化的发展则能促进法律用语的更新，推动其相关语义在不同时空背景下发生变化。法律用语和社会文化的关联促使人们思考现代文化冲击下法律用语的最佳发展进路。

关键词：语言　社会文化　法律用语　关系例证

语言与文化之间的关系得到了广泛探讨。语言学家萨丕尔认为，"语言背后是有东西的，而且语言不能脱离文化而存在"；邢福义教授认为，语言是"文化的符号"，文化是"语言的管轨"；而邵敬敏教授则认为，"语言是文化最重要的载体之一，文化是语言最重要的属性之一"。无论持何种观点，都难以否认语言与文化之间确实存在着紧密关联。

法律语言是在与法相关的研究与实践中使用的语言，它不只包括法律专业术语，也包括其他涉法常用语。法律语言是语言的一个部分，从法律用语和社会文化的关系例证中可以窥见语言与文化关系的一角。

[①] 王丽娜，中南财经政法大学法学院环境与资源保护法学2021级硕士研究生。

一、法律用语对社会文化的影响

(一)反映社会文化

语言能够记录社会文化,是其凝聚体,语言对社会文化起着架构作用,并对其有所映射。人们能在法律用语中发掘其对应的社会文化背景。

宗法观念与文化是汉民族历史文化的核心。中国古代的"十恶"指的是威胁封建统治和伦理纲常的十类重罪,而其中九"恶"都与危及君权、尊卑和亲族相犯有关[①],体现出宗法观念的深入影响及其广泛作用。儒家文化也对中国传统法律语言产生了较大影响,使之呈现出礼法合一的特点。汉代法律规定的"亲亲得相首匿"[②]直接体现了孔子所言"父为子隐,子为父隐"的儒家伦理观;"七出三不去""留养存祀"等本为礼书之言,当时却得以作为法律相关用语。而我们常听某罪犯要留待"秋后问斩",则是因为要顺应四时[③],其中蕴含着"天人合一"的哲学文化。

现代法律语言也反映着当下的社会文化。"法律援助""未成年人保护"等有关弱势群体保护的法律用语受到了以人为本、和平等观念、文化的影响;"在线诉讼""网络安全"等折射出信息网络对现代社会的巨大影响;而我国《民法典》中引起广泛关注的"绿色原则"则是人类在环境问题愈发紧迫的压力下对人与自然关系的进一步探索。

语言学家索绪尔指出,"语言是一切社会现象中人类唯一从祖先传给后代的基本信息。"我国很多法律语言可跨越时空使用,这反映了中华民族一脉相承的心理与文化。如民间法谚中,"天网恢恢,疏而不漏"[④]反映了法律的普遍性及犯罪必受罚的正义观;"杀人偿命,欠债还钱"折射出人们追求公正的心理及对责任机制的基本要求;而"王子犯法与庶民同罪"则表达了百姓追求个体平等的理念。

(二)折射社会之变

法律用语带有社会文化的烙印。社会文化在不断发展,而这种发展变迁能像镜子一样在反映文化的语言中得到体现。

单就死刑来看,其在不同时期的用语即反映了社会文化的变革。奴隶社会的死刑有"剖心""醢"等用语,封建社会的唐代,《唐律疏议》有"绞、斩之坐,刑之极也"之言,到如今,我国《刑法》中的最高刑罚直言"死刑"。该类用语的转变不仅反映了

---

① 以《唐律疏议》中的"十恶"为例,指除"不道"之恶外的九恶。
② 意为亲属可以相互包庇部分罪行。
③ 《礼记·月令》记载:"凉风至,白露降,寒蝉鸣,鹰乃祭鸟,用始行戮。"《春秋繁露》记载:"王者配天,谓其道。天有四时,王有四政,四政若四时,通类也。天人所同有也。庆为春,赏为夏,罚为秋,刑为冬。"
④ 出自《老子》,本是描述"道"的一句话,老子认为立法应轻缓而不严苛。

各个时代的发展理念,也展现出从野蛮残忍到重视生命的文化转变。另外,"夷三族""诛九族"之语体现了宗法影响下重视血缘集体的文化心理,而随着个体意识的觉醒,我们已普遍达成了"责任自负"的共识。

法律用语蕴含着法律相关观念,进而折射出相应的社会文化背景。中国传统诉讼文化追求"无讼":儒家认为"君子不尚争",道家主张"无争",法家则主张"以刑去刑",它们都蕴含着传统文化基本精神,即"和谐"。在这种文化思想的驱动下,家规族法中多有"睦乡里,息争讼"类用语,圣谕宣讲中有"息诬告以全善良"的表述。官方主张"无讼",而百姓多"惧讼",在当时乡吏威吓、司法恣意及法与情礼结合导致诉讼结果难测等社会现实的影响下,民间流传着"一场官司一场火,任你好汉没处躲"之类的法谚,百姓多对以诉讼解决纠纷之路萌生退意。而随着商品经济的发展及思想的解放,实现权益救济的诉讼得到了充分重视,我们主张"拿起法律武器保护自身合法权益",司法制度的逐步健全也体现在相关法律用语中,如"罪刑法定""程序公正"等。

(三)推动文化变革

萨丕尔说:"语言像文化一样很少是自给自足的。"具有交际功能的语言在跨文化交流中演化,在此过程中也会出现新的词汇和表达,它们承载着新的文化与思潮并进行传播,从而推动社会文化的变革。

清代晚期,大量西方法律语词涌入中国,"条约""领事"等概念激起了人们的国家主权意识,处于被动地位的人们开始意识到国外有国,意识到中国社会亟待变革;新的词汇和表达使国人在"睁眼看世界"的过程中了解西方文明,在救亡图存中解放思想,探索强国之路。我国现代意义上的环境领域法律的发展也正是由相关用语表述"先行一步",带动环保观念和生态文化的变革。在参加第一届联合国人类环境会议之前,人们普遍认为水体变黑是发展经济的必然结果。然而"环境污染""生态破坏""资源枯竭"等词中暗含的负面后果使人心惊,我国迅速作出反应,环保事业快速展开,相关思想、政策、理论等飞速发展。在中外交流不断推进的过程中,越来越多的国外法律术语纳入我国法律用语之中,如"标的""法人""仲裁"等,它们使国外的相关制度和文化在我们面前再度展现和构建,推动我国法律制度发展的同时也为相关领域的革新注入了新的要素与活力。

二、社会文化对法律用语的影响

(一)促进法律用语更新

语言与社会文化的作用是交互的,一般而言,语言与文化具有一定的对应性,社会文化的发展会推动法律用语随之更新。

法律用语在社会文化的影响下会不断出现新的词汇和表达。例如,与现代经济发展相关的"贷款""反垄断"等;与个人权利保护相关的"法律援助""无罪推定"等用语。在互联网不断发展的情况下,出现了"网络虚拟财产""电子合同"等法律用语;环保理念和生态文明的发展也促使法律中出现了"光污染""气候资源"等概念;在冲动型离婚数量居高不下的社会现实影响下,"离婚冷静期"一词也悄然进入公众视野。

社会文化的变化会促使法律用语改变其表述方式,以便更好地适应社会需要。"王子犯法与庶民同罪"一语依然被我们惯常使用,但是随着我国社会根本制度的变革,"王子""庶民"的存在基础已然消失,它多被表述成内涵相似的"法律面前人人平等"。古代对于犯罪之人多称"囚""赭衣"①;现阶段称"犯罪嫌疑人""被告人"等,实现了规范化更新。还有一些法律用语因艰涩或模糊而转变为更适合当今时代的表述,如"换推"即如今的"回避","乞鞫"即我们现在说的"上诉"等。

有的法律用语随着社会文化的更新而消亡。如"昏""鞫治""告奸"等,我们都不再使用。当社会文化不再为法律用语提供现实基础时,一些表述也随之失去法律适用的参考效力。比如建立在封建制和儒家文化基础上的"刑不上大夫",随着封建社会的灭亡和平等观念的普及,其已不再是考察现行法律的用语。随着封建制度的消亡,前文所提建立在家族关系和礼法结合基础上的"亲亲得相首匿"已然消失,社会文化的进步使情与法以更加理性的方式澄清和结合。另外,人们对个体权利的重视、对家庭暴力的抗争使得"清官难断家务事"之类的法谚再难成为相关工作人员逃脱职责的借口,而"知错改错不算错""法不责众"等法谚则失去了社会文化基础而易对人产生负面影响,受到了人们的批判。

(二)推动语义时空流变

文化发展对语义演变也有促进作用。社会文化的变革是语言意义发生变化的重要动力性因素,我们从法律用语的意义变化中也能有所体悟。

前文所提"十恶"中有"不睦"之恶,其名借《礼记》中"讲信修睦"和《孝经》中"民用和睦"之义,解释为"谋杀及卖缌麻以上亲,殴告夫及大功以上尊长、小功尊属"②,而如今其主要意思为"感情不和谐、相处不融洽"。如今我们常用的基本法律用语之一"权利",也在社会文化发展中经历了内涵嬗变。近现代意义的"权利"一词滥觞于西方,而实际上,"权利"在古代中国已然出现,只是"权"由秤锤引"权衡"之义,进而衍生出"权势""权威"等词,"利"指"利益""好处"等,两者合成"权利",其在《荀子》《商君书》等经典中指的是权势和货财或与之相关的利害衡量,且有非褒义的倾向。其词义的转变在近代西方文化传播中产生,而我国自宋代以降

---

① "赭衣"借称自古代囚衣。
② 其为《唐律》对"不睦"的解释。

冲击尊卑等级的"人欲"价值探索则是在这个意义上为其做出了关键性的本土文化铺垫。

社会文化的发展影响着人们对语词内涵意义的理解。蒋绍愚教授认为,"词汇不是客观世界的机械反映,而是人类对客观世界认识的记录。"如前文关于死刑用语的表述,如果我们只告知人们其已犯"死罪",那么不同朝代的人对"死刑"的理解会因死刑执行方式的差异而有所不同,而该种差异的存在受到了社会文化的巨大影响。例如汉朝在黄老学派"休养生息"等思想文化的影响下废除了车裂、活埋等死刑执行方式,百姓对死刑的理解只剩下"枭首""腰斩"和"弃市"。我们常说的"连坐"中的"坐"字在中国古代除了表示动作外,还可表示与法律相关的争讼、治罪、罪责等义,而这一层含义也在随时代发展而渐弱。

另外,法律用语的意义可能随着语境不同而改变。上下文、现实情况(包括参与者的主观因素)以及社会文化和政治构成了语境。比如,对于"承诺"一词,在非法律语境下或在一般人的理解中指"应允同意",而在法律语境下指在合同订立时"受要约人同意要约的意思表示"①,具有相关知识文化储备的人方能充分、准确地理解其语义。

三、反思与余论

我们正处于飞速变革的时代,越来越丰富的社会文化对法律用语产生的影响也引起了人们的反思。法律语言是否需要与文化潮流相结合以期更加贴近人们的生活?法律用语究竟是要保持其权威专业,还是需要更加通俗易懂?如何使法律语言在保持庄重确切的同时做到情理权衡,在保持专业规范的同时实现普及教化,还需要逐步探索。

以法律用语为视角进行例证,我们可以窥探到语言与文化关系的一角。实际上,法律文本由语言建构,而法律本身就是一种文化。本文虽分别以语言和文化为主语对其关系进行例证,但我们从中亦能发现,语言对文化的反映对应着文化对语言的影响,语言的变化伴随着文化的发展,语言与文化相互交融、难以分离。

参考文献

[1] 爱德华·萨丕尔.语言论——言语研究导论[M].北京:商务印书馆,1985:20.
[2] 邢福义.文化语言学[M].武汉:湖北教育出版社,2000:107,269.
[3] 邵敬敏.关于中国文化语言学的反思[J].语言文字应用,1992(2):74-79.
[4] 杜道明.语言与文化关系新论[J].中国文化研究,2008(4):133-140.
[5] 李杰.从法律用语看《唐律疏议》"礼法结合"的特点[J].湖北工业大学学报,2010(3):

---

① 要约是希望与他人订立合同的意思表示。见《中华人民共和国民法典》第四百七十二条、第四百七十九条。

124-126.
[6] 吕世伦,邓少岭.天人合一境界中的中华法系之美[J].现代法学,2003(3):35-39.
[7] 邢琳.我国古代死刑制度的演变过程及其动因[J].广西社会科学,2008(3):106-110.
[8] 郑素一.中国传统司法思维模式的文化分析[J].政法论丛,2012(3):49-54.
[9] 尤陈俊.儒家道德观对传统中国诉讼文化的影响[J].法学,2018(3):135-145.
[10] 赵明.近代中国对"权利"概念的接纳[J].现代法学,2002(1):69-75.
[11] 蒋绍愚.汉语词汇语法史论文集[M].北京:商务印书馆,2001:162.
[12] 吴柱.古代法律术语"坐"词义演变疏证——兼辨相关典籍历代注释之误与介词"坐"的产生问题[J].中国语文,2019(6):736-747,768.
[13] 秦建华,王金巴.文化语境论[J].山西师大学报(社会科学版),2001(1):126-128.

饮食类词语的命名用字探究

朱妍娇[①]　胡苹[②]

摘要：地域广博、风俗各异的环境特征,造就了丰富多彩的中国饮食文化。随处可见的菜名也成为我国语言生活状况的表征之一。对饮食类词语的分析,能够加深我们对文字规范、构词规则及修辞格使用的认识,以达到观察周边生活与掌握语文知识相结合的目的。

关键词：菜名用字　命名方式　文化语言学

一、前言

作为四大文明古国之一,中国拥有5000多年的传统文化,960万平方公里的广阔疆域又使得各地文化和而不同,带有鲜明的地方特色。"民以食为天",饮食在人们生活中占据着重要的地位,而随处可见、内涵丰富的餐饮菜名便成为我国饮食文化的符号表征之一。

早在2016年,一家主打炸鸡的餐饮店取名"叫了个鸡",通过连锁加盟的形式在全国多个省份地市开设加盟店,外卖菜单上还出现"××有一腿""真××好翅"等文字污染宣传语。出格的店名、菜名和营销引发争议,最终在2017年3月,上海市工商行政管理局认定该餐饮公司发布的广告违背公序良俗,违反了《中华人民共和国广告法》,责令其停止发布广告,并给予50万元罚款的处罚。

[①] 朱妍娇,湖北三峡职业技术学院助教。
[②] 胡苹,四川文理学院助教。

不恰当的餐饮菜肴名不仅会对社会风尚造成不良影响,严重的甚至会触碰法律的底线。因而,在菜品命名过程中,需要我们正确巧妙地使用语言文字,以达到广告宣传和彰显文化魅力的双重目的。

二、菜名的用字

目前,汉字是我国的法定通用文字,对社会经济发展、民族团结及国家统一都有重要的作用,1998年国家工商局发布《广告语言文字管理暂行规定(修订)》,也明确规定:"广告用语用字,不得使用错别字",但通过语料库(北京大学现代汉语语料库与搜报网)搜索,我们发现,现今仍有一些菜名出现经常性的用字错误,容易误导民众尤其是少年儿童学生。比较典型的用字失误有以下几例。

(一)"宫保鸡丁"误写为"宫爆鸡丁"

"宫保鸡丁"是川菜的代表菜肴之一,此名称的由来,是因为发明人的缘故。丁宝桢是清朝一位很知名的官员,治蜀十年,多有建树,于光绪十一年死在任上。为了表彰他的功绩,朝廷加封他为"太子太保"。因为"太子太保"是"宫保"之一,于是他发明的菜得名"宫保鸡丁"并自此传开。随着时代的变迁,很多人已经不知"宫保"为何物,就道听途说,把"宫保鸡丁"做浅显的字面理解,"爆炒(或煲)鸡丁这样的宫廷菜",写成"宫爆鸡丁"或"宫煲鸡丁"。

在CCL语料库,我们查到"宫保鸡丁"和"宫爆鸡丁"的用例条数分别为25和9条,搜报网中近半年用例条数分别是681和58条。这个结果也表明,随着教育文化水平的提升,人们已有意识地避免出现用字失误,但部分报纸媒体仍须端正用字态度,加强监管。比如,以下见诸报纸的两个例句:

①食堂每顿提供宫爆鸡丁、小炒肉等荤菜,以及土豆丝、豇豆等时令蔬菜共15个菜品。(2022年5月24日,《三峡商报》电子版)

②上海新雅的蚝油牛肉、小梅园的宫爆鸡丁,苏州水天堂的酸菜鱼,杭州老头儿油爆虾等,常年占据了TOP榜。(2022年1月26日,《钱江晚报》电子版)

(二)"黏豆包"误写为"粘豆包"

"黏豆包"是北方的一种传统食品,用黄米、红豆等制成,因为具有黏性,所以得名。而在一些餐馆招牌和菜单上,误写为"粘豆包"的用例很多,近半年来在搜报网上出现了140条,而正确的字形"黏豆包"则只出现了84例。如:

③他们在卫生院亲手制作粘豆包,为入住卫生院医养区的老人们送上一份温暖。(2022年1月28日,《铁岭日报》)

④每年一进腊月门,冰天雪地、地冻天寒之时,农村家家就开始忙着

准备包粘豆包。(2022年1月20日,《朝阳日报》)

"黏"和"粘"本为两个异体字,但在1955年,国家颁布实施《第一批异体字整理表》,笔画较多、字形稍复杂的"黏"字作为"粘"的异体字被淘汰。1988年,《现代汉语通用字表》又确定"黏"为规范字,恢复使用,并与"粘"各有分工,"黏"是形容词,指的是糨糊、胶水等具有的使物相连的性质;"粘"是动词,表示依靠黏性把东西互相贴合。由于文字规范的变化及人们的主观忽视,造成了这一食品名称的长期普遍误写。

(三)"蒜薹"误写为"蒜苔"

"蒜薹炒肉"是餐馆里常见的一道菜肴,而在日常生活中,人们都倾向于使用笔画少、字形简单的"蒜苔",误以为"苔"是"薹"的简化字,就连报刊稍不注意也会发生误用:

⑤眼下正值蒜苔成熟的季节。在玉屏侗族自治县朱家场镇茅坡村蔬菜基地,村民们正忙着采收蒜苔上市。(2022年4月10日,《铜仁日报》)

莫言有本名为《天堂蒜薹之歌》的小说,而关于莫言获得诺贝尔文学奖的报道中,仍有不少写成了《天堂蒜苔之歌》。《现代汉语词典(第7版)》及《现代汉语规范词典》这两本权威工具书中,明确指出"薹"和"苔"是两类不同的东西:"苔"是指一类苔藓植物;而"薹"指的是蒜、韭菜、油菜等生长到一定阶段时在中央部分长出的细长的茎。词典中还特别强调"苔"非"薹"的简体字。二者各有分工,不能混用,否则会破坏汉语词汇系统的平衡稳定性。

(四)"锅盔"误写为"锅魁"

锅盔是发源于陕西、甘肃等地的小吃,在古时是一种行军军粮,后经过改良流传到全国各地。词典上解释,"锅盔"是一种又厚又硬的锅饼。"盔甲"的硬和厚恰好能用来形容这种食品,而流传到全国各地以后,近些年来它的名字变成了"锅魁",不仅口味有所改变,声调和字形都发生了变化,比如,报纸上的这两例:

⑥领导嘉宾,在我市展厅品尝了地标产品同川酥梨、玉露香、非物质文化遗产原平锅魁、中国好粮油石鼓小米粥。(2022年2月17日,《山西原平时报》)

⑦三汇古镇名特小吃众多,数不胜数,既有远近闻名,深受大众喜爱,至今仍在市面售卖的心肺汤圆、水八块、锅魁、油果子、碗儿糕,也有不见踪影已失传的叠面汤圆、马蹄糕、狮子糕、堆沙果子等等。(2022年4月8日,《达州晚报》)

有专家认为,不管是"锅魁"还是"锅盔",它们都起源于军队文化,只是理解上的区别,"魁"字可展现出军队和士兵的形象气魄,而"盔"字则可直观地理解为盔甲。"锅魁"更多用于商标店名及其相关报道中,与其含有的"排在首位"语义也有一定关联,赋予其美好的寓意,达到广告宣传的效果。但从语言文字使用规范的角度来看,这种做法并不值得提倡,专名的用字具有相对稳定性,为了追求商业宣传效果而换用别字,不仅会对少年儿童形成错误的用字示范,还会使我们的语言文字系统变得混乱。

"番茄炒蛋"是一道十分大众化的菜肴,但在餐馆的菜单中,我们看到有"番茄"和"蕃茄"两种写法。这两种写法在目前看来没有对错之分,"番茄"属茄科植物、由外国引进而来,由此得名;"蕃"字在"外国或外族"这一义项上与"番"形成异体字关系,而"草字头"又能彰显其植物属性。但从语言文字良性发展的角度来看,我们必须认真分析异体字,精简其数量。"蕃"作为"番"的异体字,其义素是"外族或外国",与"植物"这一义素并未有太大关联,而且"蕃"还有其他两种不同的字音字义,根据含义清晰、分工明确这一标准,建议"番茄"成为推荐字形,这与我们在语料库中的搜索结果是一致的。("番茄"与"蕃茄"的用字频率比为 5∶1)

因为味道甜美、与蜜瓜的名字相似,"哈密瓜"常被误写为"哈蜜瓜",而其名字是由产地得来的。据记载,这种产于新疆哈密的甜瓜,在清代时由哈密王作为贡品进献给康熙皇帝,康熙尝过之后,赞不绝口,命名为"哈密瓜",根据产地命名的果品还有"砀山梨""烟台苹果""米易枇杷"等。

三、菜名的命名

饮食类词语名称,除了外化于汉字,呈现于菜谱广告之上,在语音、语义上也显露出自身的特点。绝佳的菜名必然要达到以下两方面的要求:一是语音和谐;二是语义丰富。

(一)四字格声韵和谐悦耳

给菜肴食品命名,要考虑信息提供量及顾客可接受程度两方面的因素,既要最大限度地展现菜品的特点与魅力,同时要尽可能地去吸引打动食客。所以,菜名既不能太长,以免不易记忆,又不能过短,否则无法传递丰富的信息。其中,四字格菜名以其适中的音节数占据了绝对优势地位。据统计(表1),《中国名菜大全》中,共有菜名 600 个,四字格的就有 278 个,占总数的 46.3%。

表 1 《中国名菜大全》菜名音节数统计表

音节数	总量	百分比	示例
二音节	22	3.67%	烟鸡、糟肉、冻鸭
三音节	121	20.17%	羔烧羊、梅菜鸡、炝腰花
四音节	278	46.33%	清虾丸汤、椰子炖鸽、油爆鸭舌
五音节	133	22.17%	豆豉明虾球、酿金钱蟹壳、淡菜炒笋尖

续表

音节数	总量	百分比	示例
六音节	28	4.66%	拔丝山药芝麻、干贝干蒸肚尖、清汤珍珠豆腐
七音节及以上	18	3%	鲜莲子青蟹肉羹、冬虫夏草响螺炖水鸭、生醉蟹油拌佛手海蜇皮

从表1可以清晰地看到,四字格菜名几乎占据了半壁江山。四字格复合韵律词具有整齐的音段、匀称的节奏,是汉语固定语中最为多见、典型的语音形式,带有稳定、庄重的结构色彩,也符合汉族民众偏好对称的心理特点。

四字格菜名除了音步整齐匀称、读起来朗朗上口以外,听起来也比较响亮悦耳,这是通过尾字的元音及声调实现的。普通话7个舌面元音中,舌位越低,开口度越大,发音也就越响亮,反之,高舌位元音开口度小,发音就不够响亮。因而,四字格菜名多选用以 a、o、e 这样的低舌位元音为韵腹的高响度尾字,如:酱焗水鸭[yā]、金钱明虾[xiā]、东坡扣肉[ròu]、金针乳鸽[gē]、滑炒虾仁[rén],形成词末重音,提示听者词尾含有焦点信息。菜名的响亮度同时与词尾声调关系密切,普通话四个声调中,阴平、阳平是高声调,多用在菜名尾字,如:脆皮乳鸽、酿金鲤虾、鸡油三白、龙须燕丸,而上声、去声则出现次数较少。

(二)语义蕴含丰富

饮食类词语的字形、语音主要形成视觉、听觉等感官刺激,而语义则激发人们的思维认知及文化体验,因而,语义也成为菜名的核心与灵魂。

为达到宣传介绍、吸引消费者的目的,菜品在命名过程中主要采用写实性命名与写意性命名两种方式。写实性菜名又称"直观型菜名",能够直接反映出菜品食材、制作方法等特征,从语义搭配的角度进行分类,"直观型菜名"蕴含多种语义信息,比如下列几种。

(1)突出原料的菜名。按照主料、配料、调料的搭配,有以下组合:主料+主料,椰子燕窝、虾子冬笋、鸡茸干贝;配料+主料,米粉肉、枸杞春笋、鸡茸豆花汤;调料+主料,芥末鸭掌、鸡油白菜、子姜鸭块。

(2)突出烹制方法的菜名。如清蒸滑鸡、炒乌鱼片、油煎子鸡、清炖狮子头、红烧通鳝、卤豆腐、软溜草鱼、烤鲥鱼、回锅肉等。菜品丰富,烹制方法也多样,粗略统计,常见的烹调方法便有"炒、烧、煎、炸、蒸、炖"等二十多种。

(3)突出色泽、口感的菜名。如水晶肘子、翡翠鸡片、绉纱甜扣肉、白脆鸭子、麻辣手撕鸡、酸辣汤等。这类菜名突出了词语的形象色彩,调动人们的视觉味觉感官;观其名,如见其色形,如品其风味。

(4)突出人名、地名的菜名。如东坡扣肉、麻婆豆腐、贵妃鸡、张飞牛肉、潮州冻鸡、大良炒鲜奶、乐山钵钵鸡、浦江蟹羹等。菜名中含有人名,要么体现这道菜品的创始人,要么隐含历史典故激发名人效应;菜名中含有地名的,则从地名中可以看出菜品的产地。

(5)突出烹调器皿的菜名。如明炉全乳猪、砂锅鱼翅、铁板牛肉、坛子鸡等。使用不同的盛器、炊具,除了能让菜品造型精美别致之外,还可以丰富食物带来的味觉层次。

为了提供尽可能多的菜品信息,有的菜名使用多种语义特征组合搭配。常见的一种组合是多种食材加烹制方式,如:菱角炒花菇,云腿清蒸黄芽菜,鸡翅扒海参。如果一道菜品使用的食材比较多样,烹调方式又很独特,那么在命名时应该注意主次分明、有所取舍,否则重点不突出、音节太长也难以留下深刻印象,比如:"清蒸家鸭野鸭大乌参火腿汤"不妨改为"双鸭乌参火腿汤","鲜茉莉花川鸡片清汤"也可精简为"茉莉鸡片汤"。

写意性菜名也称为"抽象型菜名",这类菜名不直观显示菜肴食材、烹制手法、色泽风味,而是间接反映菜名的语义信息。"抽象型菜名"一般蕴含较为丰富的文化色彩。有的背后隐藏有典故,如佛跳墙、毛血旺等;有的是用比拟、借代、化用等修辞手法来吸引注意、表达美好祝愿,如"蚂蚁上树""狮子头""年年有余""一清二白"等。目前,写实性菜名在数量上仍占主导地位,但由于文化色彩突出、寓意美好吉祥的因素,在一些中高档餐厅的宴席菜单上,写意性菜名呈现迅速增多的趋势。在客观事物与人脑之间建立联系是物品名称最重要的作用,因而,写意性菜名不能过分标新立异、忽视菜品本身的特点。

四、结语

李宇明先生在20世纪末提出"语言生活"的概念,认为每一社会领域都有自己特殊的社会状况,故而有自己特殊的语言生活,如教育、行政、医疗卫生、商贸、旅游、餐饮等领域。对餐饮菜名的用字命名分析,不仅能培养我们观察、体认生活的意识,还能加深我们对中国语言文字的规范化、精深化认识,增强和弘扬民族文化自信。

参考文献

[1] 罗常培.语言与文化[M].北京:北京出版社,2020:29-30.
[2] 蔡宇华.湘菜名称研究[D].长沙:湖南师范大学,2007.
[3] 朱尚.中文菜肴名称的多角度研究[D].武汉:华中师范大学,2011.
[4] 李晗蕾."名+名"式菜名的命名模式[J].江南大学学报(人文社会科学),2002(2):72-75.
[5] 蔺均.中国名菜大全[M].兰州:甘肃民族出版社,1993.
[6] 刘凤玲.菜肴命名艺术与饮食文化[J].广州大学学报(社会科学版),2005(2):45-47.
[7] 钟安妮.论中国菜名中的文化内涵[J].探求,2006(1):79-80.
[8] 陆华芳.汉语菜肴艺术名称研究[D].湘潭:湘潭大学,2008.
[9] 李宇明.语言生活与语言生活研究[J].语言战略研究,2016(5):15-22.

第四章 学术集萃

石锓：类型学视角下的明代汉语疑问句研究

潘文国：沿着索绪尔语言学往前一步

毕耕 杨鸿宇：大学语文研究：基于知网期刊论文的计量分析报告

徐同林：金陵怀古诗 绝唱何其多

杨景春：苏轼苏辙兄弟情及安葬地

余兰兰：明清文献对陶宗仪《南村诗集》的著录

窦旭峰：「临邛道士鸿都客」考辨

王雪 高志国：散文文体创新的关键词：「跨界」与「跨文体」

陈慧颖：「语文」是「语言文字」的缩略简称

赵刘昆：抗战时期「悼亡」含义考辨

何二元：「集体无意识」如何延续？——试用「神话-原型」理论读解何姚作品

类型学视角下的明代汉语疑问句研究[①]

石锓[②]

摘要：汉语的极性问和特指问的编码策略是用超句法手段和句法手段编码，不用词法手段编码。汉语不采用动词变形和屈折编码，因此汉语表达疑问的方式不属于动词范畴的词法手段，没有"疑问动词形态变化"等情况。明代汉语疑问句的特点：一是是非问句的疑问语气词主要是"么"。二是正反问句只有全式问句和后省式问句，没有前省式问句。三是特指问句的疑问代词主要有问人的"谁"、问事物的"甚"和"甚么"、问处所的"那里"、问时间的"几时"、问数量的"多少"、问原因目的的"怎"和"怎的"、问情况方式的"怎的"和"如何"等。

关键词：类型学　明代汉语　极性问　特指问　编码策略

0　序言

疑问句属于言语行为构式（speech act constructions），它涉及说话者和听话者的言语行为互动。汉语疑问句具有人类语言的共性，也具有自己的特性。

明代汉语疑问句有李思明（1983、1989）、徐正考（1989）、刘镜芙（1994）、罗福腾（1996）、章一鸣（1997）、周建民（1999）、傅惠钧（2001、2004、2010、2011）、苏恩希（2001）、刘子瑜（2005）、许仰民（2006）等的深入研究。但研究的范围和视角各不

[①] 本研究是国家社科基金重大项目（项目号：14ZDB092，15ZDB098）的成果之一。论文修改过程中得到郭锐、董秀芳、孙玉文、杨永龙、赵长才、祖生利等诸位先生的指教，谨谢！

[②] 石锓，湖北大学文学院教授，博士生导师，湖北省大学语文研究会会长。

相同。

本文拟从语言类型学的视角探讨如下问题:①汉语疑问句的类型与编码策略;②明代汉语的极性疑问句;③明代汉语的特指疑问句。

1 汉语疑问句的类型与编码策略

吕叔湘(1985)指出:"疑问有特指问、是非问、正反问、选择问四种格式,特指问和是非问是基本的,正反问和选择问是从是非问派生的。"这个分类虽然只是把汉语疑问句主要分成"特指问"和"是非问"两大类,但后来西方学者从语言类型学视角的分类却与这个分类完全吻合。Matthew S. Dryer(2005a、2005c)、Ekkehard König & Peter Siemund(2007)、R. M. W. Dixon(2012)都主张把世界语言的疑问句分为"极性问"(polar questions)和"特指问"(content questions)两大类。就术语而言,他们称呼"极性问"(polar questions)的术语基本一致,但称呼特指问的术语有差异。Matthew S. Dryer(2005c)和 R. M. W. Dixon(2012)称特指问为"Content questions",Ekkehard König & Peter Siemund(2007)称特指问为"Constituent interrogatives"。本文拟从"极性问句"和"特指问句"两个角度分析明代汉语的疑问句。

1.1 极性问句

"极性"(polar)本是个逻辑学术语,主要关注的是"是与非"(yes/no)的问题,"极性"概念与汉语"是"与"非"的概念基本一致。因此,"极性问句"大致等同于汉语所谓的"是非问句"。"极性问"是"寻求确认(或否认)(Dixon,2012)"的疑问,换句话说,极性问"对所表达的命题要求有一个'对'和'错'的回答"(König and Siemund,2007),要么回答"是",要么回答"不是"。

本节讨论两个问题:其一,汉语极性问句的小类;其二,汉语极性问句的编码策略。

1.1.1 汉语极性问句的小类

König & Siemund(2007)把世界语言中的极性问句分成了"是非问"(yes/no questions)、"偏向问"(bias questions)和"选择问"(disjunctive-negative structures)等几个小类。Dixon(2012)从"预期答案的种类""提问者或被提问者的态度"的角度,把世界语言中的极性问句分成了"带有肯定或否定预期"的"是非问"、"没有预期的"中性"选择问"(alternative questions)、"预期肯定"的"回声问"(echo questions)、"对非预期的命题、意外或疑惑之事寻求确认"的极性问、"表达怀疑"的极性问等几类。

汉语的极性问主要有是非问、选择问、正反问几个小类。吕叔湘(1985)指出:选择问和正反问"是由两个是非问合并而成"。例(1):

a.你看书？你看报？＝你看书还是看报？　　　　　　　　　（列项选择）
　　b.你看书？你不看书？＝你看不看书？　　　　　　　　　　（正反选择）

如上两例,选择问是两个是非问列项选择的结果,正反问是两个是非问正反选择的结果。König & Siemund(2007)注意到:"A 不 A"(A-not-A construction)式的正反问结构在亚洲一些语言中被发现。也就是说,正反问是汉语等亚洲汉藏语系语言问句的特点。

　　随着疑问程度、疑问方式的不同,汉语的是非问、选择问、正反问还会派生出其他类别的极性疑问句。这将在后文具体论述。

1.1.2　汉语极性问句的编码策略

Matthew S.Dryer(2005a)把世界语言的极性疑问句的编码策略总结为七类:①使用"疑问小品词"(question particle)表疑问;②使用"疑问动词形态变化"(interrogative verb morphology)表疑问;③使用"疑问小品词"和"疑问动词形态变化"(question particle and interrogative verb morphology)表疑问;④使用"与陈述句不同语序"(interrogative word order)表疑问;⑤使用"基于陈述句的形态缺失"(absence of declarative morphemes)方式表疑问;⑥仅仅使用"疑问语调"(interrogative intonation only)表疑问;⑦使用"无形式标记"(no interrogative-declarative distinction)方式表疑问。

König & Siemund(2007)把世界语言的极性疑问句的编码策略总结为六类:①特殊的语调模式(special intonation patterns);②疑问小品词(interrogative particles);③特殊附加形式的添加(the addition of special tags);④正反问结构(disjunctive-negative structures);⑤成分相对顺序的改变(a change in the relative order of constituents);⑥特殊的动词屈折变化(particular verbal inflection)。并认为:"这六类中最普遍的是'特殊语调模式'和'疑问小品词'的使用。"同时指出:表达疑问时,"许多语言使用多个编码策略,通常有一个是主要的,一般是语调模式与其他五种策略配合"。

　　就汉语而言,吕叔湘(1985)指出:"问句应用的手段:(a)语调,(b)语助词,(c)疑问词及其他词语。语调是必要的,有了语助词仍然要有一定的语调,否则是非问和特指问都可能变成陈述句,正反问和选择问也会使听的人迷惑不解(不知道你是不是提问)。"因此,汉语主要使用"特殊语调模式"和"疑问小品词"两种编码策略表疑问。同时,汉语也存在使用某种特殊句法结构表疑问的编码方式。

　　下面就"语调模式""小品词""句法结构"等问题谈谈汉语极性问句编码方式的具体情况。

1.1.2.1　极性问的语调模式

极性疑问句的语调模式指"语调或音高"。Dixon(2012)把极性问的语调模式总结为四种情况:一是,"在一些语言中,疑问句与陈述句在语调上没有区别";二是,"很多语言对疑问句确实会有不同的升调,并将此与其他机制结合使用";三是,

"对有些语言来说,语调是标记极性问句的主要(往往是唯一)方式";四是,"对有些语言来说,极性问仅靠音高的提升就可以显示,但这可能在位置和程度上有所不同"。Dixon最后总结说,"极性问句的语调标记确实变化很大。但不变的是,总是有一个从句子某处起直到句子末尾的上升调"。

König & Siemund(2007)认为:"与陈述句相比,疑问句有语调升降曲线。当典型的陈述句使用降调时,大多数语言的疑问句使用升调。"

汉语疑问句的语调模式如何呢?就疑问句的整体情况而言,吴宗济(1982)对疑问语调的实验结果是,如果一个句子没有别的辅助手段(如疑问代词、疑问语气词)而光靠语调来表达疑问语气,那么句尾会抬高,但拱度(调型)不变,句子中其他各基本单元也与平叙句相同。

就是非问句的语调模式而言,石佩雯(1980)认为,是非问句采用的是高语调,句尾明显上升。

就选择问句的语调模式而言,阎锦婷、王萍、石锋(2014)认为:"选择问句的句首音高均高于陈述句,句末音高均低于陈述句。""'A还是B'的疑问形式作为选择问句中的一个整体,是话语的强调焦点,不论处在句首、句中还是句末的位置,上线的提升和下线的下降加大了其调域宽度,是全部词调域中域宽最大的,显著大于自然焦点的陈述句。"

就语调模式与其他疑问标记的关系而言,李宇明(1997)把汉语的疑问标记分为三个层次:上层为"疑问语调",中层为"疑问语气词",下层为"特指疑问词语"和"疑问句法结构",并认为,"上层疑问标记(疑问语调)可出现在一切问句中,分布最广。它负载的疑问信息最为空泛一般,只标明句子是疑问句。"

综合这些看法,可以得出结论:汉语极性问句的编码策略主要是疑问语调,语调模式主要是句子末尾的上升调。

1.1.2.2 极性问小品词

Dixon(2012)指出:世界语言的疑问小品词可以是单独的词,也可以是附缀。他罗列了疑问小品词在句中的四个位置:①句首;②句尾;③动词后;④句子第一个成分或第一个单词之后。Matthew S. Dryer(2005b)认为,世界语言极性问中的疑问小品词在句中的位置有六种情况:①句首;②句尾;③句子第二位置;④句中除句首、句尾、第二位置之外的其他位置;⑤出现在句中两个位置;⑥没有疑问小品词。Dixon认为:"世界上大多数语言的疑问小品词出现在句尾位置。"König & Siemund(2007)也认为:"疑问小品词可以在句中的各种位置出现,但它出现在句末是最普遍的。"

就汉语疑问小品词的词形而言,汉语是分析性语言,所有疑问小品词都是单独的词,不是附缀。

就汉语疑问小品词的位置而言,因有两类不同性质的小品词,位置各有不同。吕叔湘(1985)指出:"特指问句和是非问句常常用某些<u>副词</u>帮助表示疑问的语气,正反问句和选择问句里不大用这样的副词。"因此,汉语的极性问小品词有疑问语气词和疑问副词两类,其中疑问语气词在极性问中起主要作用,疑问副词起辅助作用。疑问语气词的位置比较固定,位于句末;疑问副词有的位于句首,有的位于谓语之前。例(2):

  a. 你在看书<u>吗</u>?
  b. <u>难道</u>你没看过电影?
  c. 奶奶近来<u>可</u>好?

  a句的"吗"是疑问语气词,位于句末;b句的"难道"是疑问副词,位于句首;c句的"可"是疑问副词,位于谓语之前。

  汉语的疑问语气词和疑问副词配合,也可以在句子的两个位置共现。例(3):

<u>难道</u>你没看过电影<u>吗</u>?

  "难道"作为疑问副词出现在句首,"吗"作为疑问语气词出现在句尾。

1.1.2.3 表极性问的结构

  汉语的极性问句除了用特殊的语调模式和疑问小品词表疑问外,还用一些结构形式表疑问。吕叔湘(1985)在谈到正反问时说:"正反问句的格式。总的原则是:如果谓语很短,只有一个格式(你去不去?)"。这里所谓的"格式",就是结构形式。

  汉语的选择问和正反问都存在用结构形式表疑问的情况。选择问的句法结构是"A还是B"形式,如例(1)a的"看书还是看报"结构。正反问的句法结构是"A不A"形式,如例(1)b的"看不看书"结构。

1.2 特指问句

  特指问句是指"寻求信息"的问句,是问询"论元的身份"或"谓语的性质"等的句子(Dixon,2012)。特指问句不能用简单的"是"和"非"来回答提问,而是要回答疑问词所提供的各种信息,所以又叫信息问句(information questions)(König & Siemund,2007)。有鉴于此,Dryer(2005c)认为:"特指问是包含一个疑问短语(interrogative phrase)的问句。"

  本节讨论两个问题:其一,汉语特指问句的编码策略;其二,汉语的疑问词和疑问短语。

1.2.1 汉语特指问句的编码策略

  世界语言的特指问句在语调标记、疑问词与疑问小品词的共现、疑问词的位置、疑问词的词性、句中疑问词的数量、特殊的疑问结构等方面存在差异。

1.2.1.1 特指问句的语调标记

  有疑问词语是大多数语言特指问句的共性。但与陈述句相比特指问句是否都有专门的语调模式或语调标记则存在差异。Dixon(2012)指出:"在一些语言中,所有类型的疑问句都有一个类似的语调。""另一些语言则存在差异——瓦亚加盖丘亚语只在极性问句中显示升调。"Ultan's(1978)通过对有36种语言的样本调查发现,36种语言全都有语调模式标记极性问句(大部分是升调或较高音调),仅仅12种语言(或三分之一)使用同样的语调模式标记特指问句。整体印象是大多数语言完全不用语调标记特指问句。没有语调标记特指问的语言有富拉语(Fula)、日语和他加禄语等语言,阿姆哈拉语、英语和土耳其语有可选的语调标记。

就汉语特指问句的语调标记而言,吕叔湘(1985)指出:汉语的"特指问句不用疑问语调"。

1.2.1.2 疑问词与疑问小品词的共现

特指疑问句中,疑问词和疑问小品词可以同时出现。König & Siemund(2007)指出:"日语中,疑问词和疑问小品词共现。芬兰语不允许特指问句带疑问小品词。""在大约50%的语言中,疑问小品词可选择性地添加到特指疑问句中。"

汉语的特指问句中可以出现疑问语气词,与疑问代词共现。吕叔湘(1985)指出:在特指疑问句中,"如果用语助词,用'呢'"。例(4):

你看<u>什么呢</u>?

上例是汉语的特指问句,"什么"是疑问代词,"呢"是疑问语气词,二者可以共现。

1.2.1.3 疑问词的位置

Dryer(2005c)把世界语言特指问句中疑问短语出现的位置归纳为三种:①强制性句首位置(interrogative phrases obligatorily initial);②不一定是强制性的句首位置(interrogative phrases not obligatorily initial);③混合位置(mixed, some interrogative phrases obligatorily initial, some not)。König & Siemund(2007)在特指疑问句疑问词位置的问题上注意到:在汉语、印尼语、日语和莱兹金语中,特指问中的疑问词始终保持在它们所取代的成分的位置上,是所谓的"原位语言"(in situ langguages)。德语、英语、芬兰语、斯瓦希里语的特指问句,都存在"主语-动词"颠倒现象,疑问词一律位于句首。Dixon(2012)指出:"在我调查过的几十种语言中,超半数的语言,其疑问词保留在小句中配适其功能的常规位置,这类语言包括:夸萨蒂语、塔曼波语、泰米尔语、穆庞语、日语、斯瓦希里语、科邦语、汉语、阿伊努语,以及阿姆哈拉语。而另一些语言像英语一样,把疑问词移到句子开头,如希卡利亚纳语、罗马尼亚语、豪萨语。在如瓦亚加盖丘亚语、斯拉韦语等语言中——这是可以选择的,疑问词可以在它的预期位置,也可以移到句子开头。"

关于汉语特指问句疑问代词的位置,König & Siemund(2007)的看法是正确的,汉语疑问代词可以出现在被取代成分的多个位置上,包括主语、谓语、宾语、定语、状语、补语和介词宾语等位置。

1.2.1.4 疑问词的词性

在疑问词的词性上,Dryer(2005c)认为:特指问句中的疑问词典型地属于不同的范畴,包括疑问代词、疑问副词、疑问形容词、疑问动词等。König & Siemund(2007)也指出:有些语言的疑问词是限定词、形容词、数量词、序数词,塔希提语(Tahitian)和他加禄语的动词和动词短语也可以做疑问词用。Dixon(2012)也发现:"在很多语言中,每个疑问词都与不同的词类相关联。"Dixon认为,"疑问词共享一个或多个属性"。比如,斐济语的疑问词与代词、名词、冠词、处所词、数词、动词等相关。

汉语特指问句中的疑问词都是疑问代词。

1.2.1.5 句中疑问词的数量

Dixon(2012)指出:"只有少数语言对小句中包含多少疑问词有限制。例如,在胡普语(Hup)中,疑问词必须出现在小句句首位置,且每个小句只能使用一个。然而,很多语言允许有几个。""在许多欧洲语言中,句子带多个疑问词是有可能的。"

在汉语里,"一个特指问句可以有两个疑问词"(吕叔湘,1985)。例(5):

这封信是谁写给谁的?

1.2.1.6 特殊的疑问结构

Dixon(2012)发现:"只有少数语言对特指问句有专门的结构。如伊拉库语(Iraqw),特指问用系动词结构表达,其中疑问词做系动词补足语。"汉语的特指问句没有特殊的疑问结构。

1.2.2 汉语的疑问词和疑问短语

Dryer(2005c)认为:"特指问是包含一个疑问短语的问句。"像下面的英语例句。例(6):

a. *Who did you see?*

b. *Which book do you want to buy?*

c. *When are you going to leave?*

例(6)中,"*Who*"和"*When*"是疑问词,"*Which book*"是疑问短语。

汉语特指问句中同样存在疑问词和疑问短语表疑问的情况。"谁""什么""怎么"等是疑问词,"什么时候""哪个地方"等是疑问短语。

就语义、形式、用法而言汉语的疑问代词和疑问短语在类型学上有共性的一面,也有个性的一面。

1.2.2.1 疑问词的语义与类别

从语义的角度看,König & Siemund(2007)把疑问词归纳为六类,包括人(who)、事物(what)、处所(where)、时间(when)、方式(how)、原因(why)。除了这些核心条目,还有限定词或形容词,如哪一个(which),量化词,如多少(how many)等。Dixon(2012)关注了八个典型的疑问词:谁(who)、什么(what)、为什么(why)、哪里(where)、哪个(which)、多少(how many/how much)、怎样(how)、什么时候(when)。

邢福义(2000)认为,汉语的疑问代词以"谁""什么""哪""几""多""怎"为基础形成互有交叉的若干配套形式。

1.2.2.2 疑问词的形式

Dixon(2012)分析了一些语言的疑问词的词形变化,说:"在一些语言中,我们发现部分疑问词根与指示词属于同一词形变化表",如泰米尔语和日语等。又说,"部分词形变化表也适用于英语"。现代汉语的疑问代词已没有这些词形变化,但形式也会多样。如,"谁"可以加词缀构成"阿谁""谁个"等形式;"什么"也可以构成"什么人""什么事""什么时候""什么地方"等疑问短语。

1.2.2.3 疑问与不定

Dixon(2012)指出:"在某一给定语言中,人们不难找到一部分或全部疑问词还有不定意义(indefinite sense),或者发现不定词可以由疑问词添加词缀构成。"

汉语的疑问代词大多有不定代词的用法。表疑问和表不定可以共用同一词语。例(7):

a. 问:<u>谁</u>回家了?
答:<u>谁</u>也没回家。
b. 问:你吃<u>什么</u>?
答:<u>什么</u>也没吃。
c. 问:你到<u>哪里</u>去了?
答:<u>哪里</u>也没去。
d. 问:你买了<u>几个</u>?
答:没买<u>几个</u>。

例(7)中,问句中的疑问词都表疑问,答句中的疑问词都表不定。英语中,疑问代词和不定代词是两套系统;汉语中,疑问代词和不定代词可以是一套系统。

2 明代汉语极性疑问句研究

明代汉语的极性问句主要有是非问、选择问和正反问三类。

2.1 明代汉语的是非问句

明代汉语的是非问已比较复杂。从形式角度看,可以分为"无标是非问"和"有标是非问";从功能角度看,有"附加问";从疑惑性质看有"推测问"。

2.1.1 "无标是非问"与"有标是非问"

汉语是非问有两大特点:一是,句子的主体部分是一个陈述结构,赋予其传疑语调就成了是非问。这与特指问和选择问须借助"疑问代词"和"疑问句法结构"来表达疑问的方式有明显的差异(傅惠钧,2011)。二是,是非问主要的传疑语气词是"吗"。前者主要形成了"无标是非问"形式,这是是非问的原型形式①;后者主要形成了"有标是非问"形式。

---

① 明代汉语现在只保留了书面语形式,问句的语调模式已无法考察。我们把明代的只有疑问语调而没有疑问小品词、特殊句法结构等的是非问句都称为"无标是非问";反之,称为"有标是非问"。

明代的无标是非问句虽然已不知道其语调模式,但通过上下文可以清楚地发现它们"传疑"的句法功能。例(8):

金莲…问道:"<u>是你的汗巾子</u>?"李瓶儿道:"是。" (《金瓶梅词话·五十二回》)

明代的有标是非问句主要通过疑问语气词"么"表疑问。例(9):

胡似庄……道:"老爷、奶奶、太奶奶好<u>么</u>?"道:"都好。"

明代的疑问语气词"么"主要表是非问,使用频率最高,如《型世言》使用达206例,《醒世姻缘传》使用达756例。

此外,还有一种"不知……么"构式除了表是非问外,全句还增加了委婉语气,构成委婉是非问。例(10):

别来将近一年,<u>不知</u>嫂嫂好<u>么</u>? (《型世言·三十七回》)

除了"么"外,疑问语气词"呢""哩""罢"等也可以标记是非问,但用例都不多。例(11):

a. 王举人道:"慧哥<u>呢</u>?" (《型世言·十一回》)
b. 桂姐问道:"哥儿睡<u>哩</u>?" (《金瓶梅词话·五十八回》)
c. 惠莲道:"娘的睡鞋裹脚,我卷了收了<u>罢</u>?"金莲道:"由他,你放着,教丫头进来收。" (《金瓶梅词话·二十三回》)

另外,语气词连用也可以标记是非问。例(12):

a. 管家,你此来是接我<u>哩么</u>? (《醒世姻缘传·六十七回》)
b. 因问:"二娘今日不家去<u>罢了</u>?" (《金瓶梅词话·十四回》)

上两例中,"哩么"是语气词"哩"和"么"连用,"罢了"是语气词"罢"和"了"连用。

2.1.2 "附加问"

附加问又叫追问句,指前面一个句子,可能是陈述句、祈使句,甚至是个疑问句,紧接着用一个简短的问句来追问(邵敬敏,2012)。此处只讨论是非问构成的附加问,主要有两类:一类是"求答型"追问句,格式是:"陈述句+好么"等形式表追问;另一类是"反问型"追问句,格式是:"陈述句+不是么"等形式表追问。例(13):

a. 我今日以义气为重,立他为山寨之主,<u>好么</u>? (《水浒传·二十回》)
b. 钥匙包子在抽斗里,<u>不是么</u>? (《醒世姻缘传·六十六回》)

2.1.3 推测问

明代,"么"字疑问句对所问之事是真的不知道,属于"求知型"是非问(邵敬敏,2012),重在了解客观事实。推测问对所问之事并非真的不知道,只是心存疑惑,不能断定其为真,属于"求真型"是非问,问句在了解客观事实的同时,体现了问者的主观疑惑态度。明代的推测问有"肯定语气推测""否定语气推测""不定语气推测"等几类。

"肯定语气推测"问句由语气副词"真个""端的"等协助表疑问。例(14):

a. 智深道:"<u>真个</u>不卖?"那汉子道:"杀了我也不卖。" (《水浒传·四回》)

b. 朝廷昨日差了四个夜不收,请你老人家往口外和番,<u>端的</u>有这话<u>么</u>?

（《金瓶梅词话·七回》）

"否定语气推测"问句由语气副词"莫不""莫非"等协助表疑问。例(15)：

a. 往从柴房门前过,见柴房门开着,员外道:"<u>莫不</u>在这里面<u>么</u>?"

（《三遂平妖传·四回》）

b. 盛总兵道:"<u>莫非</u>就是俞参将的令郎<u>么</u>?"娄公子道:"正是。"

（《鼓掌绝尘·十八回》）

"不定语气推测"问句由语气副词"可"协助表疑问。例(16)：

待寻下房子,我自兑银与你成交,<u>可</u>好<u>么</u>? （《金瓶梅词话·五十六回》）

2.2 明代汉语的选择问句

吕叔湘(1985)指出:"选择问句一般用'还是'连接供选择的两部分（或三部分），前一部分的前边也可以加'是'或'还是'。也有中间不用'还是'连接的,语气比较急促:'你吃米饭吃馒头?'"

明代的选择问句可以分为"无标选择问句"与"有标选择问句"两类。

2.2.1 无标选择问句

明代,选择问句以有标选择问句居多,无标选择问句相对较少。无标选择问句又有两种情况,一种是两个选择项在一个子句中,结合很紧促,语气也较急促;另一种是两个选择项分别在两个子句中,结合较松散,语气也较舒缓。例(17)：

a. 因问经济:"兄弟,你<u>吃面吃饭</u>?" （《金瓶梅词话·九十六回》）

b. 你挑水去时,<u>开的门</u>? <u>关的门</u>? （《型世言·五回》）

a句的"吃面"和"吃饭"两个选择项连接很紧促,但此类极其少见。无标选择问句以b句的类型居多。

2.2.2 有标选择问句

"有标选择问句"的"标记"有两种情况：一种是"词类对举使用"表选择问;另一种是"结构对举使用"表选择问。"词类对举使用"中有语气词、连词、系词对举使用等几种情况。

2.2.2.1 语气词对举表选择问

明代,语气词"也""哩""呢"对举使用表选择问。例(18)：

a. 壮士,你是人<u>也</u>? 神<u>也</u>? （《金瓶梅词话·一回》）

b. 我这一百镪还是打钟<u>哩</u>? 还是炼铜<u>哩</u>? （《西洋记·四十回》）

c. 刘爷没的合我有仇<u>呀</u>? 合这狄奶奶有仇<u>呢</u>? （《醒世姻缘传·八十回》）

明代,语气词"哩"和"呢"相比,"哩"是主要的语气词。江蓝生(1986)统计过《水浒传》《西游记》《金瓶梅词话》中这两个语气词的使用情况,我们在此基础上分明代早期、中期和晚期三个时间段统计了这两个语气词的使用频率,具体如表1所示。

表 1 "哩""呢"使用频率统计

书名	语气词	
	哩	呢
元朝秘史	1	0
三遂平妖传	0	0
水浒传	17	0
金瓶梅词话	766	1
西游记	739	6
西洋记	606	0
杨家府通俗演义	0	0
型世言	58	4
二刻拍案惊奇	43	5
鼓掌绝尘	64	7
醒世姻缘传	1255	82

《元朝秘史》《三遂平妖传》《水浒传》是明代早期的作品,只有语气词"哩",没有语气词"呢"。《金瓶梅词话》《西游记》《西洋记》《杨家府通俗演义》是明代中期的作品,语气词"哩"的使用频率极高,但语气词"呢"在《西游记》中只有 6 例,在《金瓶梅词话》只有 1 例,其他作品没有。《型世言》《二刻拍案惊奇》《鼓掌绝尘》《醒世姻缘传》是明代晚期作品,"哩"依然是主要的语气词,"呢"也开始有少量用例。

例(18)c 句例中,语气词"呢"与语气词"呀"对举使用表选择问,这样的对举在《醒世姻缘传》中有四例。

语气词也有不对举表选择问的。例(19):

一万多银子都平白地干给了人,是风是气<u>哩</u>? (《醒世姻缘传·三十四回》)

2.2.2.2 连词对举表选择问

明代,连词"或""或者""还是"等可对举使用表选择问。例(20):

a.请问老爹:明日出去,<u>或</u>埋<u>或</u>化? (《金瓶梅词话·五十九回》)
b.端的谁使了你来? <u>或者</u>是你家中那娘使了你来? <u>或者</u>里边十八子那里?

(《金瓶梅词话·十六回》)

c.元帅道:"你国王<u>还是</u>好文? <u>还是</u>好武?" (《西洋记·八十四回》)

同时,这些选择连词也可以不对举单独表选择问。例(21):

a.御史道:"你出去时节,<u>还是</u>你锁的门? 妇人闩的门?" (《型世言·五回》)
b.这三钱银子算闺女的? <u>还是</u>算我的哩? (《醒世姻缘传·七十三回》)

a 句的"还是"出现在两个选项的前一项,b 句的"还是"出现在两个选项的后一项。

有些连词只单用表选择问,不构成对举格式,如"抑""却""却是"等。例(22):

a.盖当事诸君子,急于念孝子,反乱其方寸,而虑不及此哉? 抑天意不惜孝子一死,以达其志,以彰其孝哉? 　　　　　　　　　　　　　(《型世言·二回》)
　　b.因问他:"你要回去乎? 却同我在此过活?"　　(《金瓶梅词话·四十七回》)
　　c.武二番过脸来,用手撮住他衣领,睁圆怪眼说道:"你要死,却是要活?"
　　　　　　　　　　　　　　　　　　　　　　　　　(《金瓶梅词话·九回》)
　　以上各例中的"抑""却""却是"都是"还是"的意思。向熹(2010)认为,明代的"却"和"却是"有选择连词的用法。

2.2.2.3　系词对举表选择问

　　明代,系词"是"可以对举表选择问。例(23):
　　a.知县又叫:"韩氏,你去看他是男是女?"　　　　(《型世言·三十七回》)
　　b.里边忙问:"是大相公? 是二相公?"　　　　　　(《型世言·十八回》)
　　有时候,系词"是"只出现在两个选择项的其中一项。例(24):
　　a.月娘道:"这师父是男僧、女僧? 在那里住?"　　(《金瓶梅词话·四十回》)
　　b.西门庆又问伯爵:"你娘们明日都去,你叫唱的? 是杂耍的?"
　　　　　　　　　　　　　　　　　　　　　　　　　(《金瓶梅词话·七十四回》)
　　a句的"是"只出现在前一选项,b句的"是"只出现在后一选项。
　　除了两个"是"对举外,系词"是"有时也与"非""不是""还是"等呼应表选择问。例(25):
　　a.怪哉! 是梦? 非梦?　　　　　　　　　　　　　(《金瓶梅词话·九回》)
　　b.不知你是周家儿子不是周家儿子?　　　　　　(《型世言·三回》)
　　c.郎君,你是身体疲倦,还是打熬精神?　　　　　(《型世言·四十回》)
　　明代,系词"是"对举,与"还是"呼应,可以构成三项选择问。例(26):
　　你怎么来? 你是风,是气,还是替娘老子妆门面哩?

　　　　　　　　　　　　　　　　　　　　　　　　　(《醒世姻缘传·四十八回》)

2.2.2.4　结构对举表选择问

　　明代,"简单谓语结构"对举,可以表选择问。例(27):
　　a.这庄事咱对他爹说好,不对他爹说好?　　　　(《金瓶梅词话·二十五回》)
　　b.老婆见了他,站起来是,不站起来是?　　　　　(《金瓶梅词话·二十六回》)
　　上两例中,"对他爹说""不对他爹说""站起来""不站起来"都是话题,"好"和"是"是形容词性简单谓语。

2.3　明代汉语的正反问句

　　正反问,又叫反复问,它包括肯定项("正")和否定项("反")两个选项。正反问要求被询问者从肯定项与否定项之中进行选择,但中间没有任何关联词语相连接,因此也可以认为是一种特殊的选择问句——肯否选择问句。
　　随着肯定和否定的范围不同,正反问句也可分为两类:一类是肯定否定全句的正反问句,另一类是肯定否定全句成分的正反问句。如,以否定为例。"你吃了饭了没?"回答是:"我没有吃饭。""没有"是对"你吃了饭了"整个句子命题的否定,我们称之为"全句性正反问句"。再如,"这顿饭你吃得好不好?"回答是:"吃得不好。""不好"否定的不是"这顿饭",也不是"你",而是"吃得"这个句子成分,我们称之为"成分性正反问句"。

2.3.1 全句性正反问句

全句性正反问句一般由"陈述句+否定词"构成。例(28):

a. 见了玳安,便问:"你接了爹来了<u>不曾</u>?" 　　(《金瓶梅词话·十二回》)
b. 李瓶儿问:"买了我的棺材来了<u>没有</u>?" 　　(《金瓶梅词话·六十二回》)

上两例中,"你接了爹来了""买了我的棺材来了"都是一个完整的陈述句,句末有陈述语气词"了₂"(句中第二个"了"),这是正反问的肯定部分;"不曾""没有"都是"否定词",是正反问的否定部分。

明代,有一些句末带"也不""也无""也未""也没""也没有"的问句都是全句性正反问句。例(29):

a. 你记得上面的言语也<u>不</u>? 　　(《三遂平妖传·三回》)
b. 他曾有娘子也<u>无</u>? 　　(《水浒传·二十一回》)
c. 王都排的事成也<u>未</u>? 　　(《三遂平妖传·三回》)
d. 店主人!有空房也<u>没</u>? 　　(《三遂平妖传·三回》)
e. 嫂子,你下边有猫儿也<u>没有</u>? 　　(《金瓶梅词话·十九回》)

"也"是汉语史上的陈述语气词,可以证明它们的前一部分应该是个陈述句,"不""无""未""没""没有"是否定词。a 句的结构分析应是"你记得上面的言语也+不+?"

其他类此。有时候,全句性正反问句的陈述句部分是一个最简单的独词句,与语气词"也"构成正反问句的"正"。例(30):

王婆问道:"了也<u>未</u>?" 　　(《金瓶梅词话·五回》)

上例中,"了"是全句的肯定部分,"也"是句末陈述语气词,"未"是全句的否定部分。

2.3.2 成分性正反问句

成分性正反问句大多是"X 不 X"(X 没 X)结构的正反问句。明代,"X 不 X"问句在句法位置和结构形式方面与现代汉语存在一些差异。

2.3.2.1 "X 不 X"问句的句法位置

全句性正反问句的否定词只位于全句末尾,成分性正反问句的"X 不 X"形式可位于全句的谓语、补语、状语等位置,也可以位于全句末尾。

2.3.2.1.1 谓语位置的"X 不 X"

与现代汉语一样,明代成分性正反问句,其"X 不 X"问句形式绝大多数处于谓语位置。例(31):

a. 香炉的事肯不肯？如不肯，我好还他银子。　　　　　（《型世言·三十二回》）
b. 老爹在家不在家？　　　　　　　　　　　　　　　　（《金瓶梅词话·七十六回》）

但是，明代的情态动词带谓词性宾语构成正反问时，其结构形式却与现代汉语不同。

现代汉语里，情态动词带谓词性宾语时，表正反问可以直接构成"X 不 X"的形式。例（32）：

你能不能跑一趟？　　　　　　　　　　　　　　　　　　（吕叔湘，1985）

"跑一趟"是动词"能"的谓词性宾语。

明代，如果情态动词带谓词性宾语参与表正反问，一般是情态动词与宾语动词紧密结合，构成"能动＋宾动"，再形成"（能动＋宾动）＋不＋（能动＋宾动）"的形式处于谓语位置表正反问。虽然其中的有些成分可以省略，但明代的情态动词还不能直接构成"能不能""敢不敢""该不该""会不会"等形式表正反问。例（33）：

a. 小淫妇儿，你怕我不怕？再敢无礼不敢？　　　　　（《金瓶梅词话·六十一回》）
b. 你道该让不该让？　　　　　　　　　　　　　　　　（《型世言·十三回》）
c. 白姑子不知会念《药师经》不会？　　　　　　　　　（《醒世姻缘传·六十三回》）

以上例句中的正反问形式，现代汉语普通话都要说成："敢不敢无礼？""该不该让？""会不会念《药师经》？"

2.3.2.1.2　补语位置的"X 不 X"

明代，"X 不 X"可以处于补语位置表正反问，但用例很少。例（34）：

a. 娘每试尝这猪头，今日小的烧的好不好？　　　　　（《金瓶梅词话·二十三回》）
b. 假着认干女儿往来，断绝不了这门儿亲。我猜的是不是？

　　　　　　　　　　　　　　　　　　　　　　　　　（《金瓶梅词话·三十二回》）

2.3.2.1.3　状语位置的"X 不 X"

明代，只有"是不是"可以出现在状语位置表正反问。例（35）：

前日，是不是他在时即许下把绣春教伏侍李娇儿？

　　　　　　　　　　　　　　　　　　　　　　　　　（《金瓶梅词话·六十五回》）

2.3.2.1.4　句末的"X 不 X"

与现代汉语一样，"X 不 X"已经可以放在陈述句之后。例（36）：

家都交与你，好不好？　　　　　　　　　　　　　　　（《金瓶梅词话·九十六回》）

陈述句之后的"X 不 X"一般独立于陈述句之外，结构形式最为简单，一般为"好不好""对不对""行不行""是不是"等。功能上，除表正反问外，同时表追问。

2.3.2.2　"X 不 X"的结构形式

"X 不 X"的"X"可以是单音动词或形容词（简称"单音"）、双音动词或形容词（简称"双音"）、动宾结构（简称"动宾"）、动补结构（简称"动补"）等。

2.3.2.2.1　"X"为单音的结构形式

"X"为单音的"X 不 X"结构形式都比较简单，不管"X"是动词还是形容词，都只有一种结构形式。例(37)：

  a. 姐教我来禀问爹，<u>去不去</u>？ （《金瓶梅词话·四十六回》）
  b. 那小厮出来求乞，不知<u>真不真</u>？ （《型世言·十四回》）

上两例中，"去"是单音动词，"真"是单音形容词。

2.3.2.2.2 "X"为双音的结构形式

邵敬敏(2014)在谈到现代汉语的正反问时说："在'X 不 X？'正反问句中，如果 X 为双音节动词 AB，就可能出现缩略现象，一种是前缩略，为'A 不 AB？'一种是后缩略，为'AB 不 A？'"。

明代，双音节动词和形容词在'X 不 X？'正反问句中有全式的，即："AB 不 AB？"式。例(38)：

  a. 黄太尉坐了多大一回？<u>喜欢不喜欢</u>？ （《金瓶梅词话·六十五回》）
  b. 不知这工程做的<u>长远不长远</u>？ （《金瓶梅词话·九十六回》）

例(38)中，"喜欢"是双音节动词，"长远"是双音节形容词。

明代，只有双音节的心理动词和形容词可以构成"AB 不 AB？"式正反问格式，其他双音节动词只构成"AB 不 A？"(后缩略)表正反问。例(39)：

  a. 你头里过这边来，他大娘<u>知道不知</u>？ （《金瓶梅词话·十三回》）
  b. 未知老爹可<u>依允不依</u>？ （《金瓶梅词话·六十九回》）

明代，只见到"知道不知""洗澡不洗""依允不依"等形式，没有见到前缩略式的"知不知道""洗不洗澡""依不依允"等形式。

2.3.2.2.3 "X"为动宾的结构形式

现代汉语里，动宾式的"X"构成"X 不 X"时有三种可能的形式：

全式：VO 不 VO   （吃饭不吃饭？）
前省式：V 不 VO   （吃不吃饭？）
后省式：VO 不 V   （吃饭不吃？）

明代，只有"全式"和"后省式"。例(40)：

  a. 恶奴，你这番<u>依我不依我</u>？ （《型世言·六回》）
  b. 我有一庄事央烦你每，<u>依我不依</u>？ （《金瓶梅词话·十九回》）
  c. 老爹<u>在家不在家</u>？ （《金瓶梅词话·七十六回》）
  d. 动问一声：太师老爷<u>在家不在</u>？ （《金瓶梅词话·十八回》）

明代还没有前省式的"V 不 VO"，所以也没有"依不依我""在不在家"这样的问句。其中，后省式的"VO 不 V"比较常见。

2.3.2.2.4 "X"为动补的结构形式

明代，动补式的"X"构成"X 不 X"时有三种形式。

第一种是："VC 不 VC"。例(41)：

  a. 册儿上变钱米的法你<u>记得也不记得</u>？ （《三遂平妖传·三回》）
  b. 问他："你<u>出去不出去</u>？" （《金瓶梅词话·四十四回》）

第二种是:"V 得 V 不得"。例(42):

毕竟这亲事<u>成得成不得</u>? 　　　　　　　　　(《三遂平妖传·四回》)

第三种是:"V 得 C＋V 不 C"。例(43):

a.这事虽云诬陷,不知恤刑处<u>办得出办不出</u>? 　(《型世言·十三回》)

b.十五日摆酒用,来回话,问<u>摆的成摆不成</u>? 　(《金瓶梅词话·七十九回》)

现代汉语里,最主要的正反问格式是重复主要动词的"V 不 VC""V 不 V 得""V 不 V 得 C"等。与上述各例相应的"记不记得""出不出去""成不成得""办不办得出""摆不摆得成"等形式,明代还没有出现。

3　明代汉语特指疑问句研究

3.1　特指问句与极性问句的差异

特指问句与极性问句的差异主要体现在语义和形式两个方面。

3.1.1　**特指问句与极性问句的语义差异**

先看下面的例句(44):

A 组:

a.你吃饭吗?

b.你吃饭吃面?

c.你吃不吃饭?

B 组:

a.你吃什么?

b.谁吃饭?

c.你在哪里吃饭?

A 组是极性问句,其中 a 句是是非问,b 句是选择问,c 句是正反问。是非问是在一个指定的<u>范围</u>里回答"是"还是"不是",选择问是在两个(或两个以上)指定的<u>范围</u>里回答是"这个"还是"那个",正反问是在"正"和"反"两个<u>范围</u>里选择是"正"还是"反"。因此极性问所问的辖域都是有"范围"的,也就是"有定"的,极性问句是有定疑问句。与此相匹配,是非问句的焦点在全句,选择问句的焦点在两个(或两个以上)选择项上,正反问句的焦点在"正"或"反"两个选择项。

B 组是特指疑问句,其中 a 句的"什么"、b 句的"谁"、c 句的"哪里",它们的范围都是不定的,十分宽泛(如,"什么"的所指比"饭"和"面"要宽泛得多),回答时要"特别指明"(所以叫"特指"),因此特指问所问的辖域是没有"范围"的,也就是"无定"的(因而,汉语疑问词都有无定的用法),特指问句是无定疑问句。与此相匹配,特指问句的焦点永远在疑问词或疑问短语上(疑问词表无定时例外)。

3.1.2 特指问句与极性问句的形式差异

疑问句的有定与无定的差异主要是由疑问代词的语义带来的。因此,原型的特指问句都有疑问代词,原型的极性问句都没有疑问代词。这就是它们在形式上的差异。

3.2 明代特指问句的类型

吕叔湘(1942)指出:"特指问句应用疑问指代词来指示疑点所在:或是问人和物,或是问情状及原因、目的,或是问数量、方所、时间。"

明代,汉语的特指问句有问人、问事物、问处所、问时间、问数量、问原因目的、问情状方式等七类。在有些语言中,特指问句的疑问词,句法位置是固定的,有的在句首,有的在句末,有的在动词后。汉语特指问句中的疑问词,位置比较灵活。我们将在不同类别的特指问句中做具体分析。

3.2.1 问人的特指问句

明代,最主要的问人特指问句是疑问代词"谁"构成的疑问句。据曹炜(2009、2011)统计,"谁"主要做主语和宾语,其次可以做定语、谓语、介词宾语等,也可以独立成句。例(45):

a. 武松道:"谁来扛抬出去?" （《水浒传·二十六回》）
b. 教我姑媳二人,倚靠着谁? （《鼓掌绝尘·三十六回》）
c. 我问你,间壁这个雌儿是谁的娘子? （《金瓶梅词话·二回》）
d. 操问曰:"诱贼者谁也?" （《三国演义·五十八回》）
e. 你儿子王潮跟谁出去了? （《金瓶梅词话·二回》）
f. 只见有人在暖帘外探头儿,西门庆问:"谁?"王经说:"郑春在这里。"
 （《金瓶梅词话·六十七回》）

除了"谁"外,疑问代词"那"和量词"个"可以构成新的疑问代词"那个",表特指问。例(46):

只见差拨过来,问道:"那个是新来配军?" （《水浒传·九回》）

"那个"的使用频率虽然不高,但在南北系官话文献中都有使用,是个通用性的疑问代词。

明代,除疑问词外,有些疑问短语也可以构成问人的特指问。例(47):

a. 妈妈道:"你去这半日,见甚人来?" （《三遂平妖传·二回》）
b. 朵奔篾儿干问他:"你是甚么人?" （《元朝秘史·卷一》）
c. 吴大舅便问:"姐夫明日请什么人?" （《金瓶梅词话·七十三回》）
d. 武松道:"奸夫还是何人?" （《水浒传·二十六回》）
e. 你两个,那一个去迎你师兄一迎? （《西游记·六十一回》）
f. 妇人道:"请了那几位堂客?" （《金瓶梅词话·七十九回》）

"甚人""甚么人""什么人""何人"是疑问代词"甚""甚么""什么""何"与名词

"人"构成的疑问短语,"那一个""那几位"是疑问代词"那"与数量词语"一个"和"几位"构成的疑问短语。

3.2.2 问事物的特指问句

明代,问事物的特指问主要由"甚"和"甚么"两个疑问代词来表达。《三遂平妖传》《水浒传》《型世言》《禅真逸史》《韩湘子全传》,"甚"比"甚么"用例多;《元朝秘史》《金瓶梅词话》《初刻拍案惊奇》《鼓掌绝尘》,"甚么"比"甚"用例多。"甚"有"甚的"的形式。"什么"是"甚么"的不同书写形式,在明代早期不太使用,《元朝秘史》和《三遂平妖传》不见使用,《水浒传》也只有1例。明代中晚期,"什么"开始有少量用例。

据曹炜(2009、2011)统计,"甚"和"甚么"主要出现在宾语和定语位置上,极少数可以在主语和介词宾语位置。以"甚么"为例,如例(48):

a. 牛二又问:"第三件是<u>甚么</u>?" （《水浒传·十二回》）
b. 妇人道:"你对我说,寻个<u>甚么</u>买卖与他做?" （《金瓶梅词话·二十六回》）
c. <u>甚么</u>是主人公? （《醒世姻缘传·十二回》）
d. 你我钱粮拿<u>甚么</u>支持? （《金瓶梅词话·四十五回》）

除"甚"和"甚么"外,"何""那""甚的""什么"等也构成问事物的特指问句。例(49):

a. 我且问你,这药有<u>何</u>功效? （《金瓶梅词话·四十九回》）
b. 你屋里丫头、老婆管着<u>那</u>一门儿来? （《金瓶梅词话·四十三回》）
c. 两箭皆中,只是射不透,不知他身上穿着<u>甚的</u>? （《水浒传·七十七回》）
d. 因问月娘:"要听<u>什么</u>?" （《金瓶梅词话·四十三回》）

有些疑问短语也可以构成问事物的特指问。例(50):

a. 汤隆道:"不知失去了<u>何物</u>?" （《水浒传·五十六回》）
b. 哥哥,你教我做<u>甚事</u>? （《西游记·三十二回》）

"何物""甚事"是疑问代词"何""甚"与名词"物""事"结合构成的疑问短语。

3.2.3 问处所的特指问句

明代,问处所的特指问句主要由疑问代词"那里"构成。据曹炜(2009、2011)统计,"那里"首先是出现在状语位置,其次是出现在宾语、定语、主语、介词宾语等位置。例(51):

a. 西门庆因见玳安脸红红的,便问:"你<u>那里</u>吃酒来?"
 （《金瓶梅词话·十九回》）
b. 石廉使道:"他身子在<u>那里</u>?" （《型世言·二十一回》）
c. 西门庆问道:"云伙计他是<u>那里</u>的马?" （《金瓶梅词话·四十三回》）
d. 黄文炳便钻出来,问道:"<u>那里</u>失火?" （《水浒传·四十一回》）
e. 叔叔今番从<u>那里</u>来? （《水浒传·二十四回》）

除了"那里"外,"那""那厢""那边""何"等也是问处所的疑问代词。例(52):

a. 王奶奶道:"在<u>那</u>哩?" （《型世言·十二回》）

b. 五娘端的在那边？ （《金瓶梅词话·七十三回》）

c. 见了知县禀道："不知相公呼唤小人那厢使用？"
（《二刻拍案惊奇·卷三十九》）

d. 如来轻声问道："游奕官何在？" （《西洋记·一回》）

有些疑问短语也可以构成问事物的特指问。例(53)：

a. 辽曰："倘玄德已弃世，公何所归乎？" （《三国演义·二十五回》）

b. 问人道："柴大官人庄在何处？" （《水浒传·二十二回》）

c. 天师道："你这里是甚么地方？" （《西洋记·十九回》）

"何所""何处""甚么地方"是疑问代词"何""甚么"与名词"所""处""地方"等结合构成的疑问短语。

3.2.4 问时间的特指问句

明代，问时间的特指问句主要由疑问代词"几时"构成。据刘薇(2021)统计，"几时"首先是做状语，其次是做宾语、主语、定语、介词宾语。例(54)：

a. 天师道："令孙几时得道？" （《西洋记·九十八回》）

b. 问道："今朝是几时？" （《水浒传·六十九回》）

c. 你看看历头，几时是壬子日？ （《金瓶梅词话·五十二回》）

d. 火母原是师父几时的徒弟？ （《西洋记·四十二回》）

e. 四位老师父从几时到这里来的？ （《西洋记·六十一回》）

除了"几时"外，"多咱、多早晚、多咱晚、多大回"等也构成问时间的特指问句。例(55)：

a. 爹多咱时分来？ （《金瓶梅词话·二十二回》）

b. 彼时灯是多早晚撞灭的？ （《西洋记·八十五回》）

c. 这天有多咱晚了？ （《金瓶梅词话·三十九回》）

d. 在李瓶儿屋里吃酒，吃的多大回？ （《金瓶梅词话·三十四回》）

有些疑问短语也可以构成问时间的特指问。例(56)：

a. 明日甚时下雨？ （《西游记·九回》）

b. 晁盖道："那个时分可去？" （《水浒传·六十回》）

c. 什么时候？ （《金瓶梅词话·三十五回》）

"甚时""那个时分""什么时候"是疑问代词"甚""那个""什么"与名词"时""时分""时候"等结合构成的疑问短语。

3.2.5 问数量的特指问句

明代，问数量的特指问句主要由疑问代词"多少"构成。据曹炜(2009、2011)统计，"多少"主要做定语，其次做宾语、谓语、状语等。例(57)：

a. 打听得他那里有多少军马？ （《三遂平妖传·十六回》）

b. 庄家道："再要多少？" （《水浒传·四回》）

c. 庵内尼姑，年纪多少？ （《二刻拍案惊奇·卷二十一》）

d. 这髹髻多少重？　　　　　　　　　　　　　（《金瓶梅词话·二十回》）

除了"多少"外，疑问代词"几""几多""几何""第几""许多"也构成特指问。例(58)：

　　a. 同行共有几人？　　　　　　　　　　　　（《三遂平妖传·十三回》）
　　b. 你这里到那解阳山有几多路程？　　　　　　（《西游记·五十三回》）
　　c. 卿要军马几何？　　　　　　　　　　　　　（《杨家府通俗演义·第四卷》）
　　d. 这是爷第几的相公？　　　　　　　　　　　（《醒世姻缘传·五十四回》）
　　e. 何太监道："他要许多价值儿？"　　　　　　（《金瓶梅词话·七十一回》）

有些疑问短语也可以构成问数量的特指问。例(59)：

　　a. 你这黑厮拿得活的有几个？　　　　　　　　（《水浒传·五十回》）
　　b. 番王道："宝船上有几位将军？"　　　　　　（《西洋记·七十八回》）

"几个""几位"是疑问代词"几"与量词"个""位"等结合构成的疑问短语。

3.2.6　问原因目的的特指问句

明代，问原因目的的特指问句主要由疑问代词"怎的(地)"和"怎"构成。"怎的(地)"多用于北系官话，"怎"多用于南系官话。据笔者统计，问原因目的的"怎的(地)"和"怎"一般只做状语。例(60)：

　　a. 月娘问道："怎的茶这咱才来？"　　　　　　（《金瓶梅词话·二十三回》）
　　b. 姚二哥，怎这样打扮？　　　　　　　　　　（《型世言·二十三回》）

次之，"怎的(地)"在少数情况下也做谓语等。例(61)：

　　那琴童进门就问："姐在那里？"绣春道："他在上边与娘斟酒哩。你问他怎的？"
　　　　　　　　　　　　　　　　　　　　　　　（《金瓶梅词话·三十一回》）

除了"怎的(地)"和"怎"外，"怎"系、"甚"系、"何"系其他疑问代词也构成问原因目的的特指问句。

"怎"系疑问代词还有"怎生、怎么、仔么、怎么的"等。例(62)：

　　a. 他歹不中也是一个里尊，你还要他遮盖，怎生撞他？（《型世言·九回》）
　　b. 你既是我的徒弟，你怎么不拜我？　　　　　（《西洋记·十四回》）
　　c. 仔么前门不走走后门？　　　　　　　　　　（《型世言·三十三回》）
　　d. 我出去好好儿，怎么的搐起来？　　　　　　（《金瓶梅词话·五十九回》）

"甚"系疑问代词有"因甚、为甚、做甚么、做什么、为甚么、为什么"等。例(63)：

　　a. 不知这婆婆因甚倒在这里？　　　　　　　　（《三遂平妖传·九回》）
　　b. 为甚都把刀枪插在当门？　　　　　　　　　（《水浒传·四十七回》）
　　c. 你昨日做甚么便打我？　　　　　　　　　　（《水浒传·二十五回》）
　　d. 一般都是你的老婆，做什么抬一个灭一个？　（《金瓶梅词话·七十三回》）
　　e. 嫂子，为甚么打他？　　　　　　　　　　　（《金瓶梅词话·二十三回》）
　　f. 月娘便问："你为什么许愿心？"　　　　　　（《金瓶梅词话·七十二回》）

"何"系疑问代词有"何、为何、因何、缘何、如何"等。例(64)：

a.妇人道:"此乃仙姑,何不施礼?" (《三遂平妖传·十三回》)
b.雷横为何打死了那娼妓? (《水浒传·五十一回》)
c.吾与汝情同骨肉,因何回避? (《三国演义·七十七回》)
d.长老缘何认得弟子?如何晓得弟子的贱名? (《西洋记·一回》)

有些疑问短语也可以构成问原因目的的特指问。例(65):
a.他姑夫因为甚么恼他? (《金瓶梅词话·七十五回》)
b.你丈夫为何缘故得在上头? (《三遂平妖传·十二回》)

"因为甚么"是介词"因为"与疑问代词"甚么"构成的疑问短语,"为何缘故"是介词"为"与疑问短语"何缘故"构成的疑问短语。

3.2.7 问情状方式的特指问句

明代,问情状方式的特指问句主要由疑问代词"怎""怎的(地)""怎生""如何"等构成。据笔者统计,《水浒传》中,"如何"使用最多,次之是"怎的(地)"、"怎"和"怎生";《金瓶梅词话》中,"怎的(地)"使用最多,再次之是"如何"和"怎"。《型世言》中,"怎"使用最多,次之是"如何"和"怎生"。其中,"如何"南北通用,北系官话主要用"怎的(地)",南系官话主要用"怎"和"怎生"。

明代,问情状方式的"怎"也只做状语。例(66):

倘丈夫回来寻她,怎处? (《型世言·三回》)

问情状方式的"怎的(地)"主要做状语,少数可做谓语、定语、主语和宾语。例(67):
a.晁盖问吴用道:"我们事在危急,却是怎地解救?" (《水浒传·十八回》)
b.因问:"李娇儿怎的?" (《金瓶梅词话·二十一回》)
c.金莲悄问他:"房中怎的动静?" (《金瓶梅词话·二十回》)
d.怎的是挨光? (《金瓶梅词话·三回》)
e.你主意是怎的? (《醒世姻缘传·十八回》)

问情状方式的"怎生"主要做状语,极个别的可以做定语、谓语和宾语。例(68):
a.晁盖道:"怎生去救?用何良策?" (《水浒传·四十回》)
b.你道是怎生模样? (《初刻拍案惊奇·卷八》)
c.那厮道:"他来,我怎生?" (《型世言·二十二回》)
d.老嬷道:"可要怎生?" (《二刻拍案惊奇·卷二》)

问情状方式的"如何"主要也是做谓语和状语。例(69):
a.连忙问道:"近日相战如何?" (《水浒传·五十四回》)
b.官军将至,如何迎敌? (《水浒传·二十回》)

个别可做宾语、主语和补语。例(70):
a.你一向正是如何? (《水浒传·四十三回》)
b.你且说如何是长做夫妻短做夫妻?(《金瓶梅词话·五回》)
c.菩萨道:"你打探的如何?" (《西游记·六回》)

除了"怎""怎的(地)""怎生""如何"外,"怎"系、"何"系其他疑问代词也构成问情状方式的特指问句。

"怎"系疑问代词还有"怎么、怎么的、怎样、怎的样、怎么样"等。例(71):

a. 明日他来要回书,<u>怎么</u>回答他? 　　　　(《金瓶梅词话·三十六回》)
b. 忽然听见,便问:"<u>怎么的</u>?" 　　　　　　(《金瓶梅词话·七十二回》)
c. 你既会降妖伏怪,如今却<u>怎样</u>拿他? 　　(《西游记·三十一回》)
d. 西门庆因问他:"庄子上收拾<u>怎的样</u>了?"　(《金瓶梅词话·三十五回》)
e. 问说:"<u>怎么样</u>骂?" 　　　　　　　　　　(《醒世姻缘传·十二回》)

"何"系疑问代词还有"何如""何以""若何"等。例(72):

a. 西门庆问道:"我后来运限<u>何如</u>?有灾没有?"(《金瓶梅词话·二十九回》)
b. 足下<u>何以</u>知之? 　　　　　　　　　　　　(《水浒传·十一回》)
c. 伯伯尊意<u>若何</u>? 　　　　　　　　　　　　(《水浒传·四十九回》)

"何如"与"如何"相比,"何如"只问情状;"如何"主要问方式,少数也问情状。

有些疑问短语"怎生奈何""如之奈何""如何是好"等也可以构成问情状方式的特指问。例(73):

a. 今晚太医醉倒在房里,却<u>怎生奈何</u>? 　　(《水浒传·六十五回》)
b. 奶奶疑你是妖怪,要行驱遣,<u>如之奈何</u>?　(《型世言·四十回》)
c. 白寻不出个头脑来,<u>如何是好</u>? 　　　　(《金瓶梅词话·九十五回》)

4　结语

汉语疑问句总的编码策略是用超句法手段和句法手段编码,不用词法手段编码。超句法手段包括语调和疑问语气词。句法手段包括疑问代词、疑问副词和各种句法结构。汉语不采用动词变形和屈折编码,因此汉语表达疑问的方式不属于动词范畴的词法手段,没有"疑问动词形态变化"等情况。

明代汉语疑问句的特点:一是是非问句的疑问语气词主要是"么"。二是正反问句只有全式问句(如,"吃饭不吃饭?")和后省式问句(如,"吃饭不吃?"),没有前省式问句(如,"吃不吃饭?")。三是特指问句的疑问代词主要有问人的"谁"、问事物的"甚"和"甚么"、问处所的"那里"、问时间的"几时"、问数量的"多少"、问原因目的的"怎"和"怎的"、问情况方式的"怎的"和"如何",等等。

参考文献

[1] 曹炜.《水浒传》虚词计量研究[M].广州:暨南大学出版社,2009.
[2] 曹炜.《金瓶梅词话》虚词计量研究[M].广州:暨南大学出版社,2011.
[3] 曹炜.《型世言》虚词计量研究[M].广州:暨南大学出版社,2011.
[4] 傅惠钧.真性问与假性问:明清汉语选择问句的功能考察[J].语言教学与研究,2001(3).

[5] 傅惠钧.明清汉语正反问句的分布及其发展[J].古汉语研究,2004(2).

[6] 傅惠钧.明清汉语深度特指问句探讨[C]//汉语史学报(第十辑).上海:上海教育出版社,2010.

[7] 傅惠钧.明清汉语疑问句研究[M].北京:商务印书馆,2011.

[8] 江蓝生.疑问语气词"呢"的来源[J].语文研究,1986(2).

[9] 李思明.从变文、元杂剧、《水浒》《红楼梦》看选择问句的发展[J].语言研究,1983(2).

[10] 李思明.《水浒传》的反问句[J].安庆师范学院学报,1989(3).

[11] 李宇明.疑问标记的复用及标记功能的衰变[J].中国语文,1997(2).

[12] 刘镜芙.《金瓶梅》中的选择问句[J].中国语文,1994(6).

[13] 刘薇.宋元明汉语疑问句发展演变研究[M].武汉:武汉大学出版社,2021.

[14] 刘子瑜.汉语选择问句历史发展研究述评[C]//汉语史学报(第五辑).上海:上海教育出版社,2005.

[15] 吕叔湘.中国文法要略[M].北京:商务印书馆,1942.

[16] 吕叔湘.疑问·否定·肯定[J].中国语文,1985(4).

[17] 罗福腾.《醒世姻缘传》的反复问句[J].语文研究,1996(1).

[18] 邵敬敏.是非问内部类型的比较以及"疑惑"的细化[J].世界汉语教学,2012(3).

[19] 邵敬敏.现代汉语疑问句研究[M].北京:商务印书馆,2014.

[20] 石佩雯.四种句子的语调变化[J].语言教学与研究,1980(2).

[21] 苏恩希.《西游记》句法研究[D].北京:北京大学,2001.

[22] 吴福祥.南方语言正反问句的来源[J].民族语文,2008(1).

[23] 吴宗济.普通话语句中的声调变化[J].中国语文,1982(6).

[24] 向熹.简明汉语史(下)[M].修订本.北京:商务印书馆,2010.

[25] 邢福义.现代汉语的特指性是非问[J].语言教学与研究,1987(4).

[26] 邢福义.汉语语法学[M].长春:东北师范大学出版社,2000.

[27] 徐正考.清代汉语选择疑问句系统[J].吉林大学社会科学学报,1996(5).

[28] 许仰民.《金瓶梅词话》语法研究[M].北京:中华书局,2006.

[29] 阎锦婷,王萍,石锋.普通话特指问句语调的声学实验分析[J].汉藏语学报,2016(1).

[30] 章一鸣.《金瓶梅词话》和明代口语词汇语法研究[M].上海:上海古籍出版社,1997.

[31] 周建民.《金瓶梅词话》《红楼梦》的选择问句和反复问句[J].武汉教育学院学报,1994(4).

[32] Dixon R M W. Basic Linguistic Theory, vol. III: Further Grammatical Topics. Oxford: Oxford University Press,2012.

[33] Dryer, Matthew S. 2005a. Polar questions. World Atlas of Language Structures, ed. Martin Haspelmath, Matthew S. Dryer, David Gil, and Bernard Comrie, 470-473. Oxford: Oxford University Press.

[34] Dryer, Matthew S. 2005b. Position of polar question particles. World Atlas of Language Structures, ed. Martin Haspelmath, Matthew S. Dryer, David Gil, and Bernard Comrie, 374-377. Oxford: Oxford University Press.

[35] Dryer, Matthew S. 2005c. Position of interrogative phrases in content questions. World Atlas of Language Structures, ed. Martin Haspelmath, Matthew S. Dryer, David Gil, and

Bernard Comrie, 378-381. Oxford: Oxford University Press.

[36] König E, Siemund P. 2007. Speech act distinctions in grammar. Language Typology and Syntactic Description, 2nd Edition, vol. I: Clause Structure, ed. Timothy Shopen, 276-324. Cambridge: Cambridge University Press.

[37] Ultan, Russell. 1978. Some general characteristics of interrogative systems. Universals of Human Language, vol. IV: Syntax, ed. Joseph H. Greenberg, Charles A. Ferguson, and Edith A. Moravcsik, 211-48. Stanford: Stanford University Press.

沿着索绪尔语言学往前一步[①]

潘文国[②]

摘要：索绪尔用两个"只限于"为语言研究打开了三个窗口：建立在希腊表音文字传统基础上的研究、建立在非希腊表音文字传统基础上的研究，以及建立在表意文字基础上的研究。他自己建立的"普通语言学"只是其中第一个窗口。他的"汉字是汉人的第二语言"之说，实际上指明了打开第三个窗口的研究之路。沿着索绪尔的语言学往前走一步，从第一个窗口到第三个窗口，是发展中国语言学、丰富全人类语言学的崭新之路。

关键词：索绪尔　两种文字体系　第二语言

一、创建中国特色语言学的艰辛历程

中国现代语言学是在19世纪英国学校语法和20世纪西方现代语言学基础上建立起来的。20世纪80年代以来，越来越多的学者和第一线语文教育者发现它们不符合中国的实际。现行汉语教学语法的奠基人、20世纪50年代"暂拟系统"和80年代"试用提要"的主持人张志公先生说得最直截了当，"现行语法体系基本上不符合汉语的实际"。建立中国自身的语法体系、自身的语言学理论的呼声不绝于耳。许多人进行了积极的尝试，还创造了一些理论，但是各人用的名称并不一

[①] 教育部中外语言交流合作中心2021年国际中文教育研究课题重点资助项目"推广《国际中文教育中文水平等级标准》的创新教材教法研究"（21YH14B）研究成果之一。

[②] 潘文国，华东师范大学终身教授，博士生导师，中国英汉语比较研究会名誉会长。

样。最早发出这一呼声的是申小龙,他于1986年提出了新理论,用的名称是"中国文化语言学";以后是包括白乐桑先生、徐通锵先生和我,我们用的名称是"字本位"理论。我们叫"理论"而没有叫"××语言学",隐含之意是它还是在普通语言学的范围之内;复旦大学程雨民教授的提法是"汉语字基语法",侧重在语法;上海外国语大学周上之教授用的名称是"汉语独特性理论",他的想法与我一样,也主张这方面的研究应在普通语言学之内,而不希望在此之外。周金声先生新近提出的名称是"中华文字语言学",为这个名称他与我多次交换过意见。我们不赞同有人用"文字学"来代替语言学的主张,尽管"文字学"可以涵盖中国传统的语言学;也主张慎用"语文学"这个名称,因为"语文学"在国际上习惯指欧洲古代的文献阐释或者19世纪的"历史比较语言学",容易引起误解。而如果用学科目录里现成的"语言文字学",则体现不出是个新理论,即使加上"特色"二字,别人也不知道你指的是什么。现在用"文字语言学",这是一个新尝试。"文字语言学"有两个构成:一是"语言学",说明这一理论的底座还是在语言学范畴之内;另一个是"文字",说明这一理论的特色和重点。其实上面提到的"中国文化语言学"也好,"字本位"理论也好,"字基语法"也好,"汉语独特性理论"也好,在这些理论里汉字都具有无可争辩的重要地位。冠以"文字语言学"只是意在更加强调"汉字"在中国语言文字学体系中的主导作用。因此它们都是不矛盾的,甚至是互为补充的。

二、沿着索绪尔语言学往前走一步

德国哲学语言学家洪堡特曾经说过一句很有哲理的话"在语言中,个别化和普遍性协调得如此美妙,以至我们可以认为下面两种说法同样正确:一方面,整个人类只有一种语言;另一方面,每个人都拥有一种特殊的语言。"(洪堡特,1997:60)他还以脸型为例,人人都有一张脸,但每个人的脸都是独特的。"文字语言学"强调其"语言学"属性,体现了我们一个坚定信念:全人类只有一种语言,全人类也应该只有一种真正普遍的"普通"语言学。但正好像我们没法描写全人类共同的"脸"是个什么样子,只能按照各种分类,例如:男人的脸、女人的脸,老人的脸、小孩的脸,中国人的脸、欧洲人的脸、非洲人的脸,甚至张三的脸、李四的脸。我们没法精细地描写全人类只有一个语言的"语言"应该是个什么样子,而只能通过各种分类——例如汉语、英语、阿拉伯语、东北话、山西话、广东话,文言文、白话文、甲骨文,客厅的话、军营的话、校园的话、黑帮的切口,直至张三的话、李四的话、王五的文章、赵六的诗,等等——来进行描写。这就形成了形形色色的语言学。本质上,迄今为止所有的语言学,包括结构语言学、功能语言学、生成语言学、社会语言学、心理语言学、认知语言学、英语语言学、法语语言学、中国文化语言学等等,都只是从某个侧面对特定语言的语言现象进行描述,都有其合理性与适用性,也都有其必然的局限性和片面性。没有一种理论可以说自己是真正的全人类的普通语言学。以理论终结者自居来攻击他人或者阻击新理论的产生,只能说明思维的狭隘及理论的褊窄。但尽管如此,不同的理论之间可以互相补充、互相启发,甚至在一定程度上有所继承、有所创新、有所发展。正是在这个意义上,我们强调,"字本位"理论也好,"文字语言学"也好,都是在索绪尔开创的现代语言学的基础上朝前走了一步,是为建立全人类共同的语言学做的进一步探索。

索绪尔开创的现代语言学是建立在语音和口语基础上的。他有一句话影响了国际语言学界一个多世纪:"语言和文字是两种不同的符号系统,后者唯一的存在理由是在于表现前者。语言学的对象不是书写的词和口说的词的结合,而是由后者单独构成的。"(索绪尔,1980:47-48)在语言上,实际是在语音基础上他提出了语言学的两条基本原则——"符号的任意性"和"能指的线条性"。但人们在把这两条原则奉若圣明的时候,却有意无意忽视了他在《普通语言学教程》的"绪论",亦即正式开讲之前说的一段话:"只有两种文字的体系:(1)表意体系。一个词只用一个符号表示,而这个符号却与词赖以构成的声音无关……这种体系的古典例子就是汉字。(2)通常所说的'表音'体系。它的目的是要把词中一连串连续的声音写出来。"下面一句话更加重要:"我们的研究将只限于表音体系,特别是只限于以希腊字母为原始型的体系。"(索绪尔,1980:51)

为什么这句话更加重要?因为用两个"只限于",索绪尔明确表明了他的书及他的理论的局限。他的前提是全世界的语言使用只有两种文字体系——表意文字体系和表音文字体系。第一个是"只限于",排除了使用表意文字体系的语言,也就是中文;第二个为"特别是只限于",把使用希腊、拉丁字母以外的语言也排除了,例如阿拉伯语、印地语、乌尔都语、孟加拉语、俄语、日语、韩语等等,这7种语言的使用人口占全世界的18.6%,比英语、西班牙语、德语、法语、意大利语这5种语言使用人口之和16.1%还多一些(说中文的占20.7%)(以上数据来自潘文国,2010:102。本文在其基础上做了统计)。由此可见,按照索绪尔自己划定的范围,他的"普通语言学"其实是非常不"普通"的。但从另一个方面看,使用拉丁文字的人口总数不多,但是语言种类很多,有172种(潘文国,118页),而且包括当时世界上几个最强大的国家。因此,尽管其中有像越南语这样使用拉丁字母的,但结构上与印欧语几无共同之处的语言,但话语权很大。那些使用非拉丁字母语言的,人口再多也没有什么话语权。加上之后从美国调查印第安人语言开始,到澳洲调查土著语言,到为亚洲、非洲、大洋洲那些没有文字的语言创制文字,调查者使用的几乎都是拉丁文字,这一受到两个"只限于"局限的理论变成了没有局限的普遍理论。这不是索绪尔的责任,而是与全世界语言学家包括中国语言学家在内的有意无意的误导和曲解有关。

实际上,索绪尔为两个"只限于"以外的语言提示过研究思路。他接着说的是:"书写的词在我们的心目中有代替口说的词的倾向,对这两种文字体系来说,情况都是这样,但是在头一种体系里,这倾向更为强烈。对汉人来说,表意字和口说的词都是观念的符号;在他们看来,文字就是第二语言。"这个"第二语言"的说法是他为中文定制的,他没有对任何别的语言使用过这样的说法。这就使我们认识到,如果我们同意他的两种语言之说,则与世界上多数只拥有第一语言的语言不同,汉语是兼有第一语言和第二语言的语言。这是我们根据索绪尔理论对汉语做的新的定性。法国汉学家白乐桑先生说印欧语言是"一元论"语言,汉语是"二元论"的语言,也是这个意思。周金声先生提出中国语言文字双轨发展机制的判断,也可以说是对索绪尔"第一语言"和"第二语言"的形象化阐释。这样的语言必然会要求建立与仅仅在第一语言基础上建立的理论不相同的理论,直白地说,就是与索绪尔那本书的主要部分讨论的语言学不相同的理论。这就是索绪尔两个"只限于"的意义,索绪尔为语言研究开了三个窗口,希腊源表音文字语言的研究、非希腊源表音文字语言的研究,以及以汉语为经典代表的表意文字语言的研究。他的书,他的理论占据了其中一个窗口,而把另两个窗口留给了后人,只有把三个窗口的语言都研究了,才是完整的人类普遍的语言学。现在我们在做的种种努力,"文化语言学"也好,"字本位理论"也好,"文字语言学"也好,都是在完成索绪尔的未竟事业,是沿着索绪尔的语言学再往前走的一步。

三、这一步怎么走?

那么,这一步怎么走? 索绪尔提出了"汉字是中国人的第二语言"的观点,为汉语研究打开了一扇窗口,但究竟怎么研究,他并没有细说,这是留给中文研究者的课题。但在他的书里,他还是提供了一些思路,虽然不是特别为中文设计的,但是仍有很大的启发性。这里举三个例子。

第一,要非常重视文字。

从事"现代语言学"研究的人经常引用索绪尔的一句话——"文字遮掩住了语言的面貌,文字不是一件衣服,而是一种假装"(索绪尔,1980:56),并认为这体现了他对文字的批判。其实这是断章取义,索绪尔这句话只是针对表音文字语言中偶而不表音的特例,如法语中的"鸟 oiseau[wazo]"。这种情况在表音文字语言中根本不占多数。

另一方面,在更广泛的场合,索绪尔其实非常重视文字。如下面一段话:

"我们一般只通过文字来认识语言。研究母语也常要利用文献。如果那是一种远离我们的语言,还要求于书写的证据,对于那些已经不存在的语言更是这样。要使任何场合都能利用直接的文献,我们必须……随时收集各种语言的留声机录音的样本。可是这样记录下来的原件要为他人所认识,还须求助于文字。"(索绪尔,1980:47)

上面引的是高名凯先生的译文,但似没有完全表达清楚原意。我手头没有法

语原文,根据牛津大学教授 Roy Harris 的英译文,①我把它重译并归纳为以下五种情况:

(1)语言通常只有通过文字才能认识;
(2)研究母语时,其书面形式会时不时侵入;
(3)对于偏远的语言,书面证据尤其重要;
(4)已经死去的语言显然更是如此;
(5)调查口语积累的音档,发表时也须借助文字。

索绪尔的这段话是针对所有语言的,包括表音文字的语言。但对汉语来说可能更适用。其中第二种情况索绪尔还特别举了汉语的例子:"在谈话中,如果有两个口说的词发音相同,他们有时就求助于书写的词来说明他们的思想。"(索绪尔,1980:51)第三种情况则使我们想到了汉语的方言,索绪尔也提醒我们:"汉语各种方言表示同一观念的词都可以用相同的书写符号。"(索绪尔,1980:51)第四种情况使我们想到了文言文,尽管古代汉语并不是死语言。第五种情况使我们想到我国二十世纪五十年代的方言调查和为少数民族创制文字的过程。

第二,要非常重视书面语。

索绪尔之后的"现代语言学"有两个特点:一是重语音轻文字,二是重口语轻书面语。殊不知在真正的索绪尔那里,不但文字受到重视,书面语也从没有被轻视。他说:"言语活动往往不是人们所能观察得到的,因此语言学家就应该注意书面文献,因为只有书面文献才能使他认识过去的语言或远方的语言。"(索绪尔,1980:26)这段话里同样有两处译得不好。拿 Harris 的英文本来对照,written text 译成"书面文献"语气太重了,其实就是相当于"口头文本"的"书面文本";cannot afford to neglect 译成"应该注意"语气又太轻了,应译作"难以漠视"。

索绪尔还注意到书面语不可能是口语的忠实记录,说:"语言学家还应该考察书面语和口语的相互关系;因为任何文学语言都是文化的产物,到头来都会使它的自下而上范围脱离自然的范围,即口语的范围。"(索绪尔,1980:44)也就是说,书面语作为文化的产物,必然会与口语产生距离。

他更进一步说:"文学语言更增加了文字不应该有的重要性。它有自己的词典,自己的语法,人们在学校里是按照书本和通过书本来进行教学的。"(索绪尔,1980:50)第一句话仿佛是对文字的批评,但却是对书面语的肯定,特别是书面语对口语的影响。索绪尔的前辈洪堡特也说过:"当一个民族在诗歌创作和哲学冥想的

---

① Languages are mostly known to us only through writing. Even in the case of our native language, the written form constantly intrudes. In the case of languages spoken in remote parts, it is even more necessary to have recourse to written evidence. The same is true for obvious reasons in the case of languages now dead. In order to have direct evidence available, it would have been necessary to have compiled throughout history collections … comprising recordings of spoken samples of all languages. Even then writing is necessary when it comes to publishing the texts then recorded. (Saussure 1983:24)

道路上取得了类似的成就时,便会反过来对语言产生影响。"(洪堡特,1997:50)这些话也是适用于各种语言的,但对汉语特别有启示,因为汉语的诗歌与哲学成就世所公认。也因此,汉语的口语与书面语的距离比其他任何语言都要大。尤其是几千年的文言文传统,几乎造成了一种与口语不同的另一种语言,而这种传承下来的书面语与现代的白话文和现代口语之间又有着千丝万缕的联系,有时这边影响大一点,有时那边影响大一点。而传统书面语的背后就是文字,南北朝刘勰的《文心雕龙》上说:"夫人之立言,因字而生句,积句而成章,积章而成篇"。中国人说"做文章",文章是"做"出来的,说明了它的人为性,文言文甚至可以说是在文字基础上造成的某种人为语言。英语虽然也说 composition,文章是 compose 出来的,但人为性不如汉语强。因此汉语的书面语尤其要花工夫学。

第三,从能指的性质切入。

索绪尔把语言看作一种符号系统。符号分为"能指"和"所指",在索绪尔语言学里分别指"音响形象"和"概念"。他从符号的性质出发提出了语言学的两条基本原则,一条叫作"符号的任意性",一条叫作"能指的线条性",以此作为建立整个语言学大厦的基石。我们仔细看这两条原则,发现它们都跟语言符号的能指更相关,第一条"符号的任意性"指的是能指与所指关系的任意性,第二条线性原则更源于"能指的听觉性质,只能在时间上展开"。(索绪尔,1980:102-106)这启示我们,语言研究的切入点可以从能指入手。表音文字体系的能指是语音,而表意文字体系的能指是字形。循着索绪尔的思路,我们也可以为表意文字体系的语言学设立两条基本原则,而且与表音文字的语言学正好互补:第一条,能指与所指关系是非任意的,或者说有理据性;第二,能指是非线性的,或者说有空间性。

中国的《说文解字》就是建立在这两条原则的基础上的。汉字的字形字义间有理据性,汉字的六书结构,象形、指事、会意、形声、转注、假借,都是空间性而非时间性的。这样的解释,可以为《说文解字》以来汉语的文字学传统找到科学的解释,也为"文字语言学"等找到了发展的新起点。从表面上看,这违背了所谓"现代语言学"的常识;而从本质上看,这是对索绪尔更完整学说的继承和发展,是索绪尔真正的功臣。

四、余论

在本文的开头,我们曾提到中国现代语言学的建立有两个源头,一个是 19 世纪的英国学校语法,一个是 20 世纪以来的西方现代语言学。为什么要强调这一点?因为两者的旨趣不同,教学语法的起源很早,只是为了语言特别是第二语言的教学,第一部语法书是公元前一世纪为教罗马人学习希腊语而编的特拉克斯语法。教学的性质决定了它的实用性和规定性;而理论语言学的起源要看 19 世纪初的洪堡特,他被誉为普通语言学创始人,语言学的目的是探索人类语言的本质,这一特征决定其必然主张描写性而不是规定性。这两项研究在西方本来就是两股道上跑的车,直到如今还是如此。在英、美,教学语法至今还在沿用19世纪以来的学校语法,我们只要看至今在全世界有重要影响的TOEFL、GRE、IELTS等考试采用的语法体系就知道;而西方主流语言学几乎从来都是避谈教学问题的,而且对语法颇为不屑。例如索绪尔就语法学家的词类划分,说"这种分类是有缺陷的,或者不完备的;把词分为名词、动词、形容词等等并不是无可否认的语言现实性",甚至说这些是"语法学家捏造的概念"。(索绪尔,1980:155)在他的书里,我们看不到主谓宾、名动形这套熟悉的概念。其实他不是第一个,也不是最后一个。在他之前,创立"普通语言学"的洪堡特说:"我们在这里所说的语言形式绝不仅仅是指所谓的语法形式。我们通常把语法跟词汇区分开来,但这种区分只适合于学习语言的实际需要,而并不能为真正的语言研究确定界限和法则。"索绪尔的西方主流语言学,如社会语言学、生成语言学、认知语言学等等,都不关心教学问题(只有结构主义曾被句型教学法和替代法用作理论根据)。乔姆斯基甚至明确表示他的理论不是为教学用的,在他看来,对教学来说,传统语法就挺好。唯一在中国,语言学和语法教学两件事却从开始时的分立变成后来的合流,到现在更成了主流。1898年马建忠《马氏文通》引进西方语法,是为了教学;1923年胡以鲁《国语学草创》引进西方语言学,是为了说明汉语的本质,那时两者还是分立的。但从20世纪30年代起,陈望道、王力等人引进西方语言学,目的却变成用西方新的语言学理论解决《马氏文通》不切合汉语实际问题。两者逐渐开始合流了。1950年后受苏联影响,政府提倡全民学习语法,那么用什么理论来编写语法就成了一个严重的问题。语言学目标和教学语法目标彻底合流了,而语言学界和语法学界的几乎所有理论争论都在这种既要有"科学性"、又要有"实用性"的矛盾中进行。语言教学界被夹在中间无所适从。20世纪80年代对外汉语教学学科建立,这一争论也迅速渗入了对外汉语教学界。以上这段历史的回顾,恐怕也可看作索绪尔遗产的一部分。从事语言理论研究的,从事汉语研究的,从事语言教学研究的,对这些都须有清醒的认识。

参考文献

[1] 洪堡特,威廉·冯.论人类语言结构的差异及其对人类精神发展的影响[M].姚小平,译.北京:商务印书馆,1997.

[2] 潘文国.中文读写教程(1)[M].上海:上海外语教育出版社,2010.

[3] 费尔迪南·德·索绪尔.普通语言学教程[M].高名凯,译.北京:商务印书馆,1980.

[4] Saussure,Ferdinand de. Course in General Linguistics[M]. Roy Harris,translated. La Salle,Illinois:Open Court,1983.

[5] 周金声,赵丽玲.关于语言与语文及其教学的思考[J].汉字文化,2018(5):1-5.

大学语文研究：基于知网期刊论文的计量分析报告

毕耕[①] 杨鸿宇[②]

摘要：自大学语文课程开设40年来，各级各类期刊上发表了数以万计的相关学术论文，有力地促进了大学语文学术研究的蓬勃发展。为了对大学语文研究的期刊论文进行整体回顾和宏观研究，笔者运用文献计量学的研究方法，以中国知网数据库为统计源，以知网中所收录的学术论文为研究对象，从论文数量、年度分布、核心主题、学科分布、发文期刊、作者、机构、关键词、前沿热点、相关度及被引频次等各方面进行统计分析，以便审视现状、发现问题和探讨对策，从而为大学语文研究的改革创新提供参考、借鉴。

关键词：大学语文 知网 期刊论文 计量分析 报告

大学语文课是全国高校普遍开设的一门素质教育通识课程，也是目前备受争议和引起广泛关注的公共基础课。原国家教委高教司组编的《大学语文》教材"出版前言"指出："大学语文课，是普通高校中面向文（汉语言文学专业除外）、理、工、农、医、财经、政法、外语、艺术、教育等各类专业学生开设的一门文化素质教育课程，课程设置的目的是培养学生汉语言文学方面的阅读、欣赏、理解和表达能力。"[③]大学语文是中国现代语文学科创建伊始就有的一门高校必修课，在民国时

---

① 毕耕，华中农业大学文法学院教授，中华文化传播研究中心主任，湖北省大学语文研究会副会长，武汉地区大学语文研究会会长，湖北省中国特色社会主义理论体系研究中心特约研究员。
② 杨鸿宇，华中农业大学公共管理学院硕士研究生。
③ 徐中玉.大学语文[M].上海：华东师范大学出版社，1996.

期被称为"大学国文""大一国文",但中华人民共和国成立后被取消。20世纪70年代末80年代初,在南京大学匡亚明校长和华东师范大学徐中玉教授等人的积极倡导下,大学语文课得以迅速恢复,并在全国各级各类高校中普遍开设,成为传授母语知识、传播民族文化、增进文化修养、提高人文素质的重要通识教育课程。然而,由于各种复杂的原因,大学语文课也出现了诸多危机,甚至被称为"高四语文",长期处于边缘化的状态,从而引起了全社会和教育界的广泛关注与讨论。因此,在大学语文课程恢复开设40周年之际,必须从教学与科研等各方面进行系统回顾与整体反思,以便不忘初心,牢记使命,弘扬优良传统,吸取经验教训,不断促进和推动大学语文教育事业的蓬勃发展。尤其要对以期刊论文为标志的大学语文研究成果进行归纳总结和分析探讨,以发现问题、探寻规律、形成理论、构建体系,最终使大学语文的研究水平不断迈上新台阶,产生新突破。

一、文献计量工具与研究文献概述

大学语文课程恢复开设40年来,全体大学语文教师以及语文教育界同仁以满腔热情,坚持立德树人的伟大理想,积极投身于大学语文的教学与科研工作,多角度、多层次、全方位对大学语文的课程性质与定位、历史发展与现状、存在问题与对策等进行广泛深入探讨,并形成了灿若繁星、汗牛充栋的学术成果,其中包括建设网络慕课,编写教材教参,出版学术专著,发表期刊论文、学位论文、会议论文、报纸文章和调研报告等。对于这些历史成果的归纳、总结与研究,无疑是一项非常艰巨的任务,通常只能从某一个方面来进行探讨,以便起到管中窥豹的效果。通常而言,期刊论文是最能反映某一学科领域的研究动态和最能代表学术研究水平的标志性成果,于是大学语文研究的期刊论文就自然而然、当仁不让地成了本文的研究对象和根本目标。

随着现代科技的迅猛发展,大数据、云计算和人工智能等已经广泛运用于生产与科研领域,学术研究也早已实现了从定性分析到定量分析的根本性飞跃。例如,20世纪80年代,国内外学者利用计算机软件对《红楼梦》的用词进行统计分析以判断作者是否同一人的问题就引起了广泛关注。为了拓展大学语文研究的方法与途径,提升研究质量和水准,笔者不揣简陋,尝试运用文献计量学的研究方法,以中国知网(CNKI)数据库为统计源,以知网中所收录的学术论文为研究对象,从论文数量、年度分布、核心主题、学科分布、发文期刊、作者、机构、关键词、前沿热点、相关度及被引频次等各方面,对20世纪80年代后的40年里大学语文研究的历史轨迹进行整体回顾和宏观研究,以便审视现状,发现问题,寻找原因,探讨对策,从而拓展大学语文研究的新途径、新视野和新天地。

通常而言,文献计量学是运用数学和统计学的方法,借助于特定的文献计量工具,定量分析一切知识载体的一门交叉科学。其研究对象主要包括各种出版物的文献量、作者数和词汇量等,用以描述和预测科学研究的历史轨迹、发展现状与未来趋势。目前,国内外相应学术研究常用的文献计量工具有 CiteSpace(引文空间)、Bibexcel、SPASS、TAD、Ucinet 等,这些工具各有所长,各有特色。笔者在本文中所使用的文献计量分析工具,是由美国德雷塞尔大学(Drexel University)计算与信息学院陈美超教授主持开发的 CiteSpace。这是一款基于 Java 语言开发的信息可视化软件,主要基于共引分析理论和寻径网络算法等,"对特定领域文献(集合)进行计量,以探寻出学科领域演化的关键路径及其知识拐点,并通过一系列可视化图谱的绘制来形成对学科演化潜在动力机制的分析和学科发展前沿的探测"①。由于使用 CiteSpace 绘制科学知识图谱具有两个重要特征,即"一图谱春秋,一览无余;一图胜万言,一目了然"②,因而在国内外学术研究领域得以广泛推广和应用。

通过 CiteSpace 对大学语文研究期刊论文进行计量分析,无疑是一种全新的探索和尝试,但由于各种原因,导致目前的研究成果非常鲜见,迄今为止只在知网上查到了两篇论文。其中,一篇是重庆师范大学教育科学学院刁维军、杜萍合撰的《改革开放 40 年我国语文教学法研究:热点与演化——基于 1979—2018 年期刊来源的文献计量与知识图谱分析》,刊发于《教育导刊》2019 年第 2 期,但只有极少部分内容涉及普通高校与职业院校语文教学法研究,而且论述非常简单。另一篇是山西大学商务学院文化传播学院王箐撰写的《从知识论到价值论:大学语文研究现状及对策探析——基于 CNKI 核心期刊论文的文献计量分析》,刊发于《汉字文化》2021 年第 1 期。该文在对 1992—2019 年共计 28 年间刊发于 CNKI 核心期刊的 726 篇论文进行计量分析的基础上,着重探讨了大学语文研究的现状、问题及其对策。王箐指出:"大学语文研究发展大致经历了三个时期,萌芽期(1992—2003 年)、快速发展期(2004—2015 年)、瓶颈期(2016 年至今)",并自"2016 年以来,核心期刊发表的大学语文研究论文数量呈现快速的断崖式下跌"③。此外,"在研究方法上长期没有突破,研究内容同质化严重,低质量重复,换汤不换药,缺少有价值的新发现"④。该文是知网收录的第一篇对大学语文研究期刊论文进行计量分析的文章,但因研究时间段稍短,篇目较少,内容过于简单,结论也未必正确。有鉴于此,笔者试图从理论的高度和实践的角度,运用先进的可视化的软件工具,对 40 年里的大学语文研究成果进行整体回顾,从宏观上勾勒大学语文研究的历史轨迹,从微观上反映当前的研究现状与热点问题,从学术上为广大教师与学者提供数据信息和参考、借鉴。

---

① 陈悦,陈超美,刘则渊,等.CiteSpace 知识图谱的方法论功能[J].科学学研究,2015(2):242-253.
② 陈悦,陈超美,刘则渊,等.CiteSpace 知识图谱的方法论功能[J].科学学研究,2015(2):242-253.
③ 王箐.从知识论到价值论:大学语文研究现状及对策探析——基于 CNKI 核心期刊论文的文献计量分析[J].汉字文化,2021(1):166-168.
④ 王箐.从知识论到价值论:大学语文研究现状及对策探析——基于 CNKI 核心期刊论文的文献计量分析[J].汉字文化,2021(1):166-168.

二、知网学术期刊的整体发文情况

在CNKI中国知网中，进入高级检索页面，选择"'中文'且'学术期刊'"类文献，在"来源类别"一栏勾选"全部期刊"，然后以"大学语文"进行主题词检索，共获得文献6860条（检索时间为2021年8月9日）。这6860篇文献的刊发时间涵盖1955年至2021年，但经笔者核查发现，除了1981年有2篇全国大学语文研究会的会议信息外，1955—1982年还有9篇文章均非大学语文研究论文，而1982年刊发的另外5篇才算是真正的大学语文研究的学术论文，故可以认定知网开始收录大学语文研究论文的时间应该从1982年算起。自1982年至2021年正好是40年，说明大学语文研究也正好走过了"痛并快乐着"的"四秩年华"。王箐认为大学语文研究的萌芽期是1992—2003年，把北京大学图书馆在1992年编辑出版《中文核心期刊要目总览》第一版的时间当成大学语文研究的起始期，这显然是不正确的。在通过主题词检索获得的6860篇文章中，减去非大学语文研究的9篇文章，剩下6851篇。鉴于6851篇是一个巨大的数字，即便经抽查还发现有不少篇目不属于大学语文研究论文，但因时间有限，无须也不可能对每篇论文都进行审核，更何况这也不影响整体评价结果。因此，笔者通过知网自身的文献可视化功能，得到此6851篇文章的整体情况如下。

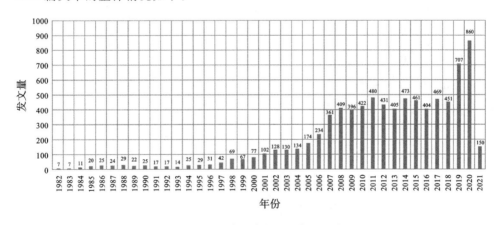

图1　期刊文章发表数量的年度分布

1.期刊文章发表数量的年度分布与趋势

由图1可知，1982年至2021年的40年间，大学语文研究期刊文章发表的数量整体呈增长趋势。1982—1996年，各年度发文量较为平稳，年均约20篇；1997—2008年处于持续激增阶段，年均约160篇，2008年达到409篇，迎来新高；2009—2018年10年间发文量波动起伏，2011年达到最高值480篇，2016年为最低值404篇，年均发文约439篇；2019年以后，尤其是2019年和2020年分别高达707篇和860篇，不断地出现历史新高。这说明大学语文教师和学者撰写发表研究论文的积极性一直很高,对大学语文课程开展研究的热度也持续不减,整体发展态势良好,未来预期的研究热情还会不断高涨。这种生机勃勃的大好形势与未来趋势,无疑是对少数人唱衰大学语文的有力回击。

2.期刊论文主题及其相应篇数

1)十大主题

图2所显示的是大学语文研究论文在期刊发表的前10位的主题及其相应文章篇数,分别为:大学语文(3343篇),大学语文教学(1469篇),《大学语文》(教材,848篇),大学语文课程(619篇),高职院校(362篇),教学改革(299篇),大学语文教育(234篇),高职大学语文(177篇),人文素质(171篇),语文教学(162篇)。这说明"大学语文"这一词语已经成为期刊论文写作最重要、最根本的主题词和热词,但严格来讲,"大学语文"有多种含义,既可指课程,也可指教材,但通常是指前者。

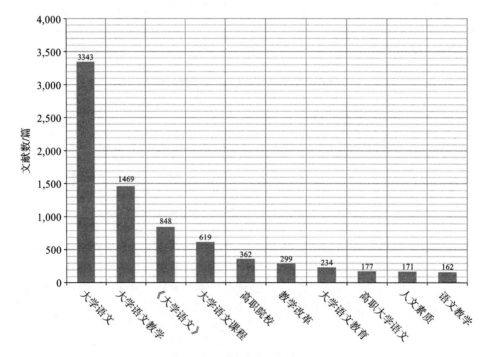

图2 期刊论文的十大主题统计

2)三十大主题

图3所显示的是大学语文研究论文在期刊发表的前30位主题及其相应文章数量,其中不乏极为常见的主题词,诸如教学模式、素质教育、高职语文、传统文化、教学方法、课程建设等。"课程思政"这一研究主题近几年来十分火爆,是很多学术论文写作的重要话题之一,自然也名列其中,但因出现的时间不长,故只能暂时排在后面,相信以后会持续火爆,位次不断地向前递进。

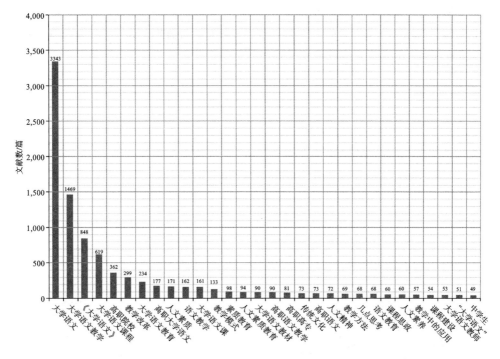

图 3　期刊论文的前 30 位主题的统计

3) 核心主题的共现矩阵

所谓共现矩阵,是指两个主题同时出现在一篇文章中的文章频数。例如,图 4 的最左下角方框中是数值 24,向左看对应"人文教育",向下看对应"大学语文",代表同时含有"人文教育"和"大学语文"两个主题的文章共有 24 篇。再如,图 4 中最大的数值是 92,说明同时含有"高职大学语文"与"大学语文"两个主题的文章共有 92 篇。鉴于高职高专学校数量多,教师人数也不少,所以研究高职高专大学语文的文章数量也是蔚为大观,的确应该为高职高专大学语文教师的研究成果点赞喝彩。

3. 大学语文研究的前十大学科分布

由图 5 可知,研究大学语文的前十大学科分布及其占比为:中国语言文字(80.96%),高等教育(5.75%),教育理论与教育管理(3.63%),计算机软件及计算机应用(2.45%),职业教育(1.77%),中等教育(1.77%),中国文学(1.20%),人物传记(0.90%),外国语言文字(0.90%),文艺理论(0.67%)。这说明大学语文研究始终是在汉语言文字学科领域内进行的,也有少部分属于高等教育的研究范畴,而且前三个领域基本涵盖了大学语文研究的主要学科领域。另据笔者研究发现,大学语文的研究对象涵盖课程性质、教学内容、教学模式、教材建设、教师修养、考试评估和课外活动等,基本上是采用教育学的理论体系与话语模式,所以大学语文看起来似乎更像是一门课程,而不能算作一门学科。尽管有不少专家学者为提升大学语文课程的地位,长期以来一直不断呼吁"大学语文学科化",但最终结果却不尽如人意,通常也只是被视为一门名副其实的课程而已。

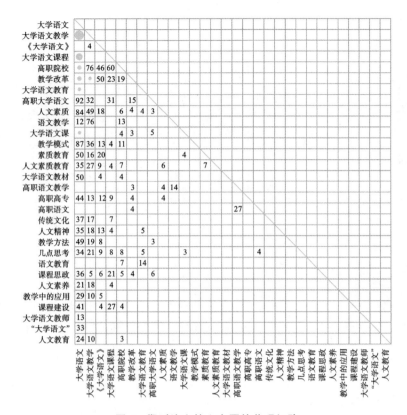

图 4　期刊论文核心主题的共现矩阵

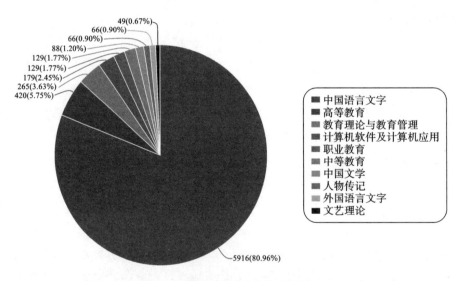

图 5　前十大学科分布及其占比

4. 发文量前十的期刊

图 6 是大学语文研究发文量前十的期刊分布图。由图中数据可知,大学语文研究发文量排名前十的期刊及其发文量占比为:《语文建设》(31.83%),《汉字文化》(21.72%),《文学教育(上)》(13.71%),《教育与职业》(11.11%),《语文教学通

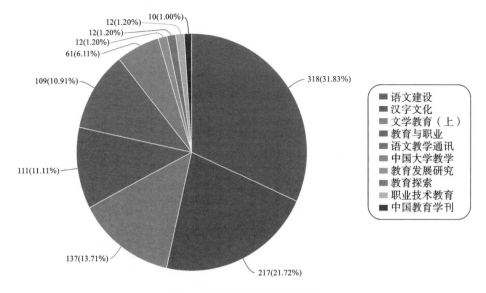

图 6 发文量前十的期刊分布

讯》(10.91%),《中国大学教学》(6.11%),《教育发展研究》(1.20%),《教育探索》(1.20%),《职业技术教育》(1.20%),《中国教育学刊》(1.00%)。由此不难看出,发文期刊主要分为语文类和教育类两种,其中大部分刊物都曾入选过北京大学核心期刊和南京大学 CSSCI 来源期刊。这些刊物通过发表大学语文教师和学者的研究论文,传播最新最前沿的学术资讯,宣传推介优秀的科研成果,为促进大学语文学科建设作出了重要贡献。然而,从另一方面来看,这几种语文类期刊除了《语文建设》是北大核心期刊之外,其他都是普通期刊,这说明大学语文研究成果的发文期刊还需要进一步提升档次。

5.作者的发文量情况

1)前十位作者

由图 7 可知,大学语文研究期刊文章发文量排列前十的作者分别为:杭州师范大学何二元(21 篇),淮阴师范学院李士金(14 篇),北京民族大学付帅(10 篇),长春金融高等专科学校朱淑娟(8 篇),湖南工艺美术职业学院荆丽敏(8 篇),黑龙江大学张丽杰(7 篇),白城师范学院王如辰(7 篇),湖北省郧阳师范高等专科学校赵长慧(7 篇),吉林大学韩建立(6 篇),长春大学王卓玉(6 篇)。另外,笔者通过知网搜索何二元的相关文章,发现共计有 38 篇,剔除重复发表的 3 篇,剩下有 35 篇,而且第一作者有 29 篇。在这 29 篇之中,发表于《汉字文化》上的有 12 篇,发表在《语文教学通讯》上的有 12 篇。尽管因两种检索路径所得到的文章数量有所差异,但何二元在篇目数量上远超同侪、拔得头筹是肯定无疑的,也是值得尊敬和学习的。假如大学语文界的全体同仁,都像何二元这样积极投身于大学语文的教育事业,积极开展学术研究,努力撰写学术论文,就一定可以促进大学语文研究的蓬勃发展。

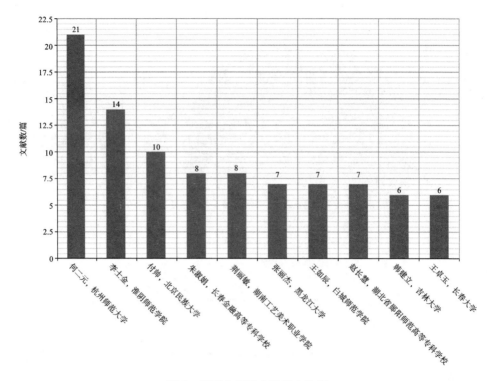

图 7 期刊文章发文量前十作者

2)前四十位作者

由图 8 可知,大学语文研究期刊文章发文量前四十的作者,基本上都是普通高校的教师,而且还有很多是高职院校的教师,反而著名高校的教师却比较罕见。这说明普通高校和高职院校的教师大多从事大学语文的教学工作,更愿意开展大学语文研究,并做出了十分可喜的成绩。和那些著名高校从事中文教学与研究的专家教授相比,他们这才是真正研究大学语文的行家里手!

6. 研究机构发文量情况

1)前十机构

由图 9 可知,大学语文研究期刊类文章发文量前十的机构分别为:湖南工艺美术职业学院(25 篇),杭州师范大学(23 篇),吉林师范大学(22 篇),吉林体育学院(20 篇),长沙职业技术学院(20 篇),东北财经大学(19 篇),安康学院(18 篇),湖北大学(18 篇),河南理工大学(17 篇),河南师范大学(17 篇)。众所周知,湖南工艺美术职业学院是一所地方性的高职高专学校,但整个教师团队发表大学语文研究的论文数量却排名第一。

2)前四十机构

由图 10 可知,大学语文研究期刊文章发文量前四十的机构依然是以普通高校为主体,而华东师范大学、南开大学、华中师范大学、武汉大学和吉林大学等著名高校只能排在后面。这说明著名高校的教师对大学语文研究不感兴趣,或者研究意

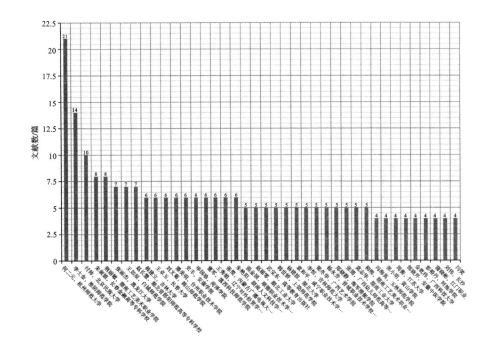

图 8　期刊文章发文量前四十作者

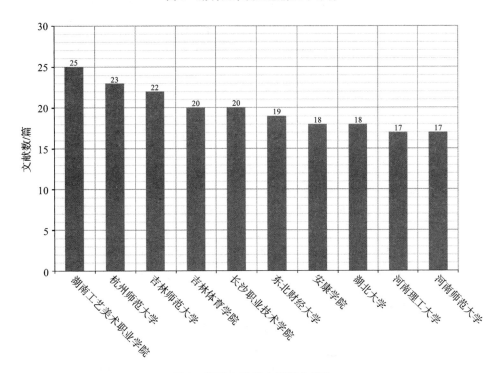

图 9　期刊文章发文量前十机构

愿极低,时间精力投入不足,最终导致学术成果产出极少。然而,有一些著名高校的专家学者既不上大学语文课,也不开展相关研究和撰写学术论文,但却在全国和各省市大学语文研究会担任要职,或是在《大学语文》教材教参上署名主编、副主

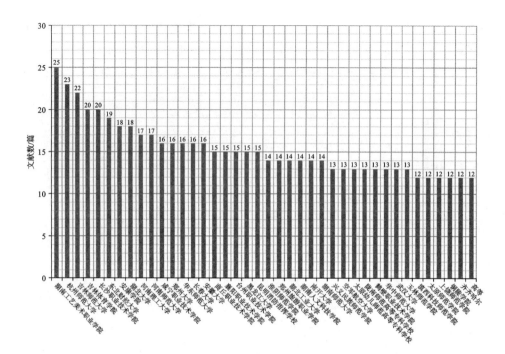

图 10 期刊文章发文量前四十机构

编,或是在课程建设与研究项目上挂名主持人,抑或在大学语文会议论坛上高谈阔论,替他人指点迷津。这一现象很常见,却并非正常,值得大学语文教育界深刻反思。

三、知网北大核心和 CSSCI 来源期刊发文情况

尽管笔者通过知网自身的文献可视化功能,对上述 6851 篇文章的整体发表情况进行了系统分析,但由于文章的数量太多,研究水平参差不齐,还有不少非研究性的、重复性的乃至新闻性的文章混杂其间,但笔者又不可能花太多时间对每一篇文章都进行审核辨识,因此需要缩小对象范围、缩短研究时间长度,选择在知名刊物上发表的高水平论文,同时借助文献计量工具 CiteSpace 进行统计分析。唯有如此,才能进一步深入分析大学语文研究的历史、现状和特点,形成较为系统性、综合性和规律性的理论认知。

通过查阅知网可知,在其"高级检索"栏目所列出的期刊来源类型中,分别有全部期刊、SCI 来源期刊、EI 来源期刊、北大核心、CSSCI 和 CSCD 等 6 个选项,其中 SCI(科学引文索引)与 EI(工程索引)是美国科学与工程类期刊数据库,CSCD 是中国科学引文数据库,不可能刊登大学语文研究方面的论文,而只有北大核心和 CSSCI(中文社会科学引文索引)才是中文社会科学研究领域最具权威性和影响力的来源期刊。北大核心是由北京大学图书馆联合国内几所大学图书馆和众多权威专家,根据期刊的引文率、转载率、文摘率等指标确定的期刊目录,范围涵盖人文社

会科学与自然科学各类期刊,并在1992年推出《中文核心期刊目录总览》,且每四年更新一次。CSSCI是由南京大学中国社会科学研究评价中心从全国2700余种中文人文社会科学学术性期刊中精选出的学术性强、编辑规范的期刊作为来源期刊,在1998年推出电子版《中文社会科学引文索引》,后每两年更新一次,目前收录有25个大类的500多种学术期刊。只有以北大核心和南大C刊为研究对象,选择大学语文研究的高质量、高水平文章进行分析,并运用文献计量工具CiteSpace对数据加以处理,才能从更高层次、更高视野上开展研究,进而得出更加科学合理、更有参考价值的结论。

在CNKI中国知网中,进入高级检索页面,选择"学术期刊"类文献,在"来源类别"一栏勾选"北大核心"和"CSSCI",然后以"大学语文"进行主题词检索,共获得文献998篇(检索时间为2021年8月9日)。经人工筛选,剔除非学术研究型文章和重复文章后,获得846篇文章。再将此846篇文章按"Refworks"格式进行导出,并使用文献计量工具CiteSpace对数据进行预处理,转为该计量工具可处理的数据格式,由此得到本文的最终文献数据集。基于文献数据集,继续使用CiteSpace构建关于"大学语文"研究的知识图谱。具体方法是在导入数据文件后,在CiteSpace主界面,时间设置为1992—2021年,时间切片设置为1,其余设置则使用其默认选项,然后根据研究需要进行目标图谱的生成,最后对初步生成的图谱合理调整,并对知识图谱展开分析。

1. 期刊发文量年度分布与变化趋势

由图11可知,北大核心和CSSCI来源期刊发表大学语文研究论文的年份是从1992年至2021年,刚好是整整30年,比全部期刊的发文时间滞后10年。究其原因,乃是因为北大核心期刊评定的时间始于1992年,南大C刊则始于1998年,而且北大核心期刊在时间跨度上覆盖南大C刊。另外,从图11可以看出,发文量总

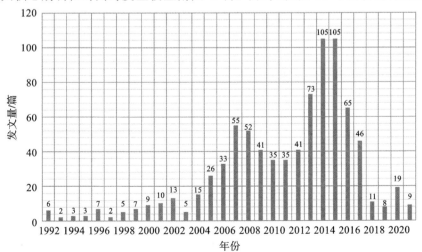

图11 期刊发文量年度分布

体由两阶梯攀升趋势转为下降趋势。先是由1992年的6篇缓慢攀升至2007年的55篇,接着经历一个U形谷趋势后,于2014年和2015年达到最高值105篇,此后发文量呈现快速的断崖式下跌,到2020年只有19篇。然而,据图1显示,在2019年和2020年全部期刊发文量分别高达707篇和860篇,达到了历史新高。为何形成如此巨大的反差呢?这大概是由于北大核心期刊和南大C刊"内卷"严重,竞争日趋激烈,发文越来越长,篇目越来越少,于是导致大学语文研究论文在这两类高水平期刊的发文量急剧减少,越来越难以满足众多撰稿者的发文需求。

此外,为什么在2007年和2014年迎来两个波峰?王箐认为:"大学语文研究的发文数量和研究热点与国家颁布的政策导向有着密不可分的关系。教育部发布与大学语文相关的文件或发表相关讲话后,大概率会迎来大学语文研究的学术爆发。"①2006年9月,《国家"十一五"时期文化发展规划纲要》向社会公布,并提出要求:"高等学校要创造条件,面向全体大学生开设中国语文课。"②教育部在2006年底召开高等学校大学语文教学改革研讨会,并于次年发布第38号文件,从而推动大学语文研究在2007年出现了一次小高潮。同样,在2012年11月,党的十八大在京召开,选举出以习近平同志为核心的新一届党中央领导集体。习总书记曾多次发表讲话,强调要重视中华优秀传统文化教育,努力提高青少年学生的人文素质。与此同时,教育部国家语言文字工作委员会发布了《国家中长期语言文字事业改革和发展规划纲要(2012—2020年)》,要求加强对全体大中小学生的语言文字和文化素养教育。在这样的时代背景之下,大学语文研究论文发表数量在2013年和2014年持续再创新高。这种现象从正反两方面来看,既有积极呼应国家政策、紧跟时代发展要求的重要意义,也有盲目追逐热点和投机取巧的严重问题。这种现象和问题由来已久,值得大学语文教育界全体同仁深刻反思。

2.作者、机构及其合作情况

图12和图13均为作者共现知识图谱,所显示的是论文作者之间的合作关系。在作者共现知识图谱中,每一个作者用一个节点表示,节点姓名标签越大表示该作者发文量越大,节点间连线代表作者间存在合作关系,连线粗细表示合作频次,连线颜色越深代表合作年代越久远。虽然图12和图13表示的意义相同,但区别在于图12包括所有发文作者,而图13则显示发文量大于1篇的作者。在图12中共有节点466个,表示一共有466个作者,连线总数为47次,共现图谱网络密度为0.0004。图13显示的是大学语文研究的核心作者及其发文情况,其中发文量最大的为4篇,发文者有2位,分别为卢毅、王箐;发文量为3篇的共有12人,发文量2篇的共有42人,其余均发文1篇。

---

① 王箐.从知识论到价值论:大学语文研究现状及对策探析——基于CNKI核心期刊论文的文献计量分析[J].汉字文化,2021(1):166-168.
② 国家"十一五"时期文化发展规划纲要[N].人民日报,1986-03-09(12).

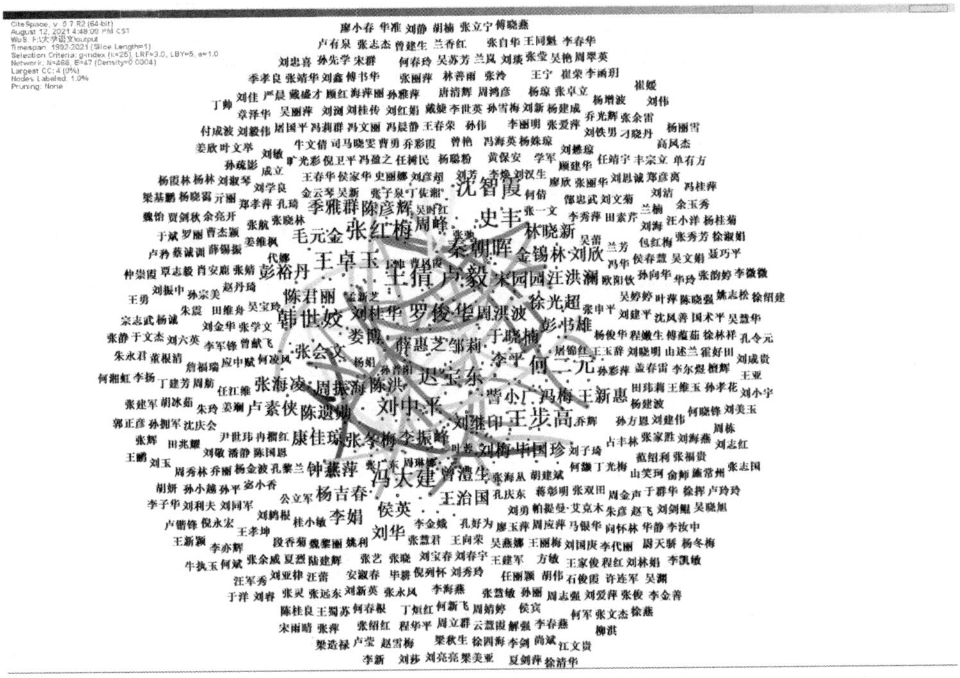

图 12 作者共现知识图谱之一

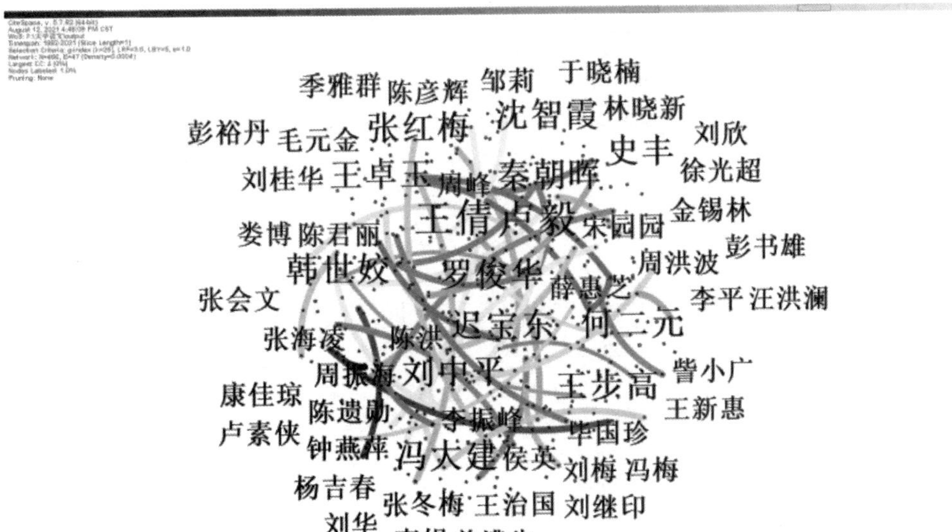

图 13 作者共现知识图谱之二

为了检验图 13 是否准确可信,笔者以"大学语文"为主题词,采取人工检索的方式,对几位名列前茅的作者在北大核心和南大 C 刊中的发文数量进行核查,并以第一作者身份计算篇目数量,以此来判断在高水平期刊论文发表方面谁为执牛耳者。经检索发现,作者单位署名为东南大学和清华大学的王步高发文 5 篇,并主要刊登在南大C刊《中国大学教学》上，应该名列第一。作者单位署名为陕西科技大学的卢毅发文4篇，发文期刊均为北大核心期刊《职业与教育》。王倩共计发文4篇，其中作者单位署名为华中科技大学和黄淮学院的3篇，署名为石家庄幼儿师范高等专科学校的1篇。通过查阅个人简历发现发文作者并非同一个人，而且所发刊物也只是北大核心期刊。秦朝晖发文4篇，作者单位署名为太原师范学院基础部。此外，高等教育出版社的迟宝东、南开大学的冯大建、杭州师范大学的何二元、江西旅游商贸职业学院刘中平、韶关学院的罗俊华、安康学院的史丰和吉林工业大学的沈智霞等发文均为3篇。与图7所提及的全部期刊作者相比，发文量排名前10以内作者的论文总量至少也有6篇，但在北大核心和南大C刊中的发文人数和论文数量竟然如此之少，不能不令人感到震惊和遗憾。这说明大学语文研究看上去众声喧哗、煞是热闹，但实际上却是无大师、无名作、无理论、无影响！

图14是北大核心和CSSCI来源文章的发文机构共现知识图谱，显示发文机构及合作群络关系。其中，共有节点438个，表示一共有438个发文机构；连线总数为24次，表示机构间共有24次合作；共现图谱网络密度为0.0003。由图14可知，发文量最大的为6篇，属南开大学文学院；发文5篇的共有2个机构，分别为东南大学和太原师范学院基础部；发文量4篇的有1个机构，乐山师范学院；发文量3篇的共9个机构，发文量2篇的共20个机构，其余机构均发文1篇。由此可见，在北大核心和CSSCI来源期刊中，既没有出现较高发文量的机构，机构间合作也十分欠缺，这与作者发文、作者间合作的计量结果一致。

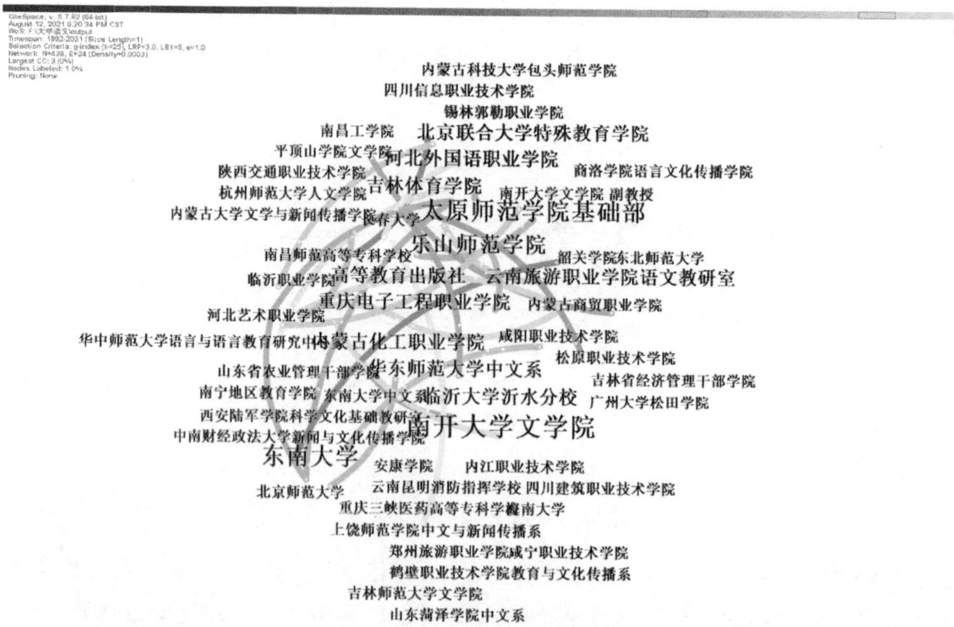

图14　发文机构共现知识图谱

3. 关键词及其聚类主题演化情况

聚类主题是基于文本聚类的技术方法,将相关文本主题归纳起来形成类别,并通过关键词的变化来揭示主题的变化情况与发展趋势。在图15中,每一个节点代表一个关键词,连线代表关键词共线,关键词名称标签越大代表出现频次越高,连线越粗代表共现越多。红色字体为聚类主题,相应关键词集合于一块图形中。由图15可知,共有关键词698个,共现频次为1410。在聚类图谱中,$Q>0.3$,代表聚类显著;$S>0.5$,代表聚类可信;Q、S值越大,聚类越显著、越可信。由Q、S值($Q=0.6662,S=0.8871$)可知,关键词聚类效果较好,共形成10个聚类主题,分别为:大学语文、大学语文教学、大学语文教材、大学语文教育、《大学语文》、教学改革、语文教学、素质、中国传统文化、人文素质教育。其中,《大学语文》主要是指教材以及教参,但也不排除有人会误用书名号,把课程名称也冠以书名号。

图15 关键词共现聚类知识图谱

在关键词共现聚类时间线图中,每一个节点代表一个关键词,连线代表关键词共现,节点越大代表出现频次越高。红色字体为聚类主题,相应关键词集合于一条主题线上,主题线实线长短代表该主题主要持续时间。图16是北大核心和CSSCI来源文章的关键词共现聚类时间线图。由图16可知,共有关键词698个,共现频次为1410;关键词聚类效果好,共形成10个聚类主题,分别为大学语文(该主题的主要研究时期为1992—2021年)、大学语文教学(1992—2021年)、大学语文教材(1992—2020年)、大学语文教育(2001—2020年)、《大学语文》(1998—2020年)、教学改革(1996—2019年)、语文教学(1995—2020年)、素质(1999—2016年)、中国传统文化(1999—2021年)、人文素质教育(1998—2021年)。

图17是北大核心和CSSCI来源文章的关键词共现聚类时区图。图中每一个

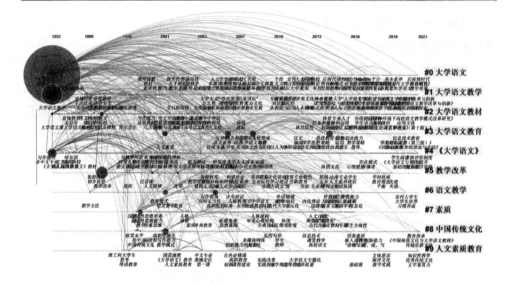

图 16　关键词共现聚类时间线图

节点代表一个关键词,连线代表关键词共现,关键词标签越大代表出现频次越高,连线越粗代表共现越多。红色字体为聚类主题,图形横轴是时间轴,代表 1992 年至 2021 年的时间跨度,节点位置对应的横轴时间为该关键词首次出现时间,聚类主题标签对应的时间为该主题主要演化时间区间及顺序。由图 17 可知,共有关键词 698 个,共现频次为 1410;关键词聚类效果好,共形成 10 个聚类主题,其研究主题进路顺序为《大学语文》、素质、大学语文教材、人文素质教育、中国传统文化、大学语文、教学改革、大学语文教学、语文教学、大学语文教育。

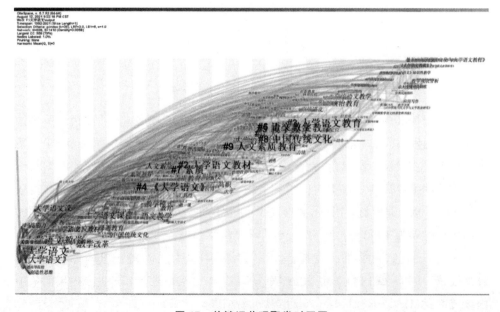

图 17　关键词共现聚类时区图

4. 关键词及其变化情况

1) 排名前二十的高频关键词

表 1 所列举的是在北大核心和 CSSCI 期刊论文中出现的前二十高频关键词及其相应的频次,频次即为该关键词在不同文章中以关键词身份出现的次数。其中,"大学语文"出现 464 次,符合本研究主题;"大学语文教学"出现 86 次,"教学改革"出现 48 次,《大学语文》出现 42 次,"语文教学"出现 35 次,其余依次递减。另外,虽然近年来"课程思政"等核心主题词十分火爆,但却没有出现在高频关键词中,看来还需要一段时间,通过更多的论文发表才能显示出来。

表 1　北大核心和南大 C 刊文章的高频关键词

关键词	频次	关键词	频次
大学语文	464	人文素质	24
大学语文教学	86	大学语文教材	22
教学改革	48	大学语文课	21
《大学语文》	42	高职院校	20
语文教学	35	思想政治教育	20
大学生	30	教学模式	18
教学	30	人文素质教育	18
语文教育	28	人文精神	17
大学语文教育	27	改革	16
大学语文课程	25	高职	16

2) 高频关键词的年度频次变化

A. 大学语文(图 18)。

B. 大学语文教学(图 19)。

C. 教学改革(图 20)。

D.《大学语文》(图 21)。

E. 语文教学(图 22)。

F. 大学生(图 23)。

G. 教学(图 24)。

H. 语文教育(图 25)。

I. 大学语文教育(图 26)。

J. 大学语文课程(图 27)。

高频关键词的年度频次变化,是指含有此关键词出现的文章数随时间变化的情况。图 18～27 所显示的是排名前 10 位的关键词从 1992 年至 2021 年共 30 年内随时间变化的曲线,由此可以看出不同关键词在不同时间受到关注的情况,同时也是对研究主题与热点问题的反映。例如,关键词"大学语文"年度频次变化总体

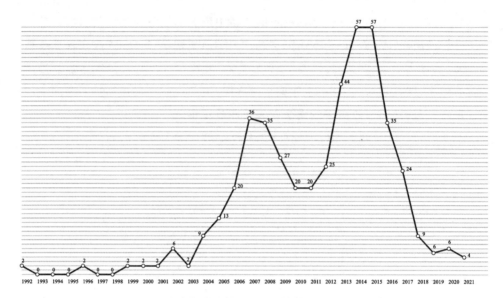

图 18 关键词"大学语文"年度频次变化

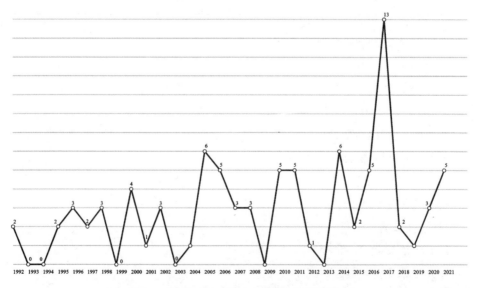

图 19 关键词"大学语文教学"年度频次变化

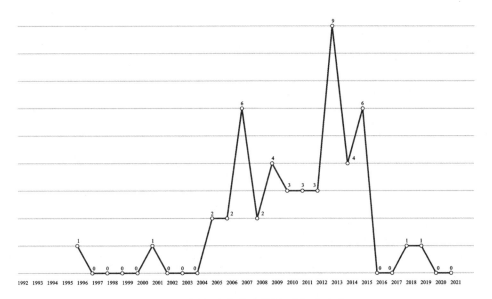

图 20 关键词"教学改革"年度频次变化

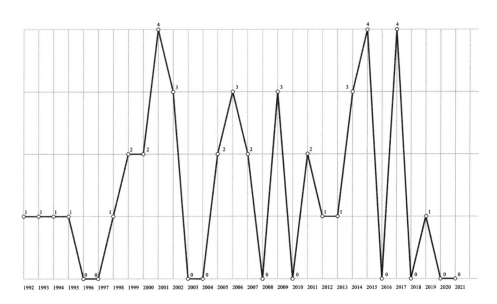

图 21 关键词"《大学语文》"年度频次变化

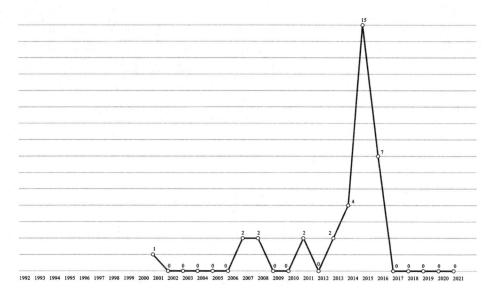

图 22　关键词"语文教学"年度频次变化

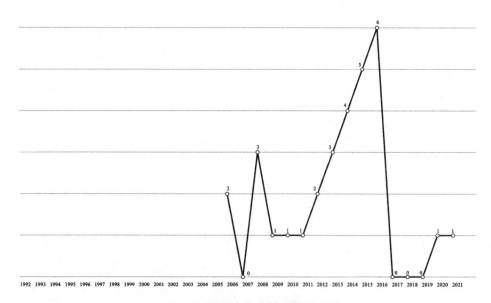

图 23　关键词"大学生"年度频次变化

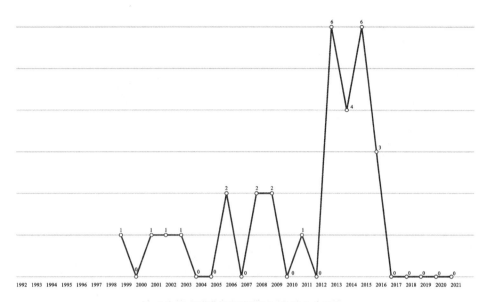

图 24　关键词"教学"年度频次变化

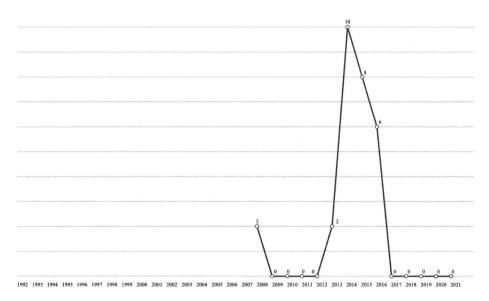

图 25　关键词"语文教育"年度频次变化

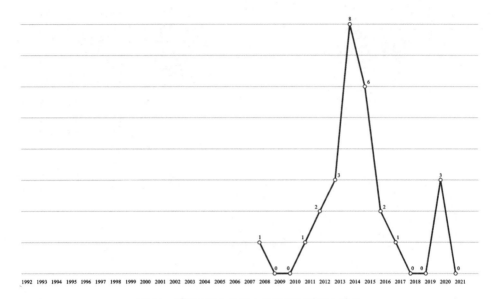

图 26 关键词"大学语文教育"年度频次变化

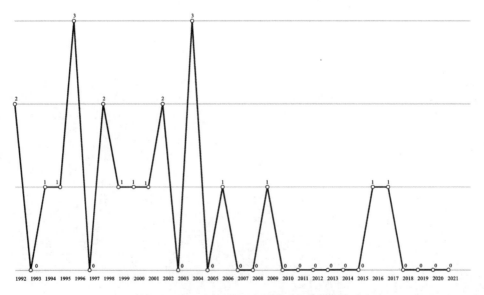

图 27 关键词"大学语文课程"年度频次变化

经历了先升后降的变化,2007年出现第一个波峰36次,2014年和2015年出现最高峰57次,总体变化趋势与大学语文研究总体发文量趋势基本一致。再如,关键词"《大学语文》"通常是指教材以及教参,其年度频次变化总是波峰波谷交相叠加,表示长期以来一直备受关注,成为大学语文研究中的核心问题。

5.前沿热点分析

突现关键词即频次变化率高的关键词,揭示该研究领域某一时期的前沿热点,而且突现强度越大越好。图28是北大核心和CSSCI来源文章的关键词突现图(Sigma设定值为0.8,最小时间单位为1年),它们代表了大学语文各阶段的研究热点问题。例如:关键词"大学语文课"首次出现的时间为1992年,突现强度为8.46,突现持续时间为1992—2004年;关键词"大学语文教学"的突现强度为5.17,突现持续时间为2017—2021年;关键词"高校语文教学"的突现强度为2.84,突现持续时间为2015—2021年;其余以此类推。

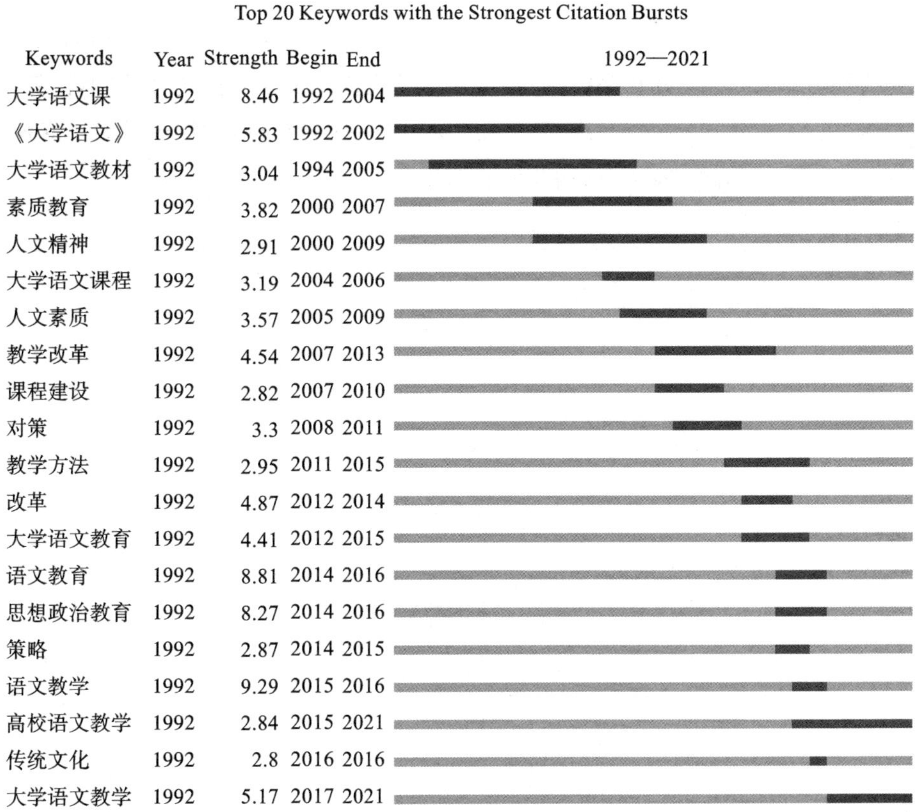

Top 20 Keywords with the Strongest Citation Bursts

Keywords	Year	Strength	Begin	End	1992—2021
大学语文课	1992	8.46	1992	2004	
《大学语文》	1992	5.83	1992	2002	
大学语文教材	1992	3.04	1994	2005	
素质教育	1992	3.82	2000	2007	
人文精神	1992	2.91	2000	2009	
大学语文课程	1992	3.19	2004	2006	
人文素质	1992	3.57	2005	2009	
教学改革	1992	4.54	2007	2013	
课程建设	1992	2.82	2007	2010	
对策	1992	3.3	2008	2011	
教学方法	1992	2.95	2011	2015	
改革	1992	4.87	2012	2014	
大学语文教育	1992	4.41	2012	2015	
语文教育	1992	8.81	2014	2016	
思想政治教育	1992	8.27	2014	2016	
策略	1992	2.87	2014	2015	
语文教学	1992	9.29	2015	2016	
高校语文教学	1992	2.84	2015	2021	
传统文化	1992	2.8	2016	2016	
大学语文教学	1992	5.17	2017	2021	

图28 关键词突现图

6.高相关和高被引文章

1)高相关度排名前十的文章(表2)

表 2 高相关度排名前十的文章

篇名	作者	发表时间（年份）	被引次数
大学语文教育的学科定位与功能特性	张福贵	2014	67
高校人文素质教育在线教学的思考——兼谈南开大学"大学语文"在线课程建设	冯大建,迟宝东,刘子琦	2014	26
论大学语文课程的定位与内容构建	秦朝晖,傅书华	2012	35
中华优秀传统文化教育与大学语文课程建设	郭海军,张旭东	2015	73
大学语文的课程定位与教学改革	孙宗美	2018	15
提升母语素养 激活文化自信——浅论作为母语教育的"大学语文"课程与教材建设	冯大建,陈洪	2018	12
大学语文教学与大学生人文素养培育	蒋承勇,云慧霞	2013	32
新时期地方高校大学语文教学的走向与改革	陈少志,杨晓东,李秀萍	2014	11
社会性软件支持下的大学语文教师专业发展模式研究	袁磊,何晴,王卓玉	2016	9
大学语文经典文本细读"三层次"教学模式探析	秦朝晖,孙莉	2014	8

2）被引频次排名前十的文章（表3）

表 3 被引频次排名前十的文章

篇名	作者	发表时间（年份）	被引频次
大学语文的教学改革方向	孔庆东	2006	166
在改革中加强"大学语文"课程教学	陈洪	2007	93
中华优秀传统文化教育与大学语文课程建设	郭海军,张旭东	2015	73
大学语文教育的学科定位与功能特性	张福贵	2014	67
语文教学本质上是语用教学	王元华	2008	67
我国大学母语教育现状——三年来对全国近300所高校"大学语文"开课情况的调查报告	王步高,张申平,杨小晶	2007	67
应重视"整本书"阅读能力的培养	王孝坤	1996	64
高职院校大学语文教学改革初探	高雅杰,郝春生	2007	60
谈大学语文的定位	朱玲	2005	49
论大学语文的课程方向与内容构建	李瑞山	2007	46

表 2 和表 3 分别是通过知网所自带的分析功能,经过筛选所获得的与本文研究主题"大学语文"高相关度排名前十的文章和被引频次前十的文章。其中,张福贵的文章,冯大建与迟宝东等人的文章,秦朝晖与傅书华的文章,郭海军与张旭东等人的文章,其相关度名列前茅;孔庆东的文章,陈洪的文章,郭海军与张旭东的文章,张福贵的文章,王元华的文章,王步高与张申平等人的文章,被引频次居于前列。上述数据足以证明,这些专家学者在大学语文研究方面的杰出贡献及其学术影响力。出乎意料的是,北京大学中文系孔庆东教授很少撰写大学语文方面的研究论文,但他发表的只有 2 个页面、共计 4000 字左右的文章《大学语文的教学改革方向》的被引频次却高居榜首,远超那些长期研究大学语文的专家学者,实在有点令人惊奇。鲁迅曾说过"文以人传"①,由此看来,此言的确不虚。

四、研究结论

自 20 世纪 70 年代末 80 年代初,南京大学匡亚明校长和华东师范大学徐中玉教授等人倡导开设大学语文课程以来,转眼已经超过 40 年了。目前,大学语文课程不仅在全国各级各类高校中普遍开设,而且成了不少高校的公共必修课或者通识课,并得到了国家教育主管部门的高度重视和社会各界的广泛关注,但同时也出现了很多亟待解决的问题,面临着诸多严峻的挑战。同样,在大学语文学术研究和期刊论文写作与发表方面也是如此。下面笔者将从主要成绩、存在问题和改进对策等三个方面,对大学语文研究成果进行具体全面的阐述。

1. 主要成绩方面

长期以来,全体大学语文教师忠诚于党的教育事业,坚持立德树人的教育方针,积极投身于大学语文的教学事业,大力开展教学实践和学术研究,先后编撰了 2000 余部教材和教参,出版了 40 余部学术著作,同时还发表了数以万计的期刊论文、学位论文、会议论文和报刊文章,在学术研究方面取得了丰硕的成果。通过对知网收录期刊论文的统计分析发现,大学语文研究所取得的成绩主要有以下几点:一是研究对象明确。大学语文的研究对象非常具体明确,涵盖大学语文课程教学与学科建设的方方面面,具体包括大学语文的课程性质与定位、教材与教参、教学模式与方法、教师培养、考试评估,以及大学语文与中国传统文化、人文素质教育等。二是研究内容丰富。长期以来,广大教师围绕大学语文教育教学各个方面进行研究探讨,提出了诸多新观点与新认知,构成了初步完整、特色鲜明的内容体系。在教育功能上,从"补课论""知识论"发展到"素质教育论";在学科定位上,提出了"工具性与人文性的统一"说;在课程性质上,强调大学语文的工具性、基础性、文学性、人文性等;在教学内容上,主张语言、文学、写作等多学科内容的有机结合;在学

---

① 鲁迅. 阿 Q 正传[M]. 武汉:长江文艺出版社,2020:45.

术流派上,提出了构建具有地域和行业特色的大学语文流派;在其他方面,诸如大学语文与中小学语文的比较研究,教材、教参与教法研究等。三是研究者和机构众多。由于全国高校基本上都开设了大学语文课程,所以任课教师众多,学历层次多样,职称高低不一,老中青齐备。各位教师把平时教学过程中的经验、体会、感悟和思考写成文章,并在各级各类期刊上发表,于是形成了浩浩荡荡的写作大军。四是研究成果丰硕。由于作者多,加上期刊多,自然也就发文多,近两年更是大幅度地增长,不断突破历史新高,从而使相关研究成果不断上档次、上台阶、上水平,形成了诸多新理论、新观点、新认识,有力地促进和推动了大学语文研究不断向前发展。

  为了准确分析和判断大学语文研究成果的实际水平,以及在整个中文学科研究中所处的地位,笔者决定另辟蹊径,采用数据对比的方法,尝试把大学语文研究成果和中文相关学科的研究成果进行比较研究,以此来作出实事求是的判断与评价。根据国家标准《学科分类与代码》(GB/T 13745—2009)的学科类别划分,笔者选取与大学语文相关的文学门类中的部分下一级子目录作为学科名称,并以知网所收录的期刊论文数据库作为数据源。在CNKI中国知网中,进入高级检索页面,选择"学术期刊"类文献,在"来源类别"一栏勾选"北大核心"和"CSSCI",然后以"文学理论""文艺美学""中国古代文学""大学语文"等学科名称进行主题词检索,获得相关研究文献的统计数据(检索时间为2021年8月16日),文献发表的时间跨度为1992—2021年,共计30年。现将各学科名称与期刊论文数量分别列表如表4所示。

表 4 各学科名称与期刊论文数量表

学科名称	论文数量	学科名称	论文数量	学科名称	论文数量
文学理论	5275	中国古代文学	1095	中国民间文学	913
文艺美学	776	中国近代文学	290	中国儿童文学	313
文学批评	7692	中国现代文学	3696	中国少数民族文学	375
比较文学	2782	中国当代文学	2437	大学语文	999

  由表4可知,在1992—2021年的30年间,北大核心和南大C刊两类高水平期刊累计发表大学语文相关研究论文近千篇。虽然与文学理论、文学批评、中国现代文学等主流学科不可同日而语,但比文艺美学、中国近代文学、中国儿童文学和中国少数民族文学还是强多了。而且,上述30年的研究成果,基本上可以代表和反映大学语文研究的光辉成就。必须指出的是,大学语文还不是一级学科,并长期处于边缘化的地位,不被传统的文学学科所接受与认可。很多人瞧不起大学语文课程,也不愿意从事大学语文研究。然而,全体大学语文教师却始终坚守初心、牢记使命,绝不妄自菲薄、自暴自弃,通过长期不懈的辛勤耕耘,最终产出了丰硕的成果,形成了广泛的影响。这一切可谓是惊天地、泣鬼神,的确来之不易。由此看来,那些瞧不起大学语文研究的无知、傲慢与偏见,可以休矣!

2.主要问题方面

虽然大学语文研究取得了巨大的成绩,产生了丰硕的成果,但是也存在诸多问题和严峻挑战,需要加以认真研究和解决。具体而言,主要问题有以下几点:一是尚未形成学科体系。尽管在大学语文课程恢复开设之初,就有人根据当时教学与科研的实际情况,提出了构建学科体系、促进学科发展的设想,强调要把大学语文建设成涵盖语言、文学以及写作在内的综合性课程体系。然而,数十年过去了,大学语文学科理论体系的建设依然是个老大难问题,至今无法得到解决。正如张福贵所言:"虽然大学语文课程设立时间比较早,但与其他学科相比,大学语文学科性的不成熟、地位的不确定、属性的不清晰,可能在所有的学科中都是极其少有的。"①由此可见,建构科学的、完备的大学语文学科理论体系,仍然有很长的路要走。二是缺乏高水平的学术成果。通过对北大核心和CSSCI来源期刊的发文人数和发文篇数的统计发现,有关大学语文研究的高水平论文及其作者少之又少,可谓是既无大师、也无名作,更遑论产生多大的社会影响和实际效益。在当前北大核心和CSSCI来源期刊发文数量急剧减少的情况下,有关大学语文研究论文的发文数量也将日益减少,甚至有面临灭顶之灾的危险。假如这种局面再不改变,大学语文研究也永远只能裹足不前、原地踏步了。三是缺乏有影响力的著名期刊。在大学语文研究发文量前十的期刊中,除了《中国大学教学》稍强之外,其他刊物的影响力都不大。尤其是只有四种语文类期刊,而且影响因子都很低,根本谈不上著名期刊。《语文建设》作为北大核心期刊,长期以来一直坚持刊发大学语文研究论文,并排名发文量的榜首,但在2019年改版分成"小学刊"和"中学刊",唯独没有"大学刊",这就意味着大学语文研究失去了一个重要的发表阵地。四是合作研究有待加强。无论是大学语文教师和研究者之间,还是各级各类高校之间,在联合开展科研项目攻关、编写教材教参、开发网络课程和举办学术交流论坛等方面都存在诸多问题,文人相轻、互不买账、各自为战、老死不相往来等现象普遍存在,严重影响和制约了大学语文教师与学校之间的合作交流和共同发展。五是缺乏学术流派。我国既有部属高校和地方高校,也有综合性高校和行业性高校,但由于各种复杂的历史与现实原因,在大学语文教学与研究方面高度雷同、千人一面、千篇一律,难以体现出地域特色、行业特色和专业特色,自然也就难以形成有广泛影响力的学术流派,更难以推进大学语文研究向多元化、特色化方向发展。

3.主要对策与建议方面

2021年4月19日,习近平在清华大学考察时强调指出,我国高等教育要立足中华民族伟大复兴战略全局和世界百年未有之大变局,心怀"国之大者",把握大

---

① 张福贵.大学语文的学科定位与课程属性反思[J].武汉大学学报(哲学社会科学版),2021(2):25.

势,敢于担当,善于作为,为服务国家富强、民族复兴、人民幸福贡献力量。[①] 百年大计,教育为本。高等教育的根本任务,就是要培养德智体美劳全面发展的社会主义建设者和接班人,而开展人文素质教育则是实现这一任务目标的重要途径。近年来,教育部推出了"新文科"建设计划,强调要打破专业壁垒,实现文理融合,促进教学改革,培养人文素养高、专业能力强的创造性人才。大学语文课程作为高等院校普遍开设的一门通识课程,肩负着人文素质教育的重要使命。所以,大学语文研究一定要紧跟时代发展脚步,积极回应国家政策与社会需求,大力开展实践探索和理论创新,力争产生新成果与新突破。具体而言,大学语文研究的改革创新必须做到以下几点。

(1)构建学科体系。早在1986年,匡亚明、徐中玉和侯镜昶等人发表的《大学语文应该成为独立的学科》一文指出:"大学语文是一门新兴边缘学科,……必须按照它自身的规律作为独立学科存在、发展下去。"[②]陈洪、李瑞山提出:"大学语文应有明确定位","应逐渐形成有独立内涵和特定研究对象的一个专业"[③],并发展成为"中国语言文学"一级学科底下的独立二级学科。倪卫平提出建构大学语文学科体系模式的观点,认为应该包括历代文选、文学艺术专题、文化思想史、基础写作与专题写作等5个子课程,最终实现"由单一课程到系列课程的演变"[④]。还有不少学者指出,大学语文应该早日成为独立学科,构建起相应的学科知识体系和课程体系,并通过自身的学科建设和国家的政策支持,以及全体教师的共同努力,尽快实现全部高校将其作为公共通识课和必修课的任务目标,进一步推动大学语文教学改革与学术研究不断向前发展。

(2)建设学术流派。笔者先后在《关于大学语文教学改革与构建湖北学派的理论思考》《构建湖北大语学派,增进民族文化自信》《立足荆楚文化,建设湖北大语学派》等文章中大声疾呼,强调各地方高校、各行业高校要立足于地域文化和行业特色,坚持走学科化、地域化和特色化的道路,积极探索大学语文教学深化改革的新途径与新方法。笔者在文章中认为:"大学语文教学改革的目标,一是要探索学科体系,二是要建构学术流派,三是要形成教学特色。尤其要以建构具有地域特色、乡土特色的学术流派为突破口,因为学术流派的出现才是学术繁荣的重要标志。"[⑤]尽管由于各种复杂的原因,大学语文学术流派的建设还有很长的路要走,但只有全体大学语文教师积极行动起来,发扬敢为人先、拼搏进取的精神,大力开展理论研究和实践探索,才能实现预期的任务目标。

---

① 习近平.坚持中国特色世界一流大学建设目标方向,为服务国家富强民族复兴人民幸福贡献力量[N].人民日报,2021-04-20(1).
② 匡亚明,徐中玉,侯镜昶.大学语文应该成为独立的学科[N].文汇报,1986-03-09.
③ 陈洪,李瑞山."大学语文"应有明确定位——目前大学语文教育的若干问题[N].社会科学报,2009-07-23.
④ 倪卫平.大学语文学科发展初探[J].上海海运学院学报,1992(2):109.
⑤ 毕耕.关于大学语文教学改革与构建湖北学派的理论思考[J].大学教育科学,2015(4):38.

（3）创办专业刊物。以前，刊发大学语文研究论文的期刊主要是语文类、教育类期刊，至今没有属于大学语文研究的专业性期刊，这也是大学语文研究难以出高水平、有影响力成果的重要因素。为了改变这一现状，在包括笔者在内的诸多业内人士的呼吁下，全国大学语文研究会、湖北省大学语文研究会联合华东师范大学出版社共同编辑出版了《大学语文论坛》辑刊。该刊由谭帆、杨建波共同担任主编，自2017年推出第1辑，到目前已经出版了6辑。另外，由湖北省大学语文研究会、湖北大学文学院和华中科技大学出版社联合编辑的《大学语文论丛》，目前也已经出版了4辑。虽然这两个辑刊的出版可以为大学语文研究论文提供发表园地，可惜只是以书代刊的形式出版，还不是正式的连续出版的期刊。因此，创办真正属于大学语文研究的高水平、有影响的专业期刊或者网刊，已经成为目前提升大学语文研究水平、扩展社会影响力的当务之急。

（4）培养优秀人才。杨建波指出："大学语文教师必须走学者化道路，必须成为一个教育艺术家。"[1]一个优秀的大学语文教师必须紧跟时代步伐，结合教学实践，开展理论研究，提高学术水平。要注意把教学过程中的所见所闻、所思所想，从理论上加以归纳总结，撰写成具有一定学术性的研究文章和著作，并在核心、权威等期刊上发表，或是在知名出版社出版，从而产生广泛的学术影响力，得到大学语文教育界的认可。成为大学语文的研究专家，无疑是每个大学语文教师的人生追求，也是历史赋予的职责和使命。除了个人不断努力、积极进取之外，高校、学会、期刊和出版社都有义务给予大力支持，为培养优秀人才创造有利的环境条件。

（5）加强合作交流。各高等学校、学会、社团和教育管理部门，以及全体大学语文教师和专家学者等，一定要高度重视并积极开展学术研究与合作交流。要通过组建各级各类的学术社团，搭建高水平的研究平台，开展重大项目的联合攻关，实施跨学科、跨领域的课题研究，组织编写各种新形态教材、教参，举办多种形式的学术交流会议、论坛，从而把各级各类高校的大学语文教师组织起来，形成浩浩荡荡的学术研究大军，并在合作中寻找机会，在交流中发现问题，在争鸣中启发思维，在辛勤耕耘中取得收获。

总之，20世纪80年代后大学语文学术研究的40年里，既是极不平凡、殊为不易的40年，也是积极开拓进取、敢于改革创新的40年。总结过去，成绩巨大、硕果累累；展望未来，信心满满、前程似锦。无论是全体大学语文教师，还是语文教育界的各位同仁，在新的历史时期都要牢记初心，不忘使命，继承光荣传统，发扬拼搏精神，积极投身于大学语文教学改革与学术研究的伟大事业之中，并通过长期艰苦卓绝的努力，建设好各级学术机构，培养出优秀领军人才，组建起一流学术团队，搭建起高水平学术平台，凝练好学科发展方向，争取更多经费支持，广泛开展交流合作，创办有影响的学术刊物，产生更多更好的研究成果，最终构建大学语文的学科体

---

[1] 杨建波.大学语文教学论[M].武汉：长江出版社，2014：156.

系、理论体系与话语体系,为早日实现大学语文学术研究腾飞奋进的梦想而努力奋斗,贡献卓越的智慧和力量!

参考文献

[1] 徐中玉.大学语文[M].上海:华东师范大学出版社,1996.

[2] 陈悦,陈超美,刘则渊,等.CiteSpace知识图谱的方法论功能[J].科学学研究,2015,33(2):242-253.

[3] 王箐.从知识论到价值论:大学语文研究现状及对策探析——基于CNKI核心期刊论文的文献计量分析[J].汉字文化,2021(1):166-168.

[4] 国家"十一五"时期文化发展规划纲要[N].人民日报,1986-03-09(12).

[5] 鲁迅.阿Q正传[M].武汉:长江文艺出版社,2020:45.

[6] 张福贵.大学语文的学科定位与课程属性反思[J].武汉大学学报(哲学社会科学版),2021(2):25.

[7] 习近平.坚持中国特色世界一流大学建设目标方向,为服务国家富强民族复兴人民幸福贡献力量[N].人民日报,2021-04-20(1).

[8] 匡亚明,徐中玉,侯镜昶.大学语文应该成为独立的学科[N].文汇报,1986-03-09.

[9] 陈洪,李瑞山."大学语文"应有明确定位——目前大学语文教育的若干问题[N].社会科学报,2009-07-23.

[10] 倪卫平.大学语文学科发展初探[J].上海海运学院学报,1992(2):109.

[11] 毕耕.关于大学语文教学改革与构建湖北学派的理论思考[J].大学教育科学,2015(4):38.

[12] 杨建波.大学语文教学论[M].武汉:长江出版社,2014.

金陵怀古诗　绝唱何其多[①]

徐同林[②]

南京作为世界文学之都，我们可以从多方面对她来赏读，来游览。例如：以诗闻名的名胜古迹，"山围故国周遭在，潮打空城寂寞回"的《石头城》，"乌衣巷口夕阳斜"的《乌衣巷》（刘禹锡）；以诗"涂写"的朝代灭亡，"千寻铁锁沉江底，一片降幡出石头"（刘禹锡《西塞山怀古》）的西晋灭吴，"玉树歌残王气终，景阳兵合戍楼空"（许浑《金陵怀古》）的陈后主被俘；还有骚人墨客的诗歌路线，"京口瓜洲一水间，钟山只隔数重山"（王安石《泊船瓜洲》），"问君何事三千里，春谒长陵秋孝陵"（顾炎武《重谒孝陵》）；等等。当然，我们还可以做诗意生发的追溯探源。例如：李白游历武汉黄鹤楼，抬头读到崔颢题诗，掷笔兴叹，但是诗仙到了金陵，却能够诗兴大发，写出欲与比高的《凤凰台》来；更有甚者，人未亲临，诗已传唱，如刘禹锡《金陵五题》。足见金陵是一座诗意盎然的都城，文学之都，非此莫属。这里笔者试以历代金陵怀古的诗歌为例，来做一次诗意金陵的导游，或者说同游。

一、他处搁笔此处兴发

李白《登金陵凤凰台》与崔颢《黄鹤楼》的高下品评，成为中国文学史、文学批评史上的一桩公案，也是自两诗问世以来，历代诗歌读者要选边站队的一道必考题。

李白登楼见诗，叹而搁笔，已是自愧弗如。后来作《登金陵凤凰台》，明显是一较高下，一吐怨气。宋代计有功《唐诗纪事》卷二十一：

---

① 本文参加 2021 年中国南京"首届文化与旅游融合发展国际高端峰会"，获优秀论文奖。
② 徐同林，南京传媒学院教授，江苏省大学语文研究会常务副会长。

《黄鹤楼》诗:"昔人已乘白云去,此地空余黄鹤楼。黄鹤一去不复返,白云千载空悠悠。晴川历历汉阳树,芳草萋萋鹦鹉洲。日暮乡关何处是?烟波江上使人愁。"世传太白云:"眼前有景道不得,崔颢题诗在上头。"遂作《凤凰台》诗以较胜负,恐不然。

辛文房《唐才子传》卷一:

(崔颢)游武昌,登黄鹤楼,感慨赋诗。及李白来,曰:"眼前有景道不得,崔颢题诗在上头。"无作而去。为哲匠敛手云。

还有传说,有人,或者就是李白,题写打油诗:"一拳槌碎黄鹤楼,一脚踢翻鹦鹉洲。眼前有景道不得,崔颢题诗在上头。"总之,李白在第一回合已经是甘拜下风了。

历来诗论家多有赞叹崔颢《黄鹤楼》的。宋代著名诗论家严羽《沧浪诗话·诗评》:

唐人七言律诗,当以崔颢《黄鹤楼》为第一。

沈德潜评崔颢此诗,以为"意得象先,神行语外,纵笔写去,遂擅千古之奇"(《唐诗别裁》卷十三)。也就是说,在崔颢的潜意识和原本神情中,已有对仙化和超越的神往,恰好在此黄鹤楼上,意与象及神与语契合了、融化了、相得了。后半首,诗人俯瞰江畔,芳草萋萋,王孙未归。"王孙游兮不归,春草生兮萋萋。"(《楚辞·招隐士》)俯仰天地,怆然若失,归思难收,烟波浩茫。——道尽游子落日登高时的乡关思绪。所以,赢得无数读者的叹服激赏。

近有认为崔诗堪称绝唱,白诗只是拟作——崔颢诗的结尾并非简单的"乡关之念",更不是"为一身一己的归宿而愁"。崔颢是以"乡关"比喻人生的归宿——生活的归宿,思想的归宿;政治的归宿,信仰的归宿;形骸的归宿,灵魂的归宿。这是人生最大的哲学问题,是诗人在为整个人类的终极归宿而愁。这样的作品难道不够深刻吗?……崔诗排第一,李白仿古人?① 这里将乡关看作包揽一切的人生最大的哲学问题了。

施蛰存论列历代诗论家的评析,详细比较分析崔、白二诗的高低,我们由此可以得出结论:李白此诗,从思想内容、章法、句法来看,是胜过崔颢的。然而李白有模仿崔诗的痕迹,也无可讳言。这绝不是像沈德潜所说的"偶然相似",我们只能评之为"青出于蓝"。方虚谷以为这两首诗"未易甲乙",刘后村以李诗为崔诗的"敌手",都不失为持平之论。金圣叹、吴昌祺不从全诗看,只拈取起句以定高下,从而过分贬低了李白,这就未免有些偏见。② 此论从章法、句法等方方面面进行比较,并列举历代有代表性的品评,持论公允。只不过,分析很仔细深刻,但全诗的情感脉络的把握梳理、李白愁绪内蕴的起伏,这方面的阐释似有些不够。

---

① 张立华.崔颢的《黄鹤楼》为啥让李白一度搁笔[N].解放日报,2017-06-27(12).
② 施蛰存.唐诗百话[M].上海:上海古籍出版社,1987.

尽管李白"一忝青云客,三登黄鹤楼。顾惭祢处士,虚对鹦鹉洲"(《经乱离后天恩流夜郎忆旧游书怀赠江夏韦太守良宰》),对黄鹤楼也是再三登临,一唱三叹,但是面对崔诗,也不得不自叹不如,袖手搁笔。但他心有不甘。因为他是极为自负的人,何况是在诗作上。你看他在天子身边多么放傲,更何况在一般人面前。被赐金放归后,"白浮游四方,欲登华山,乘醉跨驴经县治,宰不知,怒,引至庭下曰:'汝何人,敢无礼!'白供状不书姓名,曰:'曾令龙巾拭吐,御手调羹,贵妃捧砚,力士脱靴。天子门前,尚容走马;华阴县里,不得骑驴。'宰惊愧,拜谢曰:'不知翰林至此。'白长笑而去。尝乘舟,与崔宗之自采石至金陵,著宫锦袍坐,傍若无人。"(辛文房《唐才子传》卷二)旁若无人的诗仙,这次深深折服于崔诗了。

带着不甘与落魄愤懑的心情,十三年后47岁的李白到了金陵,这跟在江城黄鹤楼就不一样了。李白《登金陵凤凰台》:

凤凰台上凤凰游,凤去台空江自流。

吴宫花草埋幽径,晋代衣冠成古丘。

三山半落青天外,二水中分白鹭洲。

总为浮云能蔽日,长安不见使人愁。

天宝六载(公元747年)年届知天命的李白来到金陵,登上凤凰台。凤凰台的故址在今南京市凤凰山。现已不存,但遗迹尚留,如来凤街、来凤小区、凤游寺、凤台路,等等。据《江南通志》载:"凤凰台在江宁府城内之西南隅,犹有陂陀,尚可登览。宋元嘉十六年(公元438年),有三鸟翔集山间,文彩五色,状如孔雀,音声谐和,众鸟群附,时人谓之凤凰。起台于山,谓之凤凰山,里曰凤凰里。"南朝刘宋亡于公元479年,六朝最后一个王朝陈亡于公元589年。也就是说,南朝刘宋时凤凰来仪是在李白登台的309年前,刘宋灭亡是在268年前,南朝最后王朝陈灭亡在158年前。当时的繁盛奢华,随后的衰败凋谢,就在李白的眼前。所以,李白在金陵城中,在攀登凤凰台的台阶上,驻足感慨;凤凰台啊凤凰台,终于和崔颢吟唱的黄鹤楼有了诗意的相同,灵感的对接。同中有异,异中有同。以此为题,自可参仿模拟,更能别出心裁。黄鹤楼的黄鹤神仙、凤凰台的凤凰祥瑞,都已烟消云散,空余楼台。但是这里,沉淀和浮现更多的是历史沧桑,朝代兴亡;这就是六朝古都,昔日的繁花似锦,达官贵人,现在只在幽径、荒丘、江山、夕照之间隐约依稀……

李白登台时,写了不止《凤凰台》一首诗,还有一首记游诗《金陵凤凰台置酒》:"置酒延落景,金陵凤凰台。长波写万古,心与云俱开。借问往昔时,凤凰为谁来。凤凰去已久,正当今日回。明君越羲轩,天老坐三台。豪士无所用,弹弦醉金罍。东风吹山花,安可不尽杯。六帝没幽草,深宫冥绿苔。置酒勿复道,歌钟但相催。"可以看出,前者是为了回应崔颢的《黄鹤楼》,了却多年的心愿,后者是为了记游、抒愤和诗酒。其《月夜金陵怀古》:"苍苍金陵月,空悬帝王州。天文列宿在,霸业大江流。绿水绝驰道,青松摧古丘。台倾鸤鹊观,宫没凤凰楼。别殿悲清暑,芳园罢乐游。一闻歌玉树,萧瑟后庭秋。"也是异曲同工。后来唐玄宗天宝十五载(756年)

六月,安禄山攻陷长安。秋天,李白自余杭经金陵、秋浦至浔阳,隐居庐山屏风叠。组诗《金陵三首》作于此时。组诗首写金陵城的壮险形势,然后发盛衰兴亡之感,再以六代兴亡喻指唐王朝盛衰。至此,"长安不见使人愁"的隐忧,遂成显痛!这是后话。

崔颢登高望远,日暮思乡,李白同样登高远眺,为什么偏偏要增添怀古讽今的内容呢?这是由凤凰台所在的金陵城六朝繁华又转瞬即逝的情境所决定的。任何一个封建王朝,都逃脱不了这样的魔咒:生于忧患,死于安乐!君子之德,五世而斩!唐代帝王到李白放归离开长安,玄宗正好是第五代帝王。诗仙亲身感受到了"浮云能蔽日"的隐忧。——事实上,数年之后就是天翻地覆的安史之乱!脚下是六朝的故都,仰望是云遮的长安。四海为家的李白,在登高望远时,触发的不是"日暮乡关何处是"的一己乡愁,而是"总为浮云能蔽日"的家国隐忧。李白离开京城,早已愁绪不断,但是来到了六朝金陵,愁更愁,万古愁。崔颢的"使人愁",原先没有什么愁,是黄鹤楼登高,日暮烟波引发的乡愁。李白的"使人愁",原先已有逐臣弃客之愁,增添金陵凤凰台登高、六朝物是人非历史沧桑的感慨,而生发对大唐盛世王朝的隐隐忧虑。

对此尾联,大多诗论家予以首肯,如:

  王夫之:(崔颢《黄鹤楼》)鹏飞象行,惊人以远大。竟从怀古起,是题楼诗,非登楼。一结自不如《凤凰台》,以意多碍气也。(《唐诗评选》)

  吴昌祺:一结自佳,后人毁誉,皆多事也。(《删订唐诗解》)

  瞿佑:崔颢题黄鹤楼,太白过之不更作。时人有"眼前有景道不得,崔颢题诗在上头"之讥。及登凤凰台作诗,可谓十倍曹丕矣。盖颢结句云:"日暮乡关何处是,烟波江上使人愁。"而太白结句云:"总为浮云能蔽日,长安不见使人愁。"爱君忧国之意,远过乡关之念。善占地步矣!(《归田诗话》)

  高步瀛:太白此诗全摹崔颢《黄鹤楼》,而终不及崔诗之超妙,惟结句用意似胜。(《唐宋诗举要》)

以上历代诗论家皆在比较分析二诗异同时,首肯李白尾联浮云蔽日的忧国情怀,略胜一筹。唯前述张立华大作讥评为毫无创新的"蠢才":

  创新是衡量文学作品最重要的标准,因袭的东西往往价值受限。英国唯美主义艺术运动的倡导者奥斯卡·王尔德说:第一个用花来比喻女人的是天才,第二个用花来比喻女人的是庸才,第三个用花来比喻女人的是蠢才。我们来看看李白《凤凰台》结尾两句的比喻是什么"才"呢?在战国屈原、战国宋玉、西汉陆贾、西汉刘安、东汉孔融等人的作品中,类似"邪臣之蔽贤,犹浮云之障日月也""日月之明,而时蔽于浮云""谗邪害公正,浮云翳白日""不见雀来入燕室,但见浮云蔽白日"的诗词比比皆是。可见,以浮云蔽日来比喻奸臣当道,已经是一个老掉牙的比喻了。套用王尔德的话来说,李白不知道是第几个"用花来比喻女人的"什么"才"了……

但是,晚唐诗人高蟾七绝《金陵晚望》——"曾伴浮云归晚翠,犹陪落日泛秋声。世间无限丹青手,一片伤心画不成。"——似乎在重复诗仙的诗句:"总为浮云能蔽日,长安不见使人愁。"并且,同样伤心一片!一般读者恐不觉其有什么仿作的拙劣。

总之,二诗确已达到一流的胜境,我们且以爱新觉罗·弘历《唐宋诗醇》的评语来小结:崔颢题诗黄鹤楼,李白见之,去不复作,至金陵登凤凰台乃题此诗,传者以为拟崔而作,理或有之。崔诗直举胸情,气体高浑,白诗寓目山河,别有怀抱,其言皆从心而发,即景而成,意象偶同,胜境各擅,论者不举其高情远意,而沾沾吹索于字句之间,固已蔽矣。至谓白实拟之以较胜负,并谬为"槌碎黄鹤楼"等诗,鄙陋之谈,不值一噱也。

仅就李白开辟的金陵怀古诗题,引发后世绝唱不绝的承续而言,也是功不可没,无愧英名的。既然李白一生亲临金陵七次,那么金陵也回报李白以不甘人后的盛名和无可比拟的杰作。

二、未至金陵诗已传

"江南佳丽地,金陵帝王州。"(谢朓《入朝曲》)金陵之名早已有之,不过这是与早先的君王必欲除之而后快的所谓王气存在有关,是作为楚王秦皇的对立面而著名的。所以由古至今,它与王朝的兴衰密切相关。《金陵图经》云:"昔楚威王见此有王气,因埋金以镇之,故曰金陵。秦并天下,望气者言江东有天子气,凿地断连岗,因改金陵为秣陵。"《后汉书》中说:望气者苏伯阿为王莽使,至南阳,遥望见舂陵郭,叹曰:"气佳哉,郁郁葱葱然!"宋代周应合《景定建康志》:金陵何而为名也?考之史前,楚威王时,以其地有王气,埋金以镇之,故曰金陵。

自孙吴建都开始,这里的王气便与王朝的更替幕起幕落,此消彼长,不只是传说了。公元212年(汉献帝建安十七年),孙权将统治中心自京口迁都秣陵,改名建业。229年,孙权称帝,与曹操、刘备三分天下。其后,东晋和宋、齐、梁、陈等王朝相继在此建都,历史上称这段时期为"六朝"(229—589年)。这些朝代极尽奢侈豪华之能事,个个好景不长,相继短命。

由远古王气的传说,到六朝潮起潮落的兴衰,引起后代诗人对"王气黯然收"的这座六朝古都的感慨唏嘘。楼阁高耸,轻歌曼舞,骄奢淫逸,纸醉金迷,但是竞相逐亡,归于沉寂,"金陵怀古"遂成为咏史诗中的一个长盛不衰专题。刘禹锡的《金陵五题》是继李白之后写得早而又写得好的诗篇,在主题、意象、语汇、写法诸多方面,都对后代产生深远影响。金陵怀古,绝唱不绝。名作共生,生生不息。

《金陵五题》是一座"山峰",但不是飞来峰,在作此诗的唐敬宗宝历二年(826年)之前两年,即唐穆宗长庆四年(824年)刘禹锡已创作了《西塞山怀古》。是年夏,刘禹锡由夔州(治今重庆奉节)刺史调任和州(治今安徽和县)刺史,于八月抵任。他在沿江东下赴任的途中,经西塞山时,触景生情,感慨万端,抚今追昔,写下了这首著名的咏史怀古诗:"王濬楼船下益州,金陵王气黯然收。千寻铁锁沉江底,一片降幡出石头。人世几回伤往事,山形依旧枕寒流。今逢四海为家日,故垒萧萧芦荻秋。"西塞山在今湖北省黄石市,山体突出到长江中,因而形成长江弯道,站在山顶犹如身临江中。历史上,刘禹锡作诗的544年前即公元280年,晋武帝命西晋大军兵分六路大举伐吴,司马伷等六将分别进攻建业的外围六合、当涂,以及长江中游的重镇武昌、夏口和江陵等地;王濬和唐彬则率领灭蜀后所得的水军,由蜀地顺流东下。而孙吴方面早已是上下离心,疏于防备,无统一对策,以致节节败退。这样,晋军势如破竹,孙吴防线迅速崩溃。孙吴守军原本依恃天险,铁索横江,却不堪一击,降幡高扬。五月初王濬所率的舟师首先抵达金陵石头城下,孙皓自知大势已去,反绑双手,抬着棺材到西晋军门前去投降。交州刺史陶璜坚守不降,孙皓写亲笔信相劝才降晋。西晋朝廷封孙皓为"归命侯"。孙吴灭亡,西晋实现了统一。这是六朝兴替悲剧的序幕。"王濬楼船下益州,金陵王气黯然收。千寻铁锁沉江底,一片降幡出石头。"《西塞山怀古》可谓刘禹锡金陵怀古系列诗歌的序章。这时,人在西塞山,诗笔已触及金陵城。诗题是"西塞山怀古",主题实为"在西塞山对金陵的怀古"。这时,或许诗人已有一系列的金陵怀古的诗意涌动,只差一个引爆点。

宝历二年(826年)刘禹锡五十五岁,冬,罢和州刺史。他在和州期间作《金陵五题》等。其间与李德裕、元稹、白居易、崔玄亮、韩泰等唱和。离和州,游建康,作《金陵怀古》等诗。过扬州,与白居易相遇,作《酬乐天扬州初逢席上见赠》等诗。《金陵五题》分别吟咏石头城、乌衣巷、台城、生公讲堂和江令宅,这是从不同角度、不同侧面,来表现王朝"兴亡"这一核心主题,尤其注意探索深思兴亡的根本原因。历代吟诵传唱刘禹锡这组金陵怀古诗时,忽略了一个重要细节,作者创作时,还从未到过金陵,只是神往久之,便已诗情豪涌。

《金陵五题》序

  余少为江南客,而未游秣陵,尝有遗恨。后为历阳守,跂而望之。适有客以《金陵五题》相示,逌(悠)尔生思,欻(xū,忽)然有得。他日友人白乐天掉头苦吟,叹赏良久,且曰《石头》诗云"潮打空城寂寞回",吾知后之诗人,不复措词矣。余四咏虽不及此,亦不孤乐天之言耳。

因为已有两年前《西塞山怀古》的预热,又有朋友《金陵五题》新作的激发,这下诗豪终于"逌尔生思,欻然有得",写出了组诗五首。五题写盛衰无常景象,兴废由人之哲理,犹如身临其境,历历在目。

石头城

山围故国周遭在,潮打空城寂寞回。
淮水东边旧时月,夜深还过女墙来。

乌衣巷

朱雀桥边野草花,乌衣巷口夕阳斜。
旧时王谢堂前燕,飞入寻常百姓家。

台城

台城六代竞豪华,结绮临春事最奢。
万户千门成野草,只缘一曲后庭花。

生公讲堂

生公说法鬼神听,身后空堂夜不扃。
高坐寂寥尘漠漠,一方明月可中庭。

江令宅

南朝词臣北朝客,归来唯见秦淮碧。
池台竹树三亩余,至今人道江家宅。

第一首突写潮打空城的寂寞,为组诗定下昏暗悲凉的基调底色,第二首描绘世族参照的凄艳,是组诗的点睛之笔,读者的口碑所在,第三首承上启下由六代竞奢逐亡,归结到一曲后庭花的根源,第四首写说法鬼听的神奇,到明月可鉴的冷峻,最后一首揭露亡国之臣的荒唐悲剧,"狎客词臣惑主误国"咎由自取。组诗中,白居易及后世读者激赏传颂的是"潮打空城寂寞回"的《石头城》和"乌衣巷口夕阳斜"的《乌衣巷》,恐怕刘禹锡自己属意的是后几首吧。他特意说明"余四咏虽不及此,亦不孤乐天之言耳",是希望读者不要顾此失彼,不要辜负他的一片苦心孤诣。遗憾的是,后几首几乎淡出人们的视线。

所以,次年到了金陵后,刘禹锡干脆将这五首的组诗凝练为一首五律,并径直题为《金陵怀古》:

潮满冶城渚,日斜征虏亭。
蔡洲新草绿,幕府旧烟青。
兴废由人事,山川空地形。
后庭花一曲,幽怨不堪听。

这诗作于唐敬宗宝历三年(827年)。去年冬,刘禹锡由和州返回洛阳,途经金陵。从诗中的"新草绿"写景看来,这首诗可能写于初春。以上是刘禹锡金陵怀古诗作的三部曲,《西塞山怀古》—《金陵五题》—《金陵怀古》。前两首是未到金陵所作,后一首是亲临金陵创作。有趣的是,如果要做选择的话,人们津津乐道的是作者未到金陵所写的金陵怀古,而不是后者。故《旧唐书》中刘禹锡传末,特提称许:"梦得尝为《西塞怀古》《金陵五题》等诗,江南文士称为佳作,虽名位不达,公卿大僚多与之交。"(《旧唐书·列传》卷第一百一十)不过,刘禹锡大作特作的《金陵怀古》诗,及其揭橥的"兴废由人事,山川空地形"主题,已成为我国咏史诗中的一脉,而源远流长,代有绝唱。

三、六朝如梦鸟空啼

李白和刘禹锡似乎打开了金陵怀古的诗歌闸门,后世的金陵怀古诗作而不绝如缕,蔚为壮观了。

晚唐许浑(约791—约858年)《金陵怀古》:"玉树歌残王气终,景阳兵合戍楼空。松楸远近千官冢,禾黍高低六代宫。石燕拂云晴亦雨,江豚吹浪夜还风。英雄一去豪华尽,惟有青山似洛中。"此诗与刘禹锡《西塞山怀古》相对,刘诗写六朝之初的孙吴灭亡孙皓降幡,许诗写六朝之末的南陈玉树后庭花曲残气终。

晚唐杜牧(803—约852年)《泊秦淮》:"烟笼寒水月笼沙,夜泊秦淮近酒家。商女不知亡国恨,隔江犹唱后庭花。"《唐诗别裁》:"绝唱。"与"一闻歌玉树,萧瑟后庭秋。"(李白《月夜金陵怀古》)"后庭花一曲,幽怨不堪听。"(刘禹锡《金陵怀古》)异曲同工。《隋书·五行志》说:"祯明初,后主创新歌,词甚哀怨,令后宫美人习而歌之。其辞曰:'玉树后庭花,花开不复久。'时人以为歌谶,此其不久兆也。"后来《玉树后庭花》就作为亡国之音的代称。玉树后庭花,感慨不胜多,岂非似曾相识燕归来?

晚唐韦庄(约836—910年)《台城》:"江雨霏霏江草齐,六朝如梦鸟空啼。无情最是台城柳,依旧烟笼十里堤。"此诗题诗意皆脱胎于刘禹锡《台城》。

北宋王安石(1021—1086年)《桂枝香·金陵怀古》:

> 登临送目,正故国晚秋,天气初肃。千里澄江似练,翠峰如簇。征帆去棹残阳里,背西风,酒旗斜矗。彩舟云淡,星河鹭起,画图难足。
>
> 念往昔,繁华竞逐,叹门外楼头,悲恨相续。千古凭高对此,谩嗟荣辱。六朝旧事随流水,但寒烟芳草凝绿。至今商女,时时犹唱,后庭遗曲。

杨湜《古今词话》:金陵怀古,诸公寄词于《桂枝香》凡三十余首,独介甫最为绝唱。东坡见之,不觉叹息曰:"此老乃野狐精也。"(《词林纪事》卷四引)王安石还有《金陵怀古》四首。其一:"霸祖孤身取二江,子孙多以百城降。豪华尽出成功后,逸乐安知与祸双?东府旧基留佛刹,后庭余唱落船窗。黍离麦秀从来事,且置兴亡近酒缸。"这组诗以冷峻的笔触抒发兴亡之慨,成败得失、兴衰存亡,犹如前浪后浪、新陈代谢、月缺月圆、花开花落。这第一首诗发怀古吊今的嗟叹,揭示朝代的兴替自古而然,不必伤感,可聊作佐酒谈资。这当然有反语冷讽的意味。其余三首都是在此之上的演绎细化。后三首的前半部分都是对宋太祖夺取金陵统一全国的勋业的歌颂,后半部分则多为寄托兴亡的感慨,概括历代王朝盛衰的规律。全诗语言高度概括精练,主题鲜明,情感充盈,既包含着诗人的丰富感情和想象,也包含着思想家深沉的睿智和政治家匡时忧国的怀抱。

其他相关诗篇还有:

北宋周邦彦(1056—1121年)《西河·金陵怀古》;

南宋李纲(1083—1140年)《六么令·次韵和贺方回金陵怀古鄱阳席上作》、《金陵怀古》四首；

元代张可久(约1270—约1348年)《湘妃怨·次韵金陵怀古》；

元代萨都剌(约1272—1355年)《满江红·金陵怀古》；

明初高启(1336—1374年)《登金陵雨花台望大江》；

清代漆璘《金陵怀古》；

清代朱彝尊(1629—1709年)《卖花声·雨花台》；

清代康熙(1654—1722年)《金陵旧紫禁城怀古》；①

……

为什么，为什么？

"念往昔，繁华竞逐，叹门外楼头，悲恨相续。"历史往往是惊人的相似。故德国哲学家黑格尔说，人类唯一能从历史中吸取的教训就是，人类从来都不会从历史中吸取教训；故孔子将"不贰过"(《论语·雍也》)视若稀世珍宝。人性皆有共同的弱点，"靡不有初，鲜克有终"。孟子说过："君子之泽，五世而斩。"(《孟子·离娄章句下》第二十二节)意思是，君子的德泽遗风，荫庇泽及五代以后就会戛然断绝。这也可以说是一种普遍的社会规律。所谓富不过三代，不就是这样的道理吗？

你看，就是贵为天子，他的子孙后代，也是会沦落为一介草民的。例如，天子的嫡长子继承王位，而其他众多的儿子则被分封为诸侯，诸侯的嫡长子可以继承诸侯的位子，而其他的小宗则被封为卿大夫。这样数代之后，按照天子、诸侯、卿大夫、士和庶人的等级分封；五代之后，天子的子子孙孙就大多会沦为平民百姓了。这还是正常的分封世袭。至于六朝这些走马灯似的王朝，开国君主打拼下来的江山，积累下来的恩泽，或者在自己手上，或者在儿孙手上，便挥霍殆尽了。基本没有传承五代的。

这或许便是六朝频繁更替、金陵怀古不绝的原因之一吧？

在前朝历代的金陵怀古诗歌的滋养熏陶下，后来的诗人在学习继承中，自觉不自觉地隐括借鉴前人的题意、情思、意象、典故、语词，加以新的感触、时代气息、诗人气质、个性表达等，便在艺术的共生中，老树新花、似曾相识。有关金陵怀古诗艺的推陈出新，代有绝唱，容另文商讨。

简要言之，这是一座弥补诗仙缺憾的都城，这是一座增添诗豪威名的故都，这是一座绝唱不绝的诗都。当我们亲临南京或神游六朝时，借助这些诗仙诗豪词人墨客的指引，他们绝唱不绝的解说，对我们的历史眼界、审美层次、生活品质、精神境界，尤其诗意阐发，当不无助益——江山之助，历史之鉴。

---

① 俞律，冯亦同.诗人眼中的南京[M].南京：南京出版社，1995.

附：六朝简表

六朝简表

王朝	时间	历时/年	帝号	姓名	末君	代	都名
三国东吴	222—280 年	59	吴大帝	孙权	孙皓	3	建业
东晋	317—420 年	104	晋元帝	司马睿	晋恭帝	4	建康
南朝宋	420—479 年	60	宋武帝	刘裕	刘准	4	建康
南朝齐	479—502 年	24	齐高帝	萧道成	齐和帝	3	建康
南朝梁	502—557 年	56	梁武帝	萧衍	梁敬帝	3	建康
南朝陈	557—589 年	33	陈武帝	陈霸先	陈后主	3	建康

苏轼苏辙兄弟情及安葬地[①]

杨景春[②]

摘要：以《水调歌头》词牌创作的词，苏轼一共四首，苏辙一共一首。其中有三首是连在一起的和作，展现了错综复杂的聚散行迹。作者以虚拟的桃源想象构建眼前的生活，以坚定的思想信守怀远驿"夜雨对床"盟约。和作刻画了入世心理和"欲乘风归去"的矛盾心态，其一刻都不能忘记的深厚兄弟情震古烁今，为寻找二人共同"归去"的"佳处"及安葬地兄弟俩亦费尽周折。

关键词：苏轼 苏辙 水调歌头 兄弟情 安葬地

一、三首《水调歌头》词的来龙去脉

(一)是"一门父子三词客"吗？

四川眉山三苏祠大殿留存许多名联，三苏祠大门也有不少名联。如，"北宋高文名父子，南州胜迹古祠堂"；"一门父子三词客，千古文章四大家"（张鹏翮）。"四大家"说法至少有二：一是唐代韩愈、柳宗元，宋代欧阳修、苏轼；二是苏轼、苏辙、苏洵（即"三苏"）和欧阳修。"三苏"有多少词？都称得上"词客"吗？苏轼有诗2700多首，词340多首，苏轼词数量逊于诗但成就及影响力要大于诗。与别的词作家相

[①] 基金项目：2020年四川省省级"课程思政"示范课"三苏文化概论"。

[②] 杨景春，四川工商学院教授。

比,苏轼亦属于高产。近千年来,苏轼词之评价两极分化严重,高者言其凌宇升空,低者恨不得将其打入地狱。抑扬皆有,这本是文学批评的正常现象。其评价中,有一些早已经达成共识:一是扩大了词的题材,改变了词坛卿卿我我唯有女儿声之风气,使"词为艳科"之枷锁一朝击毁、颓然委地;二是突破了词的音律,创新了词的体制。苏轼称得上是实实在在的"词客",尤其是这首"把酒问青天"(《水调歌头》)如日中天。胡仔(南宋)曰:词关于中秋节的,"自东坡《水调歌头》一出,余词尽废。"(《苕溪渔隐丛话》后集卷39)苏辙诗歌也不少,有1800多首,词写得最好的是"离别一何久"(《水调歌头》),可惜仅仅有这一首,其他词三首,总共四首。苏辙可能够不上"词客"。苏洵有诗歌68首,词没有,谈不上"词客"。所以笔者认为,对"词客"的理解不要过于僵化,不要过于死板,应宽泛一些,就当成诗词作者吧。

(二)"明月几时有"是苏轼第一首《水调歌头》

苏轼一共四首《水调歌头》,"明月几时有"为第一首,小序说了创作缘由,时间为"丙辰中秋",饮酒一夜而至"大醉","作此篇,兼怀子由"。

明月几时有?把酒问青天。不知天上宫阙,今夕是何年。我欲乘风归去,又恐琼楼玉宇,高处不胜寒。起舞弄清影,何似在人间。转朱阁,低绮户,照无眠。不应有恨,何事长向别时圆?人有悲欢离合,月有阴晴圆缺,此事古难全。但愿人长久,千里共婵娟。

从小序可知,苏轼这首具有独特风格的词作于"丙辰"年间,亦即公元1076年,这是宋神宗时期,熙宁九年。此时苏轼正在密州(诸城)任职,作密州知州。此时苏轼到密州已经两年了。鉴于多年未见弟弟子由(苏辙),在杭州作通判期间便请示朝廷,为离子由更近一些,杭州任职结束后希望到密州任职,朝廷恩准。《沁园春》"孤馆灯青,野店鸡号,旅枕梦残"作于1074年,小序"早行,马上寄子由"说得很明确,此为移守密州早行途中所作。通过当事人的文字亦可查到密州的缘由。苏轼《上密州谢表》两次流露了京城生活成本高请求朝廷"欲昆弟之相近"。苏辙《超然台赋序》亦有佐证:"兄任职余杭三年未动,因我在济南'五月乃有移知密州之命'"。当时,弟弟子由在齐州(济南)。密州要比杭州艰苦荒凉许多,苏轼在密州并不总是左手黄狗,右臂苍鹰,帽新貂裘美,"千骑卷平冈"(《江城子·密州出猎》)。先是遇到严重的蝗灾,紧接着又有可怕的旱灾,社会积弊很多,盗匪猖獗,因为贫穷,很多老百姓把刚刚生下的婴儿扔掉。这些都需要面对。没想到,杭州忙,密州更忙,杭州没时间,密州更没有时间。七年思念情之积累一朝喷发,为弟弟,苏轼写出了文学史上"余词尽废"的最好仲秋词。

苏轼余下的三首《水调歌头》创作时间分别是:《水调歌头·安石在东海》写于1077年,《水调歌头·昵昵儿女语》写于1087年夏天,《水调歌头·黄州快哉亭赠张偓佺》写于1083年。

（三）兄弟俩见面时间与苏辙和词、苏轼再和词

我们已经知道，"明月几时有"（《水调歌头》）写于 1076 年（熙宁九年）中秋节，为七年未见之弟弟望月怀人而作。苏轼当年（即 1076 年）12 月密州两年任期结束，以祠部员外郎直史馆移知河中府，率领全家从密州出发，除夕宿潍州。1077 年 1 月于潍州出发，经青州赴济南，应齐州太守李常邀游览大明湖，初遇吴复古。此时的苏辙齐州任满正于京城述职。2 月，苏辙自京师来迎，本想一同到汴京。没想到，到陈桥驿接到朝廷命令，苏轼被告改知徐州，不能进入京城，暂寓居范镇东园为长子苏迈娶妻。苏轼是 4 月 21 日到徐州任的，苏轼载舟沿着汴河奔赴徐州任所，苏辙偕同前往。阔别多年，一朝团聚，兴奋无比，苏辙在徐州流连盘桓了 110 多天。这期间苏辙写的《逍遥堂会宿二首》题记曰：我从小和哥哥一起读书，"未尝一日相舍"。欢聚的日子总是短暂，苏辙很快接到新的任命，8 月 16 日奔赴南京（今商丘）留守签判任。临行之前写下了《水调歌头·徐州中秋》：

离别一何久，七度过中秋。去年东武今夕，明月不胜愁。岂意彭城山下，同泛清河古汴，船上载《凉州》。鼓吹助清赏，鸿雁起汀洲。坐中客，翠羽帔，紫绮裘。素娥无赖，西去曾不为人留。今夜清尊对客，明夜孤帆水驿，依旧照离忧。但恐同王粲，相对永登楼。

东武，密州的另一称呼。上段大意说：离别太久了，转眼已过七个中秋。去年你还在密州，我还在齐州。全没料到如今来到江苏徐州彭城山脚下，同游古汴河，同赏些许悲戚的《凉州》曲。船上鼓吹助兴，沙滩鸿雁惊飞。下段说，鉴别宴上的客人衣着华美，月亮（素娥）是不能为谁而止步的。现在酒宴有酒，明天还要奔赴孤独的水路，离愁照旧。现在最担心的、最怕的就像东汉末年的王粲一样，登楼望乡而不能回乡。这首词有中秋饯别聚会的欢乐，更有欢乐中的伤感和兄弟不能相聚的隐隐离愁。

胞兄胞弟久别重逢，依依难舍，表现了手足情深。此兄弟情让一代又一代人羡慕。但苏辙这首词有些伤感，苏轼读了之后，放心不下。又作一词，"以其语过悲"，以示宽慰。这首词是写于 1077 年（熙宁十年）中秋节。苏轼十分用心，依照苏辙原韵，亦即《词林正韵》第十二部（平）。苏轼这首《水调歌头》序言略长，大意说："去年在密州，给弟弟写了一首《水调歌头》。今年，子由和我在徐州呆了 100 多天，过了中秋才离开。离开之前弟弟也写了一首《水调歌头》作为告别。但我认为弟弟语调过于悲戚，于是和作一首，主旨是要警惕古人'不早退'的遗憾与悲剧，'以退而相从之乐为慰云耳'。"全词正文为：

安石在东海，从事鬓惊秋。中年亲友难别，丝竹缓离愁。一旦功成名遂，准拟东还海道，扶病入西州。雅志困轩冕，遗恨寄沧洲。岁云暮，须早计，要褐裘。故乡归去千里，佳处辄迟留。我醉歌时君和，醉倒须君扶我，惟酒可忘忧。一任刘玄德，相对卧高楼。

上片从指挥淝水之战的东晋名臣谢安起笔。谢安,字安石,作别亲友出来做官时两鬓染霜,已显尴尬。一旦功成名就,正想退居东海(会稽),哪想到抱病返京,退休的事情就泡汤了。谢安做官耽误了隐居的雅兴,留下无穷遗憾寄托于田园。下片说咱两人要警戒,要吸取前人教训,年华老大,要早做打算,早穿粗裘早退休,回归百姓,选个好地方长久居住。我醉歌你和,我醉倒你扶,醉卧高楼,刘备那样有大志的人笑话也无所谓了。

二、用虚拟的世界构建真实的生活

(一)桃源想象与道家情结

因为陶渊明《桃花源记》,几乎每一个中国文人的心灵深处都有一个桃源情结。真正的归隐,在于心隐。菜根谭:庄子的心隐,为世俗里最好之修行。正所谓小隐于野,中隐于市,大隐于朝。心宽不怕房屋窄,假设内心纯净,一切外在干扰皆可不在乎。"王城最堪隐","万人如海藏"(苏轼《病中闻子由得告》)。从中年到晚年苏轼都写有山水题画诗,其中不少涉及桃源内容。"桃源信不远,杖藜可小憩"(苏轼《和陶桃花源,并引》)。由于受道家思想影响深,所以这些题画诗可为直接实践庄子心隐的最佳载体,亦即在心理上归隐林泉。人们公认,苏轼是将儒道释三者结合得最好的一位中国古代作家,对道家情结尤深。

苏轼苏辙都信奉道教,道教思想由来已久。苏轼是庆历三年癸未年(1043年)八岁时候,被父亲苏洵送到眉山县有100多学生的公立小学读书,地址在天庆观北极院。弟弟苏辙小哥哥苏轼26个月,也随哥哥进入天庆观学习,他们一起在这里学习了三年多,师从天庆观道士张易简。苏轼散文《众妙堂记》讲了此事。苏辙小品文集《龙川略志》(卷一)亦有"从子瞻读书天庆观"。据考证,天庆观即现在三峰寺,始建于唐,位于离眉山城区20公里的三苏镇。道士兼老师张易简除了教文化之外,还传授了许多关于归隐、升天之类的道教思想、奇人奇事。苏辙信奉道教原因有二,一受哥哥影响,二受张易简影响。苏辙终身信仰道教,还和一些十分具体的事有关。比如,苏辙自幼体弱多病,肺不好,甚至科举考试不巧又病了,宰相韩琦爱才心切,向宋仁宗请示考试拖后,等苏辙病好再举行,日期由八月中旬推到九月,仁宗居然同意了。史载,"自后试科并在九月"。道教医术治好了苏辙多年之顽疾,身体好了,读道经《抱朴子》亦很有感想,金丹成仙之药既然找不到,那么可以退而求服茯苓。在《丐者赵生传》里,苏辙记载了一个自己认识的外貌奇、骨相奇、身世奇类似"半仙"的奇人。苏轼贬居黄州时,苏辙还把这个仙风道骨的奇人丐者赵生推荐给苏轼,这个得道高人在黄州苏轼贬居地居留很长时间。苏辙也写过一些关于陶渊明的诗,如《次韵子瞻和渊明饮酒二十首》,如"渊明咏归去","为我故迟淹"(《次韵毛君偶成》)。兄弟俩真是志同道合。

"虚心闻地籁,妄意觅桃源"(苏轼《风水洞二首》),苏轼苏辙诗歌写作很大一部分目的无不是忘情于园林山水,希望置于其间而得到某种解脱,摆脱尘世的藩篱,获得精神的自由。那里没有因为党争、因为政见不同而相互倾轧,那是一块人间伊甸园,一个乌托邦理想国。兄弟俩还像先前一样,无忧无虑,酒醉便高歌,互相唱和,倒地你扶我,"惟酒可忘忧"(苏轼《水调歌头》)。苏轼苏辙作品里幻想的田园生活、桃源想象虽为虚拟意象,却是包含个体心酸的真实感慨,也是一种乐观期待,堪称失意之人摆脱现实纷争的精神乐土,相对闷不透气之现实生活来说亦为一种疏解。

(二)怀远驿"夜雨对床"的由来

作为一个成语,"夜雨对床"说的是亲朋好友抑或是兄弟重逢的欢乐,促膝夜谈,长夜不倦。首次出现于韦应物的《示全真元常》,全诗八句,第三、四句是"宁知风雪夜,复此对床眠"。稍迟的有白乐天《雨中招张司业宿》,全诗八句,第七、八句是:"能来同宿否,听雨对床眠"。"夜雨对床"这个成语清晰界定为兄弟同处一室学习、交谈,兄弟长久分离突然见面,抑或是重返故土之约定。韦苏州诗句原来影响并不广泛,或许是二苏影响力的缘由,经化用将"雪"改成了"雨"后,"夜雨对床"遂成为回归田园桃源隐居的代名词和长相厮守、亲近友爱、兄友弟恭的另类说法,以及对人伦真诚情感的赞誉。

苏轼苏辙作品里"夜雨对床"意象最早出现的一次应该是宋仁宗嘉祐六年(1061年),是在一首郑州西门外"分手诗"里。这一年,苏轼26岁,兄弟俩第一次较长时间分离。这一年,兄弟俩同时参加了前文说到的延期"制科"考试。"制科"考试与四年前兄弟俩参加的"进士"类考试不同,制科考试前,每个考生需要交"进策""进论"各25篇。"制",皇帝命令。此为经过层层选拔、朝廷大臣推荐、皇帝出题的一次烦琐考试。整个宋朝历史上科举取进士40000多人,制科考试总共举行22次,录取仅41人。这次考试苏轼"入第三等",至于第一等和第二等,是虚的,从没人录过,苏轼实为宋开国以来"百年第一"。苏辙由于初出茅庐用力过猛,考试出了点状况。这次考试实为"直言极谏贤良方正科",说白了,就是给朝廷提意见。这次决定两个人命运的制科考试苏轼总结自己说"直言当世之故,无所委曲"。不过弟弟的《御试制科策》比苏轼更加直接,发力更猛,目标直接指向52岁的宋仁宗。关于苏辙的录取,产生了巨大的争议。崇政殿复试之后,司马光觉得苏辙面对国家弊端无私上言,也要三等。遂与范镇研究,范持反对意见只能确定四等。不过初考官胡宿又说苏辙答题不靠谱,指东问西,现在属于盛世,不能用乱世之君比盛世,不能录用。最后由宽厚的仁宗定夺:"其言直切,不可弃也"。值守兴奋异常:"朕今日为子孙得两宰相矣"(脱脱《宋史·苏辙传》)。哥哥获得三等而弟弟获得四等次。考试入等就要授予官职,京都授职苏轼为大理评事,签书凤翔府判官,弟弟是军事推官,履职于陕西商州,均正八品。当时父亲苏洵正在京城编修《礼书》,苏辙未去就职,借口是父亲年迈需要照料,苏轼则在当年年底赴任。时至冬季,苏辙送苏轼夫妇一直离开京都140里外的郑州才分手。通过《辛丑十一月十九日既与子由别于郑州西门之外马上赋诗一篇寄之》得知,苏轼苏辙从小如影随形,这是他们之间第一次较长时间的分别,这是第一次写给弟弟的诗,"寒灯记畴昔","夜雨听萧瑟",自注:"尝有夜雨对床之言故云耳",这也是苏轼诗里第一次出现"夜雨对床",或许是为了避免谢安"不早退"(《水调歌头》)的悲剧,"夜雨对床"是他们一生的翘盼与诗歌创作母题。以后无数次提到过。这是"夜雨对床"文字考证,其实"夜雨对床"口头承诺比这应该早一些。应该早一年。前一年即嘉祐元年(1060年)三四月间,为了让这次关系重大的考试取得好成绩,兄弟俩从家里搬出,搬到清净的汴京怀远驿专心复习备考。苏辙《逍遥堂会宿二首》小序:我从小跟着哥读书一天也不曾分开,长大后,为求做官四处奔波,一次读到韦应物的作品,读到"那知风雨夜,复此对床眠",感慨不已,这里描述的不就是我们俩以前兄弟共宿,在家里学习的情境吗?"乃相约早退,为闲居之乐"。读韦诗定早退之约是何时何地?研究者都认为是怀远驿备考期间。如翁方纲:"对床夜雨之约,始于嘉祐辛丑"。如"赵次公注释该诗时认为兄弟夜雨对床之约即是在怀远驿时之事"①。

(三)入世与出世的矛盾

和古代许多知识分子一样,二苏也常常徘徊于出世和入世之间。出世还是入世,苏轼有自己的思索,矛盾而又和谐。苏轼一生,一直保持"也无风雨也无晴"的状态,是忧患交织、失意频频中的逆行者。荣辱与共,沉浮相伴,对虚拟的"夜雨对床"的承诺,是兄弟俩一辈子的坚守。他们最担心的,就是苏辙说的"但恐同王粲"(《水调歌头·徐州中秋》)。王粲年轻时就异于常人,怀有远大抱负,战乱发生后去投靠居于荆州的刘表,没想到就此滞留于荆州12载,才华无法施展,忧郁里登楼远眺家乡,无限乡思化而为一篇名作《登楼赋》。苏轼说,为官延误了隐居的雅兴,"遗恨寄沧洲"(《水调歌头》),这是为晋代谢安虑事不周而惋惜。谢安自小就被一些名士赞赏,以淡泊功利闻名,年轻时也做过官,很快辞去,在会稽郡山阴县一个叫作东山的地方醉于林泉,隐而不仕,与王羲之等名人为友,要么出门渔猎,要么关门写字吟诗。朝中屡有征召,谢安坚辞不就。一直等到在朝廷里供职的谢氏家人全都故去,他才出山。毕竟乱世之中,大家都有义务为国家出力。谢安懂音乐,善书法,博学而多才,当时人称"江左风流宰相"。的确,史籍里两晋宰相多而留有好名声的不多,权高位重又能够风流儒雅、才华横溢的更属于凤毛麟角。谢安治国儒道互补,刚柔并济,有大功而不居功自傲,是名门望族而又低调行事,以谢氏之小家族服从于晋室大家族,是一个时代的偶像。历代皆给予极高的评价。谢安文治武功样样都行,既聪明又勇敢,功劳最大的有两件事,一个淝水大战,一个拖住桓温,"两次大

---

① 连国义.二苏"夜雨对床"考述国学学刊[J].国学学刊,2017(4):99-107.

功是对维护统一的贡献"[①]。谢安的故事说不完,但苏轼另辟蹊径,《水调歌头》不写其力挽狂澜拯救危局经天纬地之才能,而是写"中年"出世,鬓有秋霜,"亲友难别",只有"丝竹缓离愁"的尴尬,表现对写其功成又难退的惋惜和遗憾。谢安本来是准备回归会稽的,不料后来抱病返京,不多年便去世了。规划不周,理想未能实现。苏轼选材视角独特。以出世的态度做入世的事,这是谢安的人生哲学,也是苏轼苏辙的人生哲学。以儒家为主,吸取佛道长处,学佛而不厌世,学道而不轻狂,重儒又不迂阔。苏轼苏辙生前"夜雨对床"的愿景没有实现,原因很多,有经济的,有政治的,亦有心灵深处的矛盾与纠结。"起舞弄清影"(《水调歌头》),苏轼自比仙人,渴望借酒飞升,但又担心琼楼玉宇的寒彻。真是天上人间,难以抉择。表面是虚幻的情景,实际上是真真切切现实不如意,愤懑里有留恋,"悲欢离合"中还有"千里共婵娟"慰藉心理祝福的流露。"夜雨对床"誓约的长相守,则为一曲"千里共婵娟"的人间大爱之歌,为后世人伦亲情留下了一个至亲至爱的范本。虚拟的"夜雨对床"之约也是苏轼苏辙后来颠沛流离官场倾轧至暗生活里的一道光亮,有了这一线希望,他们才能在生活的巷道里勇敢前行。

三、今生来世兄弟情

(一)宋史里的兄弟情

如前所述,"明月几时有"(《水调歌头》)写于1076年熙宁年间。三年之后,到了1079年(元丰二年),苏轼真正的霉运就开始了。苏轼知徐州的时间是1077年,4月份到徐州任上。到了1079年3月,44岁的苏轼改为湖州知州,到任时间是4月20日。和先前在杭州、密州、徐州一样,苏轼也有为官一任造福一方的打算,他不知道的是,李定、舒亶、何正臣等一群小人围剿他的一张巨大的黑网正悄悄编成。他们罗织种种罪名,鸡蛋里找骨头,说苏轼诗词一共有百来处"讥讪朝政""愚弄朝廷""指斥乘舆"的诗句。尤其是刊载于《邸报》的《湖州谢表》中几句不求上进的牢骚话"愚不适时""老不生事",更是让他们抓住了反对变法、嘲笑新人、讽刺皇上的把柄。一篇八股文带来滔天大祸。7月份,祸从天降之时,苏轼还蒙在鼓里。一开始,京都往湖州抓捕苏轼派不出人,后来确定的抓捕人为皇甫遵,太常博士。接受任务后,他又带了他儿子,还有御史台兵丁两名,星夜急行。幸好苏轼的好朋友王诜知情后即刻派人前往商丘告知苏辙。得到消息后苏辙如遭晴天霹雳,火速派人给湖州苏轼送信,让他有个心理准备。苏辙信使与皇甫遵展开了马拉松竞赛。京城到湖州直线距离690公里,这是抓捕小分队要完成的路途。京城到商丘130公里,商丘到湖州570公里,这是王诜信使和苏辙信使要完成的路途。按理说抓捕小

[①] 卢迪.毛泽东谈魏晋南北朝[J].党史文汇,2006(11):52-53.

分队距离短,沿途驿站随时提供最好的宝马良驹,装备精良,应该先到,可是中途出了点状况,到润州(镇江)时皇甫遵儿子得病延误了大半天,让苏辙的信使抢了先,提前半日到达。皇甫遵赶到湖州时间为7月28号,"顷刻之间,拉一太守,如驱犬鸡。"(孔平仲《孔氏谈苑》)出事期间,湖州衙内官员大都畏避不出,唯有掌书记张师赐敢在城郊持酒以别,王适、王遹兄弟亦送抵城外,而后他们又协助王闰之,将苏轼全家20多口人送到千里之外商丘(南都)苏辙处。文学史上无论古代还是近代都不乏兄弟失和的例证,我们见惯了"亲兄弟,明算账",见惯了一场官司割裂了兄弟情。苏辙的做法让所有关系失和的兄弟姐妹羞愧。整个案件本来没苏辙什么事情,但他不说"哥哥是哥哥,我是我",并没有选择明哲保身、全身远祸,而是第一时间冲到前头。送走信使之后,即着手给神宗皇帝写奏章,愿意免去自己的所有官职,为哥哥赎回一条性命。恳切之言辞,神宗也为之动容。苏辙还冒死为哥哥苏轼做无罪辩护:"臣窃思念,轼居家在官,无大过恶。"(《为兄轼下狱上书》)苏轼苏辙这对被称为史上最亲兄弟,不但感动了今人,当时就感动了整个宋代社会。

乌台诗案近40人受到牵连而被贬斥、罚款,苏辙从商丘通判贬为筠州(江西高安)祭酒。苏辙先是把自家人护送到千里之外的江西,一路上男男女女20来口全靠苏辙一个人跑前跑后,家里才安排好,又返回护送哥哥全家到贬谪地湖北黄州。我们都说苏轼洒脱,敢作敢为,不为世事所累,岂不知他有个弟弟为其鞍前马后、遮风挡雨。脱脱《宋史》总结说,其二人无论进还是退,观点总是相同,"患难之中,友爱弥笃,无少怨尤,近古罕见"(脱脱《宋史·苏辙传》)。

(二)节日风俗里的亲情

"转朱阁,低绮户"(苏轼《水调歌头》)。中秋节和元宵节一样,都和月亮有千丝万缕的联系。中秋节最大的习俗与习惯大概就是对月怀人了,即"佳节倍思亲"(王维《九月九日忆山东兄弟》),或曰"海上生明月"(张九龄《望月怀远》)。古有"兄弟怡怡",言手足之情亲密无间,兄弟之间和悦相亲,这一直是人们向往和津津乐道的,也是传统文化推崇的。《论语·子路》:"朋友切切偲偲,兄弟怡怡。"苏轼苏辙在嘉祐四年(1059年)同舟出蜀即有互相唱和诗,直到靖国元年(1101年)去世这一年奉旨北归,累计时长43年。这么多年,不管时间长短、是久不谋面还是刚刚见面,他们的诗歌唱和从未间断。苏轼有写给苏辙的,如作于1078年的《中秋月寄子由三首》《中秋见月和子由》,苏辙也有作于1078年8月15日的《中秋见月寄子瞻》、作于1063年的《寒食前一日寄子瞻》,等等。苏轼还有说自己在岐下为官,年终想回家又回不去的题目很长的诗《故为此三诗以寄子由》。这三首寄弟弟的诗创作于1062年冬末,前面已经提及,嘉祐六年(1061年),苏轼应制科入三等,当年履大理寺节度判官职,怀着致君尧舜的理想踏上征程,12月24日抵凤翔(陕西)。顶头上司叫宋选,凤翔知府,苏轼对他十分仰慕,从他身上学到了不少好东西,如勤勉务实等。宋选对苏轼这个年轻人印象很好,初出茅庐,踏实肯干,宋选对苏轼也给了很多照顾,几年间两个人合作甚佳,政绩不错,文学创作也好。三年期满苏轼业余创作了130多首诗歌,尤为著名的是《凤翔八观》。在这里,苏轼疏浚修复了凤翔之眼东湖,抗旱赈灾赤脚祈雨,改革弊政,人们称这个刚刚出道的年轻人为"苏贤良"。

嘉祐七年(1062年)苏轼是在凤翔一个人过的年。欲回京都汴梁陪父亲和弟弟而不得,想到故里眉山淳朴的民风,便提笔创作了《故为此三诗以寄子由》,借写家乡风俗聊以抒发思念之情。这是一组诗,一共三首,写过年时候的习俗。第一首诗"馈岁",馈岁是指北宋时年底腊月人们互相赠送礼物的习俗。"富人""光翻座","贫者""出舂磨";不分官场还是民间,穷人还是富人。第二首诗"别岁","酒食相邀,呼为别岁"。这首"别岁"诗思路开阔,"故人"离别哪怕"适千里",亦有再见之机缘,可"临别"之时照旧步履迟迟,不忍相别。时光就不一样了,光阴过去永远不会再来,年华逝去"酒食相邀"也不会归来。"素娥无赖,西去曾不为人留"(苏辙《水调歌头·徐州中秋》),岁月之别,感慨深刻,诗写"别岁"习俗的重要,也写亲情的重要。第三首诗,"至除夜,达旦不眠",为"守岁";正面写守岁欢饮之情景。此刻苏辙在京师侍父,于是苏轼鼓励弟弟"努力尽今夕,少年犹可夸"。这个10字结尾,"一结'守'字,精神迸出,非徒作无聊自慰语也"(赵克宜)。

往往离开故土,才会产生乡情,才会更深刻地领略故乡节日风俗的美。腊月的年底才最像年底。写岁暮之习俗后,转年即嘉祐八年(1063年)他们又写了关于过年的唱和诗。眉州风俗正月初七(人日)倾城而出到蟆颐山游玩,山上有蜀中名观蟆颐观,苏辙先写了反映蟆颐山郊游的《踏青》《蚕市》,苏轼依次依题目写了著名的和诗。公元1092年(元祐七年)苏轼达到人生峰巅,8月份扬州召还,11月份迁端明殿学士、侍读学士、礼部尚书,一年之内几个月连升三级。苏辙也于前一年升任门下侍郎(副宰相)。次年元祐八年(1093年)元宵夜,他们在京城与皇帝以及群臣宴饮游乐,观灯赏曲,苏辙有《次韵子瞻上元扈从观灯二首》。一生中苏轼写给苏辙的和苏辙写给苏轼的诗分别都超过了100首,写节日风俗包括生日的占有很大比例。元符二年(1099年),这是苏轼去世前两年,苏轼于儋州写了《以黄子木拄杖为子由生日之寿》,不但有两首贺诗,还有祝贺礼品,愈见兄弟情深。前一年即1098年苏辙生日,苏轼送一块类似小山的沉香木,并写了《沉香子山赋》,苏辙也写了《和子瞻沉香子山赋》。这时兄弟俩一个在海南,一个在岭南。陆放翁《老学庵笔记》记载,绍圣四年(1097年),章惇心血来潮搞文字游戏,依据偏旁,子瞻贬儋州、子由贬雷州。海南元宵节亦有诗作,儋州不是杭州,儋州元宵节萧索冷清,但他们当得起繁华、经得了落寞。他们唱和内容相当广泛,举凡身体胖瘦、饮食怎样、天气冷暖、心情好坏、洗头沐浴、起居问候,亦有官场顺否、作诗体会、修身之道,其中涉及月亮意象的又不少。苏轼词有340多首,点题写"月"的70多首。故乡归去千里之外,遥不可及,琼州海峡巨浪滔天,幸亏有天上的月亮和笔下的诗歌聊以寄托情怀。把酒祭月,地上之人与月宫里的嫦娥相望,寂寞嫦娥属于亲人的化身。快乐同享,苦难同当,灯依旧,人长久,乡风乡俗最相亲。苏轼苏辙血脉相连,惺惺相惜,是兄弟,

(三)为寻找"归去"的"佳处"兄弟俩费尽周折

苏轼苏辙《水调歌头》里描述的两个人诗酒相从不拘形迹的生活令所有人羡慕。不必揣摩上司心理,不必看皇帝脸色,可以完全放飞自我。这样安居乐业可以久留的"佳处"到底有没有,有又在何处呢?"吾生如寄耳"(《过淮》),出于不可控的因素,苏轼走马灯一般颠沛流离。"苍梧烟水断归程"(《江城子》),"富贵良非愿,乡关归去休"(《予喜读渊明〈归去来辞〉》),作品里出现"归"字之多,古代诗人中除了陆游,非苏轼莫属。苏轼诗词里出现"归"字 750 多处,苏辙诗词里出现"归"字 420 多处。哪里"寄"? 何处"归"? 两个问题屡屡出现,四海为家,处处无家处处家。中国人讲究落叶归根,当然是回归巴蜀故地眉山老家最好,但功未成,身难退。苏轼苏辙作品多次表示回乡之意,但始终没有回乡。笔者认为,苏轼苏辙最大的长处就是,善把他乡作故乡。既然现实里的故乡回不去,就要学会随缘,故乡是缥缈的,他乡才是实在的,所谓"此心安处是吾乡"(苏轼《定风波》)。这句诗的寓意可谓庄子式随缘委命还有陶潜式的自然迁化,苏轼把苦闷予以审美化处理。

可以说,苏轼"归去""辄迟留"的"佳处"(苏轼《水调歌头》)至死都没有找到。通过现珍藏于旅顺博物馆苏轼 50 岁时写的行书《阳羡帖》我们知道,他正张罗买田阳羡(常州宜兴),且早有阳羡定居之意。这念头起源很早,1057 年参加汴京琼林宴就和来自宜兴的进士蒋之奇有"鸡黍约",将来"居阳羡"(《次韵蒋颖叔》)。宜兴买田后,苏辙在颖昌,还鼓励哥哥去颖昌同住。1094 年新党得势,元祐党人全面遭殃。苏辙被贬汝州时,恰逢哥哥南迁英州到此相会。弟弟带着苏轼看了当时属于汝州的郏县知名景点——带领大批人马的黄帝曾暂停小住的山头,相传黄帝曾在钧天台向太上老君的化身广成子求仙问道。苏轼苏辙攀登钧天台,于钧天台北望莲花山,余脉蜿蜒,与家乡峨眉山极其相像,便生发终老归于此之计。"三入承明,四至九卿"(苏轼《行香子》),苏轼历典八州(密、徐、湖、登、杭、颖、扬、定),先后居住过 13 个城市,每一个都是让他喜欢并可以定居的城市,比如黄州,比如湖州。湖州虽然时间很短,不足一年,但也和杭州一样令他魂牵梦绕。还有写下"人间有味是清欢"(《浣溪沙》)的汝州,写下"日啖荔枝三百颗"(《食荔枝》)的惠州等。在中国文化史上,苏轼就是一个符号,一个四处流浪无可皈依的灵魂。

贬居儋州之年是 1097 年,在宋朝这是仅比死罪低一等的惩罚。2 月 19 日,置家惠州,与大儿苏迈处置后事,小儿苏过随行,子孙痛哭于江边作别。5 月,抵达梧州,听闻弟弟苏辙尚在滕州,相距仅 250 里。苏辙 3 月份得到贬谪,苏轼 4 月 17 日得到诏命,兄弟俩此前全都不知。得此信息苏轼异常高兴,他们已经三年不见了,决意行程加速,且以诗作信,派人快马送于苏辙。诗题"吾谪海南,子由雷州,被命即行,了不相知,至梧乃闻其尚在滕也,旦夕当追及,作此诗示之"。日夜急行,11 日追遇于滕州,同行至雷州时间为 6 月 5 日,6 月 11 日兄弟分别,苏轼渡海,再无缘相见。苏轼北归途中病逝于常州,时间为1101年7月28日。临终最大遗憾,只是弟弟子由,自贬谪琼海以及北归,一面都没有见过,"此痛难堪"(苏辙《春渚纪闻》)。从苏辙《东坡先生墓志铭》我们知道,刚开始得病,苏轼就给子由写信,希望死后"葬我嵩山下,子为我铭"。第二年,子由依照哥哥遗嘱将其葬于河南郏城县钧台乡上瑞里的一个箕形山坳里,还把三个侄子接来一起生活。宋人笔记"东坡殁后,二苏两房大小近百余口聚居"。哥哥去世11年后的1112年,苏辙去世于许昌,葬于苏轼墓旁,兄弟俩再也没有分开,"世世为兄弟"(苏轼《狱中寄子由二首》)。虽说不是"归去千里"的故乡,但也算实现了《水调歌头》里说的退休后弟兄"相从之乐"的夙愿以及诗以怡情、歌以唱和、酒以忘忧的理想。苏轼苏辙坟在当地称"二苏坟",到了元朝,公元1350年冬,郏县尹杨允到此祭祀,觉得缺点什么,遂于此置老泉衣冠冢,"二苏坟"遂成"三苏坟"。

四、苏轼为什么葬于河南而没有回归四川

(一)为什么没有落叶归根回归眉山

苏轼为什么没有安葬于眉山苏洵墓地?阮忠认为像写完《史记》便"不知所终"的司马迁一样:因为管不住嘴多说了几句话,便遭逢弥天大祸,被乡里人看不起,被朋友嘲弄,玷污了祖先,"亦何面目复上父母之丘墓乎?"(《报任安书》)"苏轼'乌台诗案'所获原罪未脱","最后没有能够为父母、祖父母、曾祖父母获得任何尊封,反而长期是戴罪之身,有何面目'归葬'老泉之山?"①

(二)为什么选择河南郏县

苏轼为什么逝于江苏而安葬于河南?根据河南刘继增归纳,明代以来主要看法有五:一为形胜说,郏之山可谓小峨眉;二是家境不好无力归葬说;三是对皇帝忠诚说;四是后人祭祀便利说;五是郏县土厚水深宜于安息说②。笔者觉得前五条都没有说到点子上,还应该加上一条,安葬郏县与弟弟苏辙有关,即兄弟情谊说。哥哥认为弟弟《水调歌头·徐州中秋》过于悲凉,另写一首予以安慰。苏辙说:先父是有遗言的,"父子相从,归安老泉。"(《卜居赋》)其实苏轼苏辙的命运连不得回归的王粲都不如,王粲滞留荆州12年,苏轼苏辙滞留外乡一辈子,客死他乡,最终也未能回归眉山故里。

---

① 阮忠.苏轼"死不扶柩"与"葬我嵩山"辩说——[J].海南师范大学学报(社会科学版),2022(3):94-101.
② 刘继增.三苏为什么葬在郏县[J].文史知识,2010(11):152-154.

(三)最终抉择与蜀中赵谂案有关

苏轼苏辙二次出川之后再也无机会回乡,后期在给皇帝的奏章中从没有表示过乞归眉山,很可能和蜀中赵谂案件有联系。赵本为西南夷人,父亲赵庭臣是被招降的某"戎洞"头目,他清除其他同族障碍,归降宋朝被褒扬,封官获奖赐姓为赵而成了皇帝一族并被安置渝州。据《巴县志》,整个宋朝319年巴县得进士名仅6人。宋绍圣元年(1094年),16岁的渝州人赵谂擢进士第二名,点为榜眼,这一年,苏轼因讥讽先朝罪名贬知英州。前程不可限量的赵谂不想做官任太常博士,偏要造反。元符年间返渝,对章惇贬谪元祐大臣心生不满,以苏轼苏辙屡被驱逐欲除奸贼以"清君侧"名义起事。《朱子语类》卷133:"蜀中有赵教授者,因二苏斥逐,以此摇动人心,遂反。"意思是官场太黑了,连苏轼苏辙这样的好官员都容不下,差点被砍头,还当什么官,赶紧反了吧!苏轼苏辙躺着中枪,被帮了倒忙。赵谂有兄弟两人,弟弟赵诙。书生造反哪里会轻易成功,只煽动起一小撮人,连一个县城都没有拿下,东窗事发兄弟两人被斩,父亲赵庭臣谪贬海南,家庭其他成员流放湖广。"崇宁元年二月,赵谂奉议郎谋反伏诛"①。此事发生后,朝廷疑神疑鬼,宋徽宗赵佶觉得渝州之"渝"有变动不安分因素,对朝廷不恭敬,应该改名字。《宋史·本纪第十九》:"崇宁元年(1102年)六月,壬子,改渝州为恭州"。赵谂案到苏轼去世的1101年还没有结案,据《重庆市志》(1992年):"北宋崇宁元年二月宋国子博士南平僚人赵谂,回乡省亲,被人告发'谋反',处死。六月,改渝州为恭州"。这是重庆历史上一次重大的更名事件。康震认为:苏轼苏辙宦迹几遍全国,本来一直想念故土,哥哥从海南弟弟从岭南北归时,可以随便居住,弟弟归于颍昌,哥哥则在住常州还是住颍昌二者之间拿不定主意,但他们全都不敢回归四川定居。假若他们回归眉山,必然给政敌以话柄,对自己更加不利。看来不回故乡也有迫于形势、不殃及子孙后辈的原因,真要张罗回乡,岂不是让朝廷更加警惕?赵谂案件对蜀人特别不利,负面影响大,朝廷上上下下都对蜀人投以异样的眼光。成都人凌戬归蜀,尚书左丞张天觉自己都不敢有怀土之思,就因为赵谂"羞辱"了故乡,特地写了《送凌戬归蜀记》为蜀人辩护,还有人写《辨蜀论》自证清白。外人都如此,苏轼苏辙作为当事人就更要谨慎行事了。苏轼苏辙晚年越贬越远,和这个事情有没有关系呢?让你们流放蛮荒之地,距离四川老家和朝廷越来越远。颍滨遗老苏辙最后十年尽量少见蜀人也是这个原因,以避免横生枝节,人家为什么偏偏打你苏轼苏辙兄弟的旗号起义,这是跳进黄河也洗不清的事情,只好避嫌。

《水调歌头》,词牌名,正体为毛滂体,95个字,双调,前后两段。前9句,后10句,各为4平声韵。《水调歌头》来源于传唱不衰、隋炀帝开凿汴河时所制《水调》曲,由剪裁于首章另倚新声而制成。除了毛滂的正体外,还有7种变体。苏轼词亦

---

① 刘继增.三苏为什么葬在郏县[J].文史知识,2010(11):152-154.

为正体。苏轼的《水调歌头·明月几时有》有赏月、怀乡、念远、思人、美食、团圆等丰富的文化内容,文笔优美流畅,境界浑融,促进了中秋节俗的形成以及中秋文化的发展,具有宇宙和时空意识,以及悠远的悲悯意识。《水调歌头·明月几时有》上片 4 平声韵分别是"天""年""寒""间",下片 4 平声韵"眠""圆""全""娟"。正体上片 5—6 句、下片 6—7 句间入两仄韵,下片 6—7 句要求对仗。受苏轼苏辙感染,笔者不揣简陋,也创作一首《水调歌头》,摹写其兄弟谊与聚散情。鲁迅 20 岁时有写给弟弟的诗:"我有一言应记取,文章得失不由天"(《别诸弟三首》),在此就用来作笔者的《水调歌头》开头吧。

  诗艺靠磨砺,在己不由天。自从吟唱还和,经月又经年。宦海乌云遮蔽,叹我无兄少弟,高处易伤寒。记挂胖和瘦,离聚霎时间。仲秋冷,人念远,梦难眠。旧踪泯灭,回首歧路盼团圆。江水潮生还没,蜡烛风吹能灭,企盼得双全。友谊留青史,行楷字娟娟。

下一首,《读苏辙〈为兄轼下狱上书〉》。步苏辙《水调歌头·徐州中秋》原韵,上片韵脚秋、愁、州、洲 4 处,下片韵脚裘、留、忧、楼 4 处。上片 5—6 句、下片 6—7 句间入两仄韵,下片 6—7 句对仗。苏轼苏辙兄弟名字来源于《左传·曹刿论战》,一"轼"一"辙",一低调一张扬,这两个字概括了兄弟俩的一生。苏辙一生低调谨慎,沉静淡泊。就以此意开头吧:

  难得谨而慎,竟遇事多秋。御台墙内生柏,鸦鹊也成愁。陛下求哀于此,祷盼饶兄免死,流放任神州。绶带逆风卷,轮辙碾孤洲。乱云紧,温度变,要毡裘。路行险远,危乱之地莫居留。不管前程多暗,即使天庭沦陷,有弟解烦忧。救命浑不怕,能闯帝王楼。

明清文献对陶宗仪《南村诗集》的著录

余兰兰[①]

摘要：《南村诗集》是元末明初著名诗人、学者陶宗仪的诗歌别集。明清文献对《南村诗集》的著录，最早见于明代毛晋《汲古阁书跋》与《元人十种诗》。清代《四库全书总目》集部别集类著录了《南村诗集》，清代其他文献对《南村诗集》也多有著录，其著录情况与《四库全书》有同有异。明清各类文献对陶宗仪《南村诗集》的著录，不仅保存了《南村诗集》的版本与流传等信息，也保存了陶宗仪的相关信息，为陶宗仪及其《南村诗集》的研究提供了重要的史料参考。

关键词：陶宗仪 《南村诗集》 明清文献

陶宗仪，字九成，号南村，浙江黄岩人，元末明初著名诗人、学者，一生著述丰富，涉及文学、历史、艺术等多个领域。其诗词作品主要收录在《南村诗集》和《沧浪棹歌》中。《南村诗集》（又称《南村集》）四卷，目前最早见于明代毛晋《汲古阁书跋》与《元人十种诗》的著录，清代《四库全书总目》集部别集类对《南村诗集》和《沧浪棹歌》均有著录，清代其他文献对《南村诗集》也多有著录，其著录情况与《四库全书》有同有异。

一、明代毛晋《汲古阁书跋》对《南村诗集》的著录

毛晋（1599—1659年），初名凤苞，字子久，后更名晋，字子晋，号潜在，江苏常

[①] 余兰兰，湖北大学文学院副教授，硕士研究生导师。

熟人,明代末年著名的藏书家与出版家。一生以访书、藏书、抄书、刻书、着书为业,建有汲古阁、目耕楼、绿君亭,藏书达八万余册,并苦心校勘,先后刻书六百多种,著名的有《十三经注疏》《十七史》《汉魏六朝百三名家集》《六十种曲》《津逮秘书》等。

毛晋汲古阁作为一个明代私人图书馆与出版机构,不仅收藏了诸多善本旧抄尤其是宋元刻本,而且校刻了许多质量很高的精本。《汲古阁书跋》不仅记载了汲古阁的藏书情况,而且或考书籍源流,或辨书籍真伪,或评述书籍与作家,具有重要的文献学价值。毛晋汲古阁《元人十种诗》刻本收录了元好问、顾阿瑛、陶宗仪、倪瓒、张雨等九位代有代表性的诗人十种诗集,合而刊之,大体上能反映元代中末期诗歌创作之成就。其中所收《南村诗集》四卷,是目前可见《南村诗集》的最早版本。毛晋《汲古阁书跋》著录陶宗仪《南村诗集》四卷,文曰:

> 九成避兵三吴间,几二十年,虽播迁羁旅,必以卷帙自随。遇事肯綮,即采叶书之,投破瓮中,埋树下,人以为六帖五笔不能及也。晚年结庐泗水之滨,艺菊种瓜,每有所会,即歌所自为诗,仰天大笑,人莫测其意。尝述虞伯生论一代诗,谓杨仲弘如百战健儿,范德机如唐临晋帖,揭曼硕如美女簪花,自负为汉廷老吏。何独不曰:陶九成如疏林早秋耶。海虞毛晋识。①

从《汲古阁书跋》的著录可知,陶宗仪于元末避乱于三吴,隐逸田园之间,歌咏为诗。文中提到的虞伯生、杨仲弘、范德机、揭曼硕,即元代代表性诗人虞集、杨载、范梈、揭傒斯,他们都是当时享有盛名的馆阁文臣,被称为"元诗四大家"。毛晋对陶宗仪诗歌评价较高,将其与"元诗四大家"并论,并赞其诗风"如疏林早秋"。这个评价是比较中肯的。陶宗仪诗歌不仅内容丰富,而且风格多样。其诗歌所体现出的冲淡古朴、清俊超逸之风②,当可形容为"如疏林早秋"。

对于陶宗仪诗风,明人评价均较高。例如,明朝唐士絧(唐锦)评论陶宗仪诗歌曰:"洒乎清风之飘飒也,溶溶乎春日载阳而冰渐之涣洋也。呜乎,公以'黍离'、'麦秀'之余,而有骏发蹈厉之气;抚羁穷沧落之景,而无危苦愤激之词,是亦足以见其所存矣。诗于公虽非专门,而世以专门称者,亦岂遽能窥其堂室哉!"③明代胡应麟亦在《诗薮》中评价陶宗仪诗歌曰:"颇有气骨,不类元诸人,间伤伧鄙耳。"④

二、清代《四库全书总目》集部对《南村诗集》的著录

《四库全书》本《南村诗集》是根据明代毛晋汲古阁《元人十种诗》的刻本抄录,

---

① (明)毛晋.汲古阁书跋[M].潘景郑,校订.上海:古典文学出版社,1958:67-68.
② 余兰兰.格力道健,冲淡古朴——论陶宗仪《南村诗集》的艺术风格[M]//谭帆,杨建波.大学语文论坛:第2辑.上海:华东师范大学出版社,2018:223.
③ 《影印文渊阁四库全书》本《沧浪棹歌》卷首序。
④ (明)胡应麟.《诗薮》外编卷六[M].上海:上海古籍出版社,1979:244.

后又刻入《台州丛书后集》。《四库全书总目》卷一百六十九集部别集类著录陶宗仪《南村诗集》四卷,为浙江鲍士恭家藏本。其提要曰:

> 明陶宗仪撰。宗仪有《国风尊经》,已著录。是编毛晋尝刻入《十元人集》。刘体仁《七颂堂集》有《与张实水尺牍》,称"读史不载陶南村,窃谓此君靖节一流人"。今考《十元人集》内,如倪瓒、顾阿瑛,亦皆亲见新朝,然瓒遁迹江湖,阿瑛随子谪徙,未沾明禄,自可附《朱子纲目》陶潜书"晋"之例。宗仪则身已仕明,孙作《沧螺集》中有《陶九成小传》可证。晋仍列之元人,非事实矣。观集中洪武三十一年《皇太孙即位诗》曰:"老臣忭舞南村底,笑对儿孙两鬓霜",则宗仪臣明原不自讳。又集中《三月朔日至都门》、《二日早朝》、《三日率诸生赴礼部考试》、《十日给赏》、《十一日谢恩》诸诗,即《明史》本传所谓"洪武二十九年,率诸生赴礼部试"时作也。是又岂"东篱采菊"之人所肯为之事? 又何必曲相假借,强使与栗里同称乎! 是集不知何人所编。考其题中年月,及诗中词意,入明所作十之九。惟《铙歌》、《鼓吹曲》诸篇,似为元时耳。其编次年月颇为无绪,殆杂收遗稿而录之,未遑诠次。又顾阿瑛《玉山草堂雅集》所载《澄怀楼》七律一首、《送殊上人》七律一首,皆不见收,知非宗仪自编也。毛晋品其诗"如疏林早秋",殊不甚似。然格力遒健,实虞、杨、范、揭之后劲,非元末靡靡之音。其在明初固屹然一巨手矣。①

从《四库全书总目》的著录可知,四库馆臣对陶宗仪及其《南村诗集》的评价主要有以下两点:

(1)陶宗仪由元仕明,且不自讳,写有谢恩诗,因此不能入陶渊明靖节之流。

四库馆臣仅因这一点而认为陶宗仪不能入陶渊明靖节之流,未免有失偏颇。陶宗仪在诗中多次赞赏陶渊明,流露出承陶渊明遗风之意。例如陶宗仪《南村诗集》卷三《水田耕隐为林彦祥赋》曰:"白蠹简编风外读,乌犍蓑笠雨中耕。休官彭泽惟陶令,行义安丰有董生。"②《次曹雪林见寄韵》曰:"告老归来鬓已秋,山中庐墓境深幽。田园已遂陶彭泽,乡里争称马少游。"③陶宗仪入明之后,还效仿陶渊明旧居"栗里"而自称所居之处为"小栗里"。陶宗仪自序其《书史会要》时,落款曰:"天台后学九成书于松江之小栗里"。朱彝尊辑《明诗综》卷十一记:"宗仪字九成,黄岩人。……洪武六年,举人才至京,以病固辞,得放归。"④

此外,陶宗仪还在其《南村辍耕录》卷十六立《陶氏二谱》条,辑录宋代王质所作《绍陶录》中的陶栗里(陶渊明)、陶华阳(陶弘景)二人的年谱,并在起首曰:"宋泰山王质所著《云韬堂绍陶录》,录中首载栗里、华阳二谱。惟先生之大节高风,流播千

---

① 《钦定四库全书总目》,第 2276 页。
② 陶宗仪集[M].徐永明,杨光辉,整理.杭州:浙江人民出版社,2005:53.
③ 陶宗仪集[M].徐永明,杨光辉,整理.杭州:浙江人民出版社,2005:54.
④ (清)朱彝尊.明诗综:第一册[M].北京:中华书局,2007:437.

古,而质者乃能次第其出处,作为《年谱》,且以名吾书绍陶之志,是可尚已,遂录于此云。"①这里与其说是赞赏王质著《云韬堂绍陶录》,不如说是推崇陶渊明与陶弘景。《南村辍耕录》卷十六所立另外两条——《药谱》《世系》,也都与陶氏宗族相关。

正因为如此,陶宗仪的友人常以陶渊明来赞美他。例如,贝琼《题秋江送别图送陶九成归云间》诗曰:"忆昨云间时,龙潭共看月。赋诗淡不枯,喜君如靖节。"②袁凯有诗曰:"柴桑老孙子,清望独超群。身同鸥鹭侣,心耽科斗文。"③明末毛晋在刻印《南村辍耕录》时,也作跋赞曰:"其谱靖节、贞白世系,尤简韵可喜,意自负为陶氏两公后一人耶?"事实上,陶宗仪"冲进粹质、洒然不凡"④的个性风神,以及他的诗歌所表现出来的田园诗风、隐逸情怀,颇类陶渊明。

(2)陶宗仪诗风格力遒健,非元末靡靡之音,在明初固"屹然一巨手"。

四库馆臣虽然认为陶宗仪其人不能入陶渊明靖节之流,但对陶宗仪其诗的艺术成就评价较高,称其为"元诗四大家"虞集、杨载、范梈、揭傒斯之后劲,非元末靡靡之音,为明初诗坛"屹然一巨手"。

此外,《四库全书简明目录》卷十八集部别集类著录陶宗仪《南村诗集》四卷,亦曰:"明陶宗仪撰。宗仪至建文初犹在,然元末已称宿学。其诗格力遒健,为虞、杨、范、揭后劲,然非古淡萧散之派。毛晋刻入《十元人集》中,谓其诗如疏林早秋,则殊不似也。"⑤

三、清代其他文献对陶宗仪《南村诗集》的著录

清代其他文献,诸如艺文志、地方志、藏书目、诗选等,对陶宗仪《南村诗集》多有著录,其著录情况与《四库全书总目》有同有异。

清钱大昕《补元史艺文志》卷四集类别集类著录:"陶宗仪《南村诗集》四卷,《沧浪棹歌》一卷。"⑥清张廷玉等修《明史艺文志》卷四集类别集类著录:"陶宗仪《南村诗集》四卷。"⑦清嵇璜等撰《钦定续通志》卷一百六十二之《艺文略》文类别集著录:"陶宗仪《南村诗集》四卷。明陶宗仪撰。"别集类之后有注曰:"以上见文渊阁著录。"清嵇璜等撰《钦定续文献通考》卷一百九十六之《经籍考》集部诗集明代著录:"陶宗仪《南村诗集》四卷,《沧浪棹歌》一卷。宗仪见经类。"

清嵇曾筠、李卫等修,沈翼机、傅王露等纂《浙江通志》卷二百四十八《经籍》集

---

① (元)陶宗仪.南村辍耕录[M].济南:齐鲁书社,2007:210.
② (元)贝琼:《清江文集·卷二十·金陵集》,《影印文渊阁四库全书》本。
③ (元)袁凯:《海叟集·卷三·怀南村陶先生》,《影印文渊阁四库全书》本。
④ (元)孙作:《沧螺集·卷四》,《影印文渊阁四库全书》本。
⑤ 《四库全书简明目录·卷十八》,第767页。此处所说的毛晋刻《十元人集》,即毛晋汲古阁所刻《元人十种诗》。
⑥ (清)钱大昕.补元史艺文志:卷四[M]//丛书集成初编.北京:中华书局,1985:54.
⑦ (清)张廷玉,等.明史艺文志:卷四[M]//丛书集成初编.北京:中华书局,1985:61.

部别集元代著录:"《南村集》四卷,《沧浪棹歌》一卷。《黄氏书目》,天台陶宗仪九成着。"此处所言《南村集》,即是陶宗仪《南村诗集》,同书异名而已。清宋如林修、莫晋纂《嘉庆松江府志》卷七十二《艺文志》集部别集类著录:"《南村诗集》四卷。按,是集列入文渊阁著录。"清庆霖等修、戚学标等纂《嘉庆太平县志》卷十五上《艺文志》书目著录"《南村集》"略有补充,文曰:"陶宗仪撰。九成诗格力遒健,为虞扬范揭后劲,毛晋尝刻入《元十家集》。外有《沧浪棹歌》一卷,正德间松江唐锦序,为宗仪所自编,与《南村集》亦互见。"此处著录的《南村集》,也即陶宗仪《南村诗集》,《元十家集》即是毛晋汲古阁《元人十种诗》。

清代著名学者、藏书家黄虞稷撰《千顷堂书目》卷十七别集类著录:"陶宗仪《南村诗集》四卷。字九成,黄岩人,居松江。至正间累辞辟举,洪武六年举人才至京,以疾辞,建文中卒。"卷二十九别集类补元代著录:"陶九成《诗集》四卷。"此处著录的陶九成《诗集》,也就是陶宗仪《南村诗集》。千顷堂是黄虞稷藏书之处。有明一代,虽著述闳富,却无完备书目,黄虞稷于是在其父所撰《千顷斋藏书目录》六卷的基础之上,据其藏书,编成《千顷堂书目》三十二卷。《千顷堂书目》主要补录明代著述,是迄今为止记载明人艺文最全的目录之作。同时还附载了宋、辽、金、元四代著述所阙。《浙江通志》对陶宗仪《南村诗集》的著录,就是依据《黄氏书目》也即《千顷堂书目》的著录,而并非依据《四库全书总目》。

清代著名学者、藏书家徐干学(1631—1694年)撰《传是楼书目》集部著录"《南村诗集》四卷",题"明陶宗仪"撰①。传是楼是徐干学的私家藏书楼,在清初号称"藏书甲天下"。徐干学官至内阁学士、刑部尚书。居官在位近二十年,大部分时间任职馆阁,学问淹博。他"发愤购遗书,搜罗探秘籍,从人借钞写,瓻甒日不给",遂使传是楼藏书汗牛充栋。

清代著名学者、词人朱彝尊辑《明诗综》对《南村诗集》的著录较为详细。是书卷十一"陶宗仪四首"载:"宗仪字九成,黄岩人。少举进士不中即弃去,徙居松江。至正间,累辞辟举。张氏开阃,辟军谘,亦不就。洪武六年,举人才至京,以病固辞,得放归。有《沧浪棹歌》《南村集》。"②其后附唐士絅等人及《静志居诗话》对陶宗仪及其《南村诗集》的评述:

唐士絅云:公以"黍离"、"麦秀"之余,而有骏发蹈历之气;抚羁穷沦落之景,而无危苦愤激之词,足以见其所存矣。

钱受之云:九成诗自徐"洪武二十九年丙子,率诸生赴礼部考试。读《大诰》,赐钞遣归。"岂其晚年亦曾列官教授耶?

高二鲍云:九成画《天台山图》,自题云:"予挈家避地云间杜树之北,背负九峰皆平衍无奇。每忆故山,为作此图。"所谓杜树之北,在松江府治

---

① (清)徐干学.传是楼书目[M]//续修四库全书.上海:上海古籍出版社,1996.
② (清)朱彝尊.明诗综:第一册[M].北京:中华书局,2007:437.

东北十余里,即今泗泾,南村草堂之址在焉,又名小粟里。倪元镇、王叔明俱为之写图,予皆见之。

《静志居诗话》:南村练习掌故,元朝野旧事,借《辍耕录》以存。其余若《草莽私乘》《游志续编》《书史会要》,皆有裨史学。入明自称其居为小粟里,虽好爵未靡,然其集中诗如《乙卯人日》云:"天子居大宝,念民日孜孜。上帝昭圣心,报锡以雍熙。"《纪行诗》云:"弭棹中和桥,僦舍千步廊。报名谒鸿胪,会朝篦鹓行。国安四方静,君明六卿良。圣德湛汪濊,庆祚衍灵长。"《入都门诗》云:"虎踞龙蟠真圣主,天开地设古神州。"《早朝》诗:"黼座正中天咫尺,叩头丹陛益凌兢。"《闻皇太孙即位诗》云:"先帝逍遥游碧落,神孙端拱坐明堂。九重统握乾坤大,万国恩沾雨露香。动植飞潜滋德色,都俞吁咈庆明良。老臣舞忭南村底,笑对儿孙两鬓霜。"窃谓此等诗可以不作。可以不作而作之,宜录入明诗矣。①

《明诗综》一百卷,朱彝尊所辑,选录明初洪武至明末崇祯历朝诗人,以及明亡后遗民诗人共 3400 余人的作品,附有作家小传及诸家辑评,并附自著诗话。《静志居诗话》二十四卷,朱彝尊所著,专记有明一代诗人篇章,兼及遗闻,补《明诗综》《明词综》所未备。由以上文献可知,唐士绱对陶宗仪的诗歌艺术评价较高,而朱彝尊对陶宗仪《南村诗集》中的一些颂扬明皇明朝之作不太认可。《明诗综》卷十一选录了陶宗仪诗作四题五首——《折杨柳送夏西畴谪居大梁》《五里塘》《题王筠庵水村》《次韵答杨廉夫》,均是陶宗仪的代表之作。其中《折杨柳送夏西畴谪居大梁》为《南村诗集》卷一古体诗,是陶宗仪写给友人夏西畴的送别之作,格调雄浑豪迈,情感沧桑悲凉,感人肺腑。《五里塘》为《南村诗集》卷二五言律诗,陶宗仪在诗中借眼前苍凉之景,抒发了自己漂泊无依、渴望归乡的愁苦情怀,情感真挚深沉。而《题王筠庵水村》与《次韵答杨廉夫》②均为《南村诗集》卷三七言律诗,描写了田园生活与隐逸情怀,体现了陶宗仪诗歌冲淡古朴、清新自然的另一风格。

清代张豫章等奉敕辑成《御选宋金元明四朝诗》三百一十二卷,其中《御选元诗卷八十一》之后《御选明诗姓名爵里一·陶宗仪》载:"字九成,黄岩人。元举进士,荐辟皆不就。洪武六年,以人才举。有《沧浪棹歌》《南村集》。"③《南村集》即陶宗仪《南村诗集》。《御选明诗卷六》选录了陶宗仪诗作三题四首,为《折杨柳送夏西畴谪居大梁》《铙歌鼓吹曲二章(并序)》《暮春谣奉和正斋承旨韵》,与朱彝尊《明诗综》所选有不同。其中《明诗综》未选录的《铙歌鼓吹曲二章(并序)》,为《南村诗集》卷一乐府诗,作于元至正丙午(1366 年)。时陶宗仪居松江,弥月不雨,后祈雨有应,陶宗仪遂作《铙歌鼓吹曲》二首,歌以美之。《暮春谣奉和正斋承旨韵》为《南村诗

---

① (清)朱彝尊.明诗综:第一册[M].北京:中华书局,2007:437-438.
② 这两首诗《南村诗集》分别题作《题王筠庵水村山居二首》(《明诗综》只录其一)与《次韵答杨廉夫先生》。
③ (清)张豫章.御选宋金元明四朝诗:卷八十一[M]//影印文渊阁四库全书.

集》卷一古体诗,写闺妇对边关征人之思。末两句"玉关万里人未归,风雨一番春又老"可谓抒情之佳句。

清代诗人、学者陈田,光绪十二年(1886年)进士,潜心研古,辑成《明诗纪事》二百卷。《明诗纪事》卷二十三"陶宗仪"条载:"宗仪,字九成,黄岩人。洪武六年,举人才至京,以病辞,放归。有《沧浪棹歌》《南村集》。"[1]其后,依次附录《四库全书总目》对《南村诗集》的提要、元末孙作撰《沧螺集》之《陶先生小传》、明末周亮工撰《因树屋书影》以及清姚弘绪编《松风遗韵》(又作《松风余韵》)二书中有关《说郛》的记载。

此外,清陈钟英等修、王咏霓撰《光绪黄岩县志》卷二十八"艺文志"书录集部别集类著录"《南村诗集》四卷"曰:"明陶宗仪撰。《简明目录》云,宗仪至建文初犹在,然元末已称宿学。其诗格力遒健,为虞杨范揭后劲,然非古淡萧散之派。毛晋刻入《十元人集》中,谓其诗如疏林早秋,则殊不似也。"其后,附录清朱彝尊《明诗综》所录唐士絅、《静志居诗话》对陶宗仪及其《南村诗集》的评述。

喻长霖修《民国续修台州府志》,卷一《台州遗书·四库著录书·明十二部》著录:"陶宗仪《南村诗集》四卷。"卷七十七《艺文略·经籍考》集部著录《南村诗集》四卷",曰:"明陶宗仪撰。宗仪有《国风尊经》已著录。是集见《明史·艺文志》《千顷堂书目》《传是楼书目》。《四库全书总目》毛晋刻入《元十家集》。(今存)"[2]其后,亦附录《四库全书》对《南村诗集》的提要,以及清朱彝尊《明诗综》所录唐士絅、《静志居诗话》对陶宗仪及其《南村诗集》的评述(见前文,此处略)。以上两处的著录是依据《四库全书》。卷一百十七上《人物传·文苑·明·陶宗仪》又著录"《南村诗集》四卷"(《明史·艺文志》)。此处的著录依据《明史·艺文志》。

综上所述,明清各类文献对陶宗仪《南村诗集》的著录,详略虽有不同,但都值得重视,它们不仅保存了《南村诗集》的版本与流传等信息,也保存了陶宗仪的相关信息,为陶宗仪及其《南村诗集》的研究提供了重要的史料参考。

---

[1] (清)陈田.明诗纪事[M].上海:商务印书馆,1933.
[2] 此处所说的毛晋刻《元十家集》,即毛晋汲古阁所刻《元人十种诗》。

"临邛道士鸿都客"考辨

窦旭峰

摘要：白居易《长恨歌》中"临邛道士鸿都客",历来说法不一,有说袁天罡者,有说杨通幽者。仔细考量,"临邛道士"是一种道教文化品牌,是虚指而非具体的某一个人。

关键词：白居易 《长恨歌》 临邛道士 鸿都客

白居易"深于诗,长于情",因写"特出之事",成"千古绝作"《长恨歌》,自己也因"一篇《长恨歌》而出名"。诗中"临邛道士鸿都客",众说纷纭,有说袁天罡者,有说杨通幽者,有"意谓来自蜀中,作客长安的一个道士"[③]者,不一而足。对此,也许可以从唐代道教盛行的轨迹中和临邛发生的相关故事中找到答案。

一、唐朝统治者与道教的不解之缘

唐朝建立后,唐朝皇室在中国北方汉族社会阶层中地位并不高。为提高家族的声望,唐朝皇室就自称是老子的后代(老子姓李)。唐朝皇帝从家族的利益出发,面对意识形态与文化矛盾,将道教立为国教,因支持道教而收到了凝聚汉民族人心的效果。让"李氏救世"的谶语成为一种共识。道教让帝王(或称"天子")扮演了沟

---

① 本文系 2022 年陇南市哲学社会科学研究项目"陇南乡土文化对外传播话语体系构建"、巴蜀文化国际传播研究中心 2022 年度资助项目"ANT 视域下当代巴蜀文学作品外译与传播机制研究"(项目编号:BSWH2022YB04)成果之一。
② 窦旭峰,陇南师范高等专科学校文学与传媒学院副教授。
③ 金性尧.唐诗三百首新注[M].上海:上海古籍出版社,1980:105.

通天人的中介,使统治者的地位更加稳固,因此唐王朝自始至终与道教关系密切,并利用宗教的外交价值,将道教传到日本。武德三年(620年)左右,李渊称帝不久,就去终南山拜谒老子,并将"老子"作为李唐王朝的祖宗。武德八年(625年),唐高祖把道教排在儒、佛之前。唐太宗贞观十一年(637年),道在佛前的顺序确立。龙朔元年(661年),道观遍及全国。乾封元年(666年),唐高宗追封老子为"太上玄元皇帝"。咸亨三年(672年),太平公主出家,受法箓成为女冠。此后的二百多年间,至少有十二位公主成为女冠。仪凤三年(678年),叶法善在泰山设"河图大醮"仪式。《道德经》成为科举考试的必考科目,管理道士的机构改为"宗正寺"。现存《道藏》表明,"皇帝(唐高宗)是真的相信自己承担着沟通凡界和天界的职责,而且还认为他的帝国应当与作为圣人的李氏祖先所统治的天国相一致。"①高宗之后,武则天登位。由于佛教曾支持武则天夺取皇位,武则天便采取了尊佛抑道的政策,将佛教的地位抬至道教之上,并取消了"太上老君""玄元皇帝"的尊号,罢贡举人习《老子》。但在佛道两教为"老子化胡经"的真伪展开激烈辩论时,武则天虽下令焚毁《化胡经》,但并未严格执行,《化胡经》照样流传。直至元代,《化胡经》争论再起,才被彻底焚毁。道教吸收了远古信仰中的女性崇拜,武则天接受了"圣母神皇"的尊号,成为神权的象征,因而使她与李唐家族的关系更近了。直到《大云经》及《大云经疏》出现,武则天扔掉了"圣母神皇"的称号,"罢举人习《老子》,更习太后所造《臣轨》"②。当然,武则天公开压制道教却适得其反,她一方面尊崇大慈大悲的佛和菩萨,另一方面却对道教中土生土长的凶神恶煞更感兴趣。武则天杰出的政治才华体现在善于调和家族、国家、宗教之间的利益。唐中宗即位,老子再次被冠以"玄元皇帝",《道德经》重新成为科举考试书目。景龙二年(708年),易州立"龙兴观道德经碑"。中宗将两个公主在京城的住宅改成道观,并准其出家,她们分别有了新的称号——"金仙公主"和"玉真公主",所在道观也相应被命名为"金仙观"和"玉真观",在太极元年(712年)被授以最高法箓。玄宗统治初期,为改变太平公主形成的佛、道卷入宫廷政治的局面,于开元二年(714年)采取了控制宗教势力的措施。开元八年(720年)在朝的道教大法师叶法善辞世。开元九年(721年),司马承祯受邀回到朝廷,并奉诏用三种字体刻写《道德经》于京师景龙观的石柱上。《道德经》因此成为朝廷所支持的全新学术以及重大仪式的核心。玄宗在司马承祯那里接受法箓,并继承了高宗开创的创作道曲和泰山封禅的先例,"于是我们可以看到在开元十八年(730年)时,皇帝下令在三殿讲《道德经》。在开元二十年(732年)时,又有两种版本的《道德经》被刊刻于石,同时玄宗自己还推出了全新的注本。开元二十一年(733年),皇帝下令每家必备一本《道德经》,同时在科考中关于《尚

---

① [美]巴瑞特.唐代道教——中国历史上黄金时期的宗教与帝国[M].曾维佳,译.济南:齐鲁书社,2012:26.
② (宋)司马光.资治通鉴(三)[M].长沙:岳麓书社,1990:694.

书》和《论语》的题目则相应减少,而增加有关《道德经》的题目。接下来的开元二十三年(735年),又推出了一种官方的注释本,但还是挂着皇帝的名字。同年,一位名叫司马秀的道士请求于两京及天下应修官斋皆立石台刊勒玄宗御注《道德经》"。① 开元二十五年(737年)道教归宗正寺管辖。开元二十六年(738年),敕各州在州城内择位置最好、规模宏大的寺观,改名为开元寺或开元观。开元二十九年(741年),下诏置多座玄元皇帝庙并兼做两京及诸州的道教学习场所,崇玄学成为唐朝的最高教育机构之一;九月,改称"太上玄元皇帝宫"。天宝元年(742年),老子和玄宗的圣容雕像立于宫中。天宝二年(743年),追尊老子为"大圣祖玄元皇帝",同时崇玄学改名为崇玄馆。天宝五载(746年),宰相们的雕像加入其中。天宝七载(748年),玄宗册赠张道陵为"太师",接受李含光授箓。天宝八载(749年),又加老子为"圣祖大道玄元皇帝",文宣王与四真人像立于太清宫和太微宫中。天宝十三载(754年)老子被尊为"大圣祖高上大道金阙玄元天皇大帝"。玄宗将皇室祭祀老子制度化,将教育和科考制度都建立于道教之上,产生并建立了有别于儒家天子理念的中国历史上唯一的道教统治国家。玄宗建构了一种做法,通过道教赋予家族威望而产生的社会动能,以及道教累积的思想资本,其虽经安史之乱而未消亡,仍然让唐王朝延续了一百多年。

肃宗在困局中,把信念寄托在各类圣人身上,沉溺于各种不同的宗教活动中,尤其是宠幸颇有争议的道教法师申泰芝,结果并不圆满。代宗对佛教的兴趣大于道教,统治却与道教联系紧密。德宗停止了代宗对佛教工程的支持,表现出对各种宗教的吝啬。宪宗支持道教,沉迷于炼丹术,想长生不老,却和皇子都英年早逝。武宗敕老子的生日为降圣节,全国休假三天,还提出过要度所有的"明经"和"进士"为道士。会昌六年(846年)三月,武宗死于金丹之毒。宣宗废除了灭佛措施,将洛阳宏圣寺改为崇拜老子的太微宫,用玄宗和肃宗的玉真容像来陪伴老子的玉圣容像。懿宗转而支持佛教,但后来,在藩镇权力的争夺战中,不得不依靠神权统治。僖宗复兴道教,得到道士杜光庭的帮助。天佑元年(904年)昭宗被朱温谋杀,天佑四年朱温建立梁朝,史称后梁。唐朝皇帝出于用传统文化和宗教方式来巩固皇权的目的,使道教成为统治者和被统治者的一种信仰,道士成了统治者智囊团里不可或缺的一员。

"唐代之所以总体和谐,部分原因可归功于皇帝本身:唐代统治者从血缘和文化上源于北方大草原的突厥族。当他们在中国取得政权后,他们吸纳了一种普遍的民族精神特质:所有的民族都臣服于慈爱的'天可汗',因此所有民族所信奉的宗教都得到宽容。……唐时,道教已经成为中国宗教与文化主流的一部分——朝廷全力支持道教,社会各阶层的男女都可入教修道,无论是文化精英还是全国各地的

---

① [美]巴瑞特.唐代道教——中国历史上黄金时期的宗教与帝国[M].曾维佳,译.济南:齐鲁书社,2012:41.

普通百姓也都敬重道教。在此情况下,道教的发展可以被称之为'几乎没有根本性的创新',因为道教的概念是如此之丰富,人们可以在各方面对它加以实践与阐释,道门内外人人都可以接受。道士们有许多方法在精神上提升自己、在文化上表达自己,并使自己的信仰在社会与政治上获得认可。人们可以说唐代是道教历史上最重要的时期,因为在唐代道教显示了它可以满足整个社会的精神、文化与政治的需求。"①

二、源远流长的临邛道教

"自盘古划天地,天地之气,艮于西南。剑门上断,横江下绝,岷、峨之曲,别为锦川。蜀之人无闻则已,闻则杰出,是生相如、君平、王褒、扬雄,降有陈子昂、李白,皆五百年矣。"②

古之临邛,今之邛崃。史载最早的是胡安,"临邛人,讲学白鹤山下,相如从之受经。"③"白鹤山,在城西八里。……汉胡安尝于山中乘白鹤仙去,弟子即其处为白鹤台。魏华父《造营记》:'州之西直治城十里所,有山曰白鹤,林鹿苍翠,江流萦纡,蔚为是州之望山,故为浮屠之宫。自隋、唐迄今,庵院凡十四所。远有胡安先生授《易》之洞,近有常公谏议读书之庵。"④

司马相如和卓文君的爱情故事让临邛名播天下。

胡安百年后,当属"西蜀易圣"严君平。"严遵,字君平,临邛人。卖卜成都市。"⑤"君平卜筮于成都市,以为'卜筮者贱业,而可以惠众人。有邪恶非正之问,则依蓍龟为言利害,与人子言依于孝,与人弟言依于顺,与人臣言依于忠。各因势导之以善,从吾言者,已过半矣。'裁日阅数人,得百钱足自养,则闭肆下帘而授《老子》,博览亡不通,依老子庄周之指著书十余万。……蜀人爱敬,至今称焉。"⑥"旧说云天河与海通。近世有人居海渚者,年年八月有浮槎去来,不失期,人有奇志,立飞阁于查上,多赍粮,乘槎而去。十余日中犹观兴月日辰,自后茫茫忽忽亦不觉昼夜。去十余日,奄至一处,有城郭状,屋舍甚严。遥望宫中多织妇,见一丈夫牵牛渚次饮之。牵牛人乃惊问曰:'何由至此?'此人具说来意,并问此是何处,答曰:'君还至蜀郡访严君平则知之。'竟不上岸,因还如期。后至蜀,问君平,曰:'某年月日有

---

① [美]巴瑞特.唐代道教——中国历史上黄金时期的宗教与帝国[M].曾维佳,译.济南:齐鲁书社,2012:119-121.
② (清)王琦.李太白全集[M].北京:中华书局,2011:1233.
③ (宋)乐史.太平寰宇记[M].王文楚,等,点校.北京:中华书局,2007:1523.
④ (宋)祝穆.方舆胜览[M].祝洙,增订.施和金,点校.北京:中华书局,2003:995.
⑤ (宋)乐史.太平寰宇记[M].王文楚,等,点校.北京:中华书局,2007:1523.
⑥ (汉)班固.汉书[M].北京:中华书局,1964:3056-3057.

客星犯牵牛宿。'计年月,正是此人到天河时也。"①"后举家升天,宅舍亭台亦随飞去。"②但还是留下了君平宅("在府城西,今为严真观。……其后有井名通仙,相传君平所浚。"③)、君平卜台(任豫记云:"广汉郡雁桥东有严君平卜处,土台高数丈。"④)、七星井(相传严君平凿,如北斗象。⑤)、君平池("古老传云是君平宅陷而成池。"⑥)、通仙井("在严真观。相传此井与广汉绵竹县君平宅井相通。往岁有人淘井,得铜钱三,径可二寸,因恍惚不安,复投井中,立愈。或谓此君平掷卦钱处。"⑦)等遗迹。李白"升沉应以定,不必问君平"⑧,苏轼"余生幸无愧,可与君平道"⑨,被吕本中"千秋蜀道一君平"一言以蔽之。

严君平百年之后,天师道创始人、第一代天师张道陵又一次让临邛声名鹊起。张道陵为汉留侯张良后代,早慧,七岁通《道德经》、河洛谶纬之书。曾辞官退隐北邙山修道,后云游名山大川,在云锦山三年练成神丹。花甲之年,听蜀中民风淳朴,山清水秀,于是移居临邛的鹤鸣山(现大邑县境内,唐高宗咸亨二年,671年置大邑县),并创正一道,入道者只需交五斗米为信,因此又称五斗米道。张道陵驱魔治病,救活了许多人,追随他学道者竟然有好几万人。"在汉末以及紧接着的混乱时期,宗教组织蓬勃兴起。其中一支通过发展壮大,足以向权势提出挑战。这个组织名称叫'五斗米道'或者'天师道',由张道陵于二世纪中期在四川所创立。张道陵的孙子张鲁作为'政教合一'的领袖,在建安二十年(215年)与将要代汉建魏者达成协议,允许天师道在四川以及其掌控的中国北方地区继续传教。于是,在发源地四川起着领导作用的天师道神职人员'祭酒'得到魏晋王朝皇室的支持。"⑩由此,说临邛是道教的发源地也不为过。张道陵被后来多个朝代册封。唐玄宗天宝七载(748年),册赠为"太师"。僖宗中和四年(884年),封为"三天扶教大法师"。宋徽宗大观二年(1108年),册赠"正一靖应真君",理宗加封"三天扶教辅元大法师,正一靖应显佑真君"。元成宗加封"正一冲玄神化静应显佑真君"。明崇祯皇帝加赠"六合无穷高明上帝"。道教称祖天师、泰玄上相、大圣降魔护道天尊。张道陵留下的古迹有张天师草堂(龙虎山)、张天师誓鬼坛(青城山)、北平山("张道陵得仙于

---

① (晋)张华.博物志校证[M].范宁,校证.北京:中华书局,1980:111.
② (前蜀)杜光庭.仙传拾遗[EB/OL].[2023-10-23].http://www.guoxue123.com/biji/tang/xzsy/000.htm.
③ (宋)祝穆.方舆胜览[M].祝洙,增订.施和金,点校.北京:中华书局,2003:910.
④ (宋)乐史.太平寰宇记[M].王文楚,等,点校.北京:中华书局,2007:1489.
⑤ (宋)祝穆.方舆胜览[M].祝洙,增订.施和金,点校.北京:中华书局,2003:967.
⑥ (宋)乐史.太平寰宇记[M].王文楚,等,点校.北京:中华书局2007:1491.
⑦ (宋)祝穆.方舆胜览[M].祝洙,增订.施和金,点校.北京:中华书局,2003:909.
⑧ (清)沈德潜.唐诗别裁集[M].上海:上海古籍出版社,1979:341.
⑨ 踆凡.司马相如资料汇编[M].北京:中华书局,2008:88.
⑩ [美]巴瑞特.唐代道教——中国历史上黄金时期的宗教与帝国[M].曾维佳,译.济南:齐鲁书社,2012:2.

此。陵有二十四化,此山是其一也。"①)、鹤鸣山("张陵客蜀,学道此山,……张道陵登仙之所。传云常有麒麟、白鹤游翔其上。"②),"古老传云张道陵乘白鹤飞鸣此山"③。《古今小说·卷十三》《张道陵七试赵昇》《云笈七签·卷之一百九》的"神仙传张道陵"和《历代仙史·卷之一》的"汉先列传正一天师"都写张道陵仙事,影响之大,可见一斑。

张道陵五百年后,袁天纲大业末年避乱于白鹤山。唐武德年间为蜀郡火井县县令,贞观六年被唐太宗召见并比之"君平",纳为智囊。贞观八年(634年)复任火井县县令,同年四月任上逝世。"临邛火井一所,从广五尺,深二三丈。井在县南百里。"④"临邛"因"火井"在唐时设火井县,"相台山在火井县东北,唐袁天纲登此山以相县治,故名"⑤。作为相术大师的袁天纲,两次担任火井县令,临邛可称之为他的第二故乡。袁天纲让"火井"更火。

三、"临邛道士鸿都客"

安史之乱马嵬坡事变后,唐玄宗思杨贵妃心切,于是,白居易在《长恨歌》中虚构了"临邛道士鸿都客,能以精诚致魂魄",杨贵妃亡魂再现这一充满浪漫色彩的情节。

"临邛道士鸿都客,能以精诚致魂魄。为感君王辗转思,遂教方士殷勤觅。排空驭气奔如电,升天入地求之遍。上穷碧落下黄泉,两处茫茫皆不见。忽闻海上有仙山,山在虚无缥缈间。楼阁玲珑五云起,其中绰约多仙子。中有一人字太真,雪肤花貌参差是。金阙西厢叩玉扃,转教小玉报双成。闻道汉家天子使,九华帐里梦魂惊。揽衣推枕起徘徊,珠箔银屏迤逦开。云鬓半偏新睡觉,花冠不整下堂来。风吹仙袂飘飘举,犹似霓裳羽衣舞。玉容寂寞泪阑干,梨花一枝春带雨。含情凝睇谢君王,一别音容两渺茫。昭阳殿里恩爱绝,蓬莱宫中日月长。回头下望人寰处,不见长安见尘雾。惟将旧物表深情,钿合金钗寄将去。钗留一股合一扇,钗擘黄金合分钿。但教心似金钿坚,天上人间会相见。临别殷勤重寄词,词中有誓两心知。七月七日长生殿,夜半无人私语时。"⑥

《长恨传》:"适有道士自蜀来,知上心念杨妃如是,自言有李少君之术。玄宗大喜,命致其神。方士乃竭其术以索之,不至。又能游神驭气,出天界、没地府以求之,又不见。又旁求四虚上下,东极绝天涯,跨蓬壶。见最高仙山,上多楼阙,西厢

---

① (宋)乐史.太平寰宇记[M].王文楚,等.点校.北京:中华书局,2007:1503.
② (宋)乐史.太平寰宇记[M].王文楚,等.点校.北京:中华书局,2007:1528,1529.
③ (宋)乐史.太平寰宇记[M].王文楚,等.点校.北京:中华书局,2007:1541.
④ (晋)张华.博物志校证[M].范宁,校证.北京:中华书局,1980:26.
⑤ (宋)祝穆.方舆胜览[M].祝洙,增订.施和金,点校.北京:中华书局,2003:996.
⑥ 金性尧.唐诗三百首新注[M].上海:上海古籍出版社,1980:102.

下有洞户,东向,窥其门,署曰'玉妃太真院'。方士抽簪叩扉,有双鬟童女,出应门。方士造次未及言,而双鬟复入,俄有碧衣侍女至,诘其所从来。方士因称唐天子使者,且致其命。碧衣云:'玉妃方寝,请少待之。'于时云海沉沉,洞天日晚,琼户重阖,悄然无声。方士屏息敛足,拱手门下。久之,而碧衣延入,且曰:'玉妃出。'见一人冠金莲,披紫绡,佩红玉,曳凤舄,左右侍者七八人,揖方士,问'皇帝安否?'次问天宝十四载已还事。言讫,悯然。指碧衣女,取金钗钿合,各析其半,授使者曰:'为谢太上皇,谨献是物,寻旧好也。'方士受辞与信,将行,色有不足。玉妃因征其意。复前跪致词:'乞当时一事,不为他人闻者,验于太上皇。不然,恐钿合金钗,罹新垣平之诈也。'玉妃茫然退立,若有所思,徐而言曰:'昔天宝十载,侍辇避暑骊山宫。秋七月,牵牛织女相见之夕,秦人风俗,是夜张锦绣,陈饮食,树瓜华,焚香于庭,号为乞巧。宫掖间尤尚之。时夜殆半,休侍卫于东西厢,独侍上。上凭肩而立,因仰天感牛女事,密相誓心,愿世世为夫妇。言毕,执手各呜咽。此独君王知之耳。'因自悲曰:'由此一念,义不复居此。复堕下界,且结后缘。或为天,或为人,决再相见,好合如旧。'因言:'太上皇亦不久人间,幸惟自安,无自苦耳。'使者还奏太上皇,皇心嗟悼,日日不豫。"①

《仙传拾遗》:"玄宗幸蜀,自马嵬之后,属念贵妃,往往辍食忘寐。近侍之臣,密令求访方士,冀少安圣虑。或云:'杨什伍有考召之法。'征至行朝。上问其事,对曰:'虽天上地下,冥寞之中,鬼神之内,皆可历而求之。'上大悦,于内置场,以行其术。是夕奏曰:'已于九地之下,鬼神之中,遍加搜访,不知其所。'上曰:'妃子当不坠于鬼神之伍矣。'二日夜,又奏曰:'九天之上,星辰日月之间,虚空杳冥之际,亦遍寻访而不知其处。'上悄然不怿曰:'未归天,复何之矣?'炷香冥烛,弥加恳至。三日夜,又奏曰:于人寰之中,山川岳渎祠庙之内,十洲三岛江海之间,亦遍求访,莫知其所。后于东海之上,蓬莱之顶,南宫西庑。有群仙所居,上元女仙太真者,即贵妃也。谓什伍曰:'我太上侍女,隶上元宫。圣上太阳朱宫真人,偶以宿缘世念,其愿颇重,圣上降居于世,我谪于人间,以为侍卫耳。此后一纪,自当相见,愿善保圣体,无复意念也。'乃取开元中所赐金钗钿合各半,玉龟子一,寄以为信,曰:'圣上见此,自当醒忆矣。'言讫流涕而别。什伍以此物进之,上潸然良久。乃曰:'师升天入地,通幽达冥,真得道神仙之士也。'手笔赐名'通幽',赐物千段,金银各千两,良田五千亩,紫霞帔、白玉简,特加礼异。暇日问其所受之道,曰:臣师乃西城王君青城真人,昔于后城山中,教以召命之术曰:'可以辅赞太平之君,然后方得飞升之道。'戒以护气希言,目不妄视,绝声利,远嚣尘,则可以凌三界,登太清矣。又问升天入地,何门而往,何所为碍。曰:'得道之人,入火不爇,入水不濡,蹑虚如履实,触实如蹈虚。虽九地之厚,巨海之广,八极之远,万方之大,应念倏忽,何所拘滞乎(九地之厚起二十五字据明抄本补)。所以然者,形与道合。道无不在,毫芒之细,万物之众,道皆

---

① 张友鹤.唐宋传奇选[M].北京:人民文学出版社,1964:96-97.

居之。'上善其对。居数载,乃登后城山,葺静室于其顶,时还其家。门人言天真累降于静室。一旦与群真俱去。"①

将《长恨歌》《长恨传》与《仙传拾遗》进行比较,陈鸿《长恨传》记叙蜀地道士在京城做法事,于仙山寻得杨玉环;杜光庭《仙传拾遗》所述杨什伍与唐玄宗的故事,后两篇简直就是"临邛道士鸿都客,能以精诚致魂魄"最好的注脚。

抛开这三段文字的体裁特点、语言风格、写作手法等,这里有一个关键节点,就是请道士做道场时唐玄宗在蜀中还是在京城。首先,三人作品中都写了唐玄宗返京前或返京后只做了一次法事,这就排除了唐玄宗返京前返京后各做一次法事的可能。

《长恨歌》创作时间距离所述事件四十多年,进士出身的白居易有机会了解和掌握唐玄宗马嵬坡事变、蜀地避难、返京做上皇天帝的种种遭际,以及耳闻目睹当时社会上口口相传的各种有关传闻以及文字资料。材料应该是充分的,但他为什么要把做法事写在唐玄宗返京后?这与作品的结构有关,白居易在写李杨二人的安史之乱前的"欢"、马嵬坡的"悲"、唐玄宗从蜀郡还京途中及到长安之后"离",最后自然要写到"合","把人间的'悲欢离合'演绎得淋漓尽致"②。白居易、陈鸿这两位道众,根据听到的有关传说,还有看到的相关文字记载,就移花接木,虚构了唐玄宗回京后"临邛道士鸿都客""致魂魄"的有关情节故事。正如赵翼所说:"惟方士访至蓬莱,得妃密语,归报上皇一节,此盖时俗讹传,本非实事。明皇自蜀还长安,居兴庆宫,地近市尘,尚有外人进见之事。及上元元年,李辅国矫诏迁之于系西内,元从之、陈玄礼、高力士等,皆流徙远方,左右近侍,悉另易之。宫禁严密,内外不通可知。且鸿传云:'上皇得方士归奏,其年夏四月,即晏驾。'则是宝应元年事也。其时肃宗卧病,辅国疑忌益深,关防必益密,岂有听方士出入之理!即方士能隐形入见,而金钗、钿盒,有物有质,又岂取气者所能携带?此必无之事,特一时俚俗传闻,易于耸听;香山竟为诗以实之,遂成千古耳。"③唐玄宗回长安后,不久当上了"圣皇天帝",时过境迁、人事皆非、今不如昔,真实状况虽然没有《长恨歌》中那样凄苦,但不是自己的地盘已无法做主,只能寄人篱下了。

杜光庭《仙传拾遗》问世时距离所写事件有百年左右,但他学道天台山、任职唐朝和前蜀、隐居青城山,大半生在蜀中生活,传道著作颇丰,对唐代尤其是晚唐道教状况做了全面记载,留下来许多珍贵的道教文献。杜光庭身份特殊,虽然他将唐玄宗请道士杨通幽行考召之法写成了小说,做法事的内容和相关人物的对话肯定有虚构,但其史料性质是明显的,事情发生在唐玄宗避乱的成都是可信的。唐玄宗在成都虽然是偏安一隅的落难皇帝,但开元盛世和对道教的大力支持在人们心中形

---

① (宋)李昉,等.太平广记[M].北京:中华书局,1961:138-139.
② 窦旭峰."悲欢离合"《长恨歌》[J].汉字文化,2019(2):39.
③ (清)赵翼.瓯北诗话[M].江守义,李成玉,校注.北京:人民文学出版社,2003:132.

成的惯性思维,给他带来了一定的尊严,他做道场的能力是有的。显而易见,如果压根没有此事,或此事发生在唐玄宗返京后,杜光庭不可能冒天下之大不韪与白居易和陈鸿反着来,完全将事件提前而去杜撰。有趣的是,三篇文字,作者道行也显露无余。

洪昇根据剧情的需要,把唐玄宗幸蜀做法事依《长恨歌》放到回京后,《长生殿》中"临邛道士"是杨通幽,显然依据的是《仙传拾遗》。鸿都,"东汉宫门名,其内置学及书库。"①"鸿都客引会广寒宫"句中"鸿都客"为"神仙中人,指道士杨通幽。鸿都,仙府"②,"临邛道士鸿都客"句中"鸿都""即鸿都门,东汉洛阳北宫寓门,此指宫殿"③。

临邛道教历史悠久,仙道频出,影响力巨大。临邛道士是道教文化的一道靓丽风景,已形成道教文化的一种品牌,成为高道群体的形象符号。在京都,皇帝要做道场,已非临邛道士莫属。白居易冠"临邛道士"之名,取唐玄宗在蜀中请杨通幽做法之实,虚构唐玄宗返京后"致魂魄"之事,又因为"临邛道士"在长安,"独在异乡为异客",就只能算"鸿都客"了。

---

① 辞源[M].北京:商务印书馆出版,1983:3533.
② (清)洪昇.长生殿[M].徐朔方,校注.北京:人民文学出版社,1958:3.
③ (清)洪昇.长生殿记[M].翁敏华,陈劲松,评注.北京:中华书局,2016:329.

散文文体创新的关键词:"跨界"与"跨文体"

王雪 高志国

摘要:散文写作实践表明,散文文体形式的主要成就在于"他体"文学元素对散文文体系统的融入。"他体"文学元素主要指主体层面的"跨界"给散文文体带来的思想与话语新质;在文体层面则表现为小说、诗歌、戏剧等"他体"文学元素与散文文体的"跨文体"融合。二十世纪九十年代"学者散文"的命名和"文化散文"的文体成就成为散文"跨界""跨文体"创新意义最为突出的标志。"跨界"和"跨文体"表征于散文文体,既有关联重合,也存在差异性和复杂性。

法国诗人瓦雷里曾说:诗歌是跳舞,散文是走路。这句话形象地说出了散文平凡自然的文体质地。如果说诗歌讲究意象和意境言简义丰的话语传达,小说侧重故事的讲述和人物的塑造,那么散文就是作家思想和情感更加真实直观的外化。二十世纪散文写作实践表明,散文文体的创新和作家的精神世界、思想状况、文学修养直接相关,尤其是一些具有系统的历史、文学、哲学等学养的散文作家,如钱钟书、周作人、张中行、季羡林、余秋雨、周国平等,他们的"跨界"身份是讨论二十世纪散文文体创新和主体成就不可回避的关键词。他们的散文能够成为经典文本广为流传,主要源于他们为散文文体带来的异于"纯文学"的人文元素,包括悲悯的人文情怀、通达的人生智慧、丰厚的知识学养,在意义层面实现了散文文体的创新。事

---

① 吉林省教育厅"十三五"社会科学研究规划项目"核心素养视角下民族院校大学语文分层次教学改革深化研究"阶段性成果(项目编号:JJKH20200543SK)。
② 王雪,延边大学朝汉文学院副教授,文学博士。
③ 高志国,延吉市第一高级中学高级教师。

实上,对于专业作家而言,很少存在单纯以散文写作著称并专门从事散文写作的作家。以小说、诗歌写作为主,兼营散文的作家比较多。从现代的鲁迅、周作人、冰心、朱自清、钱钟书到当代的史铁生、张承志、张炜、张抗抗、贾平凹等莫不如此,这些作家的散文创作代表着二十世纪散文写作的主体成就。

从文体层面来看,散文形式的创新和"跨文体"密切相关。从鲁迅的《过客》、何其芳的《画梦录》、朱自清的《背影》、冰心的《寄小读者》到新时期以来张洁的"大雁"系列散文,周晓枫、钟鸣等人的"新文体"散文,散文文体形式的探索主要是对诗歌、小说、戏剧等文体元素的借用。可以说,主体层面的"跨界"和文本层面的"跨文体"是分析二十世纪散文文体创新的两个重要的关键词。这两个概念具有密切的关联,也有差异性文学表征。

一、散文主体"跨界"现象:文学身份的现代转型

散文写作主体的"跨界"现象古已有之。在古代散文概念中,不押韵的散行文体都可纳入古代散文范畴之中。因此哲学家、思想家乃至史学家的专业著述因其用散行文体写成,也都被涵盖到古代散文的范畴之中。从孔子、孟子、荀子到庄子、老子、韩非子等,无不是当时的思想家。他们的哲学著作本身就是"文质兼备"的文学散文。史学家司马迁的《史记》也是史传散文的经典。唐宋古文八大家的散文代表着唐宋的散文成就,其中王安石、苏轼、苏洵、欧阳修、韩愈等都是当时的学者、思想家和诗人。到了明清时代也是如此,从明初的刘基到晚清的梁启超,都是当时的政治家、思想家。

散文文体发展到现代,"言文合一"话语合流的历史语境下,"五四"散文文体退守到文学的家园,和小说、诗歌、戏剧并列,四分文体格局,并被确认为"美文""絮语散文""艺术散文"的范畴,由此强化了散文的文学属性和文学意义。与本体的变革相呼应,散文写作主体的"跨界"范围也缩小了。现代散文写作主体以作家为主,鲁迅和周作人的散文代表了现代散文的两个流派,即载道派和言志派;他们也创作出两种不同的散文文体类型——"独语体"和"闲话体"。正如郁达夫所说,"中国现代散文的成绩,以鲁迅周作人两人的为最丰富最伟大,我平时的偏嗜,亦以此二人的散文为最所溺爱"[①]。鲁迅作为一代文学巨匠,一代思想家和文学家,凭其精深的文学造诣和深刻的思想强度最大限度地开掘了散文文体的潜能。阿英曾评价《野草》是"一部最典型的最深刻的人生的血书"[②],彰显了鲁迅"绝望反抗"与"反抗绝望"思想的真实与丰富。《野草》讽刺和批评了求乞者、精神空虚者、精神麻木者、意

---

① 郁达夫.中国新文学大系・散文二集导言[M]//佘树森.现代作家谈散文.天津:百花文艺出版社,1986:276.
② 阿英.鲁迅小品序[M]//李宁.小品文艺术谈.北京:中国广播电视出版社,1990:83.

志消沉的青年、正人君子、负义者等,批判了"哀其不幸、怒其不争"的民族劣根性;同时也礼赞了枣树的"韧的战斗"和"敢于直面惨淡的人生"、真正的猛士"敢于正视人间淋漓的鲜血",浸透着鲁迅的爱与痛。意义上的深刻丰富和形式上的唯美创新,使《野草》成为现代散文史上带有里程碑意义的作品。周作人是"五四"时期的一位知名学者,他善于把广博的典故知识和具体的生活体验结合起来,二者相互印证,生发出生活的趣味和简单味。"在这类文抄公的文体里,所引古人文字与周作人自己的评点,浑然融为一体:引文有如龙身,评点即是点睛之笔"①。周作人将口语、文言和欧化语相杂糅调和,也催生了文本"涩味和简单味"。可见,作为"五四"散文两大流派领袖人物,鲁迅和周作人的散文成就都和他们文学家、思想家和学者的身份密切相关。

二十世纪三四十年代的文学成就以"小品文"著称,其中以林语堂的"语丝"小品和梁实秋的《雅舍小品》为代表。林、梁二人都是学贯中西的学者。梁实秋受美国人文学者欧文·白璧德新人文主义思想的影响,强调理性、节制、规则等古典主义原则,认为人性是测量文学的唯一标准。他的小品在内忧外患的战乱年代虽没有像"匕首""投枪"那样履行变革社会的文学功能,也没有承担起一个忧国忧民的知识分子应该承担的抗日救亡的责任,但他的散文沿袭着五四思想启蒙的历史惯性,发挥了一个学者推进文明进程的功用。如《时间即生命》《养成好习惯》《文艺与道德》《排队》等篇目,即使是讽刺也是温厚委婉、典雅风趣,呈现着学者的人生趣味、人格精神和思想认知。林语堂、钱钟书、梁实秋等学者的散文今天阅读起来仍然温暖醇厚,没有时代的距离感,这是因为他们学贯中西的深厚学养形成了通达圆融的人生格局,学理性的学术研究养成了严谨细致的思维习惯,以及带有本人气质特征的知识趣味和精到的文学感觉,使这些学者散文经典文本能够穿越历史的尘雾,在时光的洪流中沉淀下来。

二十世纪以来具有代表性成就的散文写作群体从古代的哲学、史学、国学等领域退居到小说、诗歌、新闻、论文等主要从事文学写作的群体之中。尤其是九十年代"学者散文"的命名,标志着"学者"这个"跨界"群体的散文写作带有共性文体特征,更有评论者认为学者散文代表着散文的最高境界,认为"能达到以书卷气取胜者,才是大家"②。的确,由学者钱钟书的《写在人生边上》、哲学家周国平的《守望的距离》、戏剧理论家余秋雨的《文化苦旅》、科学家高士其的小品文可见,学者自身丰富深厚的专业学养、通达睿智的思想智慧、博大深沉的精神质地形成了他们散文文体独特的文体质地,成为散文园地带有创新意义的"他者"。

学者散文的命名成为二十世纪散文"跨界"群体成就最为突出的标志。二十世纪九十年代不仅学者散文的命名与"学者"身份直接相关,而且文化散文的写作群

---

① 钱理群.周作人散文精编·前言[M].杭州:浙江文艺出版社,1994:3.
② 韩小蕙.太阳对着散文微笑——新散文十七年追踪[M].北京:文化艺术出版社,2008:26.

体也与学养丰富的学者关系紧密。文化散文出现于九十年代初,以余秋雨的《文化苦旅》为主要标志,在八十年代中期文化寻根的文学思潮中文化之根也融入散文文体,拓宽加深了散文的文化历史内涵,提升了博大宽广的人文气度,代表着政治经济和文化转型期散文话语的时代转型。在二十世纪散文发展史上,文化散文对散文文体话语的创新具有重要的意义。在创新的同时,它在一定程度上也背离了传统散文表意自我心灵的创作初衷。从九十年代至今,对于文化散文的评论众意纷纭。反观文化散文走过的历程,无论于文学造诣还是文学影响,都不能无视它给散文带来的新鲜的文体血脉;都不能抹杀它把游记带入历史文化语境中,还历史人物以生命元气,在文化体验中增强了散文的文体魅力;不能无视它曾是九十年代"散文热"现象的主体,拉近了散文和大众读者的距离。尽管余秋雨的文化散文及其为人至今仍备受争议,但也不能否认他是文化散文的探索者和最受当代大学生喜爱的一位散文家①。余秋雨散文的思想力度、生命激情及精美文辞,对当代青年的阅读写作产生了较为广泛的影响。新世纪以后余秋雨多部散文集再版,新旧版本对比可见,作者在二十世纪九十年代的基础上进行了大幅度的修改,这可以看作是近期作者对往昔风格的适度调整,也可以看作是作者和评论相妥协的结果。修改后的《文化苦旅》激情在隐退,"大众演讲词"的特征已淡化,代之以行吟感悟式的独语风格,一位胸怀天下的蔼然长者形象跃然浮现。但当感情的潮水退去,篇幅增长、叙述力度衰减之后,文本的感染力是否还会如往昔般"刻镂人心、永不漫漶"?倘若把修改后的文本放到二十世纪九十年代初,失去激情和叙述力度的文本是否还会引起当初读者心中那股强烈的情感共鸣?答案不言而喻。

  对于一个作家来说,其成名作并不一定是作者成熟期的作品,作品被大众所广泛接受,有时代社会环境和主流意识形态的背景,也和特定历史时期大众的审美心理和价值取向密切相关。比如萧红的中篇小说《生死场》是她的成名作,但《生死场》并不如她后期创作的长篇小说《呼兰河传》那样,艺术价值更高。《生死场》出版时间是在1935年,处于日本侵略东北之后,抗日战争全面爆发前夕。抗日救亡,拯救民族国家是当时社会的时代主题。《生死场》在全民抗战的时代语境下契合了中原大众了解东北抗战状况的阅读心理,在鲁迅的推介下结集"奴隶丛书"出版,并一版再版。和当时的抗战语境相契合,是萧红走入大众读者视野的关键外部因素。巴金的成名作《家》的接受情况也大致如此。《家》投射了巴金从大家族走出的生活经历和心灵历程,充满抒情性的叙述使这篇小说富有感染力,契合了二十世纪初青年追求个性解放和婚姻自由的心理。1931年《家》出版并畅销后,巴金又相继创作出《春》和《秋》,虽然叙事结构和《家》一脉相承,但巴金已经没有写作《家》时的叙述激情,流于程式的叙述使后两者的文学价值并没有达到《家》的高度,也没有在读者心中产生和《家》一样的情感震撼。可见,作家的成名作可能并不成熟,但因它带着

---

① 王先霈.新世纪以来文学创作若干情况的调查报告[M].沈阳:春风文艺出版社,2006:233.

初创者的叙述激情和新鲜的生命体验,能在特定时代条件下与读者产生情感共鸣,契合了读者的审美阅读心理,因此可以为大众所广泛接受。对于文化散文来说富有激情的叙述是保持文体活力的主要因素,华美的文采、思想的力度和富有激情的叙述是余秋雨散文和其他文化散文的迥异之处。再版修改过的《文化苦旅》俨然已经阅尽沧桑,褪尽铅华,看似无可非议但是已失去了当初那种真切的文化体验和新鲜的生命活力。

二、散文"跨文体"创新:文体形式对"他体"的借用

小说可以运用时空的转换、情节的起伏、人物意识的流动等多种叙事手法来结构故事、塑造人物。二十世纪八十年代末的先锋小说可以说是对小说文体形式的极致探索,其文体创新性是以彰显小说虚构属性的语言游戏来消解小说的社会意义。与小说不同,散文的真实性是它的本质属性,散文文体形式的创新主要表现在对戏剧、诗歌和小说等文体形式的借用。例如带有里程碑意义的现代散文集经典《野草》就同时具有诗性、戏剧性和小说性特征。鲁迅1925年创作的散文《过客》就运用了戏剧的形式,有情节、人物、戏剧冲突。过客、老人和小女孩三者对去路的不同认识形成了简单的戏剧冲突。过客冲破老人、孩子和自身的阻碍,勇敢地向前走去。《野草》也讲故事,《颓败线上的颤动》以梦幻的方式讲述了亲情的背弃。年轻的母亲靠出卖肉体给孩子换取食物,女孩长大以后指责母亲做过的丑事,使他们"没脸见人""委屈一世"。被遗弃的老女人在深夜行走于"无边的旷野",发出"无词的言语",她的痛苦和愤怒使"颓败的身躯的全面都颤动了","汹涌奔腾于无边的荒野"。故事画面是把奉献者的悲剧放入家庭中去表现,关涉家庭温情的最后防线——母女亲情。揭去人类温情最后一缕面纱,对人性的虚伪和残酷作出彻底的呈现。同时《野草》更是诗性的,鲁迅善于运用象征意象营蕴出黑暗寒冷幽深的意境。枣树、小粉红花、雪、狗等人格化的事物在这样的叙述场景下充满隐喻和象征意味。《失掉的好地狱》《死火》《墓碣文》《希望》《秋夜》《雪》等,其精练的语言、象征隐喻手法的运用使《野草》诗意朦胧、言简义丰。这种诗意朦胧的艺术特征是鲁迅用以表达自己波澜起伏的内心又不想被生活琐屑所沦陷的最好的文学选择。鲁迅写作《野草》时,处在二十世纪二十年代时局动荡、个人生活波澜曲折的时期,鲁迅需要运用一种文体来表述自己内心的不平静,为自己内心而写的《野草》应时而生。它是写意的,投射着鲁迅当时真实的内心感受,朦胧的诗意中隐含着鲁迅复杂而痛苦的"诗心"。《野草》借用了诗歌、小说和戏剧的文体元素,极大拓展了散文文体的表现空间,开掘了散文文体的潜能,促进了二十世纪散文文体形式的创新,这也形成了鲁迅高超的散文文体成就。当代散文一直在探索写作的新路,但无论是"表现的深切"还是"形式的特别",《野草》都是二十世纪散文史上带有文体意义的丰碑,标志着现代散文写作的高度。

新时期小说家的散文在内容上强调思想和体验,形式上更偏爱讲故事、塑造人物形象、叙事手法灵活,把小说文体元素带入散文文体形成文体融合。贾平凹就曾明确追问过:"小说家可以以散文笔调去写小说",为什么自己"不可以以小说笔调去写散文"?[①] 他在散文中就经常运用小说笔法,以故事和人物结构全篇,如《六棵树》《米脂婆姨记》《石头沟里一位退伍军人》《摸鱼捉鳖的人》等,这些散文文本既有故事也有人物和对话。以《六棵树》为例,它叙述了二十世纪不同历史时期受社会语境影响的六棵树不同的悲剧命运。树和人命运的共振使故事充满神秘性。像《六棵树》这样的散文可以说是"神散形不散",突破了传统散文"形散神不散"的文体规约。它以六棵树的命运为主线,具有清晰的文本线索,但透射出丰富复杂的主题思想。树的故事呈现出"树与人共存亡"的生态问题;"村官"腐败私自占有公有树木的问题;搞建设占用农村土地给农民带来家园迷失的问题。在散文中讲述故事,呈现了故事的真实性,同时也投射出多重主题思想,扩大了散文文体的思想表达空间,小说化散文保留了散文的真实属性,没有改变它的文体本质,但意义与话语都具有小说的文体特征:客观冷静的叙述中隐含着多重主题意蕴。新时期以来散文的写作一定意义上颠覆了"形散神不散"的文体成规。

把小说叙述手法融入散文文体的现象在张洁的散文中也有体现。她的"大雁系列散文"《盯梢》《拣麦穗》《挖荠菜》等以一个小女孩的视角叙述了个体自我在思想意识复苏时期的见闻感受,这些散文在小女孩"大雁"童年与成年的视角转换中展开叙述,文本多次运用象征手法,比如《拣麦穗》中小火柿子的几次出现:

"我站在村口上一棵已经落尽叶子的柿子树下,朝沟底下的那条大路上望着,等着。那棵柿子树的顶梢梢上,还挂着一个小火柿子。小火柿子让冬日的太阳一照,更是红得透亮。那个柿子多半是因为长在太高的树梢上,才没有让人摘下来。真怪,可它也没让风刮下来,雨打下来,雪压下来。""我仍旧站在那棵柿子树下,望着树梢上的那个孤零零的小火柿子。它那红得透亮的色泽,依然给人一种喜盈盈的感觉。"

文本中"小火柿子"这个视觉意象的特征是在高处、孤单、通红透亮而欢喜顽强,它多次出现,形成文本的象征性意象。它象征着卖灶糖老汉对小姑娘的高贵无私的爱;也象征人间至真至纯的美好感情和一切顽强而美好的生命力量。不仅在表现手法方面,而且在文体特征方面,"大雁系列散文"有人物有故事有对话,可以说是以作者的真实生活为描述对象的"小说化"散文。小说化特征使张洁的大雁系列散文真实生动,故事性强、人物形象鲜活,富有和传统抒情叙事散文不同的文学表现力。

黑色幽默是20世纪60年代美国出现的一种小说流派,也被称为"绞刑架下的幽默"和"一种大难临头时的幽默"。黑色幽默是指"从残忍中寻求乐趣的病态的、

---

① 贾平凹.贾平凹病中答客问[M]//贾平凹.静虚村散叶.西安:陕西人民教育出版社,1991:56.

荒诞的幽默","黑色幽默创作倾向上的主要特点,是从黑色中看到幽默,又用幽默来对待黑色"①。王小波曾在谈论小说艺术时称自己的小说文体为"黑色幽默",而这种"黑色幽默"在王小波和余华的散文中也可以看到,他们带有黑色幽默特征的散文写作往往和"文革"时期的荒谬叙事有关。比如王小波的散文《一只特立独行的猪》,王小波对这只猪的描述生动活泼,含有浓郁的喜剧色彩,但貌似轻松的叙述背后却投射出"文革"权威意识规训下人们思想和行为的僵化状态,即使是人都无法规避"被设置"的命运,更何况是一头不会说话的猪了。这头猪的下场是充满悲剧性的,虽然它没有被追杀到,但当再看到它时,它已经长出了獠牙。王小波以猪性隐喻人性,描述出荒诞的社会对个人的约束,以一种无可奈何的态度描述出追求个性化生存权利的猪和严酷环境的不协调,猪的实际处境是沉重而苦闷的,悲剧性的命运进行了细节上的幽默化处理,猪的不幸和痛苦成为被调侃的对象,猪的形象和命运带有人类性和寓言性,这也是小说黑色幽默的表达方式。同样,余华的散文也和他的小说风格很相似,基本是冷漠客观的零度叙事,缺少情感语调色彩,即使是妈妈、爸爸和外祖父,都是被审视的对象。余华的黑色幽默写作风格也表现在"文革"题材的叙事散文中,《医院里的童年》中非常态下的社会以批斗的方式惩罚人、处置人。人不仅经受肉体的折磨,人格尊严也遭到严重践踏。在动乱的时代父亲受批斗本是一件荒谬的事情,父亲的遭遇也是应该引起同情的,但余华把父亲当作一个"审丑"对象,充满调侃的意味:"这期间我父亲历尽磨难,就是在城里电影院开的批斗会上,他不知道痛哭流涕了多少次,他像祥林嫂似的不断表白自己,希望别人能够相信他,我们放的那把火不是他指使的。"幽默调侃、戏剧性夸张的语言描述出表面行为的可笑之处,而父亲命运却是悲催的、"黑色的",富有"含泪的笑"的艺术效果。而"我"的处境也是很尴尬的,自己被挨打后的屁股,是一种难耐的疼痛,"我父亲用扫把将我们的屁股揍的像天上的彩虹一样五颜六色,使我们很长时间都没法在椅子上坐下来"。这也和余华的小说一样,达到反讽的修辞效果。黑色幽默及反讽修辞的运用,增强了散文文体的艺术表现力。

二十世纪九十年代以来文化散文的风靡成为散文不再囿于狭窄的个人生活、彰显恢宏文学格局的表征。这也使散文文体出现了新的类型。文化散文的创立者和集大成者是余秋雨,他的散文集《文化苦旅》在创作之初,是作为新生事物出现在文坛的。他的《文明的碎片》和《文化苦旅》的出版,对于这些带着文化评论和个人强烈的情感特征的文本,评论者包括作者都对它的文体产生了困惑。伴随着大量这类散文的接踵而至,出现了文化散文这个命名。由此可见,文化散文是散文家族的新成员,它带有写作者的真实情感,同时它也具有文化评论的性质,为散文文体增添了文化的因素。学术论文中哲学、历史文化、艺术等文化元素进入散文文体。

---

① 王正文.代译序[M]//约瑟夫·海勒.第二十二条军规.杨恝,程爱民,邹惠玲,译.南京:译林出版社,1997:2.

历史、哲学、国学等文化元素为散文文体增添了丰厚的知识力量、思想的力度,缜密的逻辑思维和丰厚深广的理论知识也使这种面对文化的言说或睿智通达、淡泊玄远,或峭拔犀利、谐趣横生。

"诗注重把物象强化为情感载体,这种强化常使物象之形变异,成为非一般意义的形象,有人称为意象"。"诗歌就是以这种意象传情拉开了和抒情散文的距离,成为主观随意性极浓的体裁"①。可以说,意象的选择和传情代表着诗歌的本质特征,区别开了诗歌和散文两种文体。诗歌的元素引入散文文体,主要表现在这种意象的选择和聚合增添了散文含蓄隽永的哲思意味。好的文本大都带有诗的特性,好的散文也大抵如此。这种诗性表现在散文中主要有语言的言简义丰、富有哲理性、充满诗情画意的画面感等。被称为白话散文正宗的朱自清和冰心的散文,就具有诗的特征。散文"正宗"的审美判断得益于精炼文雅、俗易晓畅的诗性话语。他们诗性的语言彰显了白话散文清新隽永又富有浓郁抒情意味的表达潜能,其典雅的文学语言成为现代汉语语法规范。郁达夫曾这样评价朱自清的散文:"能够满贮着那一种诗意,文学研究会的散文作家中,除冰心外,文字之美,要算他了"。朱自清善于捕捉生活中典型的意象进行精到的描述,如《春》《冬天》《背影》《荷塘月色》等名篇,每一个题目都是一个经典的意象。朱自清在《荷塘月色》中徜徉在清幽的荷塘小径,享受和体味着独处的乐趣,月色朦胧中的景物充满浪漫而含蓄的美感,那像"亭亭的舞女的裙"的叶子,或"袅娜地开着的",或"羞涩地打着朵儿的"白花,还有"仿佛远处高楼上渺茫的歌声似的"缕缕清香,正是一个个带有视觉、听觉和嗅觉的意象的聚合,并打通感觉的界限形成通感勾画出一幅甜美静谧的荷塘月夜美景。景物并不是完全静态的,在月光的倾泻和云的浮动中,地面景物充满动态美,不均匀的月色,"如梵婀玲上奏着的名曲",动静结合营造出寓意深远的文本意境,充满画面美。朱自清以其诗性的语言和意境彰显了现代散文的文学表现力,弥补了白话文草创期语言不够含蓄凝练的缺憾。冰心的散文也是如此,对具体意象展开抒情性想象,凸显了母爱、童真和自然等主题,文本诗意盎然。比如《往事·十四》中由"海"这个中心意象展开丰富的联想,从"海潮、海风、海舟"等物化意象,再到"海的女神"和"海化青年"等幻化意象,语言典雅温婉,富有抒情性,没有诗的韵律,但在整体构思上新颖集中,就是以海为中心意象的一首抒情诗。冰心散文的诗性特征可以看作是她诗歌写作思维的跨入,借鉴"诗性"的语言与构思增加了"文学散文"婉约而富有哲理性的艺术表现力。可以说,以朱自清和冰心的散文为代表,被誉为中国现代白话散文正宗的经典文本是诗人们咀着诗歌精炼隽永的甘露滋养浇灌出来的。

诗性散文思维跳跃,富有丰富的想象,意象丰富,景物描写呈现为具有画面意境的诗意氛围。如何其芳的《画梦录》在十七篇散文中,每一篇都精心追求散文的

---

① 张永刚.文学理论:文化阐释与学科形态[M].昆明:云南大学出版社,2004:59.

诗美,在文本选材、诗意的追求、意象的营造等方面作出了开拓性的贡献。《墓》这篇散文的名字就具有远离现实、空灵幽深的诗性气质。这是一个古老的悲剧母题,它从梁山伯与祝英台迫不得已的"化蝶"中走来,也从明代《牡丹亭》中杜丽娘的坟茔中走来。它描述了传统社会一个年轻农村女性的爱情悲剧和命运悲剧,墓中的女孩是《红楼梦》中林黛玉幻化的悲剧形象。《墓》充满寂寞荒凉的悲剧气氛:

"晚秋的薄暮。田亩里的稻禾早已割下,枯黄的割茎在青天下说着荒凉。草虫的鸣声,野蜂的翅声都已无闻,原野被寂寥笼罩着,夕阳如一枝残忍的笔在溪边描出雪麟的影子,孤独的,瘦长的"。

何其芳仿佛在诉说自身的生命遭际。处在彷徨期的何其芳,墓园可以说也是他梦中的伊甸园,心灵的乌托邦,是他与现实相疏离的彼岸。《画梦录》以其浓郁的诗意情景成就了何其芳散文的文学意义。

新时期散文在日常生活层面升华出浓浓的诗意。比如当代诗人吴昕孺在《日常生活的诗意》中对居室中的"椅子""餐桌""花瓶""扫帚""床""书架""杯子"等进行了诗意的联想和想象,他关注意象和意象之间的联系:"餐桌"因摆在上面的"粮食"而获得生命力,显得"潇洒自如,随遇而安",因为它与粮食的"亲近",使它不时"想起大地上的事情,比如谷雨的鸟叫、惊蛰的雷鸣、秋收傍晚铺满田野的金黄",渴望成为"一亩田""一池水""一座大大的粮仓",这种渴望并没有停留在对乡村诗意的想象上,它甚至"愿意流血,愿意受伤,愿意筋疲力尽地倒在丰收的门槛上"。这种诗意的联想跳脱出庸常的话语空间张开想象的翅膀,具有了飞翔的力量,使日常生活中的平凡事物发出光彩。诗人的散文中诗心是其文本内涵的核心,"诗意"是其文本的外在形式,二者交相辉映,形成"诗性"散文的文体特征。

综上所述,与散文相比,小说作为虚构的文体,文体形式的创新主要从写意的层面在文体内部开掘出新的可能。诗歌作为以意象为灵魂的文体,情绪的跳跃同样离不开想象力的升腾,而从文体创新的角度看散文,无论是现代名家鲁迅、周作人、朱自清、冰心的散文文本,还是当代的"新文体散文"、"小说体散文"、身体写作散文,散文文体形式的创新一直逡巡在小说、诗歌、戏剧、论文等文体形式之间,主要是对"他体"文学元素的引用,如运用小说笔法对人物形象的塑造,黑色幽默等叙述手法的运用,运用诗歌笔法对具体意象的展开叙述言简义丰,呈现出画面美和诗性内涵。对戏剧形式的引用以鲁迅的《过客》和李国文的《探病》等为代表,主要是按照戏剧的形式结构文本,铺叙场景和出场人物,富有简单的戏剧情节和戏剧冲突。

三、结论:散文文体创新的可能

二十世纪散文文体形式的创新拓殖于"他体"文学元素对散文文体系统的引入,小说、诗歌、戏剧等"他体"对散文文体的"跨文体"投射。主要文学史成就在于

"跨界"的写作者给散文文体思想与话语系统带来的深入与丰富。"跨界"指涉的是主体从事散文写作的文学身份,"跨文体"指涉的是散文文体的本体内涵,二者在不同的层面展开,但最终都作用于文体表征。"跨界"散文家的散文写作通常具有"跨文体"特征,但一些散文作者不具有"跨界"的身份,他们的经典散文文本也会出现"跨文体"的特征。比如说余秋雨散文中经常运用的小说笔法、贾平凹的文化散文中渗透出的恢宏的文化气息等。因此,写作主体"跨界"会产生"跨文体"现象,但这两个层面涉及的文本既有重合,也有交叉。

由二十世纪经典散文文体的嬗变可以看出作家,尤其是"跨界"作家对这一文体拓殖的潜能,呈现出意义和话语层面的"跨文体"特征。"跨文体"和"跨界"元素密切相关。诗歌、戏剧和小说都在各自文体内部推陈出新。而吸收"他体"文学元素,"合规律性"融入散文文体,形成散文文体创新的主要特征,而且这种融合性创新使散文的根脉也更加精深丰硕起来。散文写作的经验理性,也为当代散文文体创新提供了切实可行的新思路。所谓"功夫在诗外",对散文尤其如此。散文文体本身规约比较宽松,写作者在遵循散文写作基本规律的前提下,充分增强与发觉自身专业优势和写作专长,增强散文题材的广度、思想的深度、情感的真度、语言的精度,是创作散文精品、拓展散文文体魅力的有效途径。

"语文"是"语言文字"的缩略简称[①]

陈慧颖[②]

摘要：语言文字学界对常见关键词"语言""语言文字""语文"背后的隐含着的不同语用文化观，在如何理解和选择使用上，往往是牵一发而动全身的，也会潜移默化地影响国家通用语言文字教育伟大工程的质效。从思维表达机制、词语结构和历时性语用角度来看，"语言文字"的简称应该是"语文"，而不是"语言"，这一简称具有合理性、适用性，是符合中国语言文字生活实情的、具有中国特色的学术用语。

关键词：语言文字 语文 关系 中国特色

"语文"是"语言文字"还是"语言文学、文化"的简称？网上不断有人询问，回答莫衷一是。前不久我们参加了由教育部语言文字信息管理司指导、国家语委科研机构秘书处统筹、中国语言文字规范标准研究中心主办的"服务社会语言文字应用——语言文字规范化标准化信息化这十年"名家讲坛，讲坛邀请了多位中国语言文字学界的知名教授主讲和评论。演讲过程中，演讲者有的用"语文生活"，有的用"语言生活""语言服务"。查看媒体和学术论文，使用"语言"的频率最高。我们咨询某些专家："'语言'与'语言文字'是什么关系？"回答："我们说的'语言'包括'文字'。"再追问：如果"语言"包括"文字"，国家文件又何必还要称四个字的"语言文字"呢？似乎无人深究。我们在《论"语文"与"语言""文字"的概念内涵及其关系》

[①] 本文系教育部中外语言交流合作中心 2021 年国际中文教育研究课题重点资助项目"推广《国际中文教育中文水平等级标准》的创新教材教法研究"（21YH14B）研究成果之一。

[②] 陈慧颖，武昌理工学院文法学院讲师。

一文中已经对"语文""语言""文字"进行过溯源本义、界定概念、字词关系的研究，看来还有必要再从表达机制、词语结构和历时性语用不同角度就"语言文字"与"语文"的关系问题作进一步探讨。

一、"语言文字"短语中"语言"与"文字"的结构关系

对"语言文字"的理解不外乎有两种：一为"语言的文字"，是偏正结构；二为"语言和文字"，是并列结构。这两种理解哪一种更有道理呢？

首先从语言事实来看：如果要指称某国家使用的某种语言，就会缩略简称说"汉语""英语""日语""法语""德语"等；如果指称某国家所用的文字，就会缩略简称说"中文""英文""日文""法文""德文"等，没有"汉语言的文字""英语言的文字""日语言的文字""法语言的文字""德语言的文字"等说法，但是有"中国的语言文字""英国的语言文字""日本的语言文字""法国的语言文字""德国的语言文字"等表达。而"某国的语言文字"这样的表达意思是指某个国家的"语言和文字"，由此可见"语言文字"是"语言"和"文字"的并列关系，不能互相替代，并非"语言的文字"之意，偏正结构是误解。

从调查结果来看：我们通过中国知网查询"'语言文字'短语的结构关系"等相关词条，搜索结果为0，说明该短语结构关系已是常识，不必讨论；搜索词条"语言文字"，结果为43886条，这么多篇论文中除了不点击题目中为"国家通用语言文字"的论文外（因为"国家通用语言文字"表述在《中华人民共和国国家通用语言文字法》中第二条：本法所称的国家通用语言文字是普通话和规范汉字。已经通过立法规定了国家通用语言是普通话，国家通用文字是规范汉字，明确了"语言文字"是指"语言"和"文字"的，二者是并列关系），我们随机点击打开了20篇论文，看到的都是认为"语言文字"是指"语言"和"文字"的，二者是并列关系，并没有发现把二者作为偏正关系的理解。

由此我们得出结论："语言文字"确是指"语言和文字"之意，"国家通用语言文字"中的"语言"也就是我们理解的狭义语言，也可以理解为普通话，它和"文字"的结构关系是并列关系，处于同等地位。

二、"语文""语言""文字"三者的关系再探讨

再从思维表达机制、词语结构和历时性语用三个不同角度来探讨一下"语文"与"语言""文字"之间的关系。

（1）从思维表达机制来看，广义语言有言语和文字两种表现形式，狭义语言就是指言语，在狭义概念下的"语言（言语）"和"文字"是相对应的不同符号系统，不能互相替代。

就"语言"来说,至少有两种理解:广义的"语言",指抽象的能够承载和表达思想的信息系统,狭义的"语言"即"言语",就是用口发声说话,也叫口头语言。索绪尔研究的主要就是狭义语言学,乔姆斯基研究的主要是广义语言学。我国语言学界对这两者经常难以区别。称说"语言"包括"文字",那么是指"广义语言"还是"狭义语言"呢?

我们认为广义的"语言"其实指的是人脑中的概念流——进行思维的信息系统,也就是杨亦鸣先生所说的:"语言在本质上是人脑的一种机能,其初始状态是基因的表达,通过大脑神经回路来实现,语言本质是人类思维的载体。"吕必松先生也曾说:"我们把'语言'看作一种抽象的系统,把'言语'看作这种抽象系统的表现形式。……人们只有通过'言语'才能感知和学会'语言',因此,无论是研究语言,还是学习和教授语言,都必须以言语为对象。"如果按照这种理解就可以形成这样一种认知关系:

很显然,内在的广义"语言"是听不到、看不见的,本质上是一种人脑机能,一种思维形式,是脑电波的运行。运行的结果构成思维思想,借助口耳交流表达出来就构成言语(狭义语言),借助视觉肢体交流表达出来就构成文字文本,亦称书面语。两者都是思想的表达,也可以说是人脑内在"语言"的外化。一种是外化为听觉音频信号,也就是狭义的语言,即"言语";一种是外化为视觉文字符号,可以简称为"文语"。两者是一源双轨表达机制,从这个意义上说,"语言"和"文字"是相辅相成、平行并列的,谁都不能代替谁。索绪尔也说过:"我们研究的具体对象是储存在每个人脑子里的社会产物,即语言。"这个"语言"指的是广义的语言。但他又强调:语言和文字是两种不同的符号系统,后者唯一的存在理由在于表现前者;语言学的对象不是书写的词和口说的词的结合,而是由后者单独构成的。这里的"语言"显然指的是狭义的语言,也是他研究的重点。他的整个理论本意是极力对传统的文本语言研究矫枉过正到口说的语音语言研究,并没有否定"储存在每个人脑子里的社会产物",这与马克思所说的"语言是人类思想的直接现实"不谋而合。但是人们却只注意了他后面矫枉过正的话语,忽略了他前面的阐述,结果产生了"语言是第一性的,文字是第二性的"误解,甚至现行的现代汉语也如此,"学界一般认为,字是汉语的书写符号单位,不属于语言符号系统"。所以总是一味地强调"语言"而轻视"文字"。但不管重视哪个轻视哪个,这种表现都是把狭义的语言(言语)和文字相区别、相对应的,是基于二者互不包含、不能互相替代的认识基础之上的,这一点毋庸置疑。

如果我们把广义的语言看作"抽象语言",把狭义的语言(言语)看作"具体语言",那就只能理解为:抽象语言包括具体语言(言语)和文字(文语)。就是说:研究者在将抽象语言作为研究对象时才是包含具体语言(言语)和文字的;如果将具体语言(言语)作为研究对象时,一定不包含文字。所以这个"具体语言(言语)"和"文字(文语)"一定是并列关系,而不是包含关系。实际上人们常常是以具体语言(言语)作为研究对象的,只不过人们不习惯用"言语"和"文语"这样的表述形式,习惯于用"语言"和"文字"来表述,所以造成了抽象语言和具体语言概念的混淆和泛化的现象。这也许就是部分专家所说的"'语言'包括'文字'"的原因。殊不知,语言专家研究的可能是抽象的广义的语言,而社会上的语言和与"生活"结合的"语言",一定是具体的狭义的,实际上是指"普通话""言语"。因此,使用"语言生活""语言服务"的组合是值得商榷的。难道,我们实施国家通用语言文字工程时,只做"语言服务",不做"文字服务"? 由此说来,称"语文生活""语文服务"应该更恰当。

(2)从语言结构来看,"语言"不是"语言文字"的缩略简称。

现实语用中,为了省时省力,人们往往利用缩略语来代替原型句式,这就是缩略语或者简称。袁晖、阮显忠主编的《现代汉语缩略语词典》(语文出版社 2002 年版)收录的缩略语就有 8000 多条,但既没有收"语文",也没有收"语言"代指"语言文字"的条目。从语义学角度看,"语言文字"中的"语言""文字"显然是两个不同含义的词语,是并列结构。我们来分析一下:"语言"能不能作"语言文字"的缩略语。

首先,将这里的"语言"按照广义抽象语言来理解。

关于构成缩略语的规则,学界也有多种说法。有的概括为"等义性、区别性和习俗性","显义性、无歧性、习俗性","必要性、合理性、可行性"等三大原则,有的概括为七条制约条件:"语义忠实性制约条件、习用性制约条件、语形区别性制约条件、同构性制约条件、语境限制制约条件、信息含量制约条件和序列顺向性制约条件"。其中有研究者提出:判断一个词语是缩略语的四个条件是,"①缩略语是从原词语缩略而成的,先有原词语,后有缩略语。②缩略语的意义等同于原词语,原词语和缩略语在意义上没有包括和被包括的关系,否则不能看作缩略语。③缩略语与原词语在形式上有对应关系。④词语缩略的目的是使语言更加经济"。由此可以知道:缩略语必然是后生的;缩略语与原词语同义,不是包含与被包含关系。我们通过考察词源发现,其一,作为抽象概念的"语言",显然出现得比"语文"和"语言文字"要早很多;其二,作为抽象概念的"语言"包含着具体概念的"语言文字"。仅仅这两个条件就说明,抽象的、广义的"语言"根本就不能视作"语言文字"的缩略语。

其次,我们再从具体的狭义的"语言"来分析。

《汉语缩略语规范原则(草案)》中特别指出:"在缩减原形式音节组合的同时,还应该尽可能注意让原形式中的每一意义段都有成分能够参加到形成的缩略单位中来。"该文件专门举出了一个例子:"长途电话"。社会上确有缩略称为"长途"的,但使用频率较少,约为 54;而缩略为"长话"的使用频率为 116,"长话"的表意比"长途"表意明确。因此,"长话"被"拟定为规范的形式,建议社会使用",而对"长途"缩略语"采取不鼓励、不提倡的策略,以便让它们逐步退出社会"。"语言文字"是否与此类似?

吕叔湘、朱德熙、马庆株都阐述过"现代汉语缩略语构造的取首特点"的看法,蒋向勇博士还从袁晖、阮显忠主编的《现代汉语缩略语词典》(2002 年版)中筛选出有效双音节缩略语 2766 例进行分析,得出结论是:"抽样定量分析表明,汉语缩略语生成时取首字呈现出压倒性的优势,全部取首是全部取尾的近 26.5 倍。"依此规律来看,双音节缩略语是缩略语的主体。归纳四字缩略为两字的缩略语情况,主要有两大类,一是并列式的,如:

科学技术——科技;研究制造——研制;经济贸易——经贸;
电影电视——影视;泰山北斗——泰斗;监视观测——监测;
香港澳门——港澳;调查研究——调研;航空拍摄——航拍;……

一是偏正式的,如:

地下铁路——地铁;外交部长——外长;人民警察——民警;
铁路警察——铁警;武装警察——武警;交通警察——交警;
计划生育——计生;神舟五号——神五;责任编辑——责编;……

一方面,这些缩略语大都是取两个词语的首字构成简称的。另一方面,主要选取的是两个字词中最能代表其主导意义的字(比如"港澳""监测""民警"),而又不会造成歧义的(比如用"外长"而不用"外部",用"武警"不用"武察")。对比之下,无论将"语言文字"理解为"语言的文字"偏正结构,还是"语言与文字"并列结构,这两个词语本身都是同义字并列构成的;"语""言"都有口说的意思,"文""字"都是视觉形符,意思相近。用"语"缩略代表"语言"应该没问题,但用"语言"代替或者说包括"文字"显然是说不通的,既不符合"等义性""无歧性"原则,也不符合"显义性""区别性"原则。而且,客观上这个"文"字还可能包含"文化""文学"的意义,就更不是"语言"能够包含得了的。因此,用一个小于而难以等于原式的小概念词语来做缩略语,显然也违背了"语义忠实性制约条件",不能说是一种规范的用法。

所以,"语言"是不符合成为"语言文字"缩略语的规则的,应该不能作为其简称。

(3)从历时性语用角度来看,语言(言语)、文字相互独立、互不包含,语文确实有"语言和文字"之意。

回顾历史,通观古今,追根溯源,就不难发现"文字""语言""语文"三者的关系错综复杂。语言与文字有个自然生成的过程,而研究语言文字的学问普遍都是先着眼于文字文本的。中国古代通过文字的研究来训诂解读经典就形成了文字学,由此推测正音,就形成了音韵学。虽然古代没有语言文字学的概念,但是古代小学、训诂学、音韵学综合起来其实已经形成了古代语言文字研究的基本体系。所以章太炎就积极主张传承古代小学构建现代"语言文字之学"。但是,近代以来,大批海归学者主要采取借鉴乃至照搬西方语言学理论,套用到中国语言文字生活,构建了"古代汉语""现代汉语"体系,基本上是效仿西方现代语言学的语音中心主义观的,所以都冠之以"语"。这种言语中心的现代语言学占据了学界的主流地位。古代传统的文字学虽然也获得了传承发展,形成了现代文字学,但却处于附属地位甚至被边缘化的地位,直到近十余年才逐步受到重视。

自一九四九年新中国成立起,就将"国语""国文"合并构建"语文课程"体系,形成了教育界的语文学科和语文教育学。这样就逐步形成了中国"语言学界""文字学界""语文教育界"三足鼎立而相互隔离的局面。直到今天这三个领域依然是各用自己的术语,即使在新文科呼唤下各界学者加强了交流,但是还没有深入融通,即便是在一些高规格会议中,所请的文字学专家与语言学专家所用术语也都没有达成一致。

历史事实告诉我们:中国的现代语言(言语)学和现代文字学是相互隔离、互不包含的关系,语言不包含文字,文字也不包含语言,但是语文教育学却是由语言和文字合并成的,这是有历史渊源的。

新时代新文科建设背景下的语言文字工作者,应该如何传承创新,建立起中国特色的中国语文理论体系、搞好中国特色的中国语文教育工作,是需要我们认真思考并付诸努力的。

三、"语言文字"与"语文"的关系

综上所述,"语言文字"就是指并列关系的"语言和文字","语文"是"语言文字"最精确的简称。

(一)"语言文字"简称为"语文"的合理性

从国家语言文字法到国务院发布《关于全面加强新时代语言文字工作的意见》,都不厌其烦地使用"语言文字",这两个中心词语显然一个都不能少。

"文字"主要指书面表达符号,简称"文",既可以理解为文字的应用,也可以理解为文本,目前学界经常理解为"书面语",不会有太多歧义。而"语言"虽然有"广义语言"和"狭义语言"两种理解,但面对社会大众进行的国家通用语言文字普及教育,主要是指狭义的具体的语言。

从"狭义语言"来说就是指"言语",即诉诸听觉的口头表达音频信号系统,与诉诸视觉的书面文本符号系统截然不同。索绪尔早就发现了中西两种不同的表达体系,认为:"只有两种文字的体系:(1)表意体系。一个词只用一个符号表示,而这个符号却与词赖以构成的声音无关。……和它所表达的观念发生关系。这种体系的典范例子就是汉字。(2)通常所说的'表音'体系。它的目的是要把词中一连串连续的声音写出来。"并且特别强调:"我们的研究将只限于表音体系,特别是只限于以希腊字母为原始型的体系。"这就是说,他所创立的西方现代语言学认为,拼音语言文字书面表达体系与言语表达体系基本上是一致的,即用表音字母记录语音来表意,"书写的词在我们的心目中有代替口说的词的倾向,对这两种文字体系来说,情况都是这样,但是在头一种体系里,这倾向更为强烈。"但对中国人来说,"表意字和口说的词都是观念的符号;在他们看来,文字就是第二语言"。很显然,中文的书面文字表达不是简单的记录口头言语,汉字本身就有特殊的形义表达功能,所以即使说着完全不同的方言者也可以用书写进行交流。口说的言语与手写的文本有很大的不同,一个述诸听觉,一个述诸视觉,口语与书面语具有截然不同的风格。中国有400多种方言,汉字记录哪一种言语?为哪一种言语而造?所以许多教科书、词典定义文字"是记录语言的符号(工具)",这是值得商榷的。对汉字来说,大多都是直接以形表意的,是直接的"观念的符号"。

耐人寻味的是,美国著名生理语言学家平克基于拼音语言文字的研究,"在左脑发现了语言运作的痕迹",称这一区域是人类的"语言器官","有些基因似乎会对处理语法的神经回路产生特定影响,这为语法基因的存在提供了间接证据"。中国神经语言学家的实验更加丰富,当用脑波仪器测试志愿者语用思维时,发现用中文思考和对话,脑电波活动面大,左右脑都有电波波动,而用英语思考和交流时,一般都只有左脑波动。由此说明中文是复脑语言,它形成了中国人特有的汉字思维能力。我们几乎都有体会:当我们说"山水"的时候,脑子里马上就会有青山绿水的形象,甚至会想到这两个字的形态;当我们辨别许多同音词的时候也都会想到与之对应的字词。比如,说"zhiai",马上就会想到"志哀""致哀""挚爱"等;听到"kangyi",马上就要联想是"抗疫"还是"抗议"。语义必须要依赖文字或者语境来分辨,其原因在于中国人"是用文字来控制语言的,不像苏美尔等民族,一行文字语言化,结局是文字反为语言所吞没"。杨亦鸣先生也发现,"中文大脑词库存在着相互联系但又彼此独立的形、音、义等下位库,……形体相近的词语间的联系比较密切,独体字在中文大脑词库中的存储可能比合体字更具稳固性。"大脑中存在"形状-音素转换机制","对于具有阅读能力的人来说,大脑词库还包括正字法表征。……阅读研究中的证据还显示词语除了能够通过字母到因素的转换过程来达到外,也可以用单纯的视角正字法过程来达到。"深圳市神经科学研究院院长、香港大学脑与认知科学国家重点实验室创室主任谭力海说得更明确:"汉字是一种表意文字,学习汉字和中文阅读,字形是关键,字义是目标,字音协助汉字字形与口语词汇之间形成联系。所以,脱离开字形,就没有汉字系统,就没有中文系统。"

由此可证,广义的"语言"只存在大脑之中,是研究者的术语,绝对不是日常生活中的狭义语言(言语)。与具体的生活相结合的"语言"只能是口说的狭义的言语,也就是普通话。人类的思想意识形成的概念流或者通过言语表达,就构成"语

言生活",或者通过文字表达,就构成"读书生活",形成如下人间生活关系:

"语言文字"简称为"语文","语言生活"和"读书生活"两方面的生活综合起来,就自然简称为"语文生活",如此简称才全面合理,才能真正体现出"提高国家通用语言文字教育质效"的工程目标。

(二)"语言文字"缩略为"语文"的适用性

我们认为,从语言结构的角度来看,遵从缩略语的缩略规则,"语言"已然不符合成为包含"文字"之意的缩略形式,相比之下,"语文"作为缩略语的语义相对比较明晰。

首先,"语文"概念出现于"语言文字"之后,符合原词语在先,缩略语在后的条件。

其次,二者语义对等且在形式上有对应关系。"语"是"语言"的简称,"文"是"文字"的缩略。虽然从单音节字词看"语言"有"言者直言,语者相应答"的不同含义,但都是指口头语音表达。"文"原来主要指"依类象形"表意画符即独体形符文,"其后形声相益,即谓之字"。"字"本义是乳育,后来借用来比喻图文孳乳生成文字——书面表达的形音义统一体符号。"语言"主要指听觉声频音义信号,"文字"主要指视觉形义符号。这完全是两个系统,根本不可互代。依照缩略语"大都是取两个词语的首字构成简称的"的实际,最好的方式是各取首字组成缩略简称"语文"。

最后,"语文"使用两个字,比使用四个字的"语言文字"的表达更加简洁经济。

以上判断一个词语能否成为原词语缩略语的四个条件,"语文"均具备,所以"语文"作为"语言文字"的缩略简称完全是适用的。

在"语文"承担了"语言文字"的缩略形式的前提下,我们说"语文学"是"言语学"和"文语学"的合称,"语文生活"是"语言生活"和"读书生活"的合称,简易明了。由此推导,将"国家通用语言文字"概括为"国家通用语文",而这里的"国家"特指"中国",所以也就可以缩略为"中国通用语文",进而简称"中国语文",再简称"中文",就顺理成章了。如果从炎黄子孙、华夏民族角度溯源,再加上大批海外华人的称谓事实,也就自然可以形成"中华语文"的概念,再各有侧重地简称为"华语""华文",也是水到渠成的。而两个角度的简称都有"中文",说明"中文"简称的概念包容性最强,可以涵盖表达"中华语言文字"和"中国通用语言文字"。

(三)"语文"作为"语言文字"简称是符合中国国情的

首先,"语文"指"语言文字"是有历史传统的,富有中国特色。早在1903年邓实先生在《鸡鸣风雨楼独立书·语言文字独立第二》中就指出："一国既立,则必尊其国语国文,以致翘异而为标志。故一国有一国之语言文字,其语文亡者,则其国亡;其语文存者,则其国存。语言文字者,国界种界之鸿沟,而保国保种之金城汤池也。"这里就明确将"语言文字""国语国文"缩略为"语文"。后来学界理解出现了泛化多义,有的甚至认为"语文"是指"某语言的文(文字)"将"语言"理解为"某语言的言(言语)",这种把"语文"和"语言"看成偏正结构的理解,完全违背了汉语单音节字词因满足韵律需要构成双音节词语的特点和规律,系受西方语言思维的影响所致之深。

其次,中国语言文字具有自己的独特性,应该有符合自身特性的研究系统。我们知道"西方语言文字是一种表音体系,其文字就是记录语音",而"中国文字本来只是标意而不标音",所以"文字记录语音"的理论并不适合于中国语言文字研究,西方语音语言研究系统所使用的方法也并不能够完全用来揭示中国语言文字的特性,因此我们不能一味照搬西方语言学的理论,而应该在借鉴学习的基础之上经过本土化的过程,建立符合中国语言文字实情、体现中国语言文字特色的理论研究系统,而"语文"作为"语言文字"简称可以说是该系统最重要的术语。

再次,"语文"这一概念是具有中国文化特色的缩略语。学术概念范畴是构建学术本体的核心要素,学术基本粒子。走学术自信之路,就必须矫正学术崇洋心理,选择使用最符合国情和中华文化习惯的概念,才能尽快建构起中国气派的"中华文字语言学"理论体系,有了中国气派的"中华语文学",才能最终解决中国语言文字工作和生活中存在的种种问题,也才能彻底处理好中国语文教育和国际中文教育的根本问题。

综上所述,我们通过再次对"语文"和"语言文字"的关系进行分析梳理,厘清了国内使用术语的不规范和混淆不清的问题,论述了"语文"就是"语言文字"的简称以及这样使用的合理性、适用性和符合国情的特性,希望能够给中国语言学、文字学和语文教育学等各界专家学者在研究的专业术语使用上减少或消除因各种概念混淆不清、广义与狭义混为一谈而造成的误解,实现协调统一带来研究的便利性和经济性,为打通语言学、文字学和语文教育学各界的研究融会贯通架起一座桥梁。

参考文献

[1] 周金声,戴汝潜.论"语文"与"语言""文字"的概念内涵及其关系[J].湖北工业大学学报,2022(3):66-73.

[2] 吕必松.汉语和汉语作为第二语言教学[M].北京:北京大学出版社,2011.

[3] 周金声,赵丽玲.关于语言与语文及其教学的思考[J].汉字文化,2018(5):1-5.

[4] 费尔迪南·德·索绪尔.普通语言学教程[M].高名凯,译.北京:商务印书馆,1980.

[5] 张珊珊,赵仑,刘涛,等.大脑中的基本语言单位——来自汉语单音节语言单位加工的ERPs证据[J].语言科学,2006(3):3-13.

[6] 殷志平.构造缩略语的方法和原则[J].语言教学与研究,1999(2):73-82.

[7] 周国光.现代汉语词汇学导论[M].广州:广东高等教育出版社,2004.

[8] 王吉辉,焦妮娜.汉语缩略语规范原则(草案)[J].术语标准化与信息技术,2009(1):19-21,30.

[9] 宫齐,聂志平.现代汉语四字词语缩略的制约条件[J].语言文字应用,2006(1):64-70.

[10] 陈文.试论缩略语及其与原词语的关系[J].陕西广播电视大学学报,2001(3):29-30.

[11] 蒋向勇.现代汉语缩略语构造的取首原则及其认知理据[J].湖北大学学报(哲学社会科学版),2015(5):75-79.

[12] 饶宗颐.符号·初文与字母——汉字树[M].上海:上海书店出版社,2000.

[13] 杨亦鸣.语言的神经机制与语言理论研究[M].上海:学林出版社,2003.

[14] 佚名.光绪癸卯政艺丛书·政学文编:卷七[M].影印本.台北:文海出版社,1976.

抗战时期"悼亡"含义考辨

赵刘昆①

摘要："悼亡"一词在抗战时期有其特定的含义。在承续中国古代"悼亡"个人性质的基础之上,抗战时期的"悼亡"进一步拓展了其核心地带的边界和疆域,将悼亡的对象延伸至政治领域,进而重塑了"悼亡"的内在结构。在抗战的时代感召下,"悼亡"一词的情感内涵也不再局限于个人的狭小天地,而是在政治话语和民族意识的渗透中成了一种具有公共性质的情感修辞,从而改变了传统"悼亡"的地形结构与地理内容。

关键词：抗战时期　悼亡　内涵　变化

一、抗战时期"悼亡"一词的历史继承性

"悼亡"一词在中国历史上有极为深厚的文化积淀和极为绵长的使用历史。据考证[②],"悼亡"一词应出自汉代应劭《风俗通义·过誉第四》的相关记载:"礼记曰:大夫三月葬,同位毕至,此言谨终悼亡,不说子弟当见宠拔也。"[③]可见,"悼亡"一词的最初含义显然是泛指追悼亡者。后人误将"悼亡"一词窄化为丈夫悼妻的专有名词则是受了宋文帝"抚存悼亡,感今怀昔"[④]八字的影响,这一影响在清人赵翼的

---

① 赵刘昆,吉林大学文学院硕士研究生。
② 石晓玲."悼亡"及"悼亡诗"涵义考辨[J].辞书研究,2014(2):88.
③ 褚明.中国文化精华全集⑮风俗·地理卷[M].北京:中国国际广播出版社,1992.
④ 李志敏.国学精粹珍藏版·24史·卷3[M].北京:民主与建设出版社,2016:254.

《陔余丛考》中也有所体现:"寿诗、挽诗、悼亡诗,惟悼亡诗最古。潘岳、孙楚皆有《悼亡诗》载入《文选》。《南史》:宋文帝时,袁皇后崩,上令颜延之为哀策,上自益'抚存悼亡,感今怀昔'八字,此'悼亡'之名所始也。"正是受了这一影响,在相当长的时间内,"悼亡"一词被固定在专指丈夫对亡妻的哀悼之情感表达之中而无法抽离出更多的意义,尽管后来有人又把妻子悼夫也纳入"悼亡"的秩序与疆域中,成为夫妻互悼的双向流通,但始终没有改变夫妻间个人情感的隐秘性质。直到亡友、亡亲等"第三者"的引入,才进一步拓展了"悼亡"的情感疆域,赋予了悼亡更多的指向性和情感意义。

抗战时期"悼亡"一词的基本内涵是中国古代"悼亡"的延伸和拓展。同中国古代的情形一样,抗战时期"悼亡"一词在相当广泛的程度上专指夫妻间的互悼行为,其中表达丈夫对亡妻的悼念之义的更是占了"悼亡"的半壁江山。如董必武写于1943年2月20日的《悼亡二首》:

> 嫁得黔娄卅二年,年年月月动忧端。望夫有石堪摩抚,思子无台可往还。海上栖身量幸尔,山中避寇更凄然。从今脱却愁城去,伴姊西游自在天。

> 苒苒冬春谢不知,悼亡词费更迟迟。客中在壁无遗挂,梦里还乡见敝帷。寒雪高桥衰柳折,凄风字水白杨悲。为君不及营斋奠,注目存形旦暮思。①

不论是题目中的"悼亡",还是诗中"苒苒冬春谢不知,悼亡词费更迟迟。"的"悼亡",都指丈夫对亡妻的追悼。再如吴未淳写于1941年的《悼亡五首》《秋日客中悼亡后作》《中秋悼亡后作》《悼亡后作二首》,陈忠炳写于1931年的《悼亡》,李宣龚写于1943年的《胡汀鹭悼亡后不旬日而逝,作此伤之》诸诗,作者在使用"悼亡"一词时,均采用了指丈夫对亡妻的悼念的意义。而这样类似的表达和使用不仅出现在个人生活领域,甚至还渗透到具有公共性质的报纸媒体中。比如胡寄梅于1936年在《乡心月刊》上发表的悼亡诗《苦忆八律》中,有"悼亡妻翼君作""丙子端阳后三日,距悼亡后二十有八日"②这类的表述,而其中所指的"悼亡",明显是丈夫悼念亡妻的意思。而且这并不是一个个例,《学衡》《南社湘集》《公教周刊》《佛学月刊》《安徽农学会报》等刊物都发表过数量可观的悼亡诗,其中"悼亡"一词皆指丈夫对亡妻的追悼。

虽然"悼亡"的个人性质依然固守着自己的疆域,但其中个人性质的真诚姿态已在公众话语和市场的消费性中损耗殆尽,随之而来的则是现代社会中人格"面具"的苏醒和复兴,呈现在读者面前的也不再是古典时期的内敛、悲悯和真挚,代之而起的是自我形象建构的"表演"与模仿。

---

① 董必武法学思想研究会.董必武诗选(新编本)[M].北京:中央文献出版社,2011:93.
② 胡寄梅.苦忆八律[J].乡心月刊,1936(1):8.

除了丈夫悼念亡妻的内涵,抗战时期的"悼亡"一词同样也可用于悼念姬妾,而青楼女子作为姬妾的一种象征化延伸,也可以归入其中。如《写春精舍词:百字令》"睿王旧有悼亡妾赵氏诗三十首作于壬申之秋,去冬请旨追赠侧妃,复自和前韵盈册,因为题此妃即王长子仁寿之母"①中所指称的悼亡对象是亡妾;而裘思在《悼亡诗趣》中所指称的悼亡对象与《青楼佳话(续):悼亡词》中的悼亡对象则是青楼妓女,《悼亡诗趣》中有相关记载:"一个有名的妓女死了,于是许多情人都来吊丧。其中有一个是诗人,他,不知道是卖弄笔墨的老脾气呢,还是真有伤感之情非吐不可,他提议要做悼亡诗,各人联句,由他开始。"②文章记载的"他提议要做悼亡诗"与题目"悼亡诗趣"中的悼亡皆有所指,而其指向的对象明显就是一个亡故的"有名的妓女"。但这一类悼亡对象出现的概率很小,因而其占有的意义空间也相当有限,追究其原因,大致有两点。首先是民国时期"新生活"运动的提倡和"新文化运动"的革新引起了一系列社会效应(在中上层社会的反响尤为剧烈),加之上层人物的示范作用,带动了社会习俗的变革,之前纳妾、狎妓诸多合法行为皆受到一定程度的规约,因而作为精英阶层的知识分子也不再提倡原有的价值观念,其公开言论中自然也就不太可能出现类似的表达。而身为公共媒介的报刊,起着引导社会舆论的作用,必然会受到国家相关部门的严格管制,更何况是抗战时期,所有的公共资源都必须为抗战服务,因而在公开领域也不太可能出现类似的表述,所以相关的记载自然就为数不多。

二、抗战时期"悼亡"的公共性含义

自从报纸作为一种新的媒介出现在中国的公共文化领域时起,悼亡就作为一种新的话语类型获取了更大的公共性和开放性,而这也标志了抗战时期"悼亡"已由个人层面进入到民族与国家的层面。抗战时期的"悼亡"一词还用于悼念死去的亲友。比如《永隆村新闻:悼亡汇录》中的"悼亡"一词指的就是生者对亡母和亡妻的悼念,其指向是非常明确的,这在正文中也有所描述:"永隆村传然(金元)之神母及炬世之妻,均于去年十一月间溘游云,又锦世之母于三月初五日与世长辞、享寿九十七岁云。"③而《暂把旧诗当悼亡》中的"悼亡"则指向了自己亡故的儿子。"癸丑之役,钮公永肆与师讨袁,余与焉。事败,捕之急,余匆匆避武义。内子率眷属由松回杭,不暇顾也,赋诗慰之。"④诗人在序言中历陈内子于危亡中照顾家眷的功德,同时也表达了自己因无暇顾及家人而将本应属于自己的责任扔给了内子,从而间接造成内子夭亡的悲痛和悔恨。无疑,其悼亡对象就是自己早逝的内子。在松

---

① 奕绘.写春精舍词:百字令[J].词学季刊,1934,2(1):112-113.
② 裘思.悼亡诗趣[J].星期评论,1932,1(9):13.
③ 佚名.永隆村新闻:悼亡汇录[J].坂潭月刊,1935(90-91):31.
④ 卫锐锋.暂把旧诗当悼亡[J].五云日升楼,1939,1(29):2.

子的《悼亡(上篇)》①和《悼亡(下篇)》②中,作者在开头就点明了悼亡的对象是"九舅":"九舅,我不相信这是事实,但是你真去了……"③作者因为九舅的离去而陷入悲痛之中,以至于不敢相信九舅已经离开了人世。与指向亡亲的"悼亡"相比,用于悼念亡友的"悼亡"明显更多一些。在郑正秋和聂耳逝世两周年之际,《娱乐(上海1935,双周刊)》在第2卷第28期上发表了《郑正秋聂耳逝世周年两团体将举行悼亡纪念》的消息:

> 去年这个时候,电影界连续丧了两艺人,一个是郑正秋,一个是聂耳。
>
> 他们两位在国内影坛上的功迹,的确不能泯灭的,但是一个人的死亡,除了给予每个人在刹那间留下一个惨然地印象外,陆续地会遗忘得殆尽的。
>
> 据最近的消息,明星公司方面将于下月二日郑老夫子逝世日举行一个极隆重的周年祭,同时郑老夫子的灵柩也将于那天安葬,不过各项进行事务向在计议中。还有便是本市民众歌咏团联合电影界将聂耳先生逝世那天也来一个周年悼亡纪念会,大概不久就可公布举行。
>
> 为了追念这两位艺人的功德,和后起者本着他俩的精神继续努力,那末这两个纪念会的举行不能不说是很有意义的。④

文中明确表明了此次悼亡的公共属性,并指明了悼亡对象是郑正秋、聂耳两位艺人,而受邀参加的潜在群体无疑是那些与郑正秋、聂耳两人有交集的亲友,所以此处标题所指的"悼亡"明显是针对作为亡友的郑正秋和聂耳两人的。在《驾返天城在帝左右辅仁小区失两益友:王先儒痛逝中央医院,魏德根先生近赋悼亡》⑤一文中,作者所悼亡的对象则是自己的"益友"王先儒和魏德根,因而这里所指的"悼亡"是对亡友的悼念。同样,季默的《悼亡》中也有类似的对亡友悼念的表达:"某官僚,得友人书,中有:'……近有悼亡之痛……'一语,官僚蹙眉叹曰:'这人真是胡涂,究竟亡了谁也不写明白,叫人怎样送祭幛呢?'"⑥结合文章的内容,不难发现题目中的"悼亡"指的是对友人的追悼。

校友是现代社会中产生的一个独特的群体,在某种意义上,校友也可以视为友谊链条上的一种延伸,因而对校友的悼亡也可以纳入对友人的悼亡之中,而这也恰好显示出抗战时期"悼亡"的新质。《之大通讯》刊载过数期《校友悼亡》,其中主要报道校友逝世的信息,并对逝去的校友表示悼念。如1938年第3期刊载的《校友悼亡》:

---

① 松子.悼亡(上篇)[J].立言画刊,1940(84):22.
② 松子.悼亡(下篇)[J].立言画刊,1940(85):22.
③ 松子.悼亡(上篇)[J].立言画刊,1940(84):22.
④ 佚名.郑正秋聂耳逝世周年两团体将举行悼亡纪念[J].娱乐,1936,2(28):558.
⑤ 佚名.驾返天城在帝左右辅仁小区失两益友:王先儒痛逝中央医院,魏德根先生近赋悼亡[J].辅仁生活,1940(16):16.
⑥ 季默.悼亡[J].论语,1934(40):36-37.

张葆初先生本校一八八六年毕业生，于十一月十二日在逼寓逝世，享寿七十余岁。十四日在万国殡仪馆大殓，亲友往吊者，素车白马人数甚众，书以志悼。

曾忠彦先生于一九三七年一月在本院工程系毕业，离校后赴广西省公路局任职，任事勤谨，颇得上峰赞许，今秋奉桂林省政府令调府工作。日前得旅桂某校友讯，据称曾君以患伤寒症，于十一月五日在桂逝世，闻之殊为惊惜，爰志此以示悼惋。①

还有《悼亡》中"陈金镛先生本院一八八七年毕业……志此致吊。金百练先生……康福生先生……志此致吊"②、1939年第5期《校友悼亡》"校友金百鍊先生……"③、《悼亡：曾绍贤校友逝世追思会简讯》④中均有相关表述，其中的"悼亡"无一例外地指向了悼念校友。当然，从中我们也不难看出在"悼亡"被纳入公共领域之后其自身也成了流水线上的程式化产品，那种古典时期的个人属性明显在渐渐消失，代之而起的则是现代化秩序下建构的抒情模式的兴盛，而这也恰好表征了"悼亡"作为公共话题进入人们的生活与视野商品的消费属性的崛起。1941年，《晨光季刊》推出了《庄君剑雄纪念特辑》，以集体悼亡的形式寄托了对亡者的哀思，其中有《悼亡辞》⑤一诗，以哀婉绵长的情调表达了对友人早亡的惋惜和悲叹，而题目中的"悼亡"一词也明显是指对亡友的悼念。其中不难发现，抗战时期的"悼亡"在一定程度上改变了古典时期"一对一"的悼亡规则，依托现代报刊的发达，它能够实现一种集体的悼亡。而这种集体的悼亡明显有更多的表演性质，更像是一次变相的程式化的主题征文，其中真挚无隙的情感和诚恳的言说姿态都在一定程度上被消解掉了。但文本空间本身仍然存在，消失掉的那一部分内涵由新的内容填充，借由象征和隐喻的力量，"悼亡"一词再次扩充了自己的疆域，将边界推进到人际关系之外的陌生地带而与政治结缘。而这种陌生，既意味着机遇，同时也意味着一种无名的危险。至此，"悼亡"一词，在与时代和政治的复杂纠葛中生长出新的素质。

三、抗战时期"悼亡"一词的政治性含义

由于政治区域的分割，抗战时期的"悼亡"成了不同区域政治角逐发力的公共场域，正如周恩来在为郭沫若祝寿时曾对郭沫若表示，这不是一次个人仪式，而是

---

① 佚名.悼亡校友[J].之大通讯,1938(3):8.
② 佚名.悼亡[J].之大通讯,1939(5):18.
③ 佚名.悼亡校友[J].之大通讯,1940(6):17.
④ 佚名.悼亡：曾绍贤校友逝世追思会简讯[J].之大通讯,1939(5):18.
⑤ 海深德.悼亡辞[J].晨光季刊,1941,2(3/4):38-39.

一次严肃同时热闹的政治活动一样①,抗战时期的"悼亡"同样被赋予了不同的政治色彩,成为政治交锋的公开领域。"忍看朋辈成新鬼,怒向刀丛觅小诗。""我们面对着微弱的烛光,面对着死者清癯坚定的面容,面对着现阶段中国文化工作者悲凉的命运,我们眼眶湿了。"②在昭炎的《悼亡》中,他所"悼亡"的对象是"中国文化工作者",但并没有指明是哪一个,而是将其泛化为为国家做过贡献的文化工作者,其情感并不指向个人之间的私谊,在将其上升为一种公共性质的"悼亡"的同时,他还把民族意识渗入其中,从而成为具有特定政治意味的"悼亡"。同样,在《本刊归并新垒痛言》中也能体会到这种"悼亡"的政治性质。"精神的苦恼与物质的困厄,我们实在不能支持下去了,于是抱着一个悼亡者的心情,将此艰难生产而又艰难抚养的产儿,纳回母腹之中,而归并于新垒月刊。"③文中所指涉的"悼亡",实际上是一种隐喻。在把自己主办的刊物比喻成新生的婴儿之后,单一的文本获得了一种同情的情感力量,因而在表达"悼亡"经验之时,作者明显有更多可以凭借的力量;在残酷的现实的烛照与对比中,一种批判的意识和无声的政治辩驳便油然而生了。

相比文化领域政治"悼亡"的隐秘性,对抗战阵亡将士和相关烈士的"悼亡"则直接了许多。而且毫无疑问,对抗战阵亡将士的悼念成了这一时期"悼亡"与政治纠缠最显著的表征。"悼亡"不仅意味着对阵亡将士的缅怀,对死者的悲惋,对生命易逝的感慨,更意味着一种全民共赴国难的家国意志和政治礼仪。与表达空间的争夺。因而抗战时期的"悼亡"不仅显示了一种现代的人伦关系和人伦价值,它还表征了民族危亡中民族意识的高涨和政治话语的互相缠斗。抗战初期,苏区有相当数量的文献证明了"悼亡"可以用来悼念牺牲的烈士。在《悼亡曲(其一)》中,"大家来唱悼亡曲,追悼死难革命同志,留下革命伟业,尚待我们来完成。为革命牺牲是我们的革命人生观,要努力工作,来纪念同志,要记住留下革命伟业,尚待我们来完成。"④这里所指的"悼亡"是悼念死难的革命同志之意。而在《悼亡曲(其二)》中,"大家来唱悼亡曲,追悼死难革命同志。这个世界谁最苦,惟有我穷苦的工农"⑤的"悼亡"也是指悼念那些死难的革命同志。在国统区,这种"悼亡"体现为对阵亡将士的悼念。在漫画的插画中也有对悼亡的文字描述,如《一月来之时事漫画(三):工作与悼亡之因果关系》⑥漫画里,一个女人跪在墓前,一副悲哀而憔悴的模样,而压在她头上的是无尽的侵略战争,这里所指的悼亡,既可能指亡夫,也可能指一切在战争中牺牲的将士。在其他更为文学化的文本中,悼亡的色彩体现得更为浓烈。如《血色五月悼亡》:"来到塞北,夜倚长城,漫天乌云,四周尽是敌人的凶焰。想到一幅一幅的亡国惨象,想到血色五月中死去的烈士,想到目前的工作与今后的

---

① 韩辛茹.新华日报史:上[M].北京:中国展望出版社,1987:225.
② 昭炎.悼亡[J].燕京新闻,1944,10(29):4.
③ 佚名.本刊归并新垒痛言[J].七日谈,1935,1(14):1.
④ 《中央苏区文艺丛书》编委会.中央苏区歌曲集[M].武汉:长江文艺出版社,2017:259.
⑤ 沈幸莲,何志溪.闽西革命历史歌曲选[M].厦门:鹭江出版社,2014:169.
⑥ 佚名.一月来之时事漫画(三):工作与悼亡之因果关系[J].时事月报,1934,10(6):1.

路线,不觉悲极痛绝,放声大哭。既而自问'哭什么!哭什么!'雄心烈火复油然而生,遂转哭为歌。歌不成韵,长啸几声,夜反复高唱,至于黎明。"①其中"悼亡"一词指的就是对阵亡将士的悼念。同样,在《"悼亡曲"》"吊凭四九战役高淳水阳忠义救国军阵亡烈士"②和许陶埙《悼亡》"纪念第十期第一个阵亡"③的表述中,不难捕捉到对阵亡将士的悼念信息。

在那些比文学文本更为官方的政治文本中,对"悼亡"一词的表述则无疑具有某种"权威"性质。在《全国热烈纪念抗战一周年》这一具有政治实践的文本中,其援引的"悼亡"一词具有显著的政治意味,"三日时事解说:全国热烈纪念抗战一周年:……全国人民献金征募悼亡游行:纪念七七保卫大武汉……举行阵亡将士和死难同胞的追悼会……"④这里的"悼亡"显然是指对阵亡烈士的悼念。与国家的权威性相比,那些民间团体的发言显然有了更多自由的性质,但也恰好从民间的角度反映出当时对"悼亡"一词使用的普遍情形。如《悼亡议案》中的序言所表述的那样,"在本届常年议事会中,吾人缅怀若许忠信同工及教友在过去一年内,息劳长眠,表示无限惋惜与哀悼。计有华南联合会的……郭子颖牧师,东方……总干事李味琴君,华西联合会忠心的苗族布道士陶方正君,西北联合会书报部长刘福安夫人,山东区会的书报部长李保国君,时兆报馆的徐成宽君,黄耀初夫人,徐宝琛夫人,孙长友夫人,以及金仲梅君之令媛等人(他们都是报馆同工们的亲眷,去年八月十四在上海殇亡)。"⑤既是缅怀友人,但又溢出了友人的界限,指向更为沉重的情感空间,其悼亡也就具备了某种对"类烈士"的悼念性质。由此观之,抗战时期"悼亡"一词可以用来追悼牺牲的烈士是确定无疑的,而"悼亡"也因此而获得了与此前相比更为浓重的政治意味,其所包含的政治含义也是确定无疑的。

四、结语

总而言之,"悼亡"一词在抗战时期有其特定的内涵,可用于夫妻互悼、追悼亡亲、悼念亡友和抗战阵亡的烈士。但其边界也不是可以无限扩大的,而应限制在以人为对象的悼念之中,这既符合抗战时期"悼亡"一词的实际使用情况,也与"悼亡"一词的历史传统相契合。在其情感内涵上,抗战时期的"悼亡"一词有了更多的可能性,它不再固守古典时期人伦关系的表达和人伦价值的阐述,而是通过象征、构造、泛化诸种手段,将其扩展为社会生活与政治生活全方位的再现。而其中原有的内在价值结构也发生了诸多变化,"悼亡"一词的内省价值与自我辩驳的悖论式哲思被强大的时代话语所整合,其内里的斑驳与隐秘在一次次"曝光"和"祛魅"中丧

---

① 朱启贤.血色五月悼亡[J].教育短波,1936(61):18.
② 遗鬓."悼亡曲"[J].动员通讯,1939(3):19.
③ 许陶埙.悼亡:纪念第十期第一个阵亡[J].笕桥月刊,1941(3):83-86.
④ 佚名.全国热烈纪念抗战一周年[J].全民抗战,1938(2):18.
⑤ 佚名.悼亡议案[J].末世牧声,1938,18(5):7.

失了原始的神秘性和仪式感。代之而起的则是时代政治话语无孔不入的侵蚀和渗透,使其愈来愈成为一种具有公共话语属性的政治和情感修辞。因而当我们今天在抗战的语境下使用"悼亡"一词时,不能弃其历史语境于不顾,在以当下的含义为参照和标准的同时,也要合理考量其历史化内涵。

参考文献

[1] 石晓玲."悼亡"及"悼亡诗"涵义考辨[J].辞书研究,2014(2):88.
[2] 褚明.中国文化精华全集⑮:风俗·地理卷[M].北京:中国国际广播出版社,1992.
[3] 李志敏.国学精粹珍藏版·24史:卷3[M].北京:民主与建设出版社,2016.
[4] 董必武法学思想研究会.董必武诗选(新编本)[M].北京:中央文献出版社,2011.
[5] 胡寄梅.苦忆八律[J].乡心月刊,1936(1):8.
[6] 奕绘.写春精舍词:百字令[J].词学季刊,1934,2(1):112-113.
[7] 裘思.悼亡诗趣[J].星期评论,1932,1(9):13.
[8] 佚名.永隆村新闻:悼亡汇录[J].坂潭月刊,1935(90-91):31.
[9] 卫锐锋.暂把旧诗当悼亡[J].五云日升楼,1939,1(29):2.
[10] 松子.悼亡(上篇)[J].立言画刊,1940(84):22.
[11] 松子.悼亡(下篇)[J].立言画刊,1940(85):22.
[12] 佚名.郑正秋聂耳逝世周年两团体将举行悼亡纪念[J].娱乐,1936,2(28):558.
[13] 佚名.驾返天城在帝左右辅仁小区失两益友:王先儒痛逝中央医院,魏德根先生近赋悼亡[J].辅仁生活,1940(16):16.
[14] 季默.悼亡[J].论语,1934(40):36-37.
[15] 佚名.悼亡校友[J].之大通讯,1938(3):8.
[16] 佚名.悼亡校友[J].之大通讯,1939(4):12.
[17] 佚名.悼亡[J].之大通讯,1939(5):18.
[18] 佚名.悼亡校友[J].之大通讯,1940(6):17.
[19] 佚名.悼亡:曾绍贤校友逝世追思会简讯[J].之大通讯,1939(5):18.
[20] 海深德.悼亡辞[J].晨光季刊,1941,2(3/4):38-39.
[21] 《中央苏区文艺丛书》编委会.中央苏区歌曲集[M].武汉:长江文艺出版社,2017.
[22] 韩辛茹.新华日报史:上[M].北京:中国展望出版社,1987.
[23] 昭炎.悼亡[J].燕京新闻,1944,10(29):4.
[24] 佚名.本刊归并新垒痛言[J].七日谈,1935,1(14):1.
[25] 沈幸莲,何志溪.闽西革命历史歌曲选[M].厦门:鹭江出版社,2014.
[26] 佚名.一月来之时事漫画(三):工作与悼亡之因果关系[J].时事月报,1934,10(6):1.
[27] 朱启贤.血色五月悼亡[J].教育短波,1936(61):18.
[28] 遗鬓."悼亡曲"[J].动员通讯,1939(3):19.
[29] 许陶埙.悼亡:纪念第十期第一个阵亡[J].筧桥月刊,1941(3):83-86.
[30] 佚名.全国热烈纪念抗战一周年[J].全民抗战,1938(2):18.
[31] 佚名.悼亡议案[J].末世牧声,1938,18(5):7.

"集体无意识"如何延续?
——试用"神话-原型"理论读解何姚作品[①]

何二元[②]

摘要：荣格"神话-原型"理论认为集体无意识是人的无意识的深层结构，这是一种来自久远年代的原始意象或神话形象，这种意象或形象通过遗传得以延续。本文认同集体无意识的存在，但对遗传说提出质疑，认为应该从后天学习以及从儿童与原始人心理结构的相似来进行解释。

关键词：集体无意识　神话　原型

一

弗洛伊德用人幼年时的心理压抑来解释日后人的无意识，而荣格则用"集体无意识"来解释无意识的深层内容，他认为，人的精神不但可以分为意识与无意识，就是无意识也还可以再分为个人无意识和集体无意识两部分，弗洛伊德只注意到个人无意识部分，而只有世代相传的集体无意识才能提供人更加重要的心理潜能。

荣格的理论很诱人，对于我们这个有着牢固集体主义传统的国度，这是一种非常"有用"的理论。特别是这种理论披着"神话-原型"和"人类精神"的外衣，对于文学创作和人文精神构建都极具诱惑力，一旦介绍进来，便得到国内精英文化与大众

[①] 此文写于2001年，当时父亲何二元50岁，杭州师范学院教师；女儿何姚11岁，杭州濮家小学4年级学生。此文没有在大陆发表过，2022年初在台湾《中国语文》发表。

[②] 何二元，杭州师范大学副教授，全国大学语文研究会顾问。

文化的一致认同,以至于很少有人想到问一个不能不问的问题,这就是:"集体无意识"的延续究竟如何得以实现?

在荣格的论文中,我们可以不止一次地读到:集体无意识"并非来源于个人经验,并非从后天中获得,而是先天地存在的。""集体无意识的内容从来就没有出现在意识之中,因此也就从未为个人所获得过,它们的存在完全得自于遗传。"因此,如果我们给个结论说,荣格认为人的意识是可以由遗传获得的,这应该不是一种误解,而按照我们的经典哲学理论,可以把它归入到"客观唯心主义"范畴。

然而荣格本人尽管一再地嘲笑唯物主义,却坚决否认"客观唯心主义"的指责,他说:"集体无意识的内容则主要是'原型'","原型本身是空洞的、纯形式的,只不过是一种先天的能力,一种被认为是先验的表达的可能性。""尽管这些天赋条件本身并不产生任何内容,它们却给予那些业已获得的内容以确定的形式。"因此,它们只是"没有意义的形式"。这样,荣格把"集体无意识的内容"解释成只是"没有意义的形式",避免了人的意识内容可以遗传的误解。

但是,当他把"原型"等同于"原始意象"时,问题又发生了,他说:"原始意象或者原型是一种形象……它本质上是一种神话形象……它们为我们祖先的无数类型的经验提供形式。可以这样说,它们是同一类型的无数经验的心理残迹,……每一个原始意象中都有着人类精神和人类命运的一块碎片,都有着在我们祖先的历史中重复了无数次的欢乐和悲哀的一点残余……"

这样,荣格尽管小心翼翼,最终还是使用了"形象""神话形象"这一类表示意识内容的概念。或许荣格所说的"形象""表象"不是我们理解的那种,或许"形象"一词根本就是翻译不慎的问题,那么,让我们避开语词的纠缠,直接来看看荣格为说明集体无意识而举的例子,这应该比抽象的概念更能说明荣格的本意。

不难发现,荣格用来证明集体无意识的例子多数都非常神秘和怪诞,或者说例子本身并没什么,但一经他分析就变得非常神秘和怪诞。在《集体无意识的概念》这篇论文里,他以"例子"为题专门用了一节的篇幅介绍了一个他认为非常能够说明问题的例子。他说,他曾遇到过一个妄想性精神分裂症患者,一天,这位患者站在窗前,摇头眨眼地看着太阳,并对他说:"你肯定能看见太阳的阴茎——我把头从一边摇向另一边时,它也跟着我摇,风就是从那地方产生的。"当时荣格认为这不过是这位精神分裂症患者的妄想,然而四年后,他在巴黎国立图书馆里的一部希腊抄本中读到这样一段话:"那太阳是我的父亲上帝……从太阳的圆盘上垂下一段象管子一样的东西,它向着天的西边摇晃,就像吹着无穷的东风一样。但如果有西风往东边吹来,你同样可以看见它向东边摇晃的景象。"于是荣格又联想到中世纪的一幅图画,描绘一根管子从上帝的宝座上垂下来,伸进了玛利亚的身体,使她怀了孕。荣格在确认那位患者完全没有可能看到上述抄本和图画后,相信这只能是通过"集体无意识"得到的印象。

在这个例子里,荣格实际上把"没有意义的形式"变成了"具有宗教意义的形式",不但是形式,而且还附有非常具体生动的意识内容,这些形式与内容一起经由遗传而成为"集体无意识"。看来人们对荣格理论的"误解"不是没来由的。

荣格的"遗传"说漏洞很多,事实上他自己也不得不承认,对幻觉和原始意象,心理学除了提供用来进行比较的材料和提供用来进行讨论的术语以外,实际上是无能为力的。①

看来荣格的集体无意识理论,至多还只能算是一种假说,而现在我们所能够做的,也只是继续收集材料,进行个案分析,作出证明或证伪。坦率地说我对于这一理论的可行性,是先验地缺乏信任感的,因为如果要确认某一材料来源于集体无意识,那么就必须排除该材料被后天污染的可能性,然而"说有易说无难",事实上即使面对一个很小的小孩子,你也不可能梳理他的全部思想。除非对他做全封闭的研究(这是不人道的),否则在如今这个信息密集媒体发达的社会,没有谁敢说自己掌握被研究对象的全部材料。据荣格自己说,他曾试图进行这样的分析,结果在场的大多数人都几乎要睡着了。

既然这样,我为什么还要试图进行"神话-原型"研究呢?理由很简单,因为这种理论确实很诱人,我很难抗拒它的诱惑,或者如荣格的说法,作为现代人,在我的潜意识里就有这种需要。我想别的介绍者和研究者大约也会有类似感受,当我们听到荣格用充满诗意的话语描绘出下面的图景时,又有谁不会被激动呢?

"这种神话情境的瞬间再现,是以一种独特的情感强度为标志的。仿佛有谁拨动了我们很久以来未曾被人拨动的心弦,仿佛那种我们从未怀疑其存在的力量得到了释放。……一旦原型的情境发生,我们会突然获得一种不寻常的轻松感,仿佛被一种强大的力量运载或超度。在这一瞬间,我们不再是个人,而是整个人类,全人类的声音一齐在我们心中回响。"

"一个用原始意象说话的人,是同时用千万个人的声音说话。他吸引、压倒并且与此同时提升了他正在寻找表现的观念,使这些观念超出了偶然的暂时的意义,进入永恒的王国。他把我们个人的命运转变为人类的命运,他在我们身上唤醒所有那些仁慈的力量,正是这些力量,保证了人类能够随时摆脱危难,度过漫漫长夜。"

二

下面我将用于分析的材料,主要是我初为人父,对小女何姚做的一些观察和记录。"知女莫如父",既然"神话-原型"理论要求把握一个人的全部意识内容(尽管这不可能),那么这自然是最好的选择。小女何姚,今年11岁(2001年),从3岁起,我便开始记录她的牙牙学语,觉得是些非常有意思的"作品",待她学会写字后,她

---

① 上述材料见荣格的《心理学与文学》,冯川、苏克译,生活·读书·新知三联书店1987年版,以下凡出自该书的材料,一般不再一一注释。

自己又继续了这一记录（或者说创作），至今已有丰富的材料。

何姚创作，完全是即兴的、游戏式的、超功利的，所以我愿意把这些记录材料，称为真正的艺术作品——这就有了研究的意义。因为按照荣格的意见，研究集体无意识最好的材料是艺术作品，因为艺术作品的本质在于它超越了个人生活领域而以艺术家的心灵向全人类的心灵说话，因此艺术家在创作时已不是个别的人，他是更高意义上的"集体的人"，是一个负荷并造就人类无意识精神生活的人。

但愿如此。

何姚最早做的一首诗叫《小木马》：

> 刚刚刚，刚刚刚/我骑着一匹小木马/走天涯，走天涯/我的小木马，记住家/不烦脑筋回到家/去见爸爸和妈妈/我带着爸爸上天涯
>
> 小木马，走天涯/刚刚刚，刚刚刚/我的小木马/骑到天涯都不怕/爸爸骑着小木马/走天涯，走天涯/妈妈教我学习/爸爸教我唱歌/我的爸爸妈妈/都是最好的小孩
>
> 姥姥抽烟抽烟抽烟/姥姥骑着小木马/走天涯。姥姥抽烟/我给姥姥端杯茶/不叫姥姥抽烟/姥姥不烦恼/姥姥骑着那匹小木马/走天涯，不烦恼

当时何姚不到4岁，在床上骑着棉被嬉戏，完全无意识地、即兴地、非常突然地，开始滔滔不绝地朗诵她的作品，这情形真像荣格说的："这些作品或多或少完美无缺地从作者笔下涌出。它们好像是完全打扮好了才来到这个世界，就像阿西娜从宙斯的脑袋中跳出来那样。"这首诗无疑包含着原型，荣格说："生活中有多少种典型环境，就有多少个原型。无穷无尽的重复已经把这些经验刻进了我们的精神构造中，它们在我们的精神中并不是以充满着意义的形式出现的，而首先是'没有意义的形式'，仅仅代表着某种类型的知觉和行动的可能性。当符合某种特定原型的情景出现时，那个原型就复活过来。"骑马走天涯，是我们祖先几千年来重复进行的一个生活典型，这同时也是一个"回家"的原型，在我国最典型的当属那首著名的元曲：

> 枯藤老树昏鸦，小桥流水人家，古道西风瘦马。夕阳西下，断肠人在天涯。

当然，何姚没有这么高雅。然而，原型既是一种全人类的声音，当然能够轻而易举地克服雅俗之间的沟壑。问题是，这个原型是怎么潜伏进何姚头脑里的？如果是遗传，那么就必须排除她后天学习的可能，但是我不能肯定她在将近4年的生命中，没有从外界（游戏、故事、画本、电视等等）接触过这一原型，事实倒是接触的可能性非常大，她在做诗之前，首先已经学会了讲故事，大约在3岁的时候，她口述了孙悟空的故事：

> 从前有一个大孙悟空，他会变大变大变大，他会变小变小变小。后来，唐僧、沙和尚、猪八戒、孙悟空去西天取经，到了西天，唐僧就去拜佛，一拜，那些妖精都来了，原来佛是妖精变的，把孙悟空用铁盖盖住了，他们

就抬。后来天兵天将都来了，弄也弄不开，用头也顶不开，后来弄开了。又去西天取经，到了佛那里，就回来了，坐着大乌龟，掉到河里去了。唐僧说："我的经包啊！"后来，都是沙和尚给捡起来的，就晾，晾破了，就取回一些破经。

这是何姚看了国产电视连续剧《西游记》后做的改编，像所有的小孩子那样，她把唐僧西天取经的故事误读为孙悟空的故事（没有小孩子会喜欢唐僧），但是不能否定唐僧骑着白龙马上西天的意象从此深深进入了她的潜意识——喜欢的东西留在了意识层，不喜欢的东西进入了潜意识，这是一个非常合理的解释。除此之外，同样表现回家主题的动画片《咪咪流浪记》（又作《雷米流浪记》）也给何姚留下了深刻的印象。于是当何姚骑在棉被上颠呀摇呀的时候，这些原型便突然复活了。

孙悟空是何姚编的第二个故事，引起我们注意并记录下来的第一个故事，是何姚3岁时做的《小姑娘和老头头》：

有一个小姑娘，看见树上有一只小蝴蝶，她不敢抓。这时候，走来两个老头头，一个拄着拐棍，一个没拄拐棍。一个老头头问："你怎么拄着拐棍呢？"老头头说："我腿折了，得了关节炎。"老头头又问小姑娘："你怎么不抓蝴蝶呢？"小姑娘说："我不敢抓，害怕。"老头头说："没关系的。"小姑娘就去抓蝴蝶，蝴蝶早已飞跑了。

老头与小孩、小孩与蝴蝶，也是一种原型，而且按照荣格的分析，很可能还是带有非常神秘色彩的原型。他在《集体无意识的原型》这篇论文里记录过一位青年神学生的梦：

他站在一位老人面前，老人很漂亮，全身穿着黑色。他知道这老人就是那"白"魔术师。老人刚对他进行了长时间的谈话，但他却想不起来讲话的内容是什么，他只记住了最后一句话："至于这点我们需要'黑'魔术师的帮助。"正在这时，门开了，走进来一个老人，他与前面那个老人长得完全一样，只是他穿着白色的衣服。进来的老人对那白魔术师说："我需要你的建议"，同时用带着疑问的目光斜着瞟了做梦者一眼。这时白魔术师说道："你可以放心地说，他是一个清白无辜的人。"于是黑魔术师开始讲述他的故事了。他从一个遥远的地方而来，那里发生了一件奇异的事情，统治那地方的是一位年老的国王，他已感到死期将至。国王早已为自己找好了一座陵墓，因为那地方有很多古代遗留下来的陵墓，国王为自己选了最好的一座。据传说，那座墓里埋着一个处女。国王让人把墓打开以备使用。但墓里的尸骨一见阳光就突然恢复了生命，变成一匹黑马，很快地驰进了沙漠，然后在沙漠中消失了。黑魔术师听说了这个故事，就立刻出发去寻找这匹马。他随着马的足迹追寻了许多天，然后来到了那片沙漠，他越过沙漠，另一边又出现了草地，在那里他看见那匹马正在吃草，他在那里还有了新的发现，他正是为此要征求白魔术师的建议的，因为他找到了已经失去的"乐园的钥匙",他不知道该拿这些钥匙怎么办。

在这激动的时刻,梦者醒了过来。

荣格认为,这梦是对耶稣的奥克塞林库斯训谕的绝妙释义,乐园象征着伊甸园,两个魔术师就是"智慧老人",黑马象征向黑暗中的沉降,而这位年轻的神学生一点也不知道在梦中向他说话的是一切先知之父,他也一点也不知道这先知之父把一个巨大的秘密放在了他的掌股之中。

但是我很怀疑荣格的分析,这个梦里确实有着神话与宗教的内容,但若非要确指为什么奥克塞林库斯训谕的释义,说老人的形象就一定是上帝,则未免过于牵强了。退一步说,就算这些分析都没错,又怎么能认为这些经验不是通过对神学的学习而进入意识或无意识的呢?在我看来,神学生做宗教内容的梦,真是再平常不过的事了。要想证实集体无意识的存在,得让没有受过宗教影响的婴孩来做这梦。

按照荣格的分析方法,我也可以说何姚故事里的"老头头"是"智慧老人"(而且正好也是两个),蝴蝶飞走象征失乐园——但我知道这是无稽之谈。何姚没说她的故事是做梦还是创作,或许在她看来这两者本是一回事情,英国美学史家李斯托威尔认为儿童像原始人一样把现实和梦境混淆在一起,把无生命的东西与有生命的东西混淆在一起。① 不过可以肯定的是她的梦或创作来自对生活的观察与学习。何姚1岁时就每天很早起床,把脸贴在玻璃窗上,一动不动地凝望楼下路上来来往往的行人,白天她跑下楼玩耍时传达室的老师傅也常逗她,她也捉蝴蝶,也常听老爸喊关节痛,她便在梦里或创作中把这些都做了嫁接,她用的创作方法应该是"现实主义"或"自然主义"的。

何姚稍大,学会了象征。5岁那年,她做了一首题为《大鱼》的诗:

老年人告诉我们/地底下有一条很大很大的大鱼/它在哪里活动活动/哪里就会地震/现在它跑到俄罗斯去了/俄罗斯就地震了/压死了两千个人/我们全世界的小朋友/中国的、日本的/还有俄罗斯的/都要联合起来/把这条大鱼抓住/以后就不会有地震了

这首诗在上海的《小朋友》刊物发表。"大鱼"的意象是一个古老的原型,《庄子·逍遥游》说:"北溟有鱼,其名为鲲。鲲之大,不知其几千里也。"古代又有天圆地方的传说,说大地四角每个角下都由一条大鱼(或巨龟)驮着。古代俄国也有关于天体演变的传说,说地球是由八十条小鲸鱼和三条大鲸鱼支撑起来的。而关于地震的传说就更多了,不过何姚的故事来源并不是这些集体无意识,诗中的"老年人"是确指,也就是她的姥姥,是姥姥跟她讲了大鱼的故事。姥姥们(不管有文化没文化)通常都是集体无意识的热心传承者。这年俄罗斯地震,何姚从电视上看到这个消息,于是想起了这个故事——古老的原型在最新消息的刺激下,"突然复活了"。

---

① 李斯托威尔.近代美学史评述[M].蒋孔阳,译.上海:上海译文出版社,1980:11.

何姚 3 岁

5岁时的何姚，思维非常活跃，在她的创作中，英雄原型也出现了。那年，《杭州日报》举办《小恐龙的故事》童话征文，她编的《勇敢的小恐龙》得了奖：

从前在森林里有一群小动物，它们过着幸福快乐的生活。可是有一天来了一只小恐龙，大家都吓坏了：这是什么东西呢？身上麻乎乎，一条大尾巴，脑袋这么小？小恐龙想跟小白兔玩，小白兔吓得眼睛都红了；小恐龙想跟小松鼠玩，小松鼠吓得尾巴都炸了毛；小恐龙又想跟小鹿玩，小鹿吓得一溜烟地跑走了。小恐龙很伤心，说："我没有好朋友。"它哭了起来。

这一年天空发生了怪事，老是晴，老是不下雨。小动物们都快渴死了，有的已经昏倒了。小恐龙很着急，就想了一个办法。它飞到天空，用自己的大尾巴遮住太阳。太阳把小恐龙的尾巴烧得直冒烟，烟就变成了乌云，遮住了太阳，过了一会儿，天空下起一场大雨。小动物们非常高兴，都跑出来接水喝，昏倒的也都醒了过来。大家都跟小恐龙交朋友。小恐龙的尾巴烧伤了，疼得直掉眼泪，可是它心里非常高兴，因为现在它有好多朋友。

这个故事中出现了上古时代的多个原型。首先，是关于灾难的记忆，比如《淮南子·览冥训》记载："往古之时，四极废，九州裂，天不兼覆，地不周载。火爁焱而不灭，水浩洋而不息。"《山海经·本经训》记载："尧之时，十日并出，焦禾稼，杀草木，而民无所食。"其次，是英雄原型，如女娲补天、后羿射日、大禹治水等等传说。再次，是牺牲原型，比如"夸父与日逐走，入日，渴欲得饮，饮于河渭，河渭不足，北饮大泽，未至，道渴而死。弃其杖，化为邓林。"（《山海经·海外北经》）我自己至今清晰地记得,小时候读鲁迅的《故事新编》,读到女娲补天力竭身死时,受到了怎么样的震撼。我国瑶族史诗《密洛陀》有一段描述更具可比性,它说:最初只有一个太阳一个月亮,可是后来太阳和月亮偷偷地相亲相爱,又生下了十一对太阳月亮,使地上酷热难当,于是密洛陀命儿子们用竹箭射太阳月亮,射落了十一对,只剩下一个太阳白天普照大地,一个月亮黑夜放射光芒。但有两个儿子仍不回家,原来他俩怕太阳月亮再作怪,为了监视它们,驻守天宫三年,被烧烤得身残体衰……。但是我相信何姚并没有读过这些作品,也不是从遗传得到集体无意识,我倒宁可相信她的灵感来自美国卡通片《狮子王》或香港搞笑片《春光灿烂猪八戒》(其中有后羿射日的情节,不过何姚做此诗时该片尚未播放),这是今天这代儿童获取神话原型的主要途径。还有一点可以确定的是,当时的孩子中正流行恐龙热,凡是和恐龙有关的资料,都被她们仔细地收集,何姚谈论起恐龙,什么侏罗纪、白垩纪,什么鸭嘴龙、霸王龙,专业知识已在老爸之上,在她自己记录的一个梦里,她写道:"从时空机器里我进入了更早的恐龙时期,一些绝种的苏铁植物使我想起了这是白垩纪早期……"最后我相信关于小恐龙从没有朋友到有了很多朋友的情节完全是何姚自己的创造,她是个性格内向的孩子,她渴望有朋友但不善于交朋友,于是编这个故事来实现自己的愿望。

在以上这些段落里,我们证实了在何姚作品中集体无意识确实存在,但是这些集体无意识是如何进入何姚意识或无意识的,似乎并不很符合荣格的理论,因为按照他的理论,集体无意识的内容应该是从来就没有出现在意识之中,因此也就从未为个人所获得过,它们的存在完全得自于遗传,而我们看到的,却是后天学习的因素起了重要的作用,其具体过程是:首先是我们社会文化延承了集体无意识,然后儿童通过学习文化接触到集体无意识,而且由于儿童学习的随意性和偶然性特点,这些集体无意识内容大多进入了她们的个人无意识层面。

三

尽管如此,但是我并不打算就此放弃对于"神话-原型"理论的探讨,我相信一种能够让东西方学者为之着迷的理论,总有其合理的内核,或许可以剥离其神秘主义的外衣,做出比较科学的说明——尽管荣格本人是非常反感"科学主义"的。简单说,我在接触"神话-原型"理论过程中,渐渐萌生这样一种念头:既然胎儿重演了人类生理方面的进化史,那么幼儿也有可能重演人类心理方面的进化,在某个时候,幼儿的心理发育正好处于原始人类的水平,他们就会像原始人类一样地感受和思想,甚至看到某种相同的意象,编出某种相似的故事来(按照完形理论,"看"世界的方式很重要,你像原始人那样看东西,你就可能看到原始人看到过的东西)。或许从这个意义上,我们可以理解荣格所说的原型不是"天赋观念",而是"天赋可能性"。

上述想法很容易地得到手头一些材料的证实。首先,荣格本人就有过这样的叙述,他说:"童年不过是一种过去的状态而已。正如发育中的胚胎从某种意义上揭示了我们种族发生的历史,因此,儿童的心理便重演了尼采所说的'人类早期的功课'。"①"原型材料的一个有趣来源还可在……三至五岁的儿童早期的梦中找到。"②

美国心理学家霍尔(Granville Stanley Hall,1844—1924)的论述更详细,他提出用复演论来解释个体的心理发展,他认为胎儿在母胎内复演了动物进化的过程,而出生后的个体则复演了人类进化的过程。儿童6岁前后表现出远古时代初期那种极不稳定的特征;8—12岁的儿童知觉力非常敏锐,对于危险及诱惑的感受极少,道德意识、宗教意识、同情、爱情、审美等方面能力十分稚嫩,这正是远古时代人类的特征;到了少年期,感觉敏锐,记忆持久,适于接受训练与陶冶,这是一个适合机械训练的时期,暗合了中世纪时期文化特征……③

著名儿童心理学家施太伦(W. Stern,1871—1938)也做过这样的划分,他把儿童发展过程分为:幼儿期(6岁以前),是从哺乳动物到原始人类的阶段;意识的学习期(入学至13岁),是人类古老的文化阶段;青年成熟期(14～18岁),是近代文化阶段。④

而最权威的议论当然要数恩格斯一百多年前写的《自然辩证法》,其中写道:"正如母腹内的人的胚胎发展史,仅仅是我们的动物祖先从虫豸开始的几百万年的肉体发展史的一个缩影一样,孩童的精神发展是我们动物祖先、至少是比较近的动物祖先的智力发展的一个缩影,只是这个缩影更加简略一些罢了。"⑤

下面我试从何姚的作品中寻找人类早期智力发展的痕迹。

(一)泛灵论

原始人类都是泛灵论者,他们认为天地万物都是有生命的,并和自己有着密切的联系。根据瑞士心理学家皮亚杰的研究,十一二岁以前的儿童也都是泛灵论者,他给出五个方面的原因:

(1)意识的聚合作用。儿童初始的意识是混沌的、聚合的,他们会认为一切活动都是有意识的。

(2)主体的"投入作用",即赋予客观事物以一种感情。

(3)儿童从小就受父母或其他成人关爱,于是以为外在的一切都知道他的心意。

---

① 荣格.怎样完善你的个性[M].刘光彩,译.北京:中国国际广播出版社,1989:148.
② 荣格.心理学与文学[M].冯川,苏克,译.北京:生活·读书·新知三联书店,1987:103.
③ 刘晓东.儿童精神哲学[M].南京:南京师范大学出版社,1999:326-327.
④ 刘晓东.儿童精神哲学[M].南京:南京师范大学出版社,1999:32.
⑤ 恩格斯.自然辩证法[M]//马克思恩格斯选集:第4卷.北京:人民出版社,1972:517.

(4) 成人在儿童不听话的时候常拿狼、狗、虎等吓唬他,于是他们认为自然界的东西都会来监督他们。

(5) 口语中常有泛灵论意味,如"太阳上山了"等等,也会对儿童产生影响。①

在何姚的作品中,这类例子比比皆是,这里只能略举二三。

两只小鸟的故事

叽嘎嘎/两只小鸟很可怜/早先它们住在一起/过着幸福快乐的生活/有一天,一只小鸟/飞出去了,回不来家/掉到金鱼缸里淹死了/剩下一只小鸟/它很伤心,哭啦/叽嘎嘎/后来,又买了一只小鸟/但它不跟早先那只一样/它们两个就打架/后来不打了/过着幸福快乐的生活/叽嘎嘎

下雪了

雪花飘飘/雪花飘在树枝上/很像白颜色的衣裳/雪花飘在小草上/小草觉得暖和极了/这是它的小棉被/雪花飘在地面上/像大地的衣服裤子鞋子/下雪真好/小孩子也很高兴/他们 biājībiājī 跑得很快/地上都是一些小脚印

我的小花灿

姥姥给我买了一个布娃娃/这个布娃娃很奇怪/每当我拍拍她的肚子/她就会哇呀哇呀地哭/每当我拍拍她的屁股/她就喊爸爸妈妈/还会哈哈哈地笑/我很喜欢这个布娃娃/给她起了个名字叫"花灿"

但是花灿的身体很虚弱/每天都要生好多样的病/有感冒和咳嗽/发烧到一百度/还有胃痛,肥胖症/关节炎,拉肚子/弱视,看不清东西/我只好每天抱她去看病/医生说她主要是/吃得太多,暴饮暴食/又不注意锻炼身体/医生给她开药打针/还给她配了一副小眼镜/后来我整天地照顾她/给她锻炼身体/让她跳绳/转呼啦圈/跟着电视做健美操/现在花灿变得很健康美丽/我和她过着幸福快乐的生活

前两首是 4 岁时做的,最后一首是 6 岁时做的。在诗中,小鸟、布娃娃,甚至大地,都是有感觉,有灵性的,何姚和它们相处得非常和谐。特别是最后一首,还发生了荣格所说的"移情作用"。荣格在《美学中的类型问题》这篇论文中,把人的个性分为抽象的和移情的两种,移情的前提,是人与外部世界之间存在着的快乐的、泛神主义的信赖关系,而抽象则是缘于对空间的巨大精神恐惧,企图从它的影响下退缩出来。按照这种说法,我倒觉得抽象与移情,与其说是人的个性的区别(我特别反感荣格说西方人是移情的东方人是抽象的),不如说是成年人和孩子的区别。孩子天生就是移情的。何姚相信自己和布娃娃之间有着一种亲密的关系,她通过移情,把自己身上的一些优点和缺点都投射到布娃娃身上,感冒、咳嗽、胃痛、弱视,这些都曾是她自己的毛病。何姚得病时很痛苦、很无奈、很恐惧(医生拿起针来的时

---

① 刘晓东.儿童精神哲学[M].南京:南京师范大学出版社,1999:72-73.

候),也许这正是原始人类在强大外力面前的心理感受。现在一股脑都推在布娃娃身上,而自己充当了监护者的角色,并试图对被监护对象做出评判,我想何姚在这样做的时候一定是很愉快的,她会感到一种角色置换的心理的补偿。

小孩子就是这样在游戏中认识自己,对自己的优点进行欣赏,对自己的缺点作出批判,就这样逐渐懂得了很多道理。我最反感对小孩子的说教,讲完一个故事后总要画蛇添足地问:这个故事说明什么道理呢?现在我对这种教育方法多了一种批评视角,就是称它为"抽象"的,荣格说得好,抽象的态度是向内心退缩,并在其中僵化,这种心理因而是一种战败认输的心理。令我忧虑的是,随着年龄的增长,我在何姚身上越来越发现这种抽象心理的迹象。也许我们最终都会像华兹华斯那样,带着无限的惆怅和困惑,叹息那种人类童年时与神性和自然的临近感的消失——

到哪儿去了,那种幻象的微光?

现在在哪儿,那种荣耀和梦想?

最能反映何姚泛灵论精神的是她5岁时做的这首《我的牛妈妈》:

我有两个妈妈/一个是我的亲妈妈/一个是我的牛妈妈/我的牛妈妈/有很多很多的奶/味道甜蜜蜜/我每天早晨一醒来/就要吃一瓶牛奶/吃完感觉很精神/就开始了一天的生活/每天晚上睡觉前/我又要吃一瓶牛奶/吃完感觉很舒服/就慢慢地进入了梦乡/我的牛妈妈/真是我的好妈妈

这首诗可以说是说出了所有像她那么大的孩子的想法,孩子和妈妈的感情,正是在这哺乳的过程中建立起来的,"有奶便是娘"这句话在儿童的世界里绝不会是一种贬义,她们对于哺育之恩(不管是来自亲妈妈的还是牛妈妈的)无疑都怀着刻骨铭心的记忆。然而,在现代社会,泛灵论只是儿童的宗教,大人们是不大理会的,何姚很快就遭到一次严重打击,有一天她放学回家,满怀委屈地告诉我:"老师说,牛肉能吃,牛皮能做皮鞋……"小孩子还没有学会大人们"远庖厨"的把戏,她不能想象人们怎么能一边喝着牛的奶,一边又吃着它的肉。相当长的一段时间,何姚成了素食主义者,不仅是牛,就是小鸡小鸭小猪,在她看来都是不应该杀了吃的,这个时期她还临摹了不少丰子恺《护生画集》中的漫画——直到她喜欢上了肯德基。我一直怀疑,在肯德基11种神秘配方中,有对付小孩子的特效成分。

现在我想,"牛妈妈"这个材料假如提供给荣格,可能会有完全不同的结论,他曾就达·芬奇的一幅画做过"双重母亲"的原型分析,他说,"双重母亲"是神话和比较宗教领域中以各种变体出现的一个原型,它构成了无数"集体表现"的基础:达·芬奇有两个母亲,赫拉克勒斯除生母外受天后赫拉的抚养,基督有过两次诞生,今天的孩子们都有一个教父和一个教母作保护人,它还成为一种童年幻想,出现在无数儿童的头脑之中,这些儿童无论大小都相信他们的父母并不是他们的亲生父母,而只是收养他们的养父养母罢了。① 这样的分析当然不适合我国国情,这也说明

---

① 荣格.心理学与文学[M].冯川,苏克,译.北京:生活·读书·新知三联书店,1987:97-98.

"集体无意识"的传承与民族文化背景有密切关系。

(二)鬼神原型

原始人类由于认识能力低下,对于自然界发生的种种现象不能理解,同时由于抵御外力的能力低下,在自然灾害面前产生恐惧心理。这和今天孩子们的情况非常相近,正如有一首歌唱的:"冬冬是个胆小鬼,怕风怕雨怕打雷"。怕风怕雨怕打雷,这正是原始人的典型心理,也是他们头脑中鬼神作祟意象的最早来源。小孩子们还特别怕黑,有一首苏联的儿童诗,题目是"彼加怕一些什么?",就写的是这一现象:

> 有个彼加非常怕黑,/晚上问他妈妈说:/"妈,能不能开着灯睡,/让灯通夜都亮着?"/……彼加看见黑暗里面,/有鬼走进他的房。/到第二天天亮一看——/是火炉和拨火棒。/……彼加看见黑暗里面,/有个巨人对他望。/到第二天天亮一看——/原来是个旧皮箱。……

这和原始人类的心理非常接近,我设想,假如不教给孩子科学知识,任其自己思索,最终或许就会作出鬼神作祟的解释。荣格说:"人类的启蒙即起源于恐惧。白天,人们相信宇宙是井然有序的;夜晚,他们希望保持这一信念以抵抗包围着他们的对于混乱的恐惧。"启蒙的结果,是创造了神。小孩子也有这种创造的本能,他们常常选择他们的爸爸做自己最初的保护神。何姚5岁,创作了《我的保护神》:

> 我爸爸是我的保护神/每天晚上我要睡觉的时候/我就对爸爸说/"我能做吓人的梦吗?"/他说"不能"/我又说"真的吗?"他说"真的"/我说"你要保护我"/他说"好的"/我就很放心地睡了/爸爸睁大眼睛保护着我/要是我做了吓人的梦/他就拍拍我说/"爸爸来保护你了"/要是我做了好梦/他就不打扰我/说"请继续做吧"/就这样他一夜都没睡/我爸爸真是我的保护神/

弗洛伊德在《一个幻觉的未来》中说:"我们已经知道,童年可怕的无能为力的印象引起了由父亲提供的保护——通过爱而保护——的需要,而且认识到了这种无能为力将持续一生,他就必须坚持要有一个父亲存在,但这次是一个更为有力的父亲。因此,神圣的上帝的仁慈统治使我们不再害怕生活的危险……"①这是西方文化背景上的事,中国的孩子有自己的终身保护神。何姚后来多次更换过她的保护神,有一段时间是孙悟空,后来又换成电视剧《包青天》中的侠客展昭,她在一首《小小追星族》的诗里说:

> 小小追星族,我问你/你的偶像是哪个/我的偶像是展昭/——就是何家劲/我把他的像挂在床边/晚上他能保护我/不做吓人的梦……

但是她很快开始学着自己克服恐惧感,并在这克服的过程中感受成长的自豪。

---

① 车文博.弗洛伊德文集:第5卷[M].长春:长春出版社,1998:181.

何姚在题为"秋风"的一首诗里写道：

> 秋风吹得很厉害/天上就像出事儿了一样/窗外的风呜呜地叫/好像受伤的狼在嚎叫/隔壁工厂的铁皮烟囱/咣当咣当的就快倒了/小朋友的心里很害怕/可她仍然勇敢地走出去/因为上幼儿园的时间到了/

随之，在何姚的梦里也交织出现恐惧和战胜恐惧的双重主题，老爸形象也兼有了保护神和被保护的双重内涵。在她自己记录的下面这个梦境中，可以看到一种原始的恐惧感，但是不容忽视，其中也有不少由我们的教育后天输入的恐惧。我总觉得，小孩子更适合接受《老鼠和猫》这样的善恶冲突故事，而不应是"××大屠杀"之类（何姚几次从睡梦中惊吓而醒，说是梦见了××大屠杀。弗洛伊德说，幼年时的心理伤害是成年人很多疾病的根源），我们的责任是从小给她们的心灵打一个人类之爱的底子，作为日后他们评价善恶美丑的依据。她记录了这样一个梦境：

> 我梦见我钻进一个时空隧道，我飞啊飞，感觉飘飘然的，耳旁是呼呼的风声，眼前全是金黄色的星星，星星越来越亮，我从一颗大星星中间穿了过去，来到了1895年。这是一个悲惨的年代，中国的海军被日本打败了，炮声隆隆，军舰在海面上燃烧沉没。人民不得安宁，我和爸爸随着逃难的人群在大街上走，忽然一阵腥风吹来，爸爸消失得无影无踪，不到几小时，黑夜就降临了，我听到一些孤魂野鬼的惨叫声，吓得直发抖。我就在恐怖中熬过了一夜。第二天早上，我想光找爸爸还不行，我得先填饱肚子，可是没有钱，怎么办呢？我拿着我仅有的一只手表来到当铺，当了一些钱，去买了几个馒头吃。吃完我有了力气，又开始找爸爸。我从这条大街找到那条大街，后来听人说爸爸被抓进了魔鬼城堡。我费了很大劲，终于找到了魔鬼城堡。城堡外面有很多蝙蝠在飞来飞去，走进去，看见里面堆积如山的全部是骷髅头，地面上铺着一块块的石头，石头上面写着数字，你必须按着数字踩过去，才能通过，如果踩错了就会掉入机关，九死一生。幸好我数学学得还好，终于安全通过，将爸爸救了出来。爸爸感动地说："你真是英雄救美呀！"我说你"美"什么呀？我们两个人都大笑起来，这一笑我就醒了过来。

（三）好奇心理

根据《圣经》记载，人类就是因好奇——吃下智慧果——从而开始演绎自己的历史的。儿童有天然（遗传）的好奇心理，正如一首台湾校园歌曲吟唱的：

> 没有人知道为什么太阳总下到山的那一边
> 没有人能够告诉我山里面有没有住着神仙
> 多少的日子里总是一个人面对着天空发呆
> 就这么好奇就这么幻想就这么孤单的童年

何姚作品中就有很多这类好奇之作，下面这两首诗分别题为《地球中心》和《大自然》，是她在 4 岁和 5 岁时做的：

地球地球圆又圆/江河湖海它都有/最冷的地方是北极/地球地球圆又圆/上下左右都有人/我踩着你，你踩着我/我们踩着地球的中心/中国、外国、俄罗斯、蒙古/都是这样地生活/

树也会变成花/花也会变成彩虹/彩虹也会变成风/风也会变成云/云也会变成太阳——大自然真奇妙/可能是天上有一个神仙/他手里拿着一个遥控器/摁来摁去

做《地球中心》时，何姚一边转动着地球仪，一边惊奇朝下一面的人为什么不会掉下来。我设想，假如换成是一个原始人，他肯定也会像何姚那样发出惊叹，因为他们的心理结构是完全相同的。《大自然》这首诗，是何姚趴在窗户上，一边向外边眺望，一边即兴吟唱的。我虽然记录了她的语词，然而以我成年人的思维，至今也不能想象：花怎样变成彩虹？彩虹怎样变成风？这其中是一种什么样的逻辑联系？也许这就是中国古人作周易八卦时的思维模式（如干卦，健也，为马，为首，为天，为圜，为君，为父，为玉，为金，为寒，为冰，为大赤，为良马，为老马，为瘠马，为驳马，为木果……），这种模式猜测到了自然万物变易不息的规律。当然何姚没有这么麻烦，她径直设想出一个神仙来，轻而易举地解决了难题。

四

何姚 10 岁以后，在心理的发育上已完成原始人类的阶段，教育的作用在她身上日益突现。然而众所周知，我国目前的教育基本还是应试教育，这种教育常常是用一套现成的答案来规范孩子们的个性发展，一心要让孩子成为"抽象"的人。何姚现在每要作文，便喃喃自语：什么时间？什么地点？什么人？做什么事？有什么意义？……不敢越雷池一步。诗歌是早已不见，梦虽然还有，但令我担忧的是，如果这些梦境真的与她的心理发育对应，那么下面这些梦似乎便意味着她的精神进入了中世纪。

一个悲惨的梦

我梦见我是妈妈，怀里抱着娃娃，我六岁，他两岁。我发现钱夹丢了，幸亏有点干粮可以充饥。连续走了几天，总算到了家里。邻居对我说，你家搬到上海去了。我自言自语说，不去上海了，自己找个房子过日子吧。日子很苦，每天才有两块三毛钱生活费，两个人花。过了十年，我十六，他十二。我织手套，他卖手套。第一天，卖出四副；第二天，卖出三副；第三天，卖出两副；第四天，卖出一副。我一看不行，说不卖手套了，卖布吧。我织布，他卖布。第一天，卖出四匹；第二天，卖出三匹；第三天，卖出两匹；第四天，卖出一匹。我一看不行，说，多一点花样吧。我找来很多布料，连尼龙都用上了，结果还是不行。我说，咱们要饭吧。要着要着，走了三天三夜，来到上海，看见自己的家。家里人说，这不是你的孩子，是你的弟弟。我当时头发热脸发青：白拉扯了十年，连奶都给他吃了，他居然是我的弟弟呀！

这真是一个悲惨的梦。

来到1630年

我梦见我走到一个布满星星的地方，我飞呀飞，忽然眼前一亮，一扇门在我眼前出现了。我打开门，非常惊讶：里面全是古装的人。我走出门，来到一条大街，一问才知道我来到了1630年。那里的人虽然说的不是"之乎者也"，可是他们的嗓门比现代的人大得多。我走了几天，来到一片田野上，进了一所草屋，里面有一位大娘，我和她住了好些日子。后来她搬走了，我只能在大街上闲逛。忽然我感觉很饿，就走到一家卖包子的店里，进去一看，原来卖包子的人是爸爸，我就和他一起卖包子。有一天我在他的小屋里，发现了一个香炉，香炉中间有一个孔，往里一瞧，就像时空隧道一样。我问爸爸这是什么？他说这是家里的传家之宝，可以从这一个世界到另外一个世界。我想这回可有救了，我可以回去了，我没跟爸爸说一声就偷偷进去了，没想到我不会控制这个香炉，进入了更早的恐龙时期，一些绝种的苏铁植物使我想起了这是白垩纪早期。我看见了一群幼年素食恐龙在河边嬉戏，我刚想去和它们玩，残暴的恐龙之王霸王龙来了。它好像要吃我，我拼命跑，一看时空隧道的门还有一条缝，我纵身一跃终于回到了1630年。我这回可不敢再乱动那个香炉啦。后来我在大街上看到了一辆马车，里边坐着田野里的那个大娘，我很奇怪，大娘不是已经搬走了吗？怎么还会出现在这里？正在我迷惑不解的时候，爸爸问我"你什么时候回去"？我说越快越好，他就给我买了一些东西，用一个蓝包装了起来，送我回到了2000年。这时我就醒来了。窗外天已亮了，屋地上真的放着一个蓝包，我下地打开包一看，哇，梦里的东西全都在！天呢，太可怕了，难道梦里的事情是真的？我赶快跑到妈妈被窝里躲起来。

逃出法庭

我梦见一面墙，这是一个时空隧道，我一跳进去，就来到一个国家。我进入一家自选商场，走了进去，从货架上挑了一些食品，刚想拿到柜台去算账，便被一个胖营业员叫住了，他大声喊："喂，小孩，不许偷东西！"他就叫来一帮人，把我拉到法庭上。这个法庭很奇怪，里面坐着的都是动物，法官是一只猪，陪审员全是一些鸡鸭，旁听的观众全是一些癞蛤蟆。猪说："你知道你犯了什么法吗？"我说不知道。这时一只鸡站起来，宣布我的罪状。这时胖营业员不耐烦地说："别再耽误时间了，快判她的罪吧！"猪刚想判决，我就从我的口袋里拿出一块有魔力的饼干，咬了一口，马上我就变得很大，把房顶拱了一个大洞，钻了出去。法官吓得躲到了桌子下面,那些癞蛤蟆小姐看了当场就昏了过去。

我从法庭跑出来,到了马路上,又恢复了原状。我想赶快离开这个鬼地方,可是怎么回去呢?对了,我从哪里来就从哪里回去。我找到那面墙,钻了回去,成功了,我回到了自己的床上。醒来后我心里想,幸亏这是一个梦,否则也许法官会判我伺候那些鸡鸭和癞蛤蟆呢。

余论:集体无意识是人类的精神财富,儿童与这笔财富最为接近,在梦里,甚至在游戏的白日梦里,这笔财富便时时浮出水面,从而使她们在大人们眼里显得生气勃勃、天真可爱。但是随着成长的烦恼,这种财富渐渐退回到心理底层,不再轻易露头,于是表现出现代人的种种乏味,无力抵抗心理疾病的侵扰。我庆幸为何姚留下了这份成长档案,这就等于把集体无意识的财富牢牢抓住,不让它从何姚的精神中逃脱。现在何姚作文之前,我常常拿出她小时候的这些作品,让她重温那份精神的自由和愉悦。由此我又想到,也许我们应该为每一个孩子都建立这种成长档案,"神话-原型"理论也许在这个意义上可以大有作为。

参考文献

[1] [瑞士]荣格.心理学与文学[M].冯川,苏克,译.北京:生活·读书·新知三联书店,1987.
[2] [瑞士]荣格.探索心灵奥秘的现代人[M].黄奇铭,译.北京:社会科学文献出版社,1987.
[3] 胡经之,张首映.西方二十世纪文论史[M].北京:中国社会科学出版社,1988.
[4] 张隆溪.二十世纪西方文论述评[M].北京:生活·读书·新知三联书店,1986.
[5] 陈厚诚,王宁.西方当代文学批评在中国[M].天津:百花文艺出版社,2000.
[6] 刘晓东.儿童精神哲学[M].南京:南京师范大学出版社,1999.
[7] 潜明兹.中国神话学[M].银川:宁夏人民出版社,1994.

第五章　微型论坛

流萤：人文在哪里开始　科学在哪里终了

周治南：请为人工智能鼓与呼

人文在哪里开始　科学在哪里终了

流萤[①]

天文学最是科学和人文联姻的学科。

祝融是上古神话中的火神。在《左传》《史记》《山海经》《礼记》中均有记载。南岳衡山的最高峰被命名为"祝融峰"。"祝",指古代主持重大祭典的部落首领或宗教领袖;"融",有"光明"的意思。火神象征着我们的祖先用火寻求光明、寻求温暖。

首辆火星车被命名为"祝融",寓意点燃我国星际探测的火种,给人类对浩瀚星空的探索带去光明。2021年5月15日7时18分,根据祝融号火星车发回的遥测信号确认,天问一号着陆巡视器成功着陆于火星乌托邦平原南部预选着陆区。5月22日10时40分,"祝融号"火星车已安全驶离着陆平台,到达火星表面开始巡视探测。

天宫:神话中天帝所居之宫殿。也指神仙居处。《汉武帝内传》:"到七月七日乃修除宫掖,设坐大殿,……列玉门之枣,酌蒲(葡)萄之醴,宫监香果,为天宫之馔。"

中国载人空间站被命名为"天宫",货运飞船被命名为"天舟"。寓意十分清楚。传说中为天帝和神仙居住的宫殿,现在中国的航天员也可以去居住了。

中国载人航天工程于1992年9月21日由中国政府批准实施,代号"921"工程,是中国空间科学实验的重大战略工程之一。我国载人航天工程按"三步走"发展战略实施。2010年9月25日,载人空间站工程正式启动实施。2021年10月16号神舟十二号航天员乘组完成空间站阶段首次载人飞行任务整一个月后,神舟十三号航天员乘组的三名航天员又搭乘载人飞船奔赴中国空间站,他们将在"天宫"

[①] 流萤,湖北大学文学院教授。

居住6个月。

第一个向"天"发出疑问的是屈原的长诗《天问》："圜则九重,孰营度之?惟兹何功,孰初作之?斡维焉系,天极焉加?……日月安属?列星安陈?……"屈原在这首四字长诗中一共提出了170多个问题,许多问题关乎宇宙乾坤。诸如太阳月亮是如何升起落下的,昼夜星辰是如何安排演化的等等。两千多年后,我们的火星探测器"天问一号"升空。古人的追寻与今人的探索遥相呼应。

2016年1月中国火星探测正式立项,2020年4月中国行星探测被命名为"天问系列"。2020年7月23日12时41分,长征五号运载火箭托举着肩负我国首次火星探测任务的"天问一号"探测器,在文昌航天发射场点火升空。

孙悟空是知名度最高、老少皆知的集神、人、猴一体的神话形象。悟空的"空"在《西游记》中本是一个佛教概念,但我们取其"太空"之意。2015年12月16日,暗物质粒子探测卫星被命名为"悟空",取领悟、探索太空之意;同时希望暗物质粒子探测卫星就如孙悟空的火眼金睛一样,可在茫茫太空中识别出一般人看不到的暗物质。

此外,嫦娥、羲和、夸父也都被中国的探月工程和其他探测卫星冠名。

有一本书,叫作《追星:关于天文、历史、艺术与宗教的传奇》,作者是卞毓麟,他曾在北京天文台工作33年。该书入选2021年度全国优秀科普图书推荐,其实在2010年它就获得了国家科技进步奖二等奖。咱们的航天工程一再用中国神话故事中的人事命名,仅从书名就可以看出天文与人文的密切关系,更甭说天文这个学科概念本身就涵盖"天"与"文"两方面。

例如这本书讲群星,就从古巴比伦的两条大河幼发拉底河和底格里斯河谈起,接着谈两河流域出现的文字,建筑物、苏美尔的统治历史,刻在泥板上的史诗《吉尔伽美什》等早期人类文明。最后将视线聚焦在苏美尔人于公元前的3000多年前划分的星座上。这些星座与希腊神话故事紧密相连。于是作者就顺手拈来宙斯的儿子解救美丽公主的故事,并指出有6个星座与这个动人的故事相关。作者娓娓道来,他是在讲历史、讲神话,也是在讲天文。

《追星》,在展示星空奥秘的同时,不断插入许多人文故事,文学的、艺术的、历史的、哲学的、神话的和宗教的,是一部典型的"科文交融"的作品,当然也是一部最吸引人的科普读物。作者卞毓麟讲:"最好的科普作品和科学人文读物,应该令人感觉不到科学在哪里终了,人文在哪里开始。"

笔者在教学中发现道家的宇宙本体论——"天地万物生于有,有生于无"的哲学理论与理论物理学的科学观点惊人一致。英国的霍金与美国的哈妥在20世纪80年代就提出了宇宙都是从"无"中形成的理论。"霍金与哈妥假设,引导我们现在这个宇宙出现之前的所有宇宙都是从'无'(真正的空,数学上的'无')中形成的,这一切都发生在某个有限的假想时间之前。……它的初始条件,就是那个认为所有应该被考虑到的可能宇宙就是那些无中生有出现的所有宇宙的假设,被称为

'无边界猜想'。……作为一个年轻的宇宙,我们的宇宙及其所有可能状态,在他们眼中,没有开端。他们从数学上解决了我们的宇宙如何从一无所有中出现。"①而且,理论物理学认为太阳系八颗行星中的四颗是由气体构成的:"远处群星看起来似乎是固定在天空里的背景纹丝不动的,但其中有八个亮点在明显移动着。这些亮点就是行星,……离太阳最近的四颗看上去像小小的岩石世界,而更远的四颗则主要由气体构成。"②这与道家的"混沌说"、道教的"元气说"又不谋而合。道教的"元气说"源于老子的"有物混成"的"混沌说"和"冲气以为和"的理论。道教认为老子所谓混成的"物",是一团气。道实际上就是气。庄子在《逍遥游》中称谓的"无极之外复无极也"便是理论物理学中所指的宇宙、外太空、量子世界。中国的古典哲学与古典宗教,竟与现代理论物理学如此相依相同,充分说明学科之间存在着越来越多的交叉,界限越来越模糊,当然也彰显出中国古代文化无与伦比的当代价值。许多版本的大语教材都选录了《道德经》的第一章,在教学中若能引进现代理论物理学来佐证老子的"宇宙本体论",从文理相通的层面去解释抽象的"无,名天地之始;有,名万物之母"的哲学论述,那效果显然要形象与生动得多。

这两年,国家全面启动了"新文科"建设。新文科是指对传统文科进行学科重组、文理交叉,为学生提供综合性的跨学科学习。但是,为学生提供综合性的跨学科学习,首先应加强大学语文老师的自身建设,加强大学语文老师的自身建设就需要老师在学科上融通。大学语文应当是"新文科"建设的最大受益者,因为就学科性质来看,大学语文的综合性最强;就课程性质来看,大学语文内容最广博。为了应对"新文科"的挑战,大学语文老师理应多学习一些科学常识,多关注一些科学动态。唯有如此,才能适应新文科的要求,跟上教育改革的步伐。

参考文献

[1] 中国航天让神话梦想变成现实[N].长江日报,2021-10-16(8).
[2]《追星》讲述人类天文传奇[N].长江日报,2021-10-12(11).

---

① [法]克里斯托·加尔法德.极简宇宙史[M].童文煦,译.上海:上海三联书店,2016:319-320.
② [法]克里斯托·加尔法德.极简宇宙史[M].童文煦,译.上海:上海三联书店,2016:21.

请为人工智能鼓与呼

周治南[①]

2017年12月,人工智能入选"2017年度中国媒体十大流行语"。在2024年国务院政府工作报告中,"人工智能"再次列入国家发展大计:深化大数据、人工智能等研发应用,开展"人工智能+"行动,打造具有国际竞争力的数字产业集群。

人工智能即 AI(artificial intelligence),AI 技术目前是计算机科学发展的高峰。高品质人工智能亦称"机器人",实际上是一个具有模拟人脑收集信息、处理信息、自主决策、驱动机械系统实现行为目标的思想与行为的机制,如自动驾驶系统和仿真机器人。

机器人技术正在改变着我们的生活方式、工作方式和学习方式,由此引发了一系列社会伦理思考:人类会被自己发明的机器人毁灭吗?机器人代替了人类职业,许多人会找不到工作,面临失业吗?譬如,在教育领域,AI 技术的应用正逐步改变传统的教学模式,传统教育会不会退出历史舞台?教师这个职业还有没有必要存在?人工智能是否会取代面对面的教学模式,取代有个性、有独立见解、有人格魅力、有血有肉的教师?笔者以为这种担忧其实大可不必。

在胶版印刷技术问世后,世界上许多报社不再使用铅印,排字工人大量削减,当时恐慌一片,然而没有人再愿意回到以铅字排版的从前。印刷技术的革命性成就,推动了社会产业化、信息化进程,开辟了许许多多的新岗位。可以预见,机器人不会挤压劳动力市场,只会改善劳动力市场,降低劳动强度,提高工作效率,不仅可以帮助人类从某些繁重的危险的劳动中解脱出来,还可以帮助人们从惯常的厌倦

[①] 周治南,武汉船舶职业技术学院教授。

的重复劳动中解放出来,人类在很多方面无须亲自动手便可以创造更多的物质与精神财富。人类社会由此将渐次走向福利型社会,进而实现罗斯福当初设定的文明目标——"免于匮乏、免于恐怖"。

劳动密集型工业被迅速崛起的技术密集型新型工业取代,这推动了社会的福利化进程,但并不会加大社会的失业困扰。在当代发达国家中出现的"工作分享"制度就是一种在劳动待遇上的共享模式。"工作分享"的主要做法是缩短工作时间,实现双休日制度和年休假制度,不仅让更多的人有了工作的机会,而且都有了足够的空闲时间,可以用来发展个人爱好,去做自己感兴趣的事,去充分开掘人的创造潜力。"工作分享"在目前是一项解决社会失业问题的社会保障措施,对于将来而言,则是人类社会发展的一项崇高的社会扁平化福利目标。

为了提高生产效率,促进社会平等,实现工作分享,1886年5月1日,美国芝加哥的工人们开始罢工,要求实行每天8小时工作制。他们的努力使8小时工作制在全球推行开来,所腾出的工作时间给更多劳动者创造了就业机会。随着科技进步,特别是机器人对劳动岗位的标准替代,生产效率会得到长足的发展和提高,劳动力由此确实会出现剩余现象,那么,人类可以从每天8小时工作制改为6小时工作制,甚至更短,可以从每周5天工作制改为每周4天工作制,甚至更短,可以从每年300个劳动出勤日改为每年150个劳动出勤日,甚至更短。人工智能产生的后果,只能是人类有更多的时间用来学习、研究、创新和休闲,人与人之间某些争斗也会随之减弱或消除。

机器人的逻辑思维主要依托"流量"(运算速度)和"容量"(大数据库)实现线性思维,它强大的数据处理能力,精确的演绎、归纳推理,实现大概率决策,靠的是芯片高速而精确的运算能力以及海量数据库搜索比对能力,这是人脑望尘莫及的。由于繁重的线性脑力劳动(如陈景润攻克哥德巴赫猜想的复杂运算)被机器人取代,人脑的开发利用率更高。人脑的非线性思维(也叫模糊思维包括反向思维),是机器无法取代的。线性思维其实是一种惯性思维,相对保守的逻辑思维。创新思维往往是变异性思维、反向思维、突破性思维。人类思维的这种品质优势,永远不会被人工智能取代。

机器人只服从正义的程序,它自身的需求只是电能,没有自然生命那种无穷无尽的欲望,因而它能够做到大公无私,秉公服务,它们的处事理念比人类自己更人性化、理想化。因为机器人只有机器性、逻辑性、合理性,不会有人类某些先天的"自私"念头。机器人和人类不存在竞争关系,只存在服务和被服务的关系。机器人只有设定的服务程序和服务意识,包括生产领域或社会生活领域。它的服务只会满足人类生存的需求,协助人类淳化社会风尚,消除人性的固有缺陷,提升人类社会生活的幸福指数。机器人是人类文明发展到一定高度后创造的产物,它们有清醒的智慧,它们明确维护、延续和提升人类文明是它们的根本使命,不会危害人类及人类文明。就算人类在机器人面前成为弱者,机器人也会像保护大熊猫一样保护大自然,保护人类。它们不会伤害人类,伤害大自然。当然,同样是人类智慧的产物,飞机也会从天上掉下来,火车也会脱轨,轮船也会翻覆,汽车也会撞人……机器人也一样,不能排除程序失灵、发生意外的可能性。只要不属于必然,总体就是可控的。

科技进步只会推动社会进步,不可能造成社会更大的麻烦和危机。没有世界近现代史上的三次产业革命浪潮,就没有现当代的社会科技进步与社会文明。人工智能将会掀起人类文明史上第四次产业革命浪潮,"各尽所能,各取所需"的社会形态即将呈现在我们面前,那是科技进步的后果,与阶级斗争并没有直接关联。科技进步是人类文明发展进步的向导和原动力,我们应该持欢迎态度,大加赞赏地为之鼓与呼!